Einführung in Die Psychologie

Alexander Pfänder

EINFÜHRUNG

IN DIE

PSYCHOLOGIE

VON

DR. ALEXANDER PFÄNDER

PRIVATDOZENT AN DER UNIVERSITÄT MÜNCHEN

LEIPZIG

VERLAG VON JOHANN AMBROSIUS BARTH

1904

Vorwort.

Die folgende Einführung in die Psychologie will in möglichst elementarer Weise zeigen, was Psychologie ist und will. Sie läßt mit Absicht jede erkenntnistheoretische Grundlegung beiseite. Der Gegenstand der Psychologie, das psychische Leben, ist das Interessanteste, was es für den Menschen gibt. Er braucht nicht durch die Erkenntnistheorie erst gleichsam geschaffen zu werden. Er erweckt vielmehr schon vor aller Erkenntnistheorie die Aufmerksamkeit und den Wissenstrieb des denkenden Menschen, der sich selbst und andere Menschen mit Verwunderung betrachtet. Gerade durch die Hereinziehung erkenntnistheoretischer Streitfragen ist wohl keine Wissenschaft so sehr gehemmt und von ihrer eigentlichen Aufgabe abgelenkt worden, wie speziell die Psychologie. Auch die Erkenntnistheorie selbst hat durch ihre Vermischung mit der Psychologie sehr gelitten. Indem diese Einführung die Psychologie weder auf den Grund, noch in den Dienst bestimmter Erkenntnistheorien stellt, glaubt sie dem Charakter der Psychologie als einer selbständigen Erfahrungswissenschaft am besten gerecht zu werden und zur Wiederbesinnung auf ihre eigentliche Aufgabe mitzuwirken. Die eigentliche Aufgabe der Psychologie sieht sie in der geistigen Eroberung der reichen, lebendigen psychischen Wirklichkeit selbst. Sie hofft auf dem eingeschlagenen Wege die große Enttäuschung zu mindern, welche diejenigen meistens befällt, die sich aus innerem Bedürfnis der vorhandenen psychologischen Wissenschaft nähern. Sie hofft zugleich, einen Beitrag zur Förderung der Psychologie selbst zu liefern.

München, im März 1904.

A. Pfänder.

Inhalt.

3. Kapitel.
Die Methoden der Psychologie.

ZWEITER TEIL.
Die psychische Wirklichkeit;
ihre Beschaffenheit und Gesetzmäßigkeit.

1. Kapitel.
Allgemeine Charakteristik der psychischen Wirklichkeit.

2. Kapitel.
Genauere Beschaffenheit der einzelnen psychischen Wirklichkeit.

3. Kapitel.
Einige Grundbegriffe der Psychologie.

4. Kapitel.
Die Grundgesetze des psychischen Lebens.

Bemerkung zur Figur auf S. 71: Das Sehzentrum (IV) ist nicht auf der Außenfläche, sondern auf der Innenfläche des Hinterhauptlappens liegend zu denken.

Einleitung.

§ 1. Notwendigkeit und Nutzen einer Einführung in die Psychologie. Das Interesse für Psychologie hat seit einigen Jahren an Ausbreitung außerordentlich gewonnen. Dürfte man einfach nach der Häufigkeit urteilen, mit der die Worte „Psychologie" und „psychologisch" im Leben und in der Literatur heute gebraucht werden, so könnte man zu der Meinung kommen, als sei unsere Zeit von psychologischer Bildung ganz und gar erfüllt. Zum mindesten könnte man versucht sein, anzunehmen, daß hinsichtlich des Gegenstandes und der Aufgabe der Psychologie in weiteren Kreisen ziemliche Klarheit anzutreffen sei. Beide Annahmen erweisen sich jedoch bei genauerem Zusehen als durchaus irrtümlich. Wirkliche psychologische Bildung ist nur sehr selten zu finden; und in dem häufigen Gebrauch jener Worte kommt mehr das Bedürfnis nach psychologischer Bildung als deren Besitz zum Ausdruck. Auch machen sich allerlei dunkle Bestrebungen dieses Bedürfnis nach psychologischer Bildung zunutze, indem sie die Menschen mit dem wissenschaftlich klingenden Wort „psychologisch" anlocken, um ihnen allerlei anderes, nur keine Psychologie zu geben. Ein solches Verfahren dient gerade nicht dazu, weiteren Kreisen Klarheit über die Psychologie und ihre Aufgabe zu bringen; im Gegenteil, es mehrt die Unklarheit. So kommt es denn, daß die Gebildeten und selbst sogenannte „wissenschaftlich oder akademisch Gebildete" häufig keine Ahnung von der wirklichen Aufgabe und Leistung der Psychologie haben. Sie bringen, wenn sie sich der wissenschaftlichen Psychologie nähern, die verschiedenartigsten Erwartungen mit. Der eine erwartet vielleicht, daß ihm eine amüsante Sammlung mehr oder weniger geistreich - paradoxer Aperçus über das Leben und Treiben der Menschen geboten werde. Andere dagegen wittern mit geheimem Gruseln hinter aller Psychologie nichts anderes als hypnotische Experimente, Geisterbeschwörungen und geheimen Verkehr mit dunkel wogenden Naturkräften. Wieder andere wollen über die Herkunft, das Wesen und die Unsterblichkeit der Seele etwas Genaueres erfahren. Mehr praktische Leute dagegen erwarten, daß ihnen die Psychologie bestimmte Typen von Menschen zeichne; daß sie angebe, wie man aus dem Äußeren der Menschen ihren ganzen Charakter oder ihr momentanes Denken, Fühlen und Wollen erkennen könne; und daß sie ihnen schließlich praktische Anweisung gebe, wie man auf diesen oder jenen Menschen von bestimmtem Charakter einwirken müsse, wenn man bestimmte Resultate oder Zwecke erreichen wolle; und was dergleichen mehr ist.

Wenn nun freilich die Psychologie auch nicht allem dem, was hier von ihr gefordert oder erwartet wird, völlig fremd gegenüber steht, so enthalten doch diese Erwartungen eine falsche oder zum mindesten schiefe Vorstellung von dem eigentlichen Gegenstand und der eigentlichen Aufgabe der wissenschaftlichen Psychologie.

Außer diesen, bei den verschiedenen Menschen verschiedenen und durch bestimmte Zeitströmungen beeinflußten falschen Vorstellungen von dem Gegenstand und der Aufgabe der Psychologie, finden sich fast bei allen Menschen, die sich zum erstenmal mit Psychologie beschäftigen, eine Reihe natürlicher und traditioneller Vorurteile hinsichtlich gewisser psychologischer Grundbegriffe und Grundfragen.

Der Eingang in die Psychologie ist also an sich und besonders heute durch mancherlei Hindernisse erschwert. Der natürliche, unbefangene Standpunkt ist beim Erwachsenen ja in keinem Gebiete das eigentlich Selbstverständliche, sondern meistens erst durch höchste Kultur zu erreichen. Gerade bei der Psychologie ist es aber besonders schwierig, den naiven Standpunkt wiederzugewinnen. Dadurch rechtfertigt sich schon allein der Versuch, der Psychologie selbst eine besondere Einführung in die Psychologie voranzuschicken. Dazu kommt

aber, daß auch das, was heute in Büchern und Vorlesungen
als wissenschaftliche Psychologie geboten wird, durchaus nicht
immer frei von Vorurteilen und traditionellen Irrtümern ist,
sondern genug der Gelegenheiten zu Verirrungen bietet. Dem
jungen Psychologen geht es aber bald so, wie es den meisten
Menschen in j e d e r Wissenschaft und in j e d e m Berufe geht:
die im Keim vorhandene Unbefangenheit und Ahnung des
richtigen Weges wird sehr bald von der Masse des Über-
lieferten mit allen seinen Mängeln und Verirrungen erstickt,
so daß der Mensch nun blind in den traditionellen Bahnen
weiterarbeitet. Auch zur Abwehr dieser Gefahr kann eine
passende Einführung in die Psychologie dienlich sein.

Die Aufgabe der folgenden „Einführung" ist also, die
Hindernisse zu beseitigen, die heute den Eingang in die
wissenschaftliche Psychologie erschweren; den natürlichen,
unbefangenen Standpunkt der Psychologie gegenüber wiederzugewinnen und diesen Standpunkt durch einen orientierenden
Ausblick auf die Psychologie zu befestigen. Es ist klar, daß
die wirkliche Lösung dieser Aufgabe nicht nur den Anfängern
in der Psychologie nützen, sondern auch der Psychologie
selbst eine erhebliche Förderung bringen würde.

§ 2. **Weg zur Erreichung des Zieles.** Mit der Bestimmung der Aufgabe, die sich die Einführung stellt, ist im
Grunde auch schon der Weg festgelegt, auf dem allein dieses
Ziel zu erreichen ist. Da sie eine Einleitung in die Psychologie beabsichtigt, so kann sie ihr Ziel nicht dadurch zu er-
erreichen suchen, daß sie eine vollständige Psychologie in
verkleinertem Maßstabe gibt. Es ist daher selbstverständlich,
daß sich im folgenden nur einzelne Teile oder Fragmente,
nur die Hauptgrundlinien der Psychologie finden, daß man
also notwendig dieses oder jenes Gebiet der Psychologie,
wie z. B. die Psychologie der Sinnesempfindungen oder der
Raumwahrnehmung, völlig vermissen wird. Es mag ja sein,
daß diejenigen, deren überwiegender oder sogar einziger, be-
quemer Besitz diese letzteren Gebiete der Psychologie sind,
gerade in diesen das Eigentümliche und Ganze der Psycho-

logie erblicken. Einen wirklichen, vor Verirrungen geschützten Begriff von der Psychologie zu übermitteln, dazu ist jedoch eben die Lehre von den Sinnesempfindungen und von der Raumwahrnehmung am allerwenigsten geeignet. Gerade ihnen liegt gewöhnlich ein falscher Begriff von der Psychologie zugrunde. Deshalb sind sie im folgenden weggelassen; und nur das ist aus der Psychologie ausgewählt, was für unseren Zweck am günstigsten ist.

Es würde aber auch unserer Absicht widersprechen, gleichsam vor der verschlossenen Tür der Psychologie stehen zu bleiben und nur die Grenzgebiete der Psychologie zu durchstreifen; also etwa nur allerlei Wissenswertes von der Beschaffenheit der Sinnesorgane, der Nerven, des Gehirns und von den Prozessen, die sich in ihnen abspielen, mitzuteilen. Was den Anfängern in der Psychologie immer so schwer fällt, das ist nicht die Erwerbung anatomisch-physiologischer Kenntnisse über die Sinnesorgane, die Nerven und das Gehirn, sondern das ist die Erkenntnis und die dauernde Festhaltung der Eigenart des Psychischen überhaupt. Gar zu gern greifen sie in der Hilflosigkeit des Ungeübten nach etwas Materiellem, nach dem Gehirn und nach physikalischen Apparaten, statt bei der Betrachtung des Psychischen selbst zu verweilen. Gerade die Darbietung der Grenzgebiete der Psychologie ist geeignet, diese Ablenkung des Blickes vom eigentlich psychologischen Gebiet zu fördern, wie im folgenden von selbst deutlich werden wird. Wir könnten also mit der bloßen Durchwanderung der psychologischen Grenzgebiete wohl eine physiologisch-physikalische Vorbildung erzielen, die sich der Psychologe ja auch notwendig erwerben muß, aber unseren eigentlichen Zweck, nämlich vor allem den Gegenstand der Psychologie in seiner Eigenart völlig sicher und dauernd zu fixieren, würden wir dadurch nicht erreichen können. Dazu müssen wir schließlich das Gebiet der Psychologie selbst ins Auge fassen.

Man kann versuchen, in die Psychologie dadurch einzuführen, daß man auf die Anfänge der Psychologie als Wissenschaft zurückgeht und von da aus die geschichtliche Entwicklung der Psychologie selbst vorführt. Freilich wäre es verfehlt, diesen Weg dadurch rechtfertigen zu wollen, daß man erklärt, die Art, wie die Menschheit im Laufe der Geschichte allmählich sich geistig entwickelt habe, sei auch die natürliche Art der Entwicklung für jedes einzelne heute lebende Individuum, man unterstütze also die natürliche Entwicklung, wenn man den historischen Weg einschlage. Lassen wir dahingestellt, ob diese Behauptung sonst richtig ist; für eine Einführung in die Psychologie ist jedenfalls der historische Weg durchaus nicht der einfachste, geradeste und natürlichste. Eine Geschichte der Psychologie ist natürlich für den Psychologen äußerst interessant; aber auf den Anfänger wirkt die Mannigfaltigkeit der Meinungen und Betrachtungsweisen, die ihm in einer historischen Einleitung vorgeführt werden müssen, nur verwirrend. Er taumelt sehr bald ohne Orientierung zwischen einem Trümmerhaufen von Meinungen und allerlei Gegenständen umher und verliert die Zuversicht, sich aus diesem unübersichtlichen Wirrwarr wieder herausarbeiten zu können.[1]

Auch wenn man, um eine feste Orientierung zu erreichen, mit dem historischen Weg eine sachliche Einleitung verquicken wollte, würde dieser Weg immer noch verwickelt und umständlich genug bleiben. Wozu zuerst in Irrtümer hineinführen, aus denen schwer wieder herauszukommen ist? Vom festen Besitz des Richtigen aus werden fremde Irrtümer nicht mehr gefährlich. Sicherheit gegen Verirrungen gibt nicht die Geschichte der Psychologie sondern die sichere Erfassung des wirklichen psychischen Lebens selbst.

Es würde nur einen besonderen Fall der historischen Einleitung in die Psychologie bilden, wenn wir einen allgemeinen Überblick über den heutigen Stand der wissenschaftlichen Psychologie geben wollten, wenn wir also die Hauptprobleme der heutigen Psychologie und die von den verschiedenen neueren Forschern gegebenen Lösungen und

---

[1] Dazu kommt, daß der historische Weg den Leser gerade in solche traditionellen Irrtümer hineinführt und einlebt, die nur der Schule angehören, die im Leben nicht vorkommen, deren Wiederentfernung aber äußerst schwierig ist.

Lösungsversuche vorführten, einteilten und unter verschiedene Schlagworte katalogisierten. Für denjenigen, der in die Psychologie eingeführt werden will, würde eine solche über die heutige Psychologie referierende Darlegung bald langweilig und ermüdend wirken und trotzdem zu nichts nützen, denn sie setzt zu ihrem v o l l e n Verständnis schon eine genauere Bekanntschaft mit den psychologischen Problemen und Streitpunkten selbst voraus. Ohne solche vorausgehende Bekanntschaft wird nur ein halbverstandenes Begriffssystem übermittelt, das zwar bei einiger Mundgewandtheit erlaubt, mit vielen und schönen Worten ü b e r die Psychologie und über psychologische Probleme reich zu reden, das aber nicht vermag, ein urwüchsiges Verhältnis zur Psychologie in dem Leser herzustellen.

Nur der Weg einer s a c h l i c h e n Einführung kann den Leser zur psychologischen Wirklichkeit in ein unmittelbares Verhältnis setzen und ihm den Gegenstand und die Aufgaben der Psychologie aus erster Quelle deutlich machen. Naturgemäß geht eine solche sachliche Einführung von den Anschauungen des täglichen Lebens über das psychische Leben aus. Sie läßt am besten den Gegenstand der Psychologie langsam aus den Gedanken des täglichen Lebens emportauchen, hebt seine Eigenart deutlich hervor und schält ihn immer klarer und klarer aus seinem anfänglichen dunklen Zustand heraus. Sie weist auf die Beziehungen hin, in denen die dauernd vor Augen zu haltende psychische Wirklichkeit zur übrigen Wirklichkeit steht; sie sucht von der Aufgabe und der Methode der Psychologie ein möglichst klares, von allerlei trübenden Vorurteilen freies Bild zu geben, und führt den Leser schließlich mitten in das Gebiet der Psychologie hinein, indem sie durch Festlegung einiger Punkte und Grundlinien eine gegliederte Übersicht über das Gebiet herstellt. So hofft sie am besten eine vorurteilslose und kritische psychologische Betrachtungsweise vorzubereiten und zugleich der Psychologie selbst zu dienen.

I. Teil.
Der Gegenstand, die Aufgabe und die Methoden der Psychologie.

1. Kapitel.
Die Psychologie als selbständige Erfahrungswissenschaft. Gegenstand und Aufgabe der Psychologie.

§ 1. Die Erfahrungswissenschaft. Welche Wandlungen auch die Psychologie durchgemacht hat, und wie verschieden auch heute noch die Meinungen über die Aufgabe und die Methoden der Psychologie sein mögen, immer ist man doch der Ansicht gewesen, daß die Psychologie eine Wissenschaft sei oder sein solle, d. h. daß sie ein möglichst geordnetes und einheitliches System von Erkenntnissen darstellen wolle oder solle. Erkenntnisse sind aber nicht leere Hüllen, sondern sie beziehen sich immer auf bestimmte Gegenstände. Solche Gegenstände können bloß vorgestellte und gedachte sein, d. h. es kann gleichgültig sein, ob diese Gegenstände wirklich existieren oder nicht. Mit solchen bloß vorgestellten oder gedachten Gegenständen hat es z. B. die Mathematik zu tun. Denn die Mathematik hat es als Geometrie mit bloß vorgestellten oder gedachten Raumgrößen zu tun, deren gesetzmäßige Beziehungen sie festzustellen sucht. Solche Punkte, Linien, Dreiecke, Kreise usw., wie sie die Gegenstände der Geometrie ausmachen, gibt es in der Wirklichkeit nicht. Die andere Hälfte der Mathematik, die Arithmetik, hat es mit Zahlen und ihren gesetzmäßigen Beziehungen zu tun; und hier ist es von vornherein deutlich, daß diese Gegenstände nur als Inhalte menschlicher Phantasie vorkommen, also nichts Wirkliches sind.

Die Psychologie hat es, im Gegensatz zur Mathematik, von jeher nicht mit bloß Vorgestelltem oder Gedachtem zu tun haben wollen sondern mit etwas wirklich Existierendem; sie schrieb allem dem, wovon sie redete, Wirklichkeit zu. Sie stellt sich dadurch neben die Naturwissenschaft, die es auch nicht mit bloßen Gedankendingen sondern mit der wirklichen, und zwar der materiellen Welt zu tun haben will. Die Psychologie ist also eine Wissenschaft von etwas Wirklichem.

Es gilt uns heute als selbstverständlich, daß Erkenntnisse hinsichtlich der wirklichen Welt nicht durch bloßes Denken, nicht durch Abwendung des Geistes von der wirklichen Welt, also nicht auf rein rationalem Wege zu gewinnen sind, sondern nur durch Hinwendung zu dieser Wirklichkeit selbst. Die Wissenschaften vom Wirklichen auf rein rationalem Wege gewinnen zu wollen, erscheint uns als notwendig aussichtslos. Nur durch aufmerksame Beobachtung, durch vergleichende und unterscheidende Untersuchung der wirklichen Welt selbst, also durch Erfahrung in diesem Sinne, kann eine Wissenschaft vom Wirklichen ihr Ziel zu erreichen hoffen. Wirklichkeitswissenschaften können nur Erfahrungswissenschaften, nicht rein rationale Wissenschaften sein.

So will denn auch die Psychologie, als eine Wissenschaft von etwas Wirklichem, heute nicht mehr rationale Psychologie sondern durchgängig Erfahrungswissenschaft sein. Es war nicht immer so; man glaubte früher eine Zeitlang, man könnte durch bloßes Denken, durch bloßes gedankliches Zergliedern des Begriffs der Seele zu einem System von psychologischen Erkenntnissen gelangen. Freilich, was man auf diesem Wege erlangt zu haben glaubte, war doch nur erreicht worden durch die unwissentliche Mitwirkung der Erfahrung. Solche geheime Mitwirkung läßt aber die Erfahrung nicht voll zur Wirksamkeit gelangen; deshalb konnten die so gewonnenen Resultate nur sehr unvollkommen sein. Es blieb nichts anderes übrig, als zunächst die Erfahrung als die rechtmäßige Quelle auch der psychologischen Erkenntnis anzuerkennen und sich ihrer Führung anzuvertrauen. Damit ist nicht gesagt, daß nicht etwa eines Tages eine Art rationaler Psychologie möglich sei. Auch die Physik ist ja zunächst notwendig Erfahrungswissenschaft.

Aber nachdem einmal allgemeinste Erkenntnisse hinsichtlich der Beschaffenheit und der Gesetzmäßigkeit der materiellen Welt auf dem Wege der Erfahrung gewonnen sind, kann und ist der Versuch gemacht worden, aus diesen allgemeinsten Erkenntnissen nun auf rationalem Wege die Gesamtheit der Einzelerkenntnisse abzuleiten. Die logischen Vorzüge der Einfachheit, der klaren, übersichtlichen, einheitlichen Ordnung, die ein rationales System zweifellos bietet, werden so der Erfahrungswissenschaft zu nutze gemacht. Es ist von vornherein nicht zu verbieten, daß auch die Psychologie eines Tages die Form einer rationalen oder theoretischen Psychologie annehme, nachdem sie allgemeinste Erkenntnisse gewonnen hat, die eine Benutzung jener logischen Vorzüge gestatten. Freilich sind wir davon heute noch recht weit entfernt, und, was das wichtigste ist, eine solche theoretische Psychologie wäre dann doch keine rationale Psychologie in dem alten Sinne, sondern sie würde sich in den vorangesetzten allgemeinen Erkenntnissen offen und ehrlich auf den festen Boden der Erfahrung gründen.

Fragen wir nun zunächst allgemein: Was wollen denn überhaupt die Erfahrungswissenschaften? Sie wollen, kurz gesagt, die gegebenen Tatsachen der Wirklichkeit in ihrer Beschaffenheit und ihren Veränderungen erkennen und erklären, oder, anders ausgedrückt, sie wollen feststellen, wie beschaffen die Wirklickeit ist und nach welchen Gesetzen die Veränderungen in ihr geschehen, und sie wollen diese Erkenntnisse in ein geordnetes System bringen. Sie sind der Ausdruck des Strebens nach vollständiger und genauer Erkenntnis der Wirklichkeit.

Das Streben nach Erkenntnis der Wirklichkeit überhaupt entsteht jedoch nicht erst in dem Momente, wo eine Erfahrungswissenschaft sich konstituiert. Vielmehr erweckt schon das praktische Leben in jedem einzelnen Menschen dieses Streben. Denn, um auch nur die einfachsten Zwecke seines Wollens verwirklichen zu können, muß der Mensch eine gewisse Kenntnis der Wege haben, auf denen diese Verwirklichung möglich ist; d. h. er muß eine gewisse Kenntnis der wirklichen Dinge, der Individuen und ihrer möglichen Wirkungen auf einander haben. Da ohne die Verwirklichung gewisser Zwecke das Leben, wie es die Menschen leben, unmöglich ist, so nötigt das Leben die Menschen, sich im Laufe der Zeit auch ohne Wissenschaft eine Summe von Kenntnissen auf den verschiedenen Gebieten zu erwerben. Und da die Wissenschaften nicht von Kindern betrieben werden können, so bringt jeder, der eine Wissenschaft beginnt, schon einen gewissen, mehr oder weniger umfangreichen und wertvollen Erkenntnisbesitz mit. Dazu gehören auch die unabhängig von irgend welchen Zwecken zufällig gewonnenen Einsichten über dieses und jenes.

Die Ansichten des täglichen Lebens, die Popularerkenntnisse, gehen der eigentlichen Wissenschaft vorher und bilden ihren Ausgangspunkt. Jede Erfahrungswissenschaft kann nur so beginnen, daß sie zunächst die Ansichten des täglichen Lebens über das betreffende Gebiet der Wirklichkeit sammelt und zum Ausgangspunkt nimmt. Es ist unmöglich, daß sie ganz von vorn beginnt, denn der erwachsene Mensch ist es, der die Wissenschaft schafft, und der Mensch kann sich nicht auf den Standpunkt des Neugeborenen zurückschrauben. Freilich wäre es ein unsinniges Verlangen, zu fordern, die Erfahrungswissenschaft solle nun kritiklos und ohne Prüfung jene Ansichten des täglichen Lebens zur unerschütterlichen Grundlage aller ihrer weiteren Arbeit machen. Vielmehr wird ihre Aufgabe außer in der Ausbreitung der Erkenntnis über das ganze Erfahrungsgebiet auch in der sachlichen Berichtigung und logischen Reinigung der vorgefundenen Populärerkenntnisse bestehen.

Indem die Erfahrungswissenschaft in dieser Weise aus den Erkenntnissen des täglichen Lebens über ein bestimmtes Gebiet der Wirklichkeit hervorwächst, verfährt sie jedoch bei ihrer Arbeit nicht etwa nach gänzlich neuen, zu ihrem Zweck erfundenen Denkgesetzen und Denkverfahren. Sondern sie übt dieselbe Denktätigkeit aus, die jeder im täglichen Leben vollzieht; nur führt sie dieselbe planmäßig und systematisch so weit wie möglich fort und setzt zum nächsten Ziel dieser Tätigkeit allein den Zweck, die Wahrheit zu erkennen. So sucht sie über die beschränkte und stückweise Wirklichkeitserkenntnis des individuellen täglichen Lebens hinaus zu gelangen zu einer möglichst vollständigen, geordneten und einheitlichen Erkenntnis ihres Wirklichkeitsgebietes. Die Erfahrungswissenschaften in ihrer Gesamtheit wollen schließlich die ganze Wirklichkeit überhaupt umspannen und alles Einzelne, alle einzelnen Dinge, Individuen, Vorgänge und Ereignisse der Wirklichkeit als besondere Beispiele einer bestimmten, beschränkten Anzahl von Typen und Gesetzen erkennen.

§ 2. **Die materielle Wirklichkeit.** Die Erfahrungswissenschaften haben die Wirklichkeit zum Gegenstande. Es ist bezeichnend, daß man bei dem Worte: Wirklichkeit zuerst immer an d i e Wirklichkeit denkt, von der ein Teil unmittelbar in der sinnlichen Wahrnehmung gegeben erscheint. Diese vor mir befindliche, räumlich ausgedehnte, in der Zeit dauernde Welt von räumlich gelagerten, farbigen, harten oder weichen, riechenden, schmeckenden, Geräusche erzeugenden Dingen, diese räumliche, materielle Welt ist es, die zunächst dem Worte Wirklichkeit seinen Inhalt gibt.

In der Tat erregt auch diese materielle Welt zunächst das Interresse und die Aufmerksamkeit des einzelnen Menschen, von ihr hängt in mannigfacher Weise sein Wohl und sein Wehe ab. Sie bildet daher auch den ersten Gegenstand des Forschens für den denkenden Menschen. Schon früh hat sich die Kulturmenschheit mit der wissenschaftlichen Erforschung dieser materiellen Wirklichkeit befaßt. Im Laufe der Jahrhunderte ist es bis heute durch die sich anhäufenden Bemühungen unzähliger einzelner außerordentlicher Menschen gelungen, die Beschaffenheit und Gesetzmäßigkeit der materiellen Welt in großem Umfange zu erkennen.

In die Erkenntnis der materiellen Wirklichkeit teilen sich eine Reihe von einzelnen Erfahrungswissenschaften, die sog.

Naturwissenschaften. Über die Beschaffenheit und Gesetzmäßigkeit der Weltkörper überhaupt gibt die Astronomie und
Astrophysik Auskunft. Von dem Himmel wendet sich die
Geologie zu dem einen Weltkörper, der den Schauplatz der
Menschengeschichte bildet, zur Erde und untersucht ihre Beschaffenheit als eines anorganischen Körpers. Den Schimmel-
überzug von Pflanzen und Tieren, der diesen Weltkörper
bedeckt, suchen Botanik und Zoologie zu erkunden. Physik
und Chemie zeigen uns, welche allgemeinen Gesetzmäßigkeiten
die Veränderungen der Körper auf der Erde beherrschen, und
die Biologie bemüht sich, Aufschluß über die Gesetze des
organischen Lebens zu gewinnen. Auch die Vergangenheit,
die Geschichte dieser materiellen Wirklichkeit, den historischen
Verlauf ihrer Veränderungen haben die Erfahrungswissenschaften
mit zähem Eifer so weit wie möglich zu erforschen gesucht.

Die geistige Eroberung der materiellen Welt hat große
Erfolge gehabt und schreitet unaufhörlich fort. Ist das Ziel
auch unendlich, der Siegeslauf des menschlichen Geistes ist
hier nicht mehr durch menschliche Verblendung und Selbst-
sucht aufzuhalten.

§ 3. **Die psychische Wirklichkeit.** Wäre jene materielle
Wirklichkeit, die uns zunächst durch den Klang des Wortes
Wirklichkeit vor Augen gerufen wird, die einzige Wirklichkeit,
so gäbe es für weitere Erfahrungswissenschaften, also auch für
die Psychologie, keinen Raum mehr. Ist nun aber wirklich
die Wirklichkeit mit der materiellen Welt erschöpft; gibt es
außer dem, was die Naturwissenschaften untersuchen, nichts
Wirkliches mehr? Es ist klar, daß mit der Beantwortung
dieser Frage in bejahendem oder verneinendem Sinne die
Psychologie steht oder fällt. Denn würde die Frage verneint,
dann fehlte der Psychologie überhaupt der Gegenstand, den
sie als besondere Wissenschaft untersuchen könnte. Die
nächste Hauptaufgabe ist also, völlig deutlich zu machen,
daß es außer der materiellen Wirklichkeit noch eine andere,
die psychische Wirklichkeit gibt, daß also Psychologie als
besondere Erfahrungswissenschaft möglich ist.

Ausschließliche Gewöhnung an wissenschaftliche Betrachtung der materiellen Welt läßt ja in der Tat leicht die Existenz nicht-materieller Wirklichkeit übersehen. Naturwissenschaftlich gebildete Männer werden sogar unwillig, wenn die Existenz von etwas behauptet wird, das sich mit den Hilfsmitteln der naturwissenschaftlichen Beobachtung nicht greifen läßt; sie glauben sich verpflichtet, gegen solche Behauptungen wie gegen mystische Schwärmerei ankämpfen zu müssen. Es ist also notwendig, zwingend darzutun, daß es psychische Wirklichkeit gibt.

Gehen wir auch hier nicht von den Ansichten aus, die jemand als naturwissenschaftlich gebildeter Mensch hat und ausspricht, sondern besinnen wir uns auf die Gedanken, die jeder im täglichen Leben hegt. Dann müssen wir gestehen, für uns alle besteht schon im gewöhnlichen Leben innerhalb der materiellen, sinnlich wahrnehmbaren Welt oder im Zusammenhang mit ihr eine andere Wirklichkeit, an deren Existenz wir niemals zweifeln. Auch derjenige, der diese Existenz in der wissenschaftlichen Diskussion leugnet, kann nicht umhin, sie dennoch unwillkürlich im täglichen Leben anzunehmen.

Es sind vor allem die Tiere und die Menschen, diese eigenartigen, komplizierten materiellen Gegenstände der sinnlich wahrnehmbaren Welt, mit denen uns etwas anderes in Verbindung zu stehen scheint. Lassen wir dahingestellt, wie es sich mit den Tieren verhält, bleiben wir bei unserer Ansicht vom Menschen, so steht fest, daß jeder annimmt, mit den sinnlich wahrnehmbaren menschlichen Leibern sei während des Lebens eine andere, wenn auch unsichtbare, so doch wirkliche Welt innig verbunden. Und mit jedem einzelnen lebendigen Leib denken wir eine individuell in sich abgeschlossene, nicht sinnlich wahrnehmbare Wirklichkeitssphäre verbunden. Nicht die Existenz dieser Wirklichkeitssphären ist es eigentlich, die ernstlich bestritten wird, sondern vielmehr ihre von der materiellen Wirklichkeit verschiedene Eigenart und ihre gesonderte Bedeutung im Zusammenhang der Gesamtwirklichkeit ist der Gegenstand tiefgreifender Meinungsverschiedenheiten.

Gewiß, man kann, wenn man will, die menschlichen Leiber als bloß materielle, wenn auch etwas komplizierte, Maschinen betrachten, also ignorieren, daß sie gleichsam noch eine andere Seite haben. Tatsächlich stehen ja die Anatomie und Physiologie des Menschen auf diesem Standpunkte, und man kann es gradezu als die Aufgabe dieser beiden Wissenschaften bezeichnen, daß sie uns die Gesetzmäßigkeit des Baues und der Tätigkeit jener komplizierten materiellen Maschinenart, die wir menschlichen Körper nennen, enthülle. Aber im Grunde ist sich doch jeder dabei bewußt, daß er damit etwas ignoriert, was tatsächlich vorhanden ist. Mag er das noch Vorhandene als einen überflüssigen phosphoreszierenden Nebel bezeichnen, so ist doch ein solcher Nebel auch etwas Wirkliches; mag er überflüssig sein oder nicht, wenn er nur existiert.

Machen wir uns klar, was es denn bedeuten würde, wenn wir wirklich im täglichen Leben die Menschen als bloße materielle Maschinen betrachten wollten, etwa so, wie wir eine Taschenuhr oder einen elektrischen Straßenbahnwagen betrachten. Wir müßten annehmen, daß ein Mensch, mit dem wir sprechen, nur als materieller Körper da ist, daß er uns nicht sieht, daß er nicht hört, was wir sprechen, daß nur gewisse materielle Vorgänge in seinem Körper stattfinden; daß er erst recht nichts vorstellt, absolut nichts denkt, und Gefühle bei ihm überhaupt nicht vorkommen. Und daß er wiederum, wenn er uns antwortet, nichts will und erstrebt, sondern daß nur körperliche Vorgänge in seinem Körper eintreten; daß er absolut nichts denkt oder vorstellt, absolut nichts fühlt, daß also nur völlig gedankenlos, gefühllos und willenlos Sprechbewegungen an seinem Körper stattfinden. Nun mag dergleichen bei Menschen häufiger vorkommen, als man denkt, aber es wäre doch offenbar eine übertriebene Behauptung, daß es bei allen Menschen und immer sich so verhalte. Sondern wir werden Recht haben, wenn wir dabei bleiben, anzunehmen, es stehe mit jedem sichtbaren, lebendigen menschlichen Leib ein individuell in sich ab-geschlossenes seelisches Leben in Verbindung. Denn es ist offenbar, die Menschen sind nicht nur einfach da, wie andere materielle Objekte, sondern sie nehmen auch ihre Umgebung und ihren eigenen Körper wahr, sie stellen allerlei, was sie gerade nicht wahrnehmen, vor; sie wissen vom Vergangenen und Zukünftigen; sie fällen Urteile und ziehen Schlüsse; sie fühlen Gefallen oder Mißfallen; sie nehmen fühlenden Anteil an der materiellen Welt, an anderen Menschen oder an sich selbst; in ihnen drängen und stürmen Strebungen und Leiden-schaften; sie setzen sich bewußt Ziele ihrer Tätigkeit, sie wählen die geeigneten Mittel zu ihrer Verwirklichung aus und verwirklichen mit Bewußtsein ihres Tuns das Gewollte. Von einer bloß materiellen Maschine dagegen glauben wir n i c h t, daß sie sich selbst und die umgebenden materiellen Dinge wahrnehme, daß sie andere nicht wahrgenommene Objekte vorstelle, Urteile fälle, Schlüsse ziehe, Gefühle der Zu- oder Abneigung habe, leidenschaftlich strebe, wünsche, wähle, Ent-schlüsse fasse und mit Bewußtsein vorgesetzte Zwecke ver-wirkliche.

Wenn wir nun auch im täglichen Leben die Annahme, die anderen Menschen seien nichts weiter als komplizierte materielle Maschinen, nicht in einen praktischen Glauben um-zuwandeln vermögen, so könnten wir doch t h e o r e t i s c h dazu genötigt sein. Man könnte darauf hinweisen, daß die Existenz psychischen Seins und Geschehens bei anderen Menschen nicht mit absoluter Sicherheit zu erweisen, sondern höchstens sehr wahrscheinlich gemacht werden kann. Dann ist doch der Glaube, daß es überhaupt nichts Psychisches in der Welt gebe, unmöglich. Zunächst würde ein solcher Glaube sich selbst widersprechen. Ein Glaube, also auch der Glaube an die Nichtexistenz psychischer Wirklichkeit, ist ja selbst kein materielles Geschehen, sondern ein eigenartiger psychischer Tatbestand. Indem jemand also seinen Glauben an die Nichtexistenz von Psychischem behauptet, bejaht er

damit zugleich die Existenz von etwas Psychischem. Aber
auch sonst ist es unmöglich, die Existenz des eigenen
psychischen Seins und Geschehens zu leugnen und sich selbst
im Ernste für eine bloße materielle Maschine zu halten. Denn
wer kann leugnen, daß er selbst empfindet, vorstellt, wahrnimmt, denkt, glaubt, fühlt und will! Dieses Empfinden, Vorstellen, Wahrnehmen, Denken, Glauben, Fühlen, Wollen ist
aber an und für sich kein materielles Geschehen, sondern etwas
Psychisches. Sein eigenes psychisches Sein und Geschehen
muß also jeder notgedrungen anerkennen und damit zugeben,
daß er mehr ist als eine rein körperliche Maschine.

Die Psychologie als Erfahrungswissenschaft will ein Gebiet
der Wirklichkeit in seiner Beschaffenheit und Gesetzmäßigkeit
erkennen. Wir haben hier außer der materiellen Wirklichkeit
noch etwas anderes Wirkliches konstatiert, das den Gegenstand einer besonderen Erfahrungswissenschaft bilden kann.
Das, was die Maschine vom Menschen unterscheidet, das,
was außer dem materiellen lebendigen Leib des Menschen
noch vorhanden ist und von uns im täglichen Leben immer
als vorhanden gedacht wird, dies außer der materiellen Welt
noch vorhandene Wirkliche kann den Gegenstand einer besonderen Wissenschaft bilden. Und diese Wissenschaft ist
eben die Psychologie. Wir nennen dies Wirkliche die
psychische Wirklichkeit und wollen nun im folgenden
diese psychische Wirklichkeit in ihrer Eigenart immer deutlicher
vor Augen führen. Zugleich dient alles folgende dazu, die
Existenz einer solchen psychischen Wirklichkeit immer sicherer
zu Bewußtsein zu bringen.

§ 4. **Praktische Menschenkenntnis und Psychologie.**
Wir bleiben schon im gewöhnlichen Leben nicht dabei stehen,
bloß die Existenz individuellen Seelenlebens anzuerkennen,
sondern werden durch die praktischen Verhältnisse und durch
theoretisches Interesse dazu gedrängt, uns auch eine gewisse
Kenntnis dieser psychischen Wirklichkeit im einzelnen zu verschaffen. Wir suchen aus den sinnlich wahrnehmbaren
Äußerungen der Menschen, aus ihren Mienen, Gebärden,

Worten und Handlungen ihre augenblickliche oder dauernde psychische Beschaffenheit zu erkennen, ihre augenblicklichen oder dauernd vorherrschenden Gedanken, Gefühle, Stimmungen, Absichten und Willensentscheide zu erraten. Dadurch gewinnt jeder im Laufe seines Lebens ein mehr oder minder umfangreiches Wissen um wirkliches psychisches Leben und dessen Gesetzmäßigkeit. Es sammeln sich Bilder von allerlei Persönlichkeiten an, es entsteht eine Kenntnis von der Beschaffenheit und der Zusammensetzung des psychischen Geschehens in ihnen und ein Wissen von allerlei Möglichkeiten, wie auf dies psychische Geschehen eingewirkt und eine bestimmte Änderung in ihm hervorgerufen werden kann. Und diese gleichsam von selbst entstehende praktische Menschenkenntnis ist, darauf sei schon hier aufmerksam gemacht, kein Wissen um m a t e r i e l l e s Sein oder Geschehen, kein Wissen um materielle Gehirnvorgänge. Von solchen Gehirnvorgängen braucht der Menschenkenner auch nicht das Geringste zu wissen; sondern es ist ein Wissen um etwas nicht sinnlich Wahrnehmbares, um etwas der p s y c h i s c h e n Wirklichkeit Angehöriges.

Schließlich ist das, was uns am Menschen im täglichen Leben eigentlich interessiert und unsere unmittelbare Gefühlsanteilnahme erweckt, nicht so sehr seine äußere, sinnlich wahrnehmbare Erscheinung als solche, sondern vielmehr grade jenes mit diesem Leibe verbundene p s y c h i s c h e Sein und Leben. Dies ist es, was durch den menschlichen Körper hindurch unsere Aufmerksamkeit erregt, was den Gegenstand unserer Lust oder Unlust, unserer Freude oder Trauer, unserer Hoffnung und Furcht, unserer Zu- oder Abneigung, unserer Billigung oder Mißbilligung ausmacht. Und zwar erregt es nicht allein deshalb unser Gefühl, weil aus ihm förderliche oder schädliche Folgen für uns hervorgehen können, sondern schon an und für sich ist die Kraft oder die Schwäche, der Reichtum oder die Armut, die klare Einheit oder das chaotische Durcheinander des Seelenlebens anderer Personen Gegenstand lebhafter Gefühle, sei es ästhetischer, sei es ethischer

Art.[1] Auch hier ist zu beachten, daß nicht etwa Gehirnvorgänge oder materielles Sein oder Geschehen irgend welcher Art sondern eben jenes psychische Sein oder Geschehen das ist, was uns gefällt oder mißfällt. Der ästhetisch oder ethisch Genießende oder Wertende braucht von Gehirnvorgängen gar nichts zu wissen.

Es gibt noch einen besonderen Grund, der dem Menschen die psychischen Vorgänge in anderen Menschen zu äußerst interessanten Ereignissen macht. In den anderen Menschen sieht er das Spiegelbild seiner selbst; er möchte von ihnen beachtet und hochgewertet werden. Er hält es im Zusammensein mit anderen Menschen nicht aus, blos da zu sein; ein blinder Drang treibt ihn fast unwiderstehlich, Eindruck auf sie zu machen, ein möglichst günstiges Bild seiner selbst in ihnen zu erzeugen. Mit intensiver Aufmerksamkeit verfolgt er daher das psychische Leben anderer im Hinblick auf die Art dieses Eindrucks. So spielt denn die Rücksicht auf das Bild der eigenen Person in anderen bei den meisten Menschen fortwährend eine große Rolle. Es kommt hier nicht darauf an, daß diese Rücksicht außerordentlich erzieherisch wirkt, daß sie auch mannigfache Auswüchse und Verirrungen hervorbringt, sondern nur darauf, daß sie den Menschen treibt, schon im täglichen Leben sehr häufig psychisches Geschehen zum Gegenstand seines Vorstellens, Denkens und Fühlens zu machen. Auch hier ist das, was den eigentlichen Gegenstand seiner Aufmerksamkeit und seines lebhaften Interesses bildet, nicht das Geschehen im Gehirn anderer Menschen, überhaupt nichts Materielles sondern etwas Psychisches.

War in den betrachteten Fällen das psychische Sein und Geschehen als wirklich gedacht und als solches Wirkliche Gegenstand des Wissens und Fühlens, so ist es in einem großen Teile der Kunst und des Kunstgenusses zwar auch Gegenstand unserer Gefühlsanteilnahme, aber die Frage nach

---

[1] Vgl. Lipps, *Grundlegung der Ästhetik*, II. Abschnitt S. 96 ff. u. Lipps, *Ethische Grundfragen*, S. 12 ff.

seiner Wirklichkeit bleibt hier außer Betracht. Sowohl in der Dichtkunst wie in der bildenden Kunst sind vorwiegend menschliche Charaktere und ihre psychischen Erlebnisse, ihr inneres Sich-Befinden, Streben und Tun Gegenstände unseres Gefühls. Sei es gegenüber einer Bühnendarstellung, sei es beim Lesen von Romanen, Novellen, Gedichten, sei es beim Anblick von plastischen oder malerischen Kunstwerken, welche Menschen darstellen, überall wird uns hier ein Sich-Fühlen, ein Erleben, Streben und Tun zum eigentlichen Gegenstand unseres Genusses dargeboten. Freilich zur eigentlichen Vorstellung wird uns hier das psychische Leben nicht während des ästhetischen Genusses[1], sondern erst, wenn wir darüber reflektieren und uns kritisch betrachtend verhalten. Aber das tun wir ja häufig genug und lernen es schon in der Schule. Es ist überflüssig, zu bemerken, daß wir, wenn wir von den Charakteren eines Dramas, ihren Erlebnissen, Absichten und Gesinnungen sprechen, nicht die Gehirnvorgänge oder sonstige materielle Vorgänge zu schildern meinen.

Wegen der mannigfachen Bedeutung, die das psychische Sein und Geschehen im täglichen Leben für uns hat, bleibt es nicht dabei, daß wir Psychisches nur zum Gegenstand unseres Vorstellens, Denkens und Fühlens machen, sondern wir machen es auch fortwährend zum Gegenstand unseres Wollens oder Nichtwollens. Wie mannigfach benutzt der Mensch seine praktische Menschenkenntnis in ausgiebigster Weise, um in anderen Menschen bestimmte psychische Erlebnisse herbeizuführen, zu verhindern, zu steigern oder herabzudrücken! Überall sehen wir die Menschen bemüht, das psychische Leben anderer Menschen zu beeinflussen, in ihnen ein bestimmtes Wahrnehmen, Vorstellen, Denken, Glauben Fühlen, Wollen und Tun zu erwecken. Hier spricht einer, dort schreibt einer, dort werden Zeitungen, Bücher, Plakate gedruckt; dort werden Schaufenster hergerichtet, anderswo Statuen und Bilder aufgestellt und Musik gemacht; in den

---

[1] Vgl. Lipps, *Grundlegung der Ästhetik*, S. 125.

Straßen, Theatern, Konzerten, auf Bällen und in Gesellschaften befleißigen sich die Menschen bestimmter Haltung, bestimmter Kleidung, bestimmter Mienen und Geberden und Handlungen. Und wozu das alles; was ist der nächste Zweck? Etwa Gehirnvorgänge in anderen Menschen hervorzurufen? Daran denkt keiner. Sehen wir von allen weiter liegenden Zwecken ab, so wollen die Menschen durch all dieses Treiben das psychische Leben der anderen Menschen beeinflussen. Nicht nur der Erzieher und Lehrer, der die jungendlichen psychischen Individuen leitet und fördert, nicht nur der Gesetzgeber und Strafrichter, der in das psychische Leben Erwachsener nach bestimmter Richtung eingreift, nicht nur der Arzt, der die Kranken psychisch behandelt, nicht nur der Künstler und Dichter, der den Menschen die höchsten Genüsse bereiten will, nicht nur der Kaufmann und Fabrikant, der durch Schaufenster und Reklame einen bestimmten Glauben und ein bestimmtes Streben in den Menschen erwecken möchte, sondern jeder, der überhaupt mit einem anderen Menschen spricht oder der auch nur durch sein äußeres Sein und Verhalten auffallen will, sucht auf das psychische Leben anderer Menschen einzuwirken. Niemand kann es, solange er unter Menschen lebt und mit ihnen verkehrt, vermeiden, ihr psychisches Leben zu beeinflussen. Geht man durch die Straßen einer Stadt, so stürmen von allen Seiten die Bestrebungen anderer Menschen, unser Seelenleben in irgend einer Weise zu beeinflussen, in tausendfacher Form auf einen ein. Gewiß vergreifen sich oft die Menschen in ihren Mitteln und erreichen die Wirkung nicht, die sie beabsichtigen. Aber es gelingt ihnen auch oft genug, sogar eine große Menge von Menschen durch ihr Verhalten zu beeinflussen und so ihre Zwecke zu erreichen. Beweis dafür ist z. B. die außerordentlich große Bedeutung, die eine geschickte Reklame im wirtschaftlichen Konkurrenzkampf hat. Wieviel praktische Psychologie steckt in der Einrichtung eines großen Kaufhauses!

Ein vielfach verflochtenes System zahlloser Bestrebungen, die auf Beeinflussung psychischen Lebens gerichtet sind, verknüpft also die einzelnen psychischen Individuen untereinander. Und in jedem dieser so verknüpften Individuen ist schon im gewöhnlichen Leben ein mehr oder minder umfangreiches und genaues Wissen um psychisches Sein und Geschehen vorhanden.

§ 5. Praktische Menschenkenntnis und die Geschichtswissenschaften.[1]

Nicht nur im Leben und in der Kunst bieten sich uns menschliche Persönlichkeiten mit bestimmten inneren Erlebnissen und Tätigkeiten dar. Wir hören und lesen auch von Menschen und Menschenrassen, die uns im Leben nicht begegnet sind, die an räumlich entfernten Orten sich befinden. Diese Menschen und ihre Erlebnisse, ihre Gefühle und Tätigkeiten können wir uns wiederum nur vorstellen und verständlich machen auf Grund der praktischen Menschenkenntnis, die wir im persönlichen Verkehr mit Menschen im Laufe unseres Lebens gewonnen haben. Und ganz analog verhält es sich, wenn es sich darum handelt, zeitlich ferne Menschen, also vor allem die früher dagewesenen Menschen und Menschengeschlechter, uns in ihrem Denken, Fühlen, Wollen und Tun vorzustellen und verständlich zu machen. Es lassen sich ja diese vergangenen individuellen Persönlichkeiten und ihre psychischen Erlebnisse nicht aufbewahren und getreu abbilden. Nur sinnlich wahrnehmbare Zeichen können uns Mitteilung von ihnen geben. Und diese Zeichen müssen wir deuten; wir können sie nicht verstehen, wenn wir nicht einen Vorrat von psychologischen Kenntnissen haben, aus dem wir an der Hand jener Zeichen uns jene vergangenen Menschen in ihrem Denken, Fühlen, Wollen und Tun erst aufbauen müssen. Was wir uns auf Grund jener Zeugnisse und Zeichen vorstellen, das sind natürlich hier wiederum im letzten Grunde nicht materielle Dinge und Vorgänge, insbesondere keine Gehirnvorgänge bestimmter Art, sondern eben jenes psychische Sein und Geschehen, dessen Existenz uns allen im täglichen Leben völlig sicher steht.

[1] Vgl. Sigwart, *Logik*, II. Bd. II. Aufl. S. 599 ff.

Die Geschichtswissenschaften, soweit sie nicht die Geschichte der Natur feststellen wollen, gehen aus dem Streben hervor, die früher lebenden Menschen in der Eigenart ihres Denkens, Fühlens, Strebens und Sprechens und in ihren Taten zu erkennen, möglichst so, wie sie wirklich waren, mit Abscheidung alles Mythologischen und Sagenhaften. Sie wollen genau wissen, wie und was die Menschen früher gedacht, gefühlt, gestrebt, gehandelt und gesprochen haben; sie wollen weiterhin wissen, durch welche Einflüsse die Menschen dazu gekommen sind und was im Laufe der Zeit eine Änderung ihres Denkens, Fühlens, Strebens und Handelns bewirkt hat. Freilich will die Geschichtswissenschaft auch gelegentlich die Beschaffenheit materieller Objekte und Ereignisse genau erforschen, aber niemals um ihrer selbst willen, sondern entweder nur als Produkte menschlicher psychischer Tätigkeit oder aber als Faktoren, die auf das psychische Leben vergangener Menschen in irgend einer Weise eingewirkt haben. Dieses psychische Leben vergangener Menschen bildet den Schwerpunkt und die Hauptsache ihres Interesses. Deshalb heißen die historischen Wissenschaften ja auch Geisteswissenschaften. Das, was also der Historiker eigentlich darstellen will, ist etwas Psychisches. Dazu braucht er natürlich eine genaue Kenntnis des Psychischen, wenn nicht in der Form von wissenschaftlicher Psychologie, so doch in der Form reicher und genauer praktischer Menschenkenntnis. Aber nicht nur, um den eigentlichen Gegenstand seiner Wissenschaft darstellen zu können, sondern auch schon zur Gewinnung seiner Resultate braucht er ein umfangreiches psychologisches Wissen. Den Ausgangspunkt der historischen Forschung bilden gewisse Kunstprodukte oder Schriftstücke. Um aber zunächst zu erkennen, wer diese Produkte oder Schriften verfertigt hat, was sie bedeuten und was damit gesagt sein soll; weiterhin, ob das, was in den Schriftstücken gesagt ist, auch wahr ist, oder ob vielleicht der Verfasser derselben lügt oder ohne sein Verschulden zu Irrtümern verleitet worden ist usw. usw., zu allem diesem gehören schon weitgreifende Über-

legungen über die psychischen Eigenschaften, über das Denken,
Fühlen, Wollen und Handeln von Menschen, d. h. es gehören
dazu psychologische Überlegungen. Will dann die Geschichtswissenschaft auch die Änderungen, die sich im Laufe
der Zeit bei ganzen Menschengruppen im Denken, im Geschmack und in der Kunst, in den Sitten, Religionen, Sprachen
usw. einstellen, verständlich machen, so muß sie sich dabei
stützen auf die Art, wie im einzelnen Menschen auf Grund
seiner Anlagen, Neigungen und bestimmter Erlebnisse sein
Denken, Fühlen, Streben, Tun und Sprechen sich ändert; sie
muß sich stützen auf die Gesetze, nach denen solche Änderungen in einzelnen sich durch Nachahmung oder Zustimmung
auf die mit diesen Menschen in Verkehr stehenden anderen
Menschen immer weiter und weiter ausbreiten. Sie muß sich
also auf psychische Tatsachen und die psychologischen Gesetze der Tradition stützen. Mag der Historiker die vorhandene wissenschaftliche Psychologie mißachten oder sie
als noch nicht vollkommen genug für seine Zwecke betrachten,
tatsächlich benutzt er überall psychologisches Wissen, nur
eben das psychologische Wissen, das er sich unwillkürlich im
Laufe seines Lebens erworben hat. Ob dieses Wissen ohne
besondere Prüfung genügen kann, ist eine andere Frage. Prüft
man es aber in umfassender Weise, so treibt man eben damit
notwendig wissenschaftliche Psychologie.

Auf jeden Fall macht sowohl der rezeptive, empfangende
wie der produktive, forschende Historiker fortwährend psychisches Sein und Geschehen und nicht Gehirnvorgänge zum
Gegenstand seines Denkens.

§ 6. Verschwiegene Voraussetzungen der praktischen Menschenkenntnis und ihrer Anwendung.

Eine psychische Wirklichkeit existiert. Ihre Existenz im
Ernste zu leugnen, ist unmöglich; nur wer sich selbst miß-
versteht, vermag in Worten eine solche Leugnung auszusprechen.
Im täglichen Leben zweifeln wir nie an der Existenz dieser
psychischen Wirklichkeit, vielmehr erwerben wir uns unwillkürlich eine gewisse Kenntnis derselben und verwerten dies

unser Wissen in mannigfachster Weise. Die Erfolge, die wir dabei erringen, zeigen, daß jene Kenntnis nicht durchaus falsch ist, daß sie sich vielmehr in großem Umfange als richtig bewährt. Dann muß aber eine Wissenschaft von der psychischen Wirklichkeit möglich sein, denn dazu braucht nur planmäßig und systematisch dieses Wissen des täglichen Lebens ausgedehnt, korrigiert und gereinigt zu werden. Auch die Voraussetzungen, die dazu erforderlich sind, sind dieselben, die auch der praktischen Menschenkenntnis und ihrer Anwendung logisch zugrunde liegen und die berechtigt erscheinen, in dem Maße, als sich die praktische Menschenkenntnis bewährt.

Die Voraussetzungen der praktischen Menschenkenntnis sind dreifacher Art. Im täglichen Leben gehen wir bei der Erkenntnis des psychischen Lebens anderer Menschen notwendig von den sinnlich wahrnehmbaren materiellen Körpern und ihren bestimmtbeschaffenen, sinnlich wahrnehmbaren Lebensäußerungen, also bestimmtbeschaffenen Worten, Haltungen, Stellungen, Gebärden, Mienen und Handlungen aus, um aus ihnen die Existenz bestimmter nicht sinnlich wahrnehmbarer Gedanken, Gefühle, Absichten und Willensentschlüsse zu konstatieren. Dazu sind wir aber logisch berechtigt n u r dann, wenn vorausgesetzt ist, daß zwischen bestimmten körperlichen Zuständen und Vorgängen und bestimmtem geistigen Sein und Geschehen ein gesetzmäßiger Zusammenhang besteht, derart, daß bestimmtes geistiges Sein und Geschehen sich immer in bestimmten körperlichen Stellungen und Bewegungen äußert. Gäbe es keinen solchen gesetzmäßigen Zusammenhang, so könnte mit einem bestimmten körperlichen Zustand oder Vorgang jedes beliebige geistige Sein und Geschehen zeitlich zusammentreffen, und der körperliche Zustand könnte unmöglich eindeutiges Zeichen für bestimmtes seelisches Erleben sein. Freilich, auch wenn ein gesetzmäßiger Zusammenhang zwischen den seelischen Vorgängen und den körperlichen Lebensäußerungen besteht, braucht nicht jeder e i n z e l n e n körperlichen Lebensäußerung notwendig nur ein einziger bestimmter seelischer Vorgang zu entsprechen; auch dann kann vielmehr eine Lebensäußerung mehrdeutig sein. Aber doch nur innerhalb derjenigen Grenzen, in denen aller Rückgang von Wirkungen auf ihre Ursachen mehrdeutig sein kann.

Die zweite Voraussetzung, die logisch der praktischen Menschenkenntnis zugrunde liegt, ist die, daß das psychische Sein und Geschehen ein gesetzmäßiges und in den verschiedenen Individuen im Grunde gleichartiges ist. Wir nehmen z. B. in unserem praktischen Verhalten zu den anderen Menschen ohne weiteres an, daß sie uns wiedererkennen müssen, wenn sie uns vor kurzem mehrere Male gesehen haben; oder daß ihnen bestimmte Erlebnisse oder bestimmte Eingriffe in ihren Körper notwendig Unlust bereiten; oder daß sie alle ohne Ausnahme bestimmte Zwecke erstreben, daß sie dann natürlich auch die ihnen bekannten Mittel zur Verwirklichung derselben erstreben und, wenn es geht, diese Mittel auch verwirklichen. Darin liegen aber die beiden Voraussetzungen, daß überhaupt unter sonst gleichen Umständen auch im psychischen Leben das Gleiche eintritt; daß also das psychische Geschehen ein gesetzmäßiges ist, und daß die verschiedenen Menschen gleichartige Züge des psychischen Seins und Geschehens zeigen, trotz aller ihrer individuellen Unterschiede. — Es ist klar, daß diese Voraussetzungen geradezu die Lebensbedingung der Psychologie als Wissenschaft ausmachen. Denn man kann eine Gesetzmäßigkeit des psychischen Seins und Geschehens aufsuchen wollen nur dann, wenn man voraussetzt, daß eine solche Gesetzmäßigkeit besteht. Und die Ergebnisse der Psychologie beanspruchen Gültigkeit in Anwendung nicht nur auf ein einziges Individuum, sondern auf jedes beliebige menschliche Individuum. Damit ist aber die Gleichartigkeit der menschlichen Individuen in ihren psychischen Grundzügen vorausgesetzt.[1]

[1] Im übrigen setzen ja alle äußeren Einrichtungen, die auf das gleichmäßige Verhalten einer großen Anzahl von Menschen rechnen, wie z. B. die Theater, die großindustriellen Fabriken, die Groß- und Kleinhandelsunternehmungen, die Verkehrseinrichtungen, wie Eisenbahn, Trambahn, Dampfschiff, die Existenz gleichartiger Strebungen

Auf fremdes psychisches Sein und Geschehen können wir nur durch äußere Einwirkungen auf die zugehörigen Leiber einen Einfluß ausüben. Unser Verkehr mit anderen Individuen ist körperlich vermittelt. Und diesem Verkehr liegt die Voraussetzung zugrunde, daß bestimmte äußere Einwirkungen unter bestimmten Umständen immer bestimmte psychische Folgen haben. Wenn wir z. B. mit jemandem sprechen, so nehmen wir an, daß er unsere Worte hört und hören muß, falls sein Gehörorgan in Ordnung und seine Aufmerksamkeit nicht anderswo völlig absorbiert ist; wir setzen weiterhin voraus, daß er, mag er sein Deutsch gelernt haben, wo er will, mit den gehörten Worten regelmäßig einen bestimmten Sinn verbindet, daß er also durch das Hören der Worte zur Vorstellung des durch die Worte Bezeichneten veranlaßt wird.

Die Voraussetzungen, welche die Psychologie als Wissenschaft notwendig machen muß, sind also nichts Neues und Unerhörtes, sondern sie werden schon von jedermann im täglichen Leben implicite gemacht und bestätigt gefunden. Erweist sich dann noch die Gewinnung einer psychologischen Erkenntnis als möglich durch den Erfolg, so sind die Voraussetzungen dadurch bestätigt. Die Psychologie ist also selbst zugleich eine Bestätigung dieser Voraussetzungen. Denn wenn sie Gesetzmäßigkeiten des psychischen Seins und Geschehens wirklich findet, so hat sie damit zugleich ihre eigene Voraussetzung bestätigt. Findet sie keine, so sind allerdings die Voraussetzungen zweifelhaft, aber dann gibt es auch keine Psychologie. Die Gefahr, daß die Psychologie sich auf falschen Voraussetzungen aufbaue, besteht also hier gar nicht.

§ 7. **Charakter der praktischen Menschenkenntnis.**

Es könnte nach dem vorangehenden scheinen, als ob wir uns im praktischen Leben schon ein umfangreiches psychologisches Wissen, schon eine Psychologie im eigentlichen Sinne, wenn auch ohne Vollständigkeit, erwürben, so daß dann

und gleichartiger Gesetzmäßigkeit des psychischen Geschehens bei den Menschen voraus. Umgekehrt, zeigt ihr dauerndes Bestehen, daß diese Vorraussetzung berechtigt ist.

einer wissenschaftlichen Psychologie nicht mehr viel zu tun
übrig bliebe. Eine genauere Betrachtung der Beschaffenheit
jener praktischen Menschenkenntnis ergiebt jedoch, daß sie
von einer Psychologie als Wissenschaft noch recht weit entfernt ist.

Es kann jemand eine ausgezeichnete praktische Menschenkenntnis besitzen, also schnell und sicher die Persönlichkeiten,
ihren Charakter usw. erkennen, ihr Inneres sofort durchschauen
und wissen, wie sie sich unter diesen oder jenen Umständen
verhalten werden, ohne daß er doch fähig wäre, diese Persönlichkeiten und Charaktere wissenschaftlich genau und vollständig zu beschreiben und allgemeine Gesetze des psychischen
Geschehens und des Zusammenhangs des psychischen Geschehens mit äußeren Vorgängen zu formulieren. Er besitzt
also dann nicht ein eigentliches Wissen im Sinne der wissenschaftlichen Erkenntnis. Er bleibt in die einzelnen konkreten
Fälle versenkt, ohne dieselben zu analysieren oder sich von
denselben zu allgemeinen Einsichten zu erheben. Beim Anblick bestimmter Menschen, bestimmter Mienen, Haltungen,
Gebärden und Handlungen tritt ihm unwillkürlich eine bestimmt
geartete psychische Persönlichkeit mit bestimmten psychischen
Erlebnissen und Strebungen vor das innere Auge, und zwar
in inniger Vereinigung mit dem, was er sinnlich wahrnimmt.
Und ebenso führt die Annahme, es werde so oder so auf
diesen oder jenen Menschen eingewirkt, sofort ein bestimmtes
psychisches Geschehen als zu erwartendes Resultat dieser Einwirkung vor seinen inneren Blick. Und dieses unwillkürliche
Vorstellen kann völlig richtige Ergebnisse haben. Diese Ergebnisse könnten freilich auch hervorgehen aus einem wirklichen Schlußverfahren. Es ist, als ob der Menschenkenner
im Besitze allgemeiner Einsichten über psychische Persönlichkeiten und ihre Erlebnisse wäre und nun im einzelnen konkreten
Falle durch Einsetzung der Besonderheiten des gegebenen
Falles aus jenen allgemeinen Einsichten Schlüsse zöge. Tatsächlich brauchen aber solche Schlüsse in seinem Bewußtsein gar nicht stattzufinden; ohne Schlußverfahren kommt er zu

seinen konkreten Erkenntnissen. Man hat gemeint, in solchen
Fällen von einem unbewußten Schlußverfahren sprechen zu
dürfen, von dem nur das Endresultat ins Bewußtsein trete.
Aber diese Meinung ist eine Folgerung aus der unberechtigten
Annahme, die wirklichen Erkenntnisvorgänge, wie sie in dem
wirklichen psychischen Geschehen stattfinden, müßten notwendig mit den idealen, logischen Formen übereinstimmen,
die wir erst konstruieren, wenn wir die Frage nach der zu-
reichenden Begründung der Erkenntnis stellen. Das wirkliche
Denken verläuft jedoch tatsächlich nicht nach dem Maßstabe
des idealen, logischen Begründungszusammenhangs, und es
braucht nicht in dieser Form zu verlaufen. Gerade weil man
das intellektuelle Ideal im wirklichen Geschehen nicht verwirklicht fand, glaubte man es im „Unbewußten" verwirklicht
denken zu müssen. Aber dazu drängt nicht ein objektiver
Grund, sondern nur eine unberechtigte intellektualistische, subjektive Neigung, die überhaupt die Psychologie immer sehr
verdorben hat, indem sie alle psychischen Vorgänge zu intellektuellen Prozessen umzudeuten strebt.

Wie nun genauer jene praktische Menschenkenntnis zustande kommt und sich im einzelnen Fall verwirklicht, das
darzustellen muß der Psychologie selbst überlassen bleiben.
Hier mag es genügen, wenn diese Menschenkenntnis als eine
intuitive Erkenntnis bezeichnet wird, die durch „Einfühlung"
entsteht. Diese intuitive Erkenntnis durch Einfühlung stellt
natürlich nicht einen geheimnisvollen, übernatürlichen Zugang
zu fremden psychischen Individuen und ihren Erlebnissen dar;
sie ist kein direktes Eingreifen und Eindringen in die wirklichen fremden Seelenleben. Zu fremdem Seelenleben ist uns,
wenigstens auf Erden, der unmittelbare Zugang durchaus
versperrt. Wir können uns nur in die fremden Individuen
„einfühlen", d. h. uns in die wahrgenommenen oder gedachten
anderen Leiber unter bestimmten Umständen gedanklich hinein-
versetzen und dann unmittelbar erleben, was wir in solchen
Leibern und unter solchen Umständen erleben, denken, fühlen,
erstreben und tun würden. Und indem wir dann unmittelbar

auf dieses unser gedankliches Erleben zurückblicken, gewinnen
wir ein Bild von dem fremden psychischen Sein und Geschehen, dessen Richtigkeit natürlich davon abhängt, inwieweit
wir die äußere Erscheinung der fremden Menschen und die
besonderen Umstände, in denen sie sich befinden, richtig auffassen; inwieweit wir uns völlig in dieselben hineinzuversetzen
vermögen, und wie reich unsere eigenen Erfahrungen und Erlebnisse sind.   Zu allgemeinen Einsichten über die innere
Gesetzmäßigkeit der psychischen Individuen und ihrer Erlebnisse, also zu einer Psychologie im Sinne einer Wissenschaft
gelangen wir jedoch auf diesem Wege allein noch nicht.   Auch
wenn sich im täglichen Leben unsere Menschenkenntnis zu
allgemeinen Regeln erhebt; wenn wir von anderen Menschen
und durch die Sprache einzelne allgemeine Einsichten in die
psychische Wirklichkeit überliefert bekommen, so entsteht
dadurch zunächst nur ein unvollständiges, bruchstückartiges
Wissen, das meistens einseitig und halbwahr ist und mit sehr
komplizierten Tatsachen operiert, ohne sich um deren genauere Beschaffenheit und Unterscheidung zu kümmern.

Wenn aber auch die praktische Menschenkenntnis noch
keine Wissenschaft ist, so bildet sie doch den Ausgangspunkt
und die immer befruchtende Basis der wissenschaftlichen
Psychologie.   Die intuitive Erkenntnis durch Einfühlung
liefert dem Psychologen vor allem das Material seiner Untersuchung.   Die Einfühlung ist das eigentliche Experiment des
Psychologen; von der Güte und der Treffsicherheit dieses
Experimentes hängt zuerst und vor allem der Wert seiner
Arbeit ab.   Sie schützt ihn vor Verirrung und läßt ihn sofort
die Richtigkeit oder Falschheit einer fremden oder eigenen
psychologischen Behauptung erkennen.   Freilich muß er dann
weiterhin zur Reflexion, Analyse und wissenschaftlichen In-
duktion fähig und gewillt sein, um die praktische Menschenkenntnis zur wissenschaftlichen Psychologie erheben zu können.

§ 8. **Nutzen und Nachteil der praktischen Menschenkenntnis für die Psychologie.**   Zu dem oben bezeichneten
Wert, den die praktische Menschenkenntnis für die Tätigkeit

des Psychologen hat, scheint noch ein besonderer und außerordentlicher Nutzen derselben für die Psychologie hinzu zu kommen. Die Psychologie hat in der Tat den großen Vorzug vor anderen Wissenschaften, daß sie eine vertraute Bekanntschaft mit ihren Gegenständen bei jedem voraussetzen kann; daß sie nicht erst völlig unbekannte Tatsachen aufzusuchen und festzustellen hat, sondern immer auf schon Bekanntes verweisen kann. Dem Erwachsenen ist, wenn er Psychologie zu treiben beginnt, das Tatsachenmaterial dieser Wissenschaft wenigstens im großen und ganzen schon bekannt. Sind also eigentliche Entdeckungen ausgeschlossen, so braucht auch die Psychologie eine Gefährdung schon gewonnener Ergebnisse durch neue Entdeckungen nicht zu fürchten.

Dieser Nutzen der praktischen Menschenkenntnis wird freilich fast wieder ausgeglichen durch die Nachteile, die zugleich damit verbunden sind; so daß man, wie Lotze einmal sagt,[1] vielleicht wünschen möchte, man könnte dem Menschen das psychische Leben mit einem Schlage als etwas Neues vor Augen führen.

Zunächst ist es eine allgemeine Tatsache, daß wir in allem, was uns von Jugend auf bekannt und geläufig ist, die Einzelheiten nicht mehr beachten, sondern uns mit einem ungegliederten Totaleindruck begnügen. Wir merken dann schließlich gar nicht mehr, wie kompliziert manches ist, das wir alltäglich vor Augen haben; es hat sich für uns außerordentlich vereinfacht, wie z. B. ein elektrischer Straßenwagen. So hat auch die praktische Menschenkenntnis den Nachteil, daß wir manche psychische Tatbestände, die wir oft erlebt haben und als Erlebnisse anderer Menschen vorgestellt haben, für sehr einfach halten, daß es uns schwer wird, einzusehen, wie eingehend manche komplizierteren psychischen Vorgänge analysiert werden müssen. Außerdem erscheint das gewohnte psychische Geschehen leicht selbstverständlich und keiner weiteren Erklärung bedürftig. In der Tat hat die Psychologie

---

[1] H. Lotze, *Medicinische Psychologie,* S. 3 f.

immer lange Zeit unanalysierte Komplexe und unerklärte Vorgänge als einfach und selbstverständlich mitgeschleppt. Es ist klar, daß dadurch der Fortschritt der Psychologie sehr gehemmt wird.

Wird sich außerdem jemand, wenn er beginnt Psychologie zu treiben, bewußt, daß er schon aus dem täglichen Leben eine gewisse Kenntnis des zu untersuchenden Tatsachengebietes besitzt, so wird er leicht waghalsig und glaubt, ohne weiteres sogleich in der Psychologie mitreden zu können und durch zuversichtliche Verkündigung seiner augenblicklichen flüchtigen Einfälle die schwierigsten psychologischen Probleme lösen zu können. Hier hat der viele Dilletantismus in der Psychologie seinen Ursprung.

Das Bekannte, Alltägliche, Gewohnte hat seinen Reiz verloren, macht keinen besonderen Eindruck mehr, interessiert nur wenig. Ist man daher mit einem Tatsachengebiet, wie dem psychischen, schon aus dem täglichen Leben im großen und ganzen völlig vertraut, so geschieht es leicht, daß man unwillkürlich sein Augenmerk nicht den gewohnten Tatsachen dieses Gebietes zuwendet, sondern vielmehr dem Außergewöhnlichen, Abnormen und Pathologischen. Der Reiz, den die absonderlichen psychischen Tatbestände ausüben, führt schließlich manche zu dem Glauben, als seien diese Tatsachen das Wichtigste und allein Beachtenswerte für die Psychologie; als könne man die Psychologie mit einem Schlage zur Vollendung bringen, wenn man nur einmal seine ganze Kraft diesen Tatbeständen zuwende. In Wahrheit ist jedoch die wissenschaftliche Untersuchung des Absonderlichen und Pathologischen aussichtslos, solange das Alltägliche und Normale nicht hinreichend geklärt und erkannt ist.

Die Reizlosigkeit des Geläufigen und Gewohnten verleitet weiterhin nicht nur, die Bedeutung des Ungewohnten und Absonderlichen zu überschätzen, sondern auch dazu, dem Geläufigen und Gewohnten dadurch wieder aufzuhelfen, daß man eine sonderbare, unerhörte Theorie über dasselbe aufstellt. Solche paradoxe Theorien tauchen immer wieder in der Psy-

chologie auf und finden eine Zeitlang wegen ihres Reizes
mehr Glauben, als die nicht auf den Reiz des Absonderlichen
spekulierenden, sondern durch die Tatsachen bestimmten objektiven Darlegungen.

So ist es schließlich gerade der Besitz von praktischer
Menschenkenntnis, der eine klare und unbefangene Erfassung
der psychischen Tatsachen im einzelnen auch wiederum sehr
erschwert, so daß geradezu besondere Veranlagung und längere
Übung notwendig ist, um diese Aufgabe der Psychologie be-
friedigend zu erfüllen.

§ 9. **Aufgabe und Definition der Psychologie.** Die
praktische Menschenkenntnis hat also zwar d e n s e l b e n Gegenstand wie die Psychologie; sie bezieht sich auf eine von der
materiellen Welt verschiedene, nicht sinnlich wahrnehmbare,
andere Wirklichkeit, nämlich auf das psychische Sein und Geschehen. Sie ist zugleich die Basis für die Tätigkeit des
Psychologen, aber sie ist noch keine Wissenschaft und hemmt
außerdem sogar die wissenschaftliche Erforschung ihres Gegenstandes in mehrfacher Hinsicht. Die Besinnung auf den Besitz an praktischer Menschenkenntnis, den jeder zur Psychologie mitbringt; die Erinnerung an die vielfältigen Gedanken
und Überlegungen, die schon im praktischen Leben etwas anderes als k ö r p e r l i c h e s, physisches Sein und Geschehen zum
Gegenstand haben, hat uns also zunächst nur hingewiesen auf
etwas, das einen Gegenstand einer Erfahrungswissenschaft
bilden kann, auf eine Welt des Wirklichen, die von der Naturwissenschaft nicht erforscht wird und auch von ihr nicht erforscht werden kann. Eine wissenschaftliche Erforschung dieser
besonderen Welt des Wirklichen kann aber mit Aussicht auf
Erfolg nur durch eine E r f a h r u n g s w i s s e n s c h a f t, nicht durch
reines Denken, geschehen. Denn alles Wissen um das Wirk-
liche muß sich, wie wir früher gesehen haben, auf Erfahrung
gründen. Das D e n k e n ist damit natürlich von der Erfahrungswissenschaft nicht ausgeschlossen, sondern es ist nur d a s
Denken als aussichtslos bezeichnet, das sich von aller Erfahrung emanzipieren will. Die Psychologie ist die Erfahrungs-

wissenschaft von jener psychischen Wirklichkeit. Sie hat also gegenüber dieser Welt des Psychischen die früher bezeichnete Aufgabe der Erfahrungswissenschaften zu lösen. Es ergibt sich demnach als Aufgabe der Psychologie als Wissenschaft: die Erkenntnis der Beschaffenheit und Gesetzmäßigkeit der psychischen Wirklichkeit. Um diese Aufgabe zu erfüllen, hat sie zunächst die komplizierten Tatbestände, die in jedem Momente die psychische Wirklichkeit ausmachen, zu analysieren, d. h. sie hat alle die an oder in der psychischen Wirklichkeit unterscheidbaren Elemente oder Seiten herauszulösen oder aufzuzeigen. Nun sind aber die Elemente oder Seiten in dem psychischen Gesamttatbestande eines Momentes nicht nur einfach gleichzeitig vorhanden, sondern sie sind eigentümlich miteinander verflochten, stehen zueinander in verschiedenartigen Beziehungen. Will also die Psychologie ein richtiges Bild von der wirklichen Beschaffenheit der psychischen Wirklichkeit geben, so muß sie auch diese Verflechtungen oder Beziehungen der Elemente oder Seiten feststellen und hervorheben. Überblickt sie dann den Verlauf des psychischen Lebens in einem längeren Zeitraum und vergleicht die Tatbestände in den verschiedenen Zeiten, so zeigt sich, daß eine abstrakte Grundgestalt durch den ganzen zeitlichen Verlauf hindurchgeht, und daß gewisse konkretere Tatbestände immer wieder in größerer oder geringerer Gleichartigkeit auftreten. Sowohl die Beschaffenheit jener Grundgestalt, wie die gesetzmäßige Gestalt dieser gleichartigen Tatbestände hat die Psychologie dann genau zu bestimmen. Das psychische Leben ändert sich aber, trotz der gleichbleibenden Grundgestalt und trotz der Gleichartigkeit immer wiederkehrender Tatbestände, fortwährend von Moment zu Moment und im Laufe der Zeit. Wie sind diese Änderungen beschaffen, von welchen Bedingungen hängen sie ab, nach welchen allgemeinen Gesetzen erfolgen sie? Das sind die Fragen, deren Beantwortung dann die zweite Hauptaufgabe der Psychologie bildet.

Die psychische Wirklichkeit existiert, so viel wir wissen, nur in individuellen Formen; wenigstens sind uns zunächst

nur einzelne individuelle Seelenleben gegeben. Nur die individuellen Seelenleben können also den Gegenstand der Psychologie bilden. Ein Seelenleben überhaupt, das nicht ein
individuelles wäre, können wir nicht zum Gegenstand der er-
fahrungsgemäßen Forschung machen, weil uns die Erfahrung
ein solches nicht darbietet. Es scheint also, als ob die Psychologie nichts weiter geben könnte und sollte, als eine individuelle Lebensgeschichte, d. h. eine Beschreibung der Beschaffenheit und des Verlaufs eines konkreten einzelnen Seelenlebens mit allen seinen Eigentümlichkeiten; also eine oder
mehrere psychische Biographien. Gewiß wäre eine solche
Aufgabe interessant, wenn auch in Wirklichkeit nicht vollständig
lösbar. Aber sie wäre keine Psychologie, sondern Geschichte,
und zwar Geschichte eines oder mehrerer bestimmter Individuen. Die Psychologie geht, im Unterschiede von der Geschichte, auf das Allgemeine und die allgemeine Gesetzmäßigkeit, d. h. sie sucht möglichst das in allen normalen Individuen gleichartige psychische Sein und Geschehen darzustellen.
Als Erfahrungsmaterial ist ihr zwar immer nur konkret Individuelles
gegeben, wie auch der Physik immer nur konkrete, einzelne
Körper als Ausgangspunkt ihrer Untersuchung vorliegen. Aber
sie bleibt dabei nicht stehen, sondern sieht zu, ob das, was
sie hier findet, Gesetzmäßigkeiten erkennen läßt, die sich auch
bei allen anderen Individuen finden, die also für alle anderen
Individuen auch gelten. Erst wenn sie diese allgemeinen Gesetzmäßigkeiten gefunden hat, kann sie auch die individuellen
Verschiedenheiten klassifizieren und nach ihren Bedingungen
zu erklären suchen. Ja, man kann sagen, wie das individuelle
Seelenleben der Ausgangspunkt der Psychologie ist, so ist es
auch ihr letzter Zielpunkt. Denn darüber darf man sich ja
keinen Täuschungen hingeben, es ist und kann nicht das
eigentliche und letzte Ziel der Psychologie sein, im Besitze
der allgemeinen Gesetzmäßigkeiten ihre Ruhe zu finden; sondern ihren eigentlichen Wert haben doch diese allgemeinen
Gesetzmäßigkeiten nur in ihrer Fähigkeit, uns das wirkliche
psychische Sein und Geschehen, also das individuelle Seelen-

leben kennen zu lehren und verständlich zu machen. Nur gibt
uns die Psychologie nicht eine Erzählung von den mannigfachen konkreten Kombinationen, die in der Zeit tatsächlich
aufeinanderfolgen, sondern sie lehrt uns die immer gleichen
Elemente und die immer gleichen gesetzmäßigen Zusammenhänge und Folgen von Elementen kennen und überläßt uns
die Anwendung dieser Erkenntnisse auf die einzelnen konkreten Erlebnisse der Individuen, die sie freilich früher selbst
in genügendem Maße ausgeführt haben muß, um die Gültigkeit ihrer Erkenntnisse zu erproben. Und bei dieser Erprobung
wird sie individuelle Unterschiede, Modifikationen der Erfolge,
die nach der allgemeinen Gesetzmäßigkeit zu erwarten wären,
antreffen, die ihr dann Gelegenheiten geben können, Typen
von Individuen zu unterscheiden und so eine sogenannte
„differentielle" Psychologie zu begründen. Zunächst aber ist
ihre Aufgabe, die in allen Individuen gemeinsame Beschaffenheit
und Gesetzmäßigkeit der psychischen Wirklichkeit festzustellen.

Die Psychologie hat die psychische Wirklichkeit zum
Gegenstand ihrer Untersuchung. Sie muß also voraussetzen,
daß eine solche psychische Wirklichkeit existiert. Diese Voraussetzung wird niemand als grundlos bezeichnen. Sie bestätigt sich durch die erfolgreiche Psychologie von selbst. Die
obige Aufgabenstellung für die Psychologie schließt aber eine
Frage aus, deren Beantwortung man auch hier und da von
der Psychologie erwartet. Man kann die Existenz der psychischen Wirklichkeit hinsichtlich ihrer Bedingungen, ihres
Anfanges und ihrer Dauer untersuchen wollen; man kann
wissen wollen, ob denn die Seelen entstehen und wieder vergehen, und unter welchen Bedingungen diese Entstehung und
dieser Untergang stattfinden. Besonders die Frage nach der
Unsterblichkeit der Seele hat immer die Menschen sehr interessiert. Aber es kann nicht die eigentliche Aufgabe der Psychologie sein, diese Fragen zu lösen. Denn, erstens reichen
die Erfahrungen nicht aus, um diese Fragen entscheiden zu
können; und dann ist es die Hauptaufgabe der Psychologie
als Erfahrungswissenschaft, dieses nun mal tatsächlich vor-

gefundene Wirkliche, das wir die psychische Welt nennen, in seiner Beschaffenheit und Gesetzmäßigkeit zu erkennen. Jedenfalls bildet diese Aufgabe einen für sich abschließbaren Gegenstand einer Wissenschaft, die man eben bisher Psychologie genannt hat.

Aus der Bestimmung der Aufgabe der Psychologie ist ersichtlich, daß diese Wissenschaft gleichsam aus dem Rohstoff der praktischen Menschenkenntnis ein wirkliches Wissen macht, daß sie die im täglichen Leben gewonnenen zerstreuten empirischen Regeln prüft, korrigiert, planmäßig und systematisch weiterführt und ergänzt; kurz, daß sie die praktische Menschenkenntnis erst zur eigentlichen Wissenschaft vervollkommt. Nun sahen wir, daß die praktische Menschenkenntnis im Leben, in der Kunst und in den historischen Wissenschaften notwendiges Mittel zur erfolgreichen Tätigkeit ist und als solches auch überall verwendet wird. Die Psychologie als gereinigte und vervollständigte praktische Menschenkenntnis muß also große Bedeutung für alle diese Gebiete haben, die sich gewöhnlich noch mit der im täglichen Leben gewonnenen praktischen Menschenkenntnis begnügen. Ja, die vollendet gedachte Psychologie wird für den Erzieher, Lehrer, Juristen, Arzt und Historiker ein unentbehrliches und notwendiges Hilfsmittel sein. Auf die Wichtigkeit, welche der Psychologie für die speziell philosophischen Disziplinen, wie Logik, Ethik und Ästhetik zukommt, auf die Frage nach dem Verhältnis der Psychologie zu diesen Wissenschaften, die ja ebenfalls psychisches Leben untersuchen, werden wir sogleich noch zu sprechen kommen.

Wir haben die Aufgabe der Psychologie bestimmt, indem wir ihren Gegenstand aus der Gesamtwirklichkeit heraushoben und das Ziel der Erfahrungswissenschaften überhaupt für diese psychische Wirklichkeit spezialisierten. Nun pflegt am Anfange der Wissenschaft die Forderung einer vorläufigen Definition dieser Wissenschaft gestellt zu werden. Wir könnten dieser Forderung jetzt nachkommen, indem wir die Psychologie definierten als „die Wissenschaft von der psychischen Wirklichkeit", oder auch als „die Wissenschaft von der Beschaffenheit und Gesetzmäßigkeit der psychischen Welt". Im Zusammenhang mit dem Vorangehenden kann eine solche Definition einen verständlichen vorläufigen Hinweis geben auf das, was Psychologie ist und will. Definitionen am Anfang einer Wissenschaft können ja keine vollständige Antwort auf die Frage geben, was denn diese Wissenschaft enthalte; könnten sie dies, so wäre die Wissenschaft selbst überflüssig. So können denn auch die eben angeführten Definitionen der Psychologie nur für denkschwache Individuen ein wirkliches Ruhekissen bieten; der denkende Mensch wird sich sofort wieder erheben und eine harte Frage nach der andern noch beseitigt wissen wollen. Völlig beruhigt wird aber sein Wissenwollen erst sein, wenn er die vollständige Psychologie selbst sich zu eigen gemacht hat.

Dennoch scheinen mir die gegebenen Definitionen der Psychologie den berechtigten Ansprüchen an eine solche Definition mehr zu entsprechen als diejenigen, die sonst wohl aufgestellt werden. Bezeichnet man etwa die Psychologie als „die Lehre von der Seele", oder als „die Wissenschaft von den Bewußtseinserscheinungen", so sind diese Definitionen weder klarer, noch geben sie ein richtigeres Bild von der Psychologie. Aus ihnen sprudelt vielmehr sofort eine Fülle von Fragen hervor, die ohne weiteres gar nicht beantwortbar sind. Man will wissen, was unter Seele zu verstehen sei; ob man denn von einer unbekannten Seelensubstanz etwas wissen könne; ob man ein Recht habe, die Existenz von Seelen, die in keiner Weise zu erfahren sei, anzunehmen und so von vornherein einen metaphysischen Begriff in die Psychologie hineinzubringen usw. Der Begriff der Seele und seine Berechtigung in der Psychologie wird später noch erörtert werden. Jedenfalls darf dieser Begriff, wenn er ein metaphysischer ist, nicht an den Anfang der Psychologie gestellt werden. In bezug auf die zweite Definition erheben sich die Fragen, was man denn unter Bewußtseinerscheinungen verstehe; ob man das meine, was „dem Bewußtsein erscheint", oder das, was über-

haupt „im Bewußtsein vorkommt"; mit welchem Recht man denn
alles das, was im Bewußtsein vorkommt, als eine „Erscheinung"
bezeichne, die ja notwendig etwas voraussetzt, das als „das
Zugrundeliegende" in ihr erscheint, u. a. m. Es stecken also
in diesen Definitionen eventuell Voraussetzungen, die nicht
ohne weiteres zur Grundlage der Psychologie gemacht werden
dürfen. Daher sind sie für den Anfang der Psychologie ungeeignet. Es würde zu weit führen und ohne fördernden
Nutzen für unseren Zweck sein, wenn wir hier alle vorkommenden Definitionen aufführen und kritisieren wollten. Die
meisten derselben bringen schon einen bestimmten, meist subjektiven Standpunkt zum Ausdruck, der sich nur durch umfangreiche psychologische und erkenntnistheoretische Überlegungen auf seine Berechtigung prüfen läßt. Solche Überlegungen dürfen aber nicht zum Ausgangspunkt der Psychologie
gemacht werden. Bringen wir uns im folgenden zunächst
zum Bewußtsein, welche Voraussetzungen denn die Psychologie
notwendig machen muß und welche nicht.

§ 10. **Voraussetzungslosigkeit der Psychologie.** Die
Psychologie ist die Wissenschaft von der psychischen Wirklichkeit. Es ist also selbstverständlich, daß die Psychologie voraussetzt, es existiere eine psychische Wirklichkeit, und sie sei
dem Menschen wissenschaftlich erkennbar. Ohne diese Voraussetzung hebt sich die Psychologie selbst auf. Gibt es
keine psychische Wirklichkeit, so fehlt der Psychologie der
Gegenstand; gibt es zwar eine solche Wirklichkeit, ist sie
aber für den Menschen wissenschaftlich nicht erkennbar, so
ist die Psychologie als Wissenschaft unmöglich. Diese
Voraussetzung ist also nichts weiter als die Voraussetzung,
daß die Psychologie als Wissenschaft möglich sei.
Die durch die Psychologie zu gewinnenden Erkenntnisse werden
also durch diese Voraussetzung nicht im geringsten beeinflußt; keine einzelne psychologische Einsicht wird durch sie
wahr oder falsch gemacht. Läßt man die Voraussetzung fallen,
so wird nicht eine andere Psychologie möglich, sondern
jede Psychologie unmöglich.

Die Voraussetzung, daß sie selbst möglich sei, macht jede Wissenschaft. Wenn man jedoch von der Wissenschaft Voraussetzungslosigkeit fordert, so meint man damit nicht, daß sie diese Voraussetzung nicht machen dürfe, sondern man verlangt vielmehr, daß sie niemals mit dem Bewußtsein der Berechtigung sich in der Erkenntnis ihres Gebietes durch vorausgenommene, wissenschaftlich nicht verifizierte oder anderen Gebieten entnommene Überzeugungen zu positiven oder negativen Entscheiden bestimmen lasse. Und das mit Recht: es ist widersinnig, noch erst erkennen zu wollen, worüber man schon endgiltig entschieden hat; es ist unehrlich, sich als wissenschaftlicher Forscher aufzuspielen, wenn man den festen Willen hat, um jeden Preis schon fertige Antworten über Fragen zu verkündigen, die man vorgibt, erst objektiv untersuchen zu wollen. Ist man gewillt, sich in einem Entscheid subjektiv bestimmen zu lassen, so darf man nicht vortäuschen, man wolle sich rein objektiv bestimmen lassen.

Daß die Psychologie keinerlei Voraussetzungen dieser Art mache, ist selbstverständlich. Es darf ihr nicht von vornherein unumstößlich diese oder jene psychologische Behauptung als die um jeden Preis zu bejahende feststehen. Außer solchen bewußten Voraussetzungen, die sich auf bestimmte Fragen der Psychologie beziehen, kommen aber leider in der Psychologie immer noch Voraussetzungen vor, die der Metaphysik, der Erkenntnistheorie oder der Physik entnommen sind, und die nun als Grundlage der Psychologie betrachtet werden. Sowohl über das Wesen der Seele und der seelischen Vorgänge wie über die materielle Wirklichkeit und ihre Erkennbarkeit werden bestimmte Ansichten in den Beginn der Psychologie verflochten und zur Bestimmung des Gegenstandes und der Aufgabe der Psychologie benutzt. Die Psychologie hat aber einen berechtigten Anspruch darauf, als selbständige Erfahrungswissenschaft betrieben zu werden, also alle metaphysischen, erkenntnistheoretischen und physikalischen Anschauungen als letzte Grundlagen ihrer Arbeit abzulehnen.

Wenn z. B. der Psychologie von vornherein die Aufgabe gestellt wird, die psychischen Erscheinungen zu untersuchen und auf das ihnen zugrunde liegende Reale zurückzuführen, so liegt offenbar in dieser Bestimmung schon eine metaphysische oder erkenntnistheoretische Ansicht enthalten, die nicht ohne weiteres selbstverständlich ist. Folgen wir den Antrieben, die uns aus dem täglichen Leben auf eine Wissenschaft von der psychischen Wirklichkeit hindrängen, so haben wir zunächst gar keinen Grund zu der Annahme, daß das psychische Leben, so wie es uns gegeben ist, nichts eigentlich Reales sei; daß es aus einem nebelhaft unwirklichen Stoff bestehe; daß es, um real sein zu können, aus einem anderen, einem festen, kernigen, greifbaren Stoff gemacht sein müßte. Freilich wird demjenigen, der bisher sich mit der wissenschaftlichen Untersuchung nur der materiellen Wirklichkeit befaßt hat, jene Aufgabenbestimmung leicht zusagen. Denn er hat sich gewöhnt, die greifbare materielle Wirklichkeit als die einzige Wirklichkeit, alles Psychische dagegen als nichts eigentlich Wirkliches, sondern als bloßen Schein zu betrachten. Es wird ihm daher einleuchten, daß das Psychische nur dann Halt und Festigkeit gewinne, wenn man ihm einen Träger von derberer Realität zugrunde lege. Allerdings wird er sich dieses zugrunde Liegende offen oder heimlich als Gehirn oder Gehirnvorgänge denken. Dazu kommt außerdem die Neigung, die Aufgabestellung für die Psychologie einfach nach dem Vorbild der Physik vorzunehmen. Man meint, wie die Physik die physischen Erscheinungen zum Ausgangspunkt nehme, um an ihrer Hand das zugrunde liegende materielle Wirkliche zu konstruieren, so habe auch selbstverständlich die Psychologie das Psychische als Erscheinung eines zugrunde liegenden Realen aufzufassen. Es ist aber ohne weiteres nicht gerechtfertigt, die Physik als Vorbild für die Psychologie zu betrachten. Und die Gewohnheit, nur die materielle Wirklichkeit als eigentlich real aufzufassen, ist eben eine schlechte Gewohnheit, die man sich abgewöhnen muß. Von diesen Momenten abgesehen aber kann jene Begriffsbestimmung nur durch metaphysische oder durch erkenntnistheoretische Überlegungen gerechtfertigt werden. Nun sind zwar metaphysische und erkenntnistheoretische Gedanken nicht an sich verbotenes Gift, wie man manchmal zu meinen scheint, sondern sie allein geben die Vollendung und den Abschluß allen wissenschaftlichen Denkens. Aber sie geben eben den Abschluß, sie setzen die anderen Wissenschaften voraus und dürfen nicht an den Anfang der Einzelwissenschaften gestellt werden. Schon die große Meinungsverschiedenheit, die grade auf metaphysischem und erkenntnistheoretischem Gebiete herrscht, sollte davon abhalten, Einzelwissenschaften auf solche unsichere Fundamente zu bauen, wenn auch natürlich jeder einzelne seine eigenen erkenntnistheoretischen und metaphysischen Ansichten für die allein richtigen zu halten geneigt ist.

Jedenfalls ist es also nicht gerechtfertigt, die Psychologie von vornherein als die Wissenschaft von den psychischen Erscheinungen eines zugrunde liegenden Realen zu bestimmen. Aber eine solche Bestimmung greift nicht nur vor, macht nicht nur erkenntnistheoretische und metaphysische Voraussetzungen zur Grundlage der Psychologie, sondern sie ist auch überhaupt unberechtigt, denn es hat keinen Sinn, die psychische Wirklichkeit als eine Welt der Erscheinungen zu betrachten, also den Begriff der Erscheinung auf das psychische Sein und Geschehen in der Weise anzuwenden, wie es hier geschieht. Um das nachzuweisen, ist jedoch schon eine genauere Kenntnis der psychischen Wirklichkeit notwendig, als wie wir sie hier voraussetzen können. Erst an späterer Stelle können wir darauf zurückkommen.

Die Aufgabe der Psychologie wird häufig noch auf Voraussetzungen anderer Art gegründet. Es sind bestimmte Ansichten der Physik und der Erkenntnistheorie, die herbeigezogen werden, um den Gegenstand der Psychologie gleichsam erst zu schaffen. Die Mehrzahl der Physiker und der Erkenntnistheoriker leugnet die objektive Wirklichkeit der Sinnesqualitäten, d. h. sie nehmen an, daß alles, was wir

Farbe, Wärme, Härte, Töne etc. nennen und was uns als Bestandteile der Außenwelt erscheint, in Wahrheit gar nicht unabhängig vom sehenden, tastenden, hörenden etc. Menschen
in der Außenwelt existiere, sondern immer erst entstehe, wenn
bestimmte, objektiv wirkliche Schwingungen, sei es eines
hypothetischen Äthers, sei es der Luft oder der Körperteilchen,
auf normale Sinnesorgane eines mit Bewußtsein verbundenen,
lebenden, organischen Körpers treffen.   Nicht das S e h e n der
schon vorhandenen Farben der Dinge sondern die E x i s t e n z
dieser F a r b e n sei bedingt durch jene Einwirkung auf normale
mit Gehirn und Bewußtsein verbundene Sinnesorgane; die
Farben existieren an den Dingen nur dann, wenn sie gesehen
werden.   Ohne solche normalen mit Gehirn und Bewußtsein
verbundenen Sinnesorgane sollen Farben und die anderen
Qualitäten nicht etwa nur nicht mehr gesehen oder e m p f u n d e n
werden, sondern überhaupt nicht e x i s t i e r e n können.   Ihr
Existieren sei nur ein Wahrgenommenwerden.   Dieser Ansicht
schließen sich nun manche Psychologen von vornherein an
und bauen darauf ihre Psychologie.   Das ist verständlich, wenn
man bedenkt, daß viele Psychologen von den Naturwissenschaften oder von der Erkennistheorie zur Psychologie kommen.
Sie suchen nun einen G e g e n s t a n d für die Psychologie und
sehen sich um, ob nicht die Naturwissenschaften noch etwas
übrig gelassen haben.   Da fällt ihr Blick zunächst auf die
Abfälle, welche die Physik bei der Herausschälung des Kernes
der materiellen Welt abgeschält und bei Seite geworfen hat.
Diese Abfälle sind sinnlich greifbarer Stoff; aus ihm läßt sich
noch etwas machen, und flugs wird daraus eine Psychologie
fabriziert.   Damit das Produkt besser aussieht, nennt man
die Farben, Töne, Gerüche, Geschmäcke, Wärme etc. E m -
p f i n d u n g e n, fügt noch die sogen. Körperempfindungen hinzu
und durchtränkt das Ganze mit psychologischen Ausdrücken,
bis es fast wie Psychologie erscheint.   Freilich, wer seinen
Hunger nach Psychologie mit diesen Produkten stillen will,
erlebt eine große Enttäuschung, bis er sich schließlich notgedrungen auch mit dieser Kost zufrieden gibt; so hat er doch

wenigstens etwas Festes in den Händen. Wer hat nicht, als er zum ersten Male die Behauptung hörte, die Farben, Töne, Gerüche, Geschmäcke, Wärme, Härte usw. seien das Psychische; ein Mückentanz solcher Elemente, das sei das psychische Leben; wer hat da nicht einen Ruck in seinem Denken verspürt, als ob er auf ein total falsches Geleis geworfen würde? Das Lockmittel, mit dem man ihn ködert, ist das Wort „subjektiv". Man bedarf der physikalischen oder erkenntnistheoretischen Grundlegung, um zuerst nachzuweisen, daß die Sinnesqualitäten subjektiv seien; das Subjektive aber, so sagt man, sei das Psychische; also hätten wir in den Sinnesqualitäten das Psychische, an das sich nur hier und da noch einige mehr nebensächliche Anhängsel anheften. Freilich kann man dann nur mit Gewalttätigkeit die völlige Unvergleichbarkeit der psychischen und der materiellen Welt nachzuweisen suchen; die Abfälle der physischen Welt sind und bleiben eben etwas Physisches.

Es ist nun gewiß nicht nur erlaubt, sondern sogar notwendig, daß der Psychologe auch physikalische Kenntnisse hat; denn er kann heutzutage ohne gründliches Studium der Physik seine Aufgabe nicht mehr vollständig erfüllen. Aber er muß sich nicht nur vergewissern, ob diese oder jene physikalischen Ansichten auch wirklich endgültige Erkenntnisse der Physik sind oder nicht, sondern er darf sich auch in der Freude und dem Stolz über sein Wissen nicht verleiten lassen, seine Kenntnisse am unrechten Platze anzubringen, wo sie nur unnötig komplizierend und verwirrend wirken können. Sehen wir ganz davon ab, ob die Physiker in bezug auf jene Behauptung über die Subjektivität der Sinnesqualitäten wirklich einig sind oder nicht, so ist dieses physikalische Wissen völlig am unrechten Platze angebracht, wenn man meint, es sei zur Bestimmung des Gegenstandes und der Aufgabe der Psychologie notwendig. Wer das meint, ist jedenfalls nicht von innerem Beruf, sondern durch irgendwelche Umstände zum Psychologen geworden; denn die Psychologie braucht sich ihr Gebäude nicht von den Abfällen der Physik zusammenzuzimmern. Den Gegenstand und die Aufgabe der Psychologie kann man v o r aller Physik und Erkenntnistheorie finden, und zwar sogar viel sicherer und klarer, als wenn man mit Physik oder Erkenntnistheorie eine Zangengeburt veranstaltet.

Nun glaubt man zuweilen, zwar nicht den Gegenstand der Psychologie mit Hilfe von Physik und Erkenntnistheorie erst konstruieren zu müssen, aber doch der Psychologie von vornherein einen vornehmeren, wissenschaftlicheren Anstrich geben zu können, wenn man gleich zu Anfang in alle Bestimmungen der Psychologie physikalische oder erkenntnistheoretische Ansichten einfließen läßt, also nicht den gewöhnlichen Standpunkt des „naiven" Bewußtseins, sondern den „geläuterten" des Physikers und Erkenntnistheoretikers einnimmt. Zum mindesten wird aber dadurch der Anfang der Psychologie kompliziert und die Gefahr des Irrtums außerordentlich gesteigert. Es wird daher zweckmäßiger sein, wenn wir im Anfange der Psychologie auch hinsichtlich der Wirklichkeit und Beschaffenheit der Außenwelt vom Standpunkt des täglichen Lebens ausgehen. Für diesen Standpunkt, auf dem im täglichen Leben jeder steht, gibt es eine vom Menschen unabhängig existierende Welt, die vom Menschen sinnlich wahrgenommen werden kann, und die sich dann als eine farbige, tönende, warme oder kalte, harte oder weiche usw. und räumlich ausgedehnte Welt erweist. Wir meinen nicht ein subjektives Abbild der Welt in uns, sondern die Außenwelt selbst unmittelbar wahrzunehmen. Auch wenn wir bei dieser Meinung bleiben, gibt es schon den Gegenstand und die Aufgabe der Psychologie. Und da uns als Psychologen, solange wir Psychologie treiben, nicht die wahre Beschaffenheit und der Zusammenhang der sinnlich wahrnehmbaren Außenwelt sondern gerade die Beschaffenheit und die Gesetzmäßigkeit der psychischen Welt interessiert, so dürfen wir mit Recht hinsichtlich jener physischen Welt den naiven Standpunkt zum Ausgang nehmen. Wir vermeiden damit zugleich auch alle die erkenntnistheoretischen Streitigkeiten, die anderenfalls so oft in den Anfang der Psychologie hemmend eindringen und die Hauptaufgabe der Psychologie aus den Augen verdrängen. Erst wenn Untersuchungen auf dem eigenen Gebiet der Psychologie selbst die Notwendigkeit dazu ergeben sollten, darf man an die Korrektur der naiven Ansicht von der materiellen Welt gehen.

Für diejenigen, welche die Psychologie als die Grundlage der Erkenntnistheorie betrachten, ist es ja eigentlich selbstverständlich, daß sie nicht wiederum erkenntnistheoretische Ansichten schon der Psychologie zugrunde legen. Trotzdem verfallen auch solche Forscher häufig in diesen Fehler.

Die Psychologie ist also eine selbständige Erfahrungswissenschaft; sie ist unabhängig von der Metaphysik, von der Erkenntnistheorie und von der Physik. Daß sie auch gegenüber der Physiologie, speziell der Physiologie der Sinnesorgane, der Nerven und des Gehirns eine selbständige Erfahrungswissenschaft ist, wird sich im folgenden noch genauer zeigen. Zunächst wollen wir ihre Stellung zu den sogenannten Normwissenschaften, d. h. zur Logik, Ethik und Ästhetik noch kurz präzisieren.

§ 11. **Verhältnis der Psychologie zur Logik, Ethik und Ästhethik.** Es gibt außer der Psychologie noch drei philosophische Wissenschaften, die es auch mit einer allgemeinen Untersuchung von psychischen Erlebnissen zu tun haben. Die Logik untersucht das Denken, die Ethik bezieht sich allgemein auf das Wollen und Handeln der Menschen, und die Ästhetik macht die Gefühlserlebnisse, die unter bestimmten Umständen entstehen, zum Gegenstand ihrer Betrachtung. Das Denken, Fühlen, Wollen und Handeln sind aber Ereignisse in der psychischen Wirklichkeit, und als solche natürlich Gegenstände der Psychologie. Es scheint also, als ob die Logik, die Ethik und die Ästhetik nichts anderes als spezielle Kapitel der Psychologie sein könnten. Diese Meinung ist mehrfach ausgesprochen worden: die Psychologie überlasse die genauere ins einzelne gehende Untersuchung bestimmter Erlebnisse, wie des Denkens, Fühlens und Wollens, den spezielleren Wissenschaften der Logik, Ästhetik und Ethik. Es empfahl sich diese

Ansicht besonders denjenigen, die dadurch die unbequemeren
Tatsachen des Denkens, Fühlens und Wollens beiseite schieben
und sich auf das psychologisch dürftige Gebiet der Sinnes-
empfindungs- und Vorstellungslehre beschränken konnten.
Denn in der Tat wird das Gebiet der Psychologie auf ein
Minimum herabgedrückt, wenn man die genauere Untersuchung
der Tatsachen des Denkens, Fühlens und Wollens als besondere Wissenschaften von ihr abtrennt. Es besteht jedoch
gar kein Recht, die Psychologie derartig zu berauben, daß
man die Untersuchung besonderer Teilgebiete derselben zu
besonderen Wissenschaften macht. Sind Logik, Ästhetik und
Ethik wirklich nichts anderes als Psychologie des Denkens,
Fühlens und Wollens in irgendeinem Umfang, so sind sie eben
keine besonderen Wissenschaften sondern in der Tat nur
spezielle Kapitel der Psychologie. Diese Konsequenz will nun
im Grunde niemand behaupten; man will Logik, Ästhetik und
Ethik als b e s o n d e r e Wissenschaften betrachtet wissen. Tatsächlich gibt es auch keine Logik, die nur Psychologie des
Denkens, keine Ästhetik, die nur Psychologie bestimmter Gefühle, keine Ethik, die nur Psychologie des Wollens und
Handelns wäre. Der Streit entsteht und besteht nur darüber,
wodurch sich denn diese Sonderwissenschaften von der Psychologie unterscheiden. Nun ist klar, daß eine solche Unterscheidung sich nur stützen kann entweder auf eine Verschiedenheit der betrachteten G e g e n s t ä n d e oder auf eine
Verschiedenheit der H i n s i c h t, in der dieselben Gegenstände
betrachtet werden. Eine Verschiedenheit der untersuchten
Gegenstände läßt sich nun hier nicht in der Weise behaupten,
daß man sagt, die Logik, die Ästhetik und die Ethik hätten
es in keiner Weise mit Psychischem zu tun, das ausschließlich
Gegenstand der Psychologie bleibe. Was für Gegenstände
diese Sonderwissenschaften auch sonst noch in den Bereich
ihrer Untersuchungen hineinziehen mögen, jedenfalls hat es
die Logik auch mit dem Denken als einem p s y c h i s c h e n
Vorgang, die Ästhetik auch mit bestimmten Gefühlen als
p s y c h i s c h e n Zuständen und die Ethik auch mit dem Wollen

und Handeln als psychischen Tätigkeiten zu tun. Und sofern sie die Beschaffenheit und Gesetzmäßigkeit dieser psychischen Vorgänge, Zustände oder Tätigkeiten in Betracht zu ziehen haben, bedürfen sie natürlich der Psychologie oder enthalten insofern Psychologie. Von dieser Einsicht aus kann man nun in zwei Richtungen weiterzugehen suchen, die aber beide zu Unterschieden in der Hinsicht der Betrachtung der psychischen Erlebnisse führen. Man kann zunächst darauf hinweisen, daß die Logik, Ästhetik und Ethik nicht nur Psychisches zu ihrem Gegenstande haben, sondern gerade die Beziehung oder das Verhältnis des Psychischen zu etwas anderem untersuchen. Dann wären also diese Wissenschaften von der Psychologie dadurch unterschieden, daß die Psychologie in letzter Linie die Beschaffenheit und Gesetzmäßigkeit des Psychischen selbst feststellen wolle, wenn sie auch dazu hier und da die Einflüsse der Außenwelt und des menschlichen Leibes mitberücksichtigen muß; daß dagegen der Schwerpunkt der Betrachtung für jene Sonderdisziplinen in dem Verhältnis des Psychischen zu anderen Gegenständen liege. So könnte man die Aufgabe der Logik in einer Untersuchung des Verhältnisses sehen, in dem das Denken zur Wirklichkeit oder zu den Gegenständen, auf die es sich bezieht, steht. Und der Gegenstand der Ästhetik wäre analog zu bestimmen als das Verhältnis, in dem bestimmte Gefühlserlebnisse zu den Gegenständen stehen, durch die sie erregt werden. Die Ethik hätte schließlich in ähnlicher Weise das Verhältnis festzustellen, in dem das Wollen und Handeln des Menschen zu den Gegenständen steht, auf die sich das Wollen des Menschen überhaupt beziehen kann. Doch dadurch würde noch keine hinreichende Scheidung der Psychologie von jenen Sonderwissenschaften erreicht sein. Denn was soeben als Gegenstand der Sonderdisziplinen angeführt wurde, wird auch von der Psychologie untersucht; die Psychologie stellt auch die Beziehungen fest, in denen das Denken, Fühlen und Wollen zu den Gegenständen des Denkens, Fühlens und Wollens steht. Man könnte nun auf eine besondere Beziehung zwischen jenen psychischen Vorgängen und ihren Gegenständen rekurrieren, die eben nicht von der Psychologie untersucht wird. So stellt zwar die Psychologie fest, d a ß das Denken sich auf Gegenstände bezieht, d a ß Gegenstände auf Sinnesorgane, Nerven und Gehirn einwirken und dadurch eine Art Wissen um sie hervorrufen, aber sie fragt nicht, ob das Denken ü b e r - e i n s t i m m t mit den Gegenständen, die es meint, oder ob es davon mehr oder weniger abweicht, kurz, sie fragt nicht, ob das Denken r i c h t i g oder f a l s c h ist. Gerade dies ist aber die eigentliche Frage für die Logik. Sie hat es mit dem r i c h t i g e n Denken zu tun, d. h. demjenigen, das übereinstimmt mit den Gegenständen, auf die es sich bezieht. Während sich also die Psychologie dem Denken gegenüber völlig unkritisch verhält, ist es gerade das Eigentümliche der Logik, daß sie das tatsächlich vorkommende Denken k r i t i s i e r t. Das kann man auch so ausdrücken, daß man sagt: Die Logik betrachtet das Denken in Hinsicht auf die W a h r h e i t; sie bringt einen Maßstab an das Denken heran und sondert das r i c h t i g e Denken aus; während die Psychologie das Denken nur hinsichtlich seiner wirklichen Beschaffenheit und Gesetzmäßigkeit untersucht, keinen Maßstab an dasselbe heranbringt, sondern bei der Betrachtung des B e w u ß t s e i n s der Wahrheit oder Falschheit stehen bleibt, ohne zu fragen, ob das für wahr oder für falsch Gehaltene auch wirklich wahr oder falsch ist.

Hierdurch rückt nun freilich die Logik wieder zu nahe an die Gesamtheit der übrigen Wissenschaften heran. Wenn sie jedes einzelne Denken auf seine Wahrheit oder Falschheit untersuchen wollte, so müßte sie ja mit der Gesamtheit aller Wissenschaften identisch sein. Um dieser Konsequenz zu entgehen, sagt man, die Logik prüfe nicht die materiale Wahrheit eines einzelnen konkreten Urteils, sondern stelle nur formal und allgemein die Bedingungen fest, unter denen ein Urteil wahr ist. Die Psychologie dagegen stellt ganz allgemein die Bedingungen fest, unter denen etwas für wahr g e h a l t e n wird, gleichgültig ob es wahr ist oder n i c h t.

Ganz analog könnte man die Ästhetik und Ethik von der

Psychologie unterscheiden. Während die Psychologie feststellt, unter welchen Bedingungen überhaupt etwas für schön
resp. für sittlich gut gehalten wird, gleichgültig ob es schön
resp. gut ist oder nicht, stellen Ästhetik und Ethik allgemein
die Bedingungen fest, unter denen etwas wirklich schön resp.
wirklich gut ist. Wahr, schön, gut sind Wertprädikate. Logik,
Ästhetik und Ethik können daher auch Wertwissenschaften
genannt werden. Sie benutzen Maßstäbe, Normen; sie sind
also in diesem Sinne Normwissenschaften, indem sie das
Normgemäße feststellen. Aus den Feststellungen, unter welchen
Umständen etwas wahr oder schön oder gut ist, kann man
dann Forderungen ableiten. Man kann dann Vorschriften
formulieren, die besagen, daß die und die Bedingungen erfüllt
werden müssen, wenn Wahrheit, Schönheit und Sittlichkeit
erreicht werden sollen. Führen Logik, Ethik und Ästhetik auch
diese Aufgabe aus, d. h. geben sie auf Grund ihrer Erkenntnisse zugleich die Forderungen oder Normen, so gewinnen
sie in diesem Sinne normativen Charakter. Dann suchen
sie nicht nur das Normative festzustellen, sondern sie
geben auf Grund dieser Feststellung wiederum Normen.
Wenn man also Logik, Ästhetik und Ethik als Normwissenschaften bezeichnet und sie der Psychologie als Tatsachenwissenschaft gegenüberstellt, so kann dies einen zweifachen
Sinn haben. Erstens: die Normwissenschaften suchen festzustellen, unter welchen Bedingungen etwas einer bestimmten
Norm entspricht, d. h. sie konstruieren ein Ideal, sie bleiben
nicht bei dem tatsächlich Wirklichen stehen, sondern stellen
gerade diesem tatsächlich Wirklichen noch nicht wirkliche
Ideale gegenüber. Die Psychologie dagegen bleibt bei dem
tatsächlich Wirklichen stehen, wenigstens konstruiert sie keine
zu erstrebenden Ideale dieser Wirklichkeit; sie wertet ihren
Gegenstand nicht, sondern beobachtet und untersucht ihn.
Zweitens kann aber jene Bestimmung bedeuten: Logik, Ästhetik
und Ethik seien Lehren darüber, wie man bestimmte Ziele
erreichen könne, sie geben Normen; wobei dann natürlich
schon die Bestimmung und Anerkennung idealer Ziele voraus-

gesetzt ist, die Normen also nur hypothetische Imperative sein
können. Im Gegensatz zu den Normwissenschaften in diesem
Sinne ist dann die Psychologie die Wissenschaft von der
Beschaffenheit und Gesetzmäßigkeit des wirklichen psychischen
Lebens. Als solche kann sie aber die Mittel und Wege zeigen,
wie man, um bestimmte psychische Ziele zu erreichen, sich
verhalten müsse, d. h. sie ist dann tatsächlich die Grundlage
und Basis der Normwissenschaften in jenem zweiten Sinne.
Dabei ist aber dann die Aufgabe, die sich die Normwissenschaften in jenem ersteren Sinne setzen, schon als gelöst
betrachtet; oder man beachtet gar nicht, daß erst das zu
erreichende Ziel konstruiert und als das ideale unmittelbar
erkannt werden muß. Dies Ideal läßt sich nicht durch bloße
Psychologie bestimmen.

Den beiden Bedeutungen des Begriffs der Normwissenschaften entsprechen nun Unterschiede in der Hinsicht der
Betrachtungsweise. Die Normwissenschaften im ersteren Sinne
und auch die im zweiten Sinne betrachten zwar das psychische Leben im Hinblick auf ein Ideal der Wahrheit, Schönheit und Sittlichkeit. Aber die ersteren wollen dieses Ideal erst
konstruieren, die letzteren wollen das schon vorgestellte Ideal
verwirklichen. Statt dessen kann man auch sagen: Die ersteren
haben es mit einem anderen Gegenstande zu tun als die
Psychologie; sie konstruieren Ideale, haben es gar nicht mit
etwas Wirklichem zu tun; die letzteren dagegen fragen nach
den Wegen, auf denen das Wirkliche dem Idealen angenähert
werden kann, oder wie diese Ideale erreicht werden können.

Es hindert aber nichts, den Normwissenschaften beide
Aufgaben zuzuerteilen. Die erstere ist dann freilich die grundlegende, die ohne die andere bestehen kann und nicht auf
Psychologie gegründet ist. Denn die Ideale lassen sich durch
psychologische Untersuchung nicht finden. Die zweite kann
nicht ohne die erste gelöst werden und muß sich auf Psychologie stützen; denn ihre Forderungen ergeben sich einerseits aus der Natur des Ideals, andererseits aus der Natur
des Menschen. Und weil man die beiden Aufgaben meistens

unklar in eine einzige vermischte, deshalb konnte ein fast unversöhnlich scheinender Streit zwischen der Psychologie und den Normwissenschaften entstehen. Die Psychologisten übersahen die erste Aufgabe, die Bestimmung und Konstruktion der Ideale, zu der die Psychologie unfähig ist. Die Gegner betonten gerade diese Aufgabe als die grundlegende, und zwar mit Recht; aber sie drängten die zweite, mehr praktische Aufgabe, zu deren Lösung allerdings Psychologie ebenfalls grundlegend und rechtfertigend ist, zu sehr in den Hintergrund.

Die Psychologie enthält sich als Tatsachenwissenschaft aller Kritik der von ihr betrachteten Wirklichkeit. Diese Wirklichkeit ist eine von der materiellen Welt verschiedene, in individuelle Einheiten zerteilte, deren jede mit einem besonderen materiellen Leib in enger Beziehung steht. Nachdem der Gegenstand und die Aufgabe der Psychologie im vorangehenden kurz hervorgehoben worden sind, entsteht vielleicht schon jetzt die Frage, wie denn der Psychologie die Erfüllung ihrer Aufgabe möglich sei, wenn doch das Gebiet der Wirklichkeit, das sie bearbeiten will, der sinnlichen Wahrnehmung unzugänglich ist. Ehe jedoch diese Frage nach der Methode der Psychologie hinreichend sicher beantwortet werden kann, muß der Gegenstand der Psychologie erst noch mehr fixiert werden. Im folgenden sollen daher zunächst die Unterschiede der materiellen, sinnlich wahrnehmbaren Welt und der unsichtbaren psychischen Wirklichkeit, und dann die Art der Beziehungen, in denen beide zueinander stehen, ausführlich hervorgehoben werden.

---

2. Kapitel.
Die materielle und die psychische Wirklichkeit.

§ 1. Unterschiede der materiellen und der psychischen Wirklichkeit. Die materielle Wirklichkeit ist eine räumlich ausgedehnte Welt von räumlich ausgedehnten Dingen, die in jedem Augenblick in bestimmten Lagen zueinander, an bestimmten Orten mit bestimmten Eigenschaften sich befinden und im Laufe der Zeit größere oder geringere Veränderungen erleiden. Diese Dinge haben eine bestimmte räumliche Größe und Gestalt, eine Farbe, eine gewisse Härte oder Weichheit, einen gewissen Geruch oder Geschmack, sie sind mehr oder weniger warm oder kalt und lassen, indem sie gegeneinander sich bewegen und sich stoßen, mehr oder weniger starke Geräusche ertönen. Ort, Größe und Gestalt, Farbe, Härte, Geruch, Geschmack und Wärme der Dinge verändern sich im Laufe der Zeit mehr oder weniger. Vergleichen wir nun mit dieser materiellen Wirklichkeit die psychische Welt, so erkennen wir, daß die letztere zwar auch in eine ungezählte Menge von gesonderten Einheiten zerfällt, nämlich in die menschlichen und tierischen Individuen, ganz analog wie die materielle Welt in einzelne Dinge zerteilt ist, daß sie aber nicht eine räumlich ausgedehnte Welt ist, in der etwa räumlich ausgedehnte Individuen in bestimmten räumlichen Lagen zueinander sich befänden. Wenn wir von der räumlichen Ausdehnung, Größe und Gestalt eines Individuums sprechen, so meinen wir den der materiellen Welt angehörigen Leib, mit dessen Lebensfunktionen das Individuum und seine psychischen Funktionen eng verbunden sind. Dieser Leib hat eine bestimmte räumliche Ausdehnung, Größe und Gestalt, dagegen hat die psychische Persönlichkeit mit ihrem Empfinden, Wahrnehmen, Vorstellen, Denken, Fühlen und Wollen keinerlei räumliche Ausdehnung, keinerlei räumliche Größe und Gestalt. Weder das psychische Subjekt also ist etwa 1 oder 2 cbm ausgedehnt oder 1 oder 2 m groß oder von rundlicher oder eckiger Gestalt, noch ist das Empfinden, Wahrnehmen, Vorstellen, Denken, Fühlen und Wollen etwa ein oder mehrere Kubikmeter ausgedehnt oder so und so lang oder dreieckig, kreisrund. Die Anwendung dieser räumlichen Prädikate auf die psychische Wirklichkeit hat keinen Sinn, während diese Eigenschaften gerade zu den konstituierenden Eigenschaften der materiellen Welt gehören. Anders scheint es sich auf den ersten Blick mit der räumlichen Lage oder dem Ort zu verhalten; es scheint, daß es nicht nur Sinn hat, von der räumlichen Lage

und dem Ort der materiellen Dinge sondern auch von der
Lage und dem Ort der psychischen Individuen zu sprechen.
Wir meinen doch in der Tat auch die psychische Persönlichkeit und nicht bloß ihren Leib, wenn wir sagen, sie befinde sich jetzt weit weg von uns in der und der Stadt; oder
sie sei dort im Zimmer mit den und den anderen Persönlichkeiten zusammen. Die psychischen Individuen können also,
obgleich sie nicht räumlich ausgedehnt und gestaltet sind,
dennoch, so scheint es, einen räumlichen Ort einnehmen und
in räumlicher Lage zueinander und zu andern Dingen sich
befinden. Meistens bezeichnen wir allerdings als solchen Ort
des psychischen Individuums denjenigen, an dem der zugehörige Leib sich gerade befindet. Aber durchaus nicht
immer. Wir sprechen von Geistesabwesenheit, d. h. wir
glauben in manchen Fällen dem psychischen Individuum einen
Ort anweisen zu dürfen, der nicht mit dem Ort des zugehörigen Leibes zusammenfällt. Der Leib ist zwar hier, aber das
zugehörige psychische Individuum nimmt nichts von den hier
befindlichen Objekten wahr, reagiert auf keine Einwirkung dieser
Objekte, sondern ist in Gedanken an einem anderen Orte,
d. h. es beschäftigt sich in Gedanken ausschließlich mit etwas,
das an einem anderen Orte sich befindet. Hieraus ist ersichtlich, was wir mit der Ortsbestimmung bei psychischen
Individuen meinen und allein meinen können. Wir wollen damit nicht sagen, daß das psychische Individuum einen Ort
ausfülle und so und so viel Meter und Millimeter von diesen
und diesen räumlichen Objekten entfernt sei, sondern wir
wollen zum Ausdruck bringen, daß das Individuum innerlich
bei diesen und diesen räumlichen Objekten dabei sei, sie
auffasse, sich mit ihnen innerlich beschäftige, und, wenn wir
den Ort des Leibes als Ort der Persönlichkeit bezeichnen,
daß es von diesem Ort aus durch äußere Einwirkungen be-
einflußbar sei. Die Leiber erscheinen als die Pforten, die
allein den Wechselverkehr der Individuen mit der materiellen
Welt ermöglichen. Je näher wir bei diesen Pforten sind, um
so leichter und unmittelbarer können wir im allgemeinen auf

die zugehörigen psychischen Individuen einwirken; große räumliche Entfernung der Leiber erschwert den Verkehr der Individuen, und Einwirkungen, die den Leib nicht erreichen, erreichen das Individuum nicht. Es besteht daher ein gewisses
Recht, Annäherung und Ort der Leiber als Annäherung und
Ort der psychischen Individuen zu betrachten. Ist doch in
unserer Erfahrung die Existenz fremder psychischer Individuen
nur durch die sinnlich wahrnehmbaren, materiellen Leiber kon-
statierbar.

Es ist also auf jeden Fall eine übertragene Bedeutung
und nicht der eigentliche Sinn der Ortsbestimmung, wenn wir
von Ort und Lage der psychischen Individuen und ihrer Erlebnisse sprechen. Weder das Individuum noch sein Empfinden, Wahrnehmen, Vorstellen, Denken, Fühlen und Wollen
hat einen räumlichen Ort, d. h. es ist nicht so und so weit
entfernt von diesen und diesen materiellen Dingen. Es sitzt
also weder im Kopfe noch in den Sinnesorganen noch im
Herzen noch sonst irgendwo; es steht nur mit allem diesem
in mehr oder weniger innigem Zussmmenhang.

Sind aber die psychischen Individuen und ihre Erlebnisse,
Zustände und Tätigkeiten weder räumlich ausgedehnt noch von
bestimmter Größe und Gestalt noch an einem bestimmten
Orte, so ist klar, daß Veränderungen dieser Individuen und
ihres Empfindens, Wahrnehmens, Vorstellens, Denkens, Fühlens
und Wollens, daß also psychische Vorgänge unmöglich räumliche Veränderungen, unmöglich räumliche [Bewegungen
sein können. Die psychische Wirklichkeit enthält also keine
wirklichen räumlichen Bewegungen. Wer demnach räumliche
Bewegungen irgend welcher Art sieht oder sonstwie wahrnimmt, kann sicher sein, daß er keine psychischen Vorgänge vor sich hat. Wiederum nur in übertragener Bedeutung
kann man psychische Vorgänge als räumliche Bewegungen
darstellen. So z. B. kann man davon sprechen, daß das Ich,
das psychische Subjekt oder das Bewußtsein eine räumliche
Bewegung ausführe, wenn es etwa eine Linie auffaßt und suk-
zessive diese Linie durchläuft. Das Ich ist dann gleichsam

in der Linie und bewegt sich in derselben vom einen Ende zum andern.

Auch die übrigen der oben angeführten Eigenschaften der materiellen Dinge fehlen in der psychischen Wirklichkeit. Daß ein psychisches Individuum nicht im eigentlichen Sinne eine bestimmte Farbe, Härte, Geruch, Geschmack und Wärme oder Kälte hat, wie z. B. ein Apfel, ist jedem bekannt. Und jedermann weiß, daß Härte und Weichheit, Wärme und Kälte etwas anderes, mit den tastbaren Qualitäten nur entfernt vergleichbares, bedeuten, wenn wir etwa von einem Individuum sagen, daß es ein kalter, harter Mensch sei. Und dasselbe gilt für die einzelnen psychischen Vorgänge, für das Empfinden, Wahrnehmen, Vorstellen, Denken, Fühlen und Wollen. Das wahrgenommene Ding mag gelb, weich, kalt usw. sein; die Wahrnehmung dieses Dinges, das Empfinden des Gelb, des Weich, des Kalt usw. ist dagegen nicht gelb, weich, kalt usw.; es hat gar keinen Sinn, diese Prädikate den psychischen Vorgängen zuzuschreiben, die solche Eigenschaften gar nicht an sich zu tragen vermögen. Die psychischen Individuen und die psychischen Vorgänge geben auch nicht Geräusche von sich, wenn sie aufeinandertreffen. Lautlos verläuft alles psychische Geschehen.

Mit dieser völligen Verschiedenheit der Eigenschaften beider Welten hängt dann der weitere Unterschied zusammen, daß die materielle Wirklichkeit mit jenen Eigenschaften sinnlich wahrnehmbar ist, daß wir sie mit unseren Augen sehen, mit unseren Händen ergreifen und erfassen können; daß wir dagegen weder die psychischen Individuen noch die psychischen Vorgänge mit unseren Augen sehen oder mit Händen greifen können. Man kann mit völliger Gewißheit sagen, daß noch nie ein Mensch psychische Individuen und ihr Empfinden, Wahrnehmen, Vorstellen, Denken, Fühlen und Wollen gesehen oder sonstwie sinnlich wahrgenommen hat; und daß auch niemals ein Mensch, selbst mit den schärfsten Mikroskopen, dergleichen zu sehen bekommen wird. Freilich kann man nun darauf hinweisen, daß die materielle Welt ja aus Atomen bestehe und von Kräften erfüllt sei, die auch noch nie jemand sinnlich wahrgenommen hat und nie sinnlich wahrnehmen wird, daß also auch die materielle Welt in ihrem eigentlichen Wesen nicht sinnlich wahrnehmbar sei. Aber diese Atome und Kräfte sind, wenn man an ihre Existenz glaubt, ihrem Wesen nach völlig unbekannt, ihre Existenz ist eine erschlossene. Will man sich diese Unbekannten irgendwie nach ihrer Beschaffenheit vorstellen, so ist man in der Tat gezwungen, sie sich nach Analogie der psychischen Individuen und deren Strebungen, also als etwas Psychisches vorzustellen. Sollen sie nicht etwas Psychisches und auch nichts sinnlich Wahrnehmbares sein, so sind sie hinsichtlich ihres Was, ihrer Beschaffenheit, völlig unvorstellbar. Außer ihnen existiert dann aber noch Etwas, das ebenfalls nicht sinnlich wahrnehmbar ist, und das dennoch uns hinsichtlich seines Was, seiner Beschaffenheit nach, bekannt ist. Zwar bei fremden Individuen können wir dies andere auch nur erschließen, nicht selbst von Angesicht zu Angesicht betrachten; aber deshalb ist es doch an sich kein Unbekanntes. Es ist eben die jedem bekannte psychische Wirklichkeit, die existiert und uns erkennbar ist, obgleich sie nicht sinnlich wahrgenommen werden kann.

Es zeigt sich also, daß die wesentlichen Eigenschaften der materiellen Wirklichkeit nicht als Eigenschaften der psychischen Wirklichkeit vorkommen, daß demnach die psychische Wirklichkeit auf keinen Fall als eine materielle betrachtet werden kann. Die Erfahrungswelt der Psychologie ist also eine spezifische und eigenartige, die in dem eben Gesagten zwar zunächst nur negativ bestimmt ist, indem wir hervorhoben, welche Eigenschaften ihr nicht zukommen. Wir gewinnen aber nun einen neuen wesentlichen Unterschied zwischen materieller und psychischer Wirklichkeit, wenn wir ein charakteristisches Moment der psychischen Welt hervorheben und darauf hinweisen, daß in der materiellen Welt als solcher dieses Moment nicht vorhanden ist. Die psychische Welt ist nämlich nicht einfach in sich versunken da; die psychischen Individuen existieren und verändern sich nicht bloß, sondern sie gehen aus sich heraus, sie haben ein Wissen um Allerlei, sie haben eine Kenntnis von der materiellen Welt, von den materiellen Dingen und Vorgängen; diese Individuen wissen ausserdem von psychischem Sein und Geschehen sowohl bei sich selbst als auch bei anderen Individuen; und sie sind in ihrem Wissen nicht eingeschränkt auf das Jetzt und Hier, sondern sie haben Bewußtsein von Nahem und Fernem in Raum und Zeit. Zugleich stehen die psychischen Individuen diesem allem fühlend und wollend gegenüber. Die materielle Welt dagegen, sofern sie eben bloß materiell ist, ist nur einfach da; die materiellen Dinge existieren, haben bestimmte Eigenschaften und erleiden Veränderungen, ohne daß sie aus sich herausgehen, ohne daß sie ein Wissen oder eine Ahnung von sich selbst oder von etwas anderem haben. Kein Stück der materiellen Welt weiß um die übrigen Stücke oder um psychische Individuen und ihre Erlebnisse. Die materiellen Dinge, ihre Eigenschaften und Veränderungen können Gegenstände des Wissens für psychische Individuen sein, aber sie sind nicht selbst Subjekte des Wissens. Sie haben weder Kenntnis von dem Jetzt und Hier, noch von dem in Raum und Zeit Fernen. Und sie stehen nicht fühlend und wollend einer gewußten Welt gegenüber. Wäre es anders, könnten die materiellen Dinge sehen, hören, kurz empfinden, wahrnehmen, vorstellen, denken, fühlen und wollen, so wären sie eben insofern keine materiellen Dinge mehr, sondern sie wären zugleich psychische Subjekte und Angehörige der psychischen Welt. Ob es sich nicht in Wirklichkeit so verhält, ist eine Frage, die uns hier in der Psychologie nichts angeht. Hier kommt es nur darauf an, die materielle Welt als solche von der psychischen Welt zu unterscheiden, wobei völlig dahingestellt bleibt, ob nicht beide Welten nur zwei verschiedene Seiten einer einzigen Welt sind.

§ 2. **Beziehung der psychischen Wirklichkeit auf die materielle Welt.** Indem wir den zuletzt bezeichneten Unterschied zwischen materieller und psychischer Wirklichkeit hervorhoben, haben wir schon eine erste Beziehung, und zwar eine einzigartige Beziehung zwischen beiden Wirklichkeiten angetroffen. Die beiden Welten stehen ja trotz ihrer totalen Verschiedenheit nicht völlig getrennt und beziehungslos nebeneinander, sondern sie sind so mannigfach miteinander verwoben, daß sie doch wieder zusammen nur ein Ganzes ausmachen. Ehe wir die übrigen Beziehungen betrachten, verweilen wir noch einen Augenblick bei jener eigenartigen Beziehung „des Wissens um" die materielle Welt, die wir in der psychischen Wirklichkeit vorfinden und die wir hier in ihrer Eigenart noch deutlicher vor Augen führen wollen. Es sei hier nochmals ausdrücklich betont, daß wir von dem naiven Standpunkt des alltäglichen Lebens ausgehen und uns durch keinerlei erkenntnistheoretische Einwürfe von diesem natürlichen Weg abdrängen lassen wollen. Von diesem Standpunkt, den wir gewöhnlich alle einnehmen, ist es nun eine bekannte und eine für jeden Unbefangenen sichere Tatsache, daß die materielle Welt mit ihren Dingen und Vorgängen in größerem oder geringerem Umfange von psychischen Individuen sinnlich wahrgenommen werden kann, oder, umgekehrt formuliert, daß die psychischen Individuen nicht bloß auch neben oder in der materiellen Welt da sind, sondern daß sie zugleich ein Wissen um diese materielle Welt oder um dieses oder jenes Stück derselben haben. Die materielle Wirklichkeit, zu der natürlich auch der eigene Leib eines Individuums und die fremden Leiber gehören, steht den psychischen Individuen nicht nur einfach gegenüber, sondern sie ist zugleich jetzt in diesem, dann in jenem Teile von diesen psychischen Individuen wissend erfaßt, sie ist Gegenstand des Wissens, des Bewußtseins in diesem Sinne, von psychischen Individuen. Dieselbe Tatsache ist von der Seite des psychischen Individuums aus betrachtet, wenn wir sagen, psychische Individuen sind in eigenartiger Weise auf die materielle Welt bezogen oder darauf gerichtet; sie sind Subjekte eines Wissens um die materielle Wirklichkeit. Die psychischen Subjekte sind die Ausgangspunkte dieser Beziehung, sie haben das Wissen; die materielle Wirklichkeit dagegen ist der Endpunkt dieser Beziehung, sie hat nicht darin ein Wissen, sondern ist Gegenstand dieses Wissens.

Es gibt verschiedene Arten dieses „Wissens um" eine materielle Wirklichkeit, also verschiedene Arten der darin liegenden eigenartigen „Beziehung eines psychischen Subjektes auf die materielle Welt." Die unmittelbarste und direkteste Beziehung dieser Art scheint vorzuliegen, wenn ein Individuum ein bestimmtes Stück dieser materiellen Welt sinnlich wahrnimmt. Wir werden später genauer die verschiedenen Arten dieser Beziehungen unterscheiden. Hier handelt es sich zunächst darum, sie überhaupt als eigenartige Beziehungen zwischen psychischer und materieller Welt hervorzuheben. Dazu genügt es, wenn man einen speziellen Fall, etwa den, der in der sinnlichen Wahrnehmung vorliegt, ins Auge faßt und ihn von den sonst bekannten Beziehungen oder „Relationen" unterscheidet.

Die materielle Wirklichkeit ist eine räumlich ausgebreitete, in der die Dinge in räumlichen Beziehungen zueinander stehen; das Ding A befindet sich rechts oder links, oberhalb oder unterhalb, vor oder hinter B in bestimmter Entfernung von ihm. Es bedarf keiner weiteren Überlegung, um einzusehen, daß solche räumlichen Relationen etwas ganz anderes sind als jene Beziehung des „Wissens um". Wer von dem A sagt, daß es zu B in einer jener räumlichen Relationen stehe, daß es etwa nach rechts 1 m von ihm entfernt liege, der will damit nicht behaupten, daß das A ein bestimmtgeartetes Wissen um das B oder das B eine sinnliche Wahrnehmung von A habe. Es würde zu der räumlichen Beziehung etwas ganz Neues hinzukommen, wenn das A nicht nur in bestimmter räumlicher Entfernung von B sich befände, sondern zugleich auch ein Wissen, eine sinnliche Wahrnehmung von B hätte. Die Verschiedenheit beider Beziehungen ist schon dadurch charakterisiert, daß die psychischen Individuen, die Subjekte des Wissens, keinen räumlichen Ort haben, also auch nicht in räumlichen Beziehungen zu räumlichen Dingen stehen können. Aber selbst wenn man den psychischen Individuen eine räumliche Beziehung zu den wahrgenommenen Objekten zuschreiben wollte, indem man sie etwa in einen bestimmten

Teil des zugehörigen Leibes lokalisierte, so wäre diese räumliche Beziehung zu den Objekten für sich noch nicht ein Wissen um die Objekte. Eine bestimmte räumliche Beziehung zwischen wahrzunehmenden Dingen und dem wahrnehmenden Subjekte könnte dann vielleicht als Bedingung des Wahrnehmens, nicht aber als das Wahrnehmen der Dinge bezeichnet werden. Und so ist allgemein die Beziehung, die darin besteht, daß ein wissendes Subjekt von materiellen Dingen weiß, niemals an und für sich eine räumliche Beziehung irgend welcher Art.

Noch einfacher ist einzusehen, daß jene Wissensbeziehung nicht eine zeitliche Beziehung ist. Alles in der Welt steht in zeitlichen Beziehungen zueinander; d. h. aber nicht, daß alles in der Welt in Wissensbeziehungen zueinander stehe. Ein beliebiger Gegenstand oder Vorgang A ist entweder gleichzeitig oder zeitlich früher oder zeitlich später als ein anderer B. Mag die eine oder die andere von diesen Möglichkeiten wirklich sein, niemals ist damit ohne weiteres ein Wissen des A um das B gegeben. Auch zu dieser zeitlichen Beziehung kommt etwas total Neues hinzu, wenn das A nicht nur gleichzeitig mit B ist, sondern zugleich auch um das B weiß.

Wenn man nun auch in dem Bestreben, die Wissensbeziehung mit anderen Beziehungen zu identifizieren, die räumlichen und die zeitlichen Relationen leichten Herzens fahren läßt, so heftet man sich gewöhnlich um so fester an die ursächlichen Relationen. Was scheint einleuchtender als die Behauptung, die sinnliche Wahrnehmung, in der ein Subjekt Kenntnis von einem Stück der materiellen Welt gewinne, sei gar nichts anderes als eine Einwirkung dieses Stückes der materiellen Welt auf das psychische Individuum oder, wie man kürzer sagt, auf das Bewußtsein. Ich sehe jetzt diesen Baum oder diese Farbe, das heiße, so meint man vielleicht, dieser Baum, diese Farbe wirken auf mein Bewußtsein ein. Die Beziehung des Wissens, die hier in dem Sehen der Farbe oder des Baumes vorliegt, sei nichts anderes als eine ursächliche Beziehung, eine Relation des Wirkens zwischen der

Farbe resp. dem Baum und mir oder meinem Bewußtsein. So überzeugend diese Meinung auf den ersten Blick erscheinen mag, so beruht sie doch auf einer Verwechslung. Eine ursächliche Relation, eine Beziehung des Wirkens ist an und für sich noch keine Wissensbeziehung. Wenn etwa zwei Billardkugeln in ein ursächliches Verhältnis treten, indem die eine Kugel A in ihrer Bewegung auf die zweite B stößt und eine Bewegung derselben verursacht, so heißt das nicht, die Kugel B nehme die erste Kugel A wahr, oder die Kugel A habe ein Wissen um die Kugel B. Jenes kausale Verhältnis kann völlig ohne Wissensbeziehung bestehen. Und so ist jedes ursächliche Verhältnis zwischen materiellen Objekten oder Vorgängen überhaupt durchaus noch keine Wissensbeziehung. Auch wenn etwa die außerleibliche materielle Welt auf einen menschlichen Körper einwirkt, so ist diese Einwirkung noch kein Wissen um die materielle Welt, sondern eben eine Wirkungsbeziehung zwischen materiellen Objekten. Nur scheinbar ändert sich das Verhältnis, wenn man nun weiter geht und auf die Einwirkung hinweist, die von der materiellen Welt durch den menschlichen Körper hindurch auf das damit verbundene psychische Individuum ausgeübt wird. Auch diese Einwirkung ist, wenn sie besteht, nichts anderes als eine mittelbare ursächliche Beziehung zwischen materieller und psychischer Wirklichkeit und nicht etwa schon selbst eine sinnliche Wahrnehmung oder ein Wissen, das diese psychische Wirklichkeit um die wirkende materielle Welt hätte. Es mag aus bestimmten Einwirkungen eines Stückes der materiellen Wirklichkeit auf bestimmte Teile des menschlichen Körpers eine Wahrnehmung dieses Stückes folgen, es mag also diese sinnliche Wahrnehmung durch jene Einwirkung bewirkt werden, so ist sie doch als Resultat dieser Einwirkung etwas total Neues, das zwar entsteht durch kausale Beziehungen, aber nicht besteht in einer Einwirkung. Dieses Wissen um ein Stück der materiellen Welt besteht weder in einer Einwirkung der materiellen Wirklichkeit auf das wissende Subjekt noch in einer Wirkung des wissenden Subjekts auf die materielle Welt, sondern es ist von aller ursächlichen Beziehung gänzlich verschieden. Es mag das Resultat einer kausalen Relation sein, ist aber selbst keine Kausalrelation. Man mag die Frage stellen, unter welchen Bedingungen ein Wissen um die materielle Wirklichkeit entsteht, aber es ist sinnlos, diese Tatsache des Wissens um die materielle Welt auf andere Relationen zurückführen zu wollen. Auch wenn die psychologische Untersuchung zu der Erkenntnis führt, daß wir die materielle Welt nicht von Anfang an in der gleichen Beschaffenheit wahrgenommen haben, in der sie uns als Erwachsenen fertig gegeben erscheint, so bleibt das Wissen um eine materielle Welt, wie das Wissen um etwas überhaupt, als eine letzte, nicht weiter zurückführbare Tatsache bestehen. Ebenso wird die Entscheidung der erkenntnistheoretischen Fragen: „Wie ist Erkenntnis möglich?“, „Was können wir erkennen?“, „Ist die materielle Welt wirklich so beschaffen, wie sie uns in der Wahrnehmung erscheint, oder nicht?“ niemals die Tatsache aus der Welt schaffen, daß wir ein Wissen um eine von uns verschiedene materielle Welt haben. Diese Tatsache wird als ein letztes Rätsel des Daseins stehen bleiben, auch wenn man immer wieder meint, man könnte ihr das Rätselhafte dadurch nehmen, daß man die materielle Welt als Bewußtseinsinhalt bezeichnet. Wäre die materielle Welt, wie wir sie in der sinnlichen Wahrnehmung vor uns haben, wirklich nur ein unwillkürliches und unbewußtes Produkt des wahrnehmenden menschlichen Geistes, dann würde das Wissen um sie doch nicht etwa als eine kleine und keiner weiteren Erwähnung bedürftige Leistung betrachtet werden dürfen, sondern es würde auch als Wissen um die Produkte der eigenen unbewußten Tätigkeit durchaus kein selbstverständliches Ereignis sein, so oft auch Erkenntnistheoretiker immer wieder sich einbilden mögen, das Wissen um das „Subjektive“ sei weniger rätselhaft als ein Wissen um eine Welt „außerhalb des Bewußtseins“. Beziehe sich das Wissen auf eine materielle Welt oder auf „bloße Bewußtseinsinhalte“ oder auf das eigene Ich, niemals ist es eine leichte Zugabe zu dem, worauf es sich bezieht, sondern immer bleibt es ein unergründliches Geheimnis, das jedoch jedem bekannt ist.

Jene Wissensbeziehung ist also von allen anderen Beziehungen total verschieden. Man könnte Anstoß daran nehmen, daß hier dennoch von einer Beziehung zwischen materieller und psychischer Wirklichkeit gesprochen wird. Aber eine Beziehung liegt doch eben auch hier vor, nämlich eine Beziehung eines wissenden psychischen Subjekts auf etwas von ihm verschiedenes Materielles.[1] Freilich aber eine Beziehung, die in einem sonst nicht vorkommenden Wissen um das Materielle besteht und keine rückläufige Beziehung ist, sondern eine einseitig gerichtete, gleichsam vom Subjekte ausgehende und auf den Gegenstand stoßende. Im übrigen bleibt es jedem unbenommen, statt des Wortes „Beziehung" ein anderes, besseres zu wählen; die Hauptsache ist die Anerkennung der Sache.

Ein primitiver Versuch, den harten Stein des Wissens um eine materielle Welt zu erweichen, hat zum Spiegel gegriffen und das Wahrnehmen der Welt als eine Spiegelung dieser Welt in der „Seele" oder im „Bewußtsein" bezeichnet. Diese Vergleichung wirkt auch heute immer noch mit ungeschwächter Kraft beruhigend auf das fragende Gemüt. Wäre diese einschläfernde Beruhigung der berechtigte Maßstab der Wahrheit, so müßte allerdings diese Spiegeltheorie für die meisten Menschen absolute Wahrheit sein, da sie sich absolut und wohltätig dadurch beruhigt fühlen. Jeder Einwand dagegen müßte, da er Beunruhigung hervorruft, als unberechtigt und falsch abgewehrt werden. Trotzdem wollen wir es wagen, nach dem glänzenden Vorbild von Lotze in unserem Falle

---

[1] Es scheint überflüssig, einen Einwand abzuwehren, der prinzipiell die Verschiedenheiten, die wir als Psychologen konstatieren, verwechselt mit Unterscheidungen, die das vom Psychologen gerade betrachtete Subjekt macht. Dieses Subjekt braucht sich nicht selbst zu unterscheiden von der materiellen Welt, um von ihr verschieden zu sein und ihr gegenüberzustehen. Das eigene psychische Sein und Geschehen wird nicht erst durch eigenes Denken geschaffen.

die Ruhe zu stören. Jene Vergleichung der sinnlichen Wahrnehmung der materiellen Welt mit einer Spiegelung dieser letzteren in der psychischen Wirklichkeit ist, so hat Lotze gezeigt, ein höchst unglücklicher und mangelhafter Versuch, jenes Wissen, um die materielle Welt zu verdeutlichen. Denn welches sind zunächst die Voraussetzungen, die zu einer Spiegelung notwendig sind? Es gehört dazu: ein sichtbares Objekt, ein Spiegel und ein Individuum, das in den Spiegel blickt und dort das Bild jenes Objektes sinnlich wahrnimmt. Schon diese Voraussetzungen sind nun in unserem Falle der sinnlichen Wahrnehmung der materiellen Welt nicht erfüllt: Es fehlt nämlich der außer dem Objekt und dem Individuum befindliche Spiegel. Man wird geneigt sein, das Individuum selbst als den Spiegel zu betrachten, der freilich dann in sich selbst hineinzublicken hätte. Aber hier würde er nichts von der materiellen Welt sehen, denn es fehlt ja hier die Zweiheit von Objekt und Spiegelbild des Objektes; wir blicken hinaus und sehen das Objekt selbst. Aber nicht nur sind die Voraussetzungen jener Vergleichung nicht erfüllt, sondern das Wichtigste ist, daß jene sinnliche Wahrnehmung, die man durch die Vergleichung verdeutlichen wollte, in dieser Vergleichung schon vorausgesetzt ist: Die sinnliche Wahrnehmung des Spiegelbildes ist ebenso schon ein Wissen um die materielle Welt wie die sinnliche Wahrnehmung des gespiegelten Objektes selbst. Die Tatsache, daß in der psychischen Wirklichkeit ein Wissen um die materielle Welt vorkommt, läßt sich demnach zwar verstecken aber nicht beseitigen.

Als Gegenstand der sinnlichen Wahrnehmung, in diesem Wissen um sie wird nun die materielle Welt schon von außerordentlich großem Einfluß auf das psychische Leben des wahrnehmenden Individuums. An dieses Wissen schließen sich je nach der Beschaffenheit des Wahrgenommenen bestimmte Vorstellungen, Erinnerungen und Gedanken an; bestimmte Gefühle der Lust und Unlust entstehen; ein Streben oder Widerstreben nach dieser oder jener Richtung, bestimmte Willensentscheide und bestimmte Handlungen folgen darauf. Jeder weiß, ein

wie großes und folgenreiches Interesse für ihn die wahrgenommene Natur, die fremden Leiber und der eigene Körper
in der sinnlichen Wahrnehmung hat. Auch wenn die sinnlich
wahrgenommene Welt nicht unabhängig von der Wahrnehmung,
sondern nur, solange sie wahrgenommen wird, existierte, auch
dann bleibt doch bestehen, daß es für das psychische Leben
von großer Bedeutung ist, wie beschaffen der gerade vorhandene Inhalt der sinnlichen Wahrnehmung ist. Wenn wir
hier von einer „Wirkung der materiellen Welt auf das psychische Leben" sprechen wollen, wie wir es ja im gewöhnlichen Leben tun, so müssen wir doch diese „Wirkung", die
die materielle Welt, sofern sie gerade sinnlich wahrgenommen
ist, auf das psychische Leben ausübt, unterscheiden von der
gleich zu besprechenden Wirkung der materiellen Wirklichkeit
auf die psychische Wirklichkeit, die gleichsam von hinten,
a tergo, stattfindet, während die erstere Wirkung gleichsam
von vorn, a fronte, ihren Einfluß übt.

§ 3. **Tatsachen der Wechselwirkung zwischen dem
Leibe und der zugehörigen psychischen Wirklichkeit.**

a) Abhängigkeit des psychischen Seins und Geschehens von dem zugehörigen Leib und den leiblichen, speziell den Gehirnrindenvorgängen. Es zeigt
nämlich schon die alltägliche Erfahrung, und weitergehende
wissenschaftliche Untersuchung bestätigt es, daß jene Beziehung des Wissens um eine materielle Welt, wie sie in der
sinnlichen Wahrnehmung vorliegt, in ihrem Zustandekommen
(wenigstens während unseres Erdenlebens) bedingt ist durch
eine bestimmte Beschaffenheit des menschlichen Leibes und
durch eine bestimmte räumliche Lage desselben, speziell der
Sinnesorgane, zu der wahrzunehmenden materiellen Welt. Daß
wir dasjenige nicht wahrnehmen können, was zu weit von
unserem Leibe entfernt oder sonst unseren Sinnesorganen
augenblicklich nicht erreichbar ist; daß wir ohne Augen nicht
sehen, ohne Ohren nicht hören können usw., das weiß jeder
aus alltäglicher Erfahrung. Genauere Untersuchung ergibt,
daß der menschliche Leib ausgestattet sein muß mit unver-

letzten, normalen Sinnesorganen, von denen ununterbrochene, gesunde Nervenfasern zum Gehirn und zur unverletzten Großhirnrinde führen müssen, wenn eine sinnliche Wahrnehmung der materiellen Welt möglich sein soll. Zur Verwirklichung dieser Möglichkeit ist dann weiterhin erforderlich, daß die Endorgane dieses ganzen nervösen Apparates, nämlich die Sinnesorgane, bestimmte Einwirkungen von der materiellen Welt durch mechanische, elektrische oder chemische „Reize" erleiden. Erst wenn eine solche Einwirkung stattfindet, kann eine sinnliche Wahrnehmung eines Stückes der materiellen Welt entstehen.

Hier haben wir also einen Fall einer ganz anderen Beziehung zwischen materieller und psychischer Wirklichkeit als die oben in der Beziehung „des Wissens um" die materielle Welt und in den Wirkungen, die sich daran knüpfen, betrachtete. Das wahrnehmende Individuum braucht durchaus kein Wissen um jene physikalischen Reize und um jene physiologischen Vorgänge in den Sinnesorganen, den Nerven und dem Gehirn zu haben. Wenn diese Reize und Vorgänge nur einfach tatsächlich da sind und wirken, so haben sie auch als ungewußte einen Einfluß auf das psychische Leben des betreffenden Individuums. Die Wirkung der außerleiblichen materiellen Welt auf den Leib und das Zentralnervensystem ist ebenfalls eine einfach tatsächlich geschehende, die zu ihrem Zustandekommen nicht verlangt, daß ein Individuum um sie weiß. Von diesem ungewußt bestehenden, ursächlichen Verhältnis erweist sich ein bestimmtes psychisches Geschehen, nämlich das sinnliche Wahrnehmen der materiellen Welt, ungewußt abhängig.

Aber das psychische Leben ist noch in viel allgemeinerer Weise abhängig von dem menschlichen Leibe, seiner Beschaffenheit und den Vorgängen in ihm. Wir kennen keine psychische Wirklichkeit, die nicht in engem Zusammenhange stände mit einem bestimmten lebenden Leibe. Ob psychisches Leben auch ohne solchen Zusammenhang mit Leibern rein für sich existieren kann oder nicht, das ist eine Frage, zu

deren Entscheidung uns in unserem Erdenleben alle Anhaltspunkte fehlen. Wir können weder beweisen noch widerlegen,
daß es Seelen ohne Zusammenhang mit organischen Körpern
gibt. Auch wer erklärt, dergleichen sei unmöglich, behauptet
mehr, als er wissen kann. Bleiben wir innerhalb der Grenzen
unserer Erfahrung, so müssen wir hier eine umfangreiche
Abhängigkeit des psychischen Lebens von den zugehörigen
Leibern konstatieren. Schon die eigene Lebenserfahrung wird
jeden, der ein wenig darauf achtet, immer mehr und mehr von
der außerordentlichen Bedeutung überzeugen, die die Zustände
des eigenen Körpers für das psychische Leben haben. Er
wird sehen, daß sein psychisches Leben ein anderes ist, wenn
sein Körper lange keine Nahrung bekommen hat, ein anderes,
wenn er gerade reichlich genährt worden ist. Man empfiehlt
z. B. den Bittstellern, sich nicht an Menschen mit leeren Mägen
zu wenden, wenn sie Erfolg haben wollen. Man weiß, daß
man mit vollem Magen nicht gern studiert und sich anstrengt.
Und der Verlauf der Verdauung vermag aus einem Optimisten
einen Pessimisten und aus einem Pessimisten einen Optimisten
zu machen; länger dauernde Hemmung der Ausscheidung vermag eine wirkliche Melancholie mit ihren düsteren Selbst-
vorwürfen und ihrem bitteren Lebensüberdruß zu erzeugen,
die nach Beseitigung der Hemmung wieder völlig verschwindet.
Und auch die Störung anderer körperlicher Funktionen ist
meist mit großen seelischen Veränderungen verbunden. Jede
Erkrankung des Körpers hat einen leiseren oder heftigeren
Einfluß auf das zugehörige psychische Leben. Welche Re-
volutionen vermag weiterhin die Anfüllung der Samenbläschen
beim Mann und der Eintritt gewisser periodischer körperlicher
Vorgänge bei der Frau in dem seelischen Leben hervorzubringen! Daher die Wichtigkeit, die diese körperlichen Vorgänge für die Kriminalistik haben.

Führt man eine Tasse starken Kaffees oder Tees in den
Körper ein, so tritt eine allgemeine Belebung des seelischen
Lebens ein. Augenblickliche geistige Müdigkeit und Trägheit
sucht man daher durch den Genuß von Kaffee oder Tee zu

beseitigen. Zu dem gleichen Zweck und zur Beruhigung zugleich wird der Tabak verwendet. Allbekannt ist auch die Wirkung, die der Genuß von alkoholhaltigen Getränken, wie Bier, Wein, Schnaps usw., auf das seelische Geschehen ausübt. Einschränkung des Gedankenumfangs mit Erhöhung der Lebhaftigkeit der übrigbleibenden ist zunächst die Wirkung. Bei einem guten Glase Wein oder Champagner kann man von manchen Menschen alles erlangen. Und wie mancher sucht seinen Kummer in Spirituosen zu versenken und dadurch fröhlicher zu werden. Freilich, wenn er dann des Guten zuviel tut, wird er wieder tiefdenkerisch und vom „heulenden Elend" befallen. Weniger allgemein bekannt sind glücklicherweise die Wirkungen, die der Genuß von Opium und Haschisch auf das geistige Leben haben; jene unheimliche Glut der Phantasie und Loslösung von aller Erdenschwere, die sie hervorbringen; jene eigentümliche Verlängerung und Vergrößerung von Zeit- und Raumgrößen, die der Haschischesser erstaunt erfährt. Aber nicht nur durch den Verdauungsapparat, sondern auch durch die Atmungsorgane lassen sich Stoffe zuführen, deren körperliche Wirkung Veränderungen im psychischen Leben hervorrufen. Langer Aufenthalt in schlechter, sauerstoffarmer oder mit bestimmten Gasen angefüllter Luft vermag tiefgreifende Störungen des Verstandes-, Gefühls- und Willenslebens hervorzurufen. Dazu kommt der Druck auf das geistige Leben, den die Hemmung der körperlichen Ausdünstung durch wassergeschwängerte Luft zur Folge hat.

Noch radikaler als alle diese körperlichen Vorgänge wirken direkte Eingriffe und Angriffe auf das Gehirn. Ein derber Schlag auf den Kopf erschüttert nicht nur das Gehirn, sondern auch das seelische Leben. Wie mannigfach sind die Veränderungen des psychischen Geschehens, des Empfindungs-, Vorstellungs-, Gedanken-, Gefühls- und Willenslebens, die uns die Psychiatrie als Folgen von Verletzungen, Erkrankungen und Verkümmerungen des Gehirns, speziell der Großhirnrinde, vorführt. Schon die Tatsache, daß die Entwicklung des Gehirns immer in gewissem Grade mit der geistigen Entwicklung

parallel läuft, deutet darauf hin, daß das Gehirn und seine
Funktionen in unmittelbarstem Zusammenhang mit dem psychischen Sein und Geschehen steht. Und genauere Untersuchung hat ergeben, daß auch jene Einwirkungen auf den
übrigen Körper nur dann einen Einfluß auf das psychische
Leben haben, wenn sie, sei es durch den Blutumlauf, sei es
durch die Nerven, zu einer Zustandsänderung des Gehirns
führen. So ist es schließlich immer die Beschaffenheit und die
Funktion der Rinde des Großhirns, von der die Beschaffenheit
und die Veränderungen in der damit verbundenen psychischen
Wirklichkeit direkt abhängen. Diese ungefähr 0,2 Quadrat-
meter große und zirka 3 Millimeter dicke, rötlich-graue Hirn-
rinde ist also d e r Teil der materiellen Wirklichkeit, der in
der innigsten Beziehung zu einer bestimmten, individuellen
psychischen Wirklichkeit steht, so daß man ihn geradezu als
das Organ der Seele bezeichnet hat.

Mit dieser Erkenntnis der allgemeinen Abhängigkeit überhaupt hat man sich aber nicht beruhigt, sondern immer wieder
versucht, bestimmte Beschaffenheiten und Funktionen bestimmter Gehirnrindenpartien zu bestimmten Beschaffenheiten
und Tätigkeiten der psychischen Individuen in Beziehung zu
setzen. Der erste, der solche Beziehungen festzustellen suchte,
war der Anatom und Phrenologe G a l l. In seinen Vorlesungen,
die er im Jahre 1796 in Wien über Schädellehre hielt, brachte
er bestimmte Beschaffenheiten der das Gehirn einschließenden
Schädeldecke in Zusammenhang mit bestimmten psychischen
Eigenschaften und Vermögen. Nun wäre es gewiß eine
wünschenswerte und praktisch äußerst wichtige Leistung, wenn
man durch bloße Untersuchung des meßbaren, greifbaren,
harten Schädels eine richtige und reiche Charakteristik des
nicht greifbaren psychischen Individuums gewinnen könnte.
Aber der Versuch Galls muß als gescheitert betrachtet werden.
Seine Voraussetzungen waren mangelhaft und unrichtig. Er
setzte irrtümlich voraus, daß die äußere Gestalt des Schädels
mit ihren Erhöhungen und Vertiefungen ein sicheres Bild von
der Beschaffenheit der darunter liegenden Gehirnpartien zu

geben vermöchte, und daß vor allem die nach außen drängende Größe dieser Gehirnpartien Bedeutung für die psychischen Vermögen hätten. Der wichtigste Fehler aber war die Unvollkommenheit seiner Psychologie. Er gebrauchte eine Vermögenspsychologie, der die kompliziertesten Tatbestände, wie Sprachsinn, Kunstsinn, Freundschaft, Eitelkeit usw., als einfach galten, und er bezeichnete einfach bestimmte Gehirnteile als Organe dieser psychischen Vermögen und Fähigkeiten. Schon hier zeigte es sich, daß der Wert solcher Untersuchungen in erster Linie von dem Werte der benutzten Psychologie direkt bedingt ist. In der Folgezeit ließ man zunächst den Gedanken wieder fallen, bestimmte Gehirnteile und deren Funktion zu bestimmten psychischen Eigenschaften und Vorgängen in Beziehung zu setzen. Man nahm vielmehr bis in die siebziger Jahre des 19. Jahrhunderts wieder an, daß die Tätigkeit des ganzen Gehirns bei jedem psychischen Geschehen mitwirke. In neuerer Zeit hat man dagegen wieder die Großhirnrinde im Hinblick auf psychische Vorgänge gliedern zu können geglaubt, und es ist auch schließlich gelungen, einige sichere Ergebnisse zu gewinnen. So hat man vor allem zu den Empfindungen der verschiedenen Sinnesgebiete verschiedene Bezirke der Großhirnrinde aufzufinden vermocht, die man die Zentren dieser Empfindungen nennt. Die Sprachstörungen, also die Störungen des Verstehens, Lesens, Sprechens oder Schreibens der Sprache, haben besonders zur Zuordnung bestimmter Gehirnpartien zu diesen psychischen Leistungen geführt. Freilich hat man diese Gehirnpartien bis jetzt noch nicht scharf gegeneinander abgrenzen können; sie greifen vielmehr mit ihren Grenzen ineinander über.

Um von dieser Gliederung des Gehirns ein deutlicheres Bild zu geben, als es durch Worte möglich ist, füge ich hier eine Skizze des Gehirns bei und bezeichne darauf einige Zentren in der Großhirnrinde.

Bestimmte psychische Funktionen stehen also zu bestimmten Stellen der Großhirnrinde in Beziehung. Diese Tatsache drückt man auch so aus, daß man sagt, die psychischen

Funktionen seien lokalisiert an bestimmte Orte in der Hirn-
rinde. Man spricht häufig von dieser Lokalisation der psychischen Funktionen so, als ob bestimmte psychische Funktionen in bestimmten Gehirnpartien stattfänden. Aber der Ausdruck „Lokalisation" führt hier irre; er ist durchaus nicht
wörtlich zu nehmen. Wir sahen schon, daß den psychischen
Vorgängen keine räumlichen Qualitäten und kein Ort zukommt.
Es hat also gar keinen Sinn, die psychischen Vorgänge wirklich als an einer bestimmten Stelle des Gehirns befindlich zu

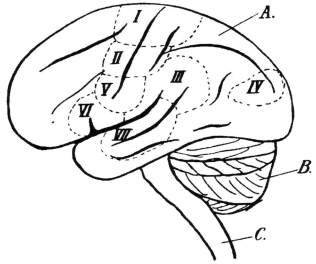

A. Großhirn, von der linken Seite gesehen. B. Kleinhirn. C. Verlängertes Mark.
I Zentrum für Beinbewegungen. II Zentrum für Armbewegungen. III Zentrum für
Augenbewegungen. IV Sehzentrum. V Zentrum für Gesichtsbewegungen. VI Zentrum
für Sprachbewegungen. VII Hörzentrum und Zentrum für das Sprachverständnis.

denken. Jene Erfahrungen, die zu der sogenannten Lokalisation der psychischen Funktionen geführt haben, zwingen auch
durchaus nicht, dies Sinnlose zu denken, sondern sie zeigen
nichts weiter als, daß die normale Funktion bestimmter Gehirnrindenpartien Bedingung dafür ist, daß bestimmte psychische
Vorgänge stattfinden können. Es ist aber durchaus nicht notwendig, daß das Bedingte, also die psychischen Vorgänge,
an demselben Orte sich befinde wie das Bedingende, also die
Gehirnvorgänge.

Wie sind nun jene Tatsachen zu deuten? In welcher Beziehung stehen denn die psychischen zu den Gehirnvorgängen? Jene Tatsachen lassen an und für sich eine mehrfache Deutung zu. Die Gehirnvorgänge in den bestimmten Rindenpartien könnten erstens die hinreichenden Ursachen für die Entstehung bestimmter psychischer Vorgänge sein. Oder sie könnten zweitens zwar reale Bedingungen sein, aber nur im Zusammenwirken mit mehreren anderen Bedingungen die psychischen Vorgänge hervorbringen. Und sie könnten drittens nur einfach Hemmungen beseitigen, die sonst dem Zustandekommen bestimmten psychischen Geschehens entgegenstehen. Außer diesen drei nächstliegenden Deutungen tritt noch eine aus erkenntnistheoretischen Überlegungen hergeleitete auf, die jeden ursächlichen Zusammenhang zwischen psychischen und Gehirn-Vorgängen leugnet, und die erklärt, physiologische Gehirnvorgänge und psychisches Geschehen laufen nur einfach parallel nebeneinander her, aber doch so, daß bestimmten psychischen Vorgängen immer bestimmte Gehirnvorgänge entsprechen. Wir wollen hier zwischen den möglichen Deutungen nicht entscheiden. Auf die letztere, die Theorie des psychophysischen Parallelismus, müssen wir nachher zurückkommen, um zu zeigen, daß für uns in der Psychologie, solange wir bestimmte Erkenntnistheorien und Metaphysik bei Seite lassen, kein Grund besteht, die gewöhnliche Annahme einer kausalen Beziehung zwischen Gehirnvorgängen und psychischem Geschehen zu verlassen, wenn wir auch über die genauere Natur dieses Kausalzusammenhanges noch keinen Entscheid fällen können, also nicht bestimmen können, welche der drei ersten Deutungen die richtige ist. Hier wollen wir zunächst noch einige Arten der Darstellung des Verhältnisses von psychischem Geschehen und Gehirnvorgängen als völlig verfehlte hervorheben.

Einige Materialisten glaubten, das psychische Leben einfach als ein Ausscheidungsprodukt des Gehirns bezeichnen zu dürfen. Gerade so, wie die Nieren den Urin oder wie die Leber die Galle ausscheide, so scheide auch das Gehirn das

psychische Geschehen aus.   Durch diese Vergleichung verliert
freilich die Behauptung wieder den Schein von Richtigkeit,
den sie zunächst hatte.   Denn die Ausscheidungsprodukte von
Nieren und Leber sind materielle Stoffe, und solche materielle Stoffe findet man zwar auch als Ausscheidungsprodukte
des Gehirns.   Aber diese Ausscheidungsstoffe des Gehirns
sind nichts Psychisches, da dies uns in der Erfahrung niemals
als materieller Stoff, sondern als etwas von aller materiellen
Wirklichkeit Verschiedenes gegeben ist.   Zum mindesten müßte
also das psychische Leben als ein neues, ganz eigenartiges
Ausscheidungsprodukt des Gehirns bezeichnet werden.   Aber
dann fragt es sich, mit welchem Rechte man hier, wo es sich
gar nicht um etwas Materielles handelt, doch von einem Ausscheidungsprodukt spricht, das von einem materiellen System,
dem Gehirn, ausgehen soll.   Hält man streng fest, daß das
psychische Leben nichts Materielles, auch kein feiner nebel-
artiger Dunst ist, so ist es sinnlos, es als ein Ausscheidungsprodukt des Gehirns zu bezeichnen.   Im Grunde sollte auch
diese Ausdrucksweise wohl nur möglichst drastisch die enge
Abhängigkeitsbeziehung zwischen psychischem Geschehen und
Gehirnvorgängen zum Ausdruck bringen, die ja tatsächlich
besteht.

Ganz harmlos klingt es zunächst, wenn man auf anderer
Seite das psychische Leben als eine Funktion des Gehirns
bezeichnet.   Bedenklich wird die Erklärung schon, wenn man
hinzufügt, es verhalte sich hier ähnlich wie bei der Verdauung,
die eine Funktion des Verdauungskanals sei, ʼoder wie bei
der Atmung, die eine Funktion der Lungen sei.   Durch diese
Vergleichung ist der Sinn der Behauptung ein total anderer
geworden; die Doppeldeutigkeit des Wortes „Funktion" wird
ausgenutzt, um der Behauptung auch in ihrer zweiten Bedeutung einen Sinn zu verschaffen.   Zunächst denkt man an
den ganz allgemeinen Sinn, den das Wort Funktion hat, wie
er z. B. in der Mathematik gebraucht wird.   Man bezeichnet
in diesem Sinne eine Größe Y als eine Funktion von X, wenn
die Änderungen der Größe Y in bestimmter gesetzmäßiger Weise

von den Änderungen der anderen Größe X abhängen. Ein solches
Abhängigkeitsverhältnis besteht freilich zwischen bestimmten
psychischen Vorgängen und dem Gehirn. Man kann also in
diesem Sinne das psychische Leben als eine Funktion des
Gehirns bezeichnen. Aber über die Art der Abhängigkeitsbeziehung ist dadurch nicht das geringste festgelegt. Anders
verhält es sich mit der zweiten, speziell physiologischen Bedeutung des Wortes Funktion. Denn hier bezeichnet die
Funktion nichts anderes als die Tätigkeit bestimmter Organe
selbst. Die Verdauung ist die Funktion des Verdauungskanals
in dem Sinne, daß sie ein bestimmtes materielles Geschehen
an und in dem Verdauungskanal ist. Und ebenso ist die Atmung
als Funktion der Lungen nichts anderes als ein bestimmtes
materielles Geschehen an und in den Lungen. In diesem Sinne
kann nun freilich das psychische Leben nicht als eine Funktion
des Gehirns bezeichnet werden, denn es ist ja, wie schon festgestellt, kein materielles Geschehen an und in dem Gehirn.

Nach dem Gesagten leuchtet es ein, daß und inwiefern
die sonst noch vorkommenden Vergleichungen des Verhältnisses
von Gehirnvorgängen und psychischem Leben mit physiologischen Verhältnissen völlig unzutreffend sind, wie z. B. die
Erklärung: gerade so wie der Verdauungsapparat die auf-
genommene Nahrung in Blut, Gewebe und Knochen verwandele, so wandele das Gehirn die äußeren Reize in psychische
Tatbestände um. Solche Vergleichungen entspringen entweder
der Freude an paradoxen und zarte Gemüter verletzenden
Aussprüchen oder der völligen Unkenntnis der Psychologie
und der Eigenart des psychischen Lebens; sie sind also auf
jeden Fall wissenschaftlich wertlos.

Sehen wir von der spezielleren Formulierung des Verhältnisses ab, so rechtfertigen die Erfahrungen allerdings die
Behauptung, daß bestimmte Körpervorgänge, in letzter Linie
bestimmte Großhirnrindenvorgänge, bestimmte Veränderungen
in dem zugehörigen psychischen Leben zur Folge haben. Betrachten wir nun das Verhältnis von psychischer und materieller Wirklichkeit in der umgekehrten Richtung.

b) Abhängigkeit des materiellen, speziell des leiblichen Seins und Geschehens vom psychischen Leben. Wo menschliche Ansiedelungen die Erdoberfläche bedecken, da erleidet die materielle Welt sehr bald eine durchgreifende Umgestaltung durch die Tätigkeit der Menschen. In den Städten findet sich fast nichts, was nicht den Einfluß menschlicher Tätigkeit erfahren hätte. All die materiellen Dinge, die uns gewöhnlich umgeben, sind und werden von menschlichen Händen gestaltet, bewegt und verändert. Menschliche Hände haben die Kleider, Möbel und Geräte gemacht, haben Häuser, Straßen, Wege, Brücken und Eisenbahnen gebaut, haben die Pflanzenwelt umgestaltet und die Felder bebaut; menschliche Hände setzen fortwährend mit mehr oder weniger Geräusch die kleinen und größeren Dinge in mannigfache Bewegung und lassen der Materie keine dauernde Ruhe. Aber die Tätigkeit der Hände ist bedingt durch die Tätigkeit des menschlichen Körpers. Der menschliche Körper ist unter den materiellen Objekten überhaupt der ruhelose, siegreiche Revolutionär. Seine Wirksamkeit auf der Erde überragt an Mannigfaltigkeit die aller anderen irdischen Dinge.

Niemand ist jedoch im täglichen Leben wirklich der Ansicht, daß diese Wirksamkeit einfach die blinde Wirksamkeit einer komplizierten materiellen Maschine sei. Wir sahen schon, daß wir nicht umhin können, jedem lebenden menschlichen Leib eine individuelle, in sich abgeschlossene psychische Wirklichkeit zuzuordnen. Und der größte Teil der Bewegungen des menschlichen Leibes, zu dem auch diejenigen gehören, die eine so durchgreifende Umgestaltung der Erdoberfläche hervorbringen, erscheint uns mitbedingt durch die Art des psychischen Lebens der Individuen. Genauere Beobachtung zeigt in der Tat, daß der größte Teil der menschlichen Leibesbewegungen zu den Vorgängen in dem zugehörigen psychischen Lebens in enger Beziehung steht. Jeder weiß, daß der Eintritt gewisser psychischer Tatbestände, wie es die Gefühle der Lust und Unlust, die Zustände der Furcht, des Erstaunens, des Schrecks usw. sind, häufig mit ganz bestimmten äußerlich wahr-

nehmbaren Veränderungen des zugehörigen menschlichen Körpers verbunden sind. Diese Ausdrucksbewegungen dienen
uns ja gewöhnlich als Zeichen, um die psychischen Zustände
anderer Menschen zu erkennen. Wir meinen nicht, daß diese
Bewegungen erst jene psychischen Erlebnisse erzeugen, sondern sehen sie als unwillkürlich eintretende Folgeerscheinungen jener psychischen Vorgänge an. Die experimentelle
Untersuchung der letzten Jahre hat festgestellt, daß die Rückwirkung des psychischen Geschehens auf den zugehörigen
Leib eine viel ausgebreitetere ist, als es auf den ersten Blick
scheint. Äußerlich nicht ohne weiteres wahrnehmbare Veränderungen im menschlichen Körper begleiten fortwährend das
psychische Leben. Eine bestimmte Veränderung im psychischen
Geschehen hat bestimmte Veränderungen der Atmung, des Pulsschlages, der Drüsenabsonderung, der Muskelspannung in den
Gefäß-, den Glieder- und Rumpfmuskeln zur Folge. Mit überraschender Sicherheit setzen die leiblichen Vorgänge ein, sobald das psychische Leben sich ändert. Zu diesen fortwährend stattfindenden unwillkürlichen Wirkungen des psychischen Geschehens gesellen sich dann die zahlreichen willkürlich hervorgebrachten Bewegungen der körperlichen Maschine, die uns unmittelbar als Wirkungen unseres psychischen
Strebens und Tuns erscheinen. Je nachdem, worauf das
Streben und Tun des Menschen innerlich gerichtet ist, führt
er andere und andere Körperbewegungen aus. Alle die Bewegungen des Sprechens, Kauens, die Augenbewegungen, die
Bewegungen der Arme, Beine und des Rumpfes gestalten sich
verschieden je nach der Beschaffenheit des gerade vorhandenen
Strebens, Begehrens, Wünschens und Wollens. Und die Umgestaltung, die dann die Körperbewegungen der Menschen auf
der Erdoberfläche hervorbringen, ist im wesentlichen nur eine
weitere Folge der mannigfachen Bestrebungen der Menschen.
So erscheint schließlich, von dieser Seite gesehen, die psychische Wirklichkeit als der wirksame Ausgangspunkt einer
durch den menschlichen Körper hindurchgehenden Bewegung
und siegreichen Umgestaltung der materiellen irdischen Welt.

Als der einzige unmittelbare Angriffspunkt dieser Wirkung stellt sich freilich nur der menschliche Leib dar; und zwar speziell wieder das Zentralnervensystem, von dem alle jene psychisch bedingten Bewegungen ausgehen.

Die hier kurz bezeichneten Tatsachen deuten also einerseits auf eine Abhängigkeit des psychischen Lebens von leiblichen Beschaffenheiten und Vorgängen, andererseits aber auch auf eine umfangreiche Abhängigkeit des körperlichen Lebens von der Beschaffenheit und den Erlebnissen des psychischen Individuums. Es scheinen also durch diese Erfahrungen alle Bedingungen erfüllt zu sein, die uns berechtigen, von einem wechselseitigen ursächlichen Zusammenhang zwischen menschlichem Leib und psychischer Wirklichkeit zu sprechen. Die sehr alte und im täglichen Leben jedem geläufige Ansicht, daß Leib und „Seele" zueinander in Wechselwirkung stehen, scheint demnach durch die genaueren Untersuchungen, die bis jetzt möglich gewesen sind, eine direkte Bestätigung zu erfahren.

In der Psychologie wird jedoch dieser Ansicht vielfach großer Widerstand entgegengesetzt. Wir können uns ihr daher nicht ohne weiteres anschließen, ehe wir nicht die gegen dieselbe vorgebrachten Einwände einer kurzen Prüfung unterzogen haben. Unter dem Namen des psychophysischen Parallelismus wird jener Annahme einer Wechselwirkung zwischen Leib und Seele eine andere Ansicht entgegengesetzt, die seit ungefähr 20 Jahren bis vor kurzem meistens als die selbstverständlichste und als die allein richtige in der Psychologie vorgetragen wurde. Erst seit einigen Jahren mehren sich immer mehr die Stimmen, die an dieser mit dem schönen Wort „psychophysischer Parallelismus" gestempelten, traditionellen Behauptung ihre gewichtigen Zweifel äußern. Wir werden im folgenden sehen, daß für die Psychologie innerhalb ihrer Grenzen kein Grund besteht, die alte Annahme einer Wechselwirkung zwischen leiblicher und psychischer Wirklichkeit zu verlassen.

§ 4. **Der psychophysische Parallelismus.** Die heutige Theorie des psychophysischen Parallelismus will empirisch begründet, ja im Grunde nichts weiter als „ein empirischer Ausdruck der vorgefundenen Tatsachen" sein. Sie will sich auf das Verhältnis von leiblichen und seelischen Vorgängen beschränken und dahingestellt lassen, ob auch den übrigen materiellen Vorgängen im ganzen Universum ein psychisches Geschehen parallel laufe, wie es Spinozas universeller Parallelismus behauptet hatte. Wir werden jedoch im folgenden sehen, daß der psychophysische Parallelismus durchaus kein bloßer Ausdruck der vorliegenden Tatsachen ist, und daß er, wenn er konsequent weitergedacht wird, notwendig zu dem universellen Parallelismus zurückführt, also im Grunde eine unbeweisbare metaphysische Theorie ist.

Um dies zu erkennen, brauchen wir uns nur den Sinn des psychophysischen Parallelismus zu verdeutlichen. Zunächst ist hervorzuheben, daß er die Grundverschiedenheit von materieller und psychischer Wirklichkeit anerkennt, daß er weiterhin die Tatsachen, die uns oben die Annahme einer Wechselwirkung zwischen Leib und Seele vorläufig zu rechtfertigen schienen, selbst beachtet und ausdrücklich betont; daß er also zugibt: Einige psychische Vorgänge treten nur dann ein, wenn bestimmte leibliche, in letzter Linie Gehirnrinden-Vorgänge stattfinden; und andererseits sind mit vielen psychischen Vorgängen bestimmte leibliche Vorgänge notwendig verbunden. Aber nun beginnt sein Widerspruch. Die Theorie des psychophysischen Parallelismus in ihrer strengsten Fassung behauptet nämlich: eine Einwirkung von leiblichen Vorgängen auf psychische, und die umgekehrte Einwirkung psychischer Vorgänge auf leibliche sei unmöglich. Die leiblichen Gehirnvorgänge könnten immer nur wieder leibliche Gehirnvorgänge hervorbringen und zu ihrer Ursache haben; und die psychischen Vorgänge könnten immer nur aus psychischen Vorgängen entstehen und immer nur psychische Wirkungen haben. Die leiblichen und die geistigen Vorgänge seien zwei in sich selbst geschlossene, niemals ineinander übergreifende Kausalzusammenhänge. Und jene Tatsachen, die auf eine ursächliche Wechselwirkung hinzudeuten schienen,

zeigten nur, daß bestimmten psychischen Vorgängen bestimmte
leibliche parallel gingen.   Verallgemeinernd behauptet der
psychophysische Parallelismus weiter, daß jedem psychischen
Geschehen ein bestimmter Gehirnvorgang entspreche oder
parallel laufe, daß also das ganze psychische Leben eines Individuums derart von einem ganz bestimmten Gehirngeschehen
begleitet sei, daß mit der Änderung des psychischen Geschehens
jedesmal eine ganz bestimmte Änderung in den Gehirnvorgängen, und umgekehrt mit der Änderung bestimmter Gehirnvorgänge eine ganz bestimmte Änderung der psychischen Vorgänge notwendig verbunden sei, ohne daß man deshalb von
einer Wirkung der einen Reihe auf die andere Reihe von
Vorgängen sprechen dürfe.

Das ist der Sinn des psychophysischen Parallelismus. Soll
er nicht ein bloßer Machtspruch sein, so muß er Gründe
für seine Behauptungen anführen.   Fragen wir aber nun nach
seinen Gründen, so stellt sich die merkwürdige Tatsache heraus, daß er keinerlei positive Gründe für sich in Anspruch
zu nehmen vermag, daß vielmehr alles, was zur Begründung
des psychophysischen Parallelismus vorgebracht wird und
worden ist, rein negativer Art ist, d. h. nichts weiter bezwecken
kann, als die Möglichkeit einer Wechselwirkung zwischen
leiblichem und psychischem Geschehen zu bestreiten.   Gerade
diese negativen Argumente kommen aber für uns hier besonders in Betracht, weil ihr Wert oder Unwert darüber entscheidet, ob wir in der Psychologie bei der nächstliegenden
Annahme einer Wechselwirkung zwischen materieller und psychischer Wirklichkeit bleiben dürfen oder nicht.   Wir haben
daher die Argumente, die die Annahme einer Wechselwirkung
unmöglich machen sollen, auf ihre Haltbarkeit zu prüfen.

Ein erstes Argument stützt sich auf die Ungleichartigkeit von materieller und psychischer Wirklichkeit, die wir
selbst oben hervorgehoben haben.   Man sagt: da die beiden
Gebiete des leiblichen und psychischen Seins und Geschehens
miteinander unvergleichbar seien, so könnten sie auch nicht
in Wechselwirkung zueinander stehen.   Denn es sei undenkbar,

daß von der räumlichen und räumliche Vorgänge enthaltenden materiellen Welt irgend welche Wirkungen in die unräumliche, unkörperliche psychische Welt übergingen. Und ebenso sei das Umgekehrte undenkbar, daß nämlich aus der unräumlichen, keine räumlichen Bewegungen enthaltenden, körperlosen psychischen Welt irgend welche Wirkungen in die räumliche Körperwelt hinübergriffen. Wie solle es denn denkbar sein, daß etwa ein Gedanke oder ein Gefühl auch nur ein Gehirnatom in Bewegung setze, oder daß Bewegungen von Gehirnatomen oder irgend welche sonstigen physikalisch-chemischen Vorgänge im Gehirn Gedanken oder Gefühle hervorbrächten?!

Ein anderes Argument beruft sich auf das Kausalgesetz. Dieses Gesetz besage, daß Physisches nur aus Physischem und Psychisches nur aus Psychischem entstehen könne. Jeder körperliche, materielle Vorgang könne also immer nur eine körperliche Ursache, niemals eine psychische Ursache haben; und jeder psychische Vorgang könne immer nur wieder eine psychische, niemals eine körperliche Ursache haben. Wenn man dagegen eine Wechselwirkung zwischen materieller und psychischer Wirklichkeit annehme, widerspreche man direkt dem Kausalgesetz. Die Gültigkeit des Kausalgesetzes könne man aber nicht leugnen, wenn man nicht alle Erfahrungswissenschaften für unmöglich erklären wolle. Also dürfe man auch keine Wechselwirkung zwischen Leib und Seele annehmen.

In neuerer Zeit sind es jedoch nicht die beiden angeführten Argumente, denen man die zwingendste Beweiskraft zuschreibt, sondern man glaubt in dem naturwissenschaftlichen „Prinzip von der Erhaltung der Energie" das durchschlagende Hauptargument zu besitzen. Dieses Prinzip sei ein empirisch gefundenes Prinzip. Es habe sich in der naturwissenschaftlichen Erfahrung herausgestellt, daß bei allen möglichen Veränderungen eines materiellen Systems die Gesamtsumme der einmal vorhandenen Energie konstant erhalten bleibe. Nun sei offenbar das Gehirn ein System von materiellen Teilchen, das sich von anderen materiellen Systemen nur

durch seine Kompliziertheit unterscheide. Auch für das Gehirn
gelte also das Energieprinzip, d. h. es müsse bei allen Veränderungen des Gehirns die Summe der vorhandenen Energie
erhalten bleiben. Wenn also durch äußere Reize oder durch
innere organische Prozesse eine Veränderung im Gehirn stattfinde, so könne die Energie, die in dieser Veränderung enthalten
ist, nicht verschwinden, sondern müsse in demselben Quantum
in den materiellen Erfolgen jener Veränderung sich wiederfinden.
Jene Veränderung im Gehirn könne also nach dem Prinzip von
der Erhaltung der Energie nur materielle Wirkungen haben,
also nur etwa Änderungen in der Lagerung der Gehirnatome
oder auch chemische und elektrische Vorgänge im Gehirn verursachen. Und ebenso könne nun rückwärts jeder im Gehirn
entstehende materielle Vorgang seine Energie nicht aus dem
Nichts gewinnen, sondern müsse seine Energiequelle ganz und
gar in anderen vorangehenden materiellen Vorgängen haben;
er könne daher auch nur durch materielle Ursachen hervorgebracht sein. Es sei demgemäß ausgeschlossen, daß materielle Gehirnvorgänge ein psychisches Geschehen hervorbrächten, denn sonst würde ja ein Teil der Energie aus dem
materiellen Gehirnsystem und aus der materiellen Welt überhaupt verschwinden. Ebenso sei es unmöglich, daß irgendein
leiblicher Vorgang durch Einwirkung von seiten der psychischen Wirklichkeit entstehe, denn damit würde ja die
materielle Welt eine rätselhafte Vermehrung ihrer Energie erfahren. Materielle und psychische Wirklichkeit könnten also
unmöglich in Wechselwirkung zueinander stehen; es sei nur
Schein, wenn uns leibliche und geistige Vorgänge aufeinander
einzuwirken schienen. Die beiden Reihen der physiologischen
und der psychischen Vorgänge seien kausal völlig voneinander
unabhängig; sie laufen einfach nebeneinander her, aber doch
so, daß bestimmten Änderungen des psychischen Geschehens
bestimmte entsprechende Änderungen in dem Gehirngeschehen
zugeordnet sind.

Positive Stützen vermag auch dieses Argument dem psychophysischen Parallelismus nicht zu geben. Auf die unbequeme

Frage, woher denn nun diese genaue Korrespondenz zweier verschiedener Reihen, die doch voneinander unabhängig sein sollen, stamme, und wie sie möglich sei, bleiben dem psychophysischen Parallelismus immer nur metaphysische Antworten übrig, wenn er die Frage nicht überhaupt ablehnt. Gewöhnlich werden denn auch zur Beruhigung kritischer Gemüter darauf bezügliche metaphysische Überlegungen jener parallelistischen Behauptung angehängt. Freilich kann man sich häufig nicht der Vermutung erwehren, daß diese angefügten metaphysischen Ansichten in Wahrheit die heimlichen Väter des psychophysischen Parallelismus sind. Man hat im stillen schon die Überzeugung, daß materielle und psychische Wirklichkeit nur zwei Erscheinungsweisen einer und derselben Wirklichkeit seien, oder daß der Leib in Wahrheit nur die „äußere Erscheinung" der Seele sei. In diesen Vorüberzeugungen liegt dann der dirigierende, unverletzliche Schwerpunkt des Denkens, während alle jene angeführten Argumente nur im Vordergrunde ein Scheingefecht aufführen.

Leider wird ja überhaupt das Nachdenken über die Frage nach dem Verhältnis des leiblichen und psychischen Lebens so leicht von derartigen tiefliegenden Schwerpunkten des Denkens heimlich bestimmt. Stille Hoffnungen und Befürchtungen eilen voraus und suchen den Entscheid zu beeinflussen. Die Frage muß aber ohne Voreingenommenheit kritisch geprüft werden. Das „metaphysische Bedürfnis" darf nicht wie ein ungeduldiges Kind zu früh dazwischen greifen; es mag warten, es wird schon befriedigt werden. Wir wollen hier keine Methaphysik treiben, sondern Psychologie; wir wollen feststellen, wie wir uns auf Grund der Erfahrungen das Verhältnis von leiblicher und psychischer Wirklichkeit in der Psychologie zu denken haben. Die vorliegenden Tatsachen deuten zunächst auf das Verhältnis der Wechselwirkung, das wir denn auch im gewöhnlichen Leben immer annehmen. Gegen diese Annahme bringt der psychophysische Parallelismus die angeführten Gründe vor. Diese Gründe sind also, bevor wir weitergehen, kurz zu prüfen. Dazu müssen wir freilich dem

Parallelismus in etwas schwierige Untersuchungen erkenntnistheoretischer und naturwissenschaftlicher Art folgen. Aber wir
gründen damit nicht die Psychologie auf Erkenntnistheorie und
Naturwissenschaft, sondern wir wehren nur Einwände ab, die
aus diesen Wissenschaften hergeholt sind.

§ 5. **Kritik der Argumente des psychophysischen
Parallelismus.** Die Theorie des psychophysischen Parallelismus bringt zunächst Argumente gegen die Annahme einer
Wechselwirkung zwischen leiblichen und seelischen Vorgängen
und stellt dann eine positive Behauptung über das Verhältnis
beider Arten von Vorgängen auf. Wir zerteilen die Kritik
dieser Theorie, indem wir zunächst jene Argumente als nichtig
dartun und dann die Haltlosigkeit des psychophysischen Parallelismus selbst deutlich machen.

Die Ungleichartigkeit zwischen materieller und psychischer Wirklichkeit soll ein Verhältnis der Wechselwirkung
zwischen Leib und Seele undenkbar machen. Es fragt sich,
ob diese Undenkbarkeit wirklich besteht, oder ob nicht vielmehr unlogische Forderungen der anschaulichen Vorstellbar-
keit sich hier hineinmischen und das Denken unberechtigterweise hemmen. Nun ist die Ungleichartigkeit zwischen zwei
Dingen oder Vorgängen sonst niemals ein Hindernis gewesen
für die Annahme, daß zwischen den Dingen oder Vorgängen
ein kausales Verhältnis bestehe. Als man z. B. noch nicht
die Hypothese aufgestellt hatte, daß Wärme objektiv in einer
Bewegung der Moleküle des warmen Körpers bestehe, waren
Wärme und Bewegung etwas völlig Ungleichartiges. Nichts-
destoweniger hat man damals es denkbar gefunden, daß die
Reibung zweier Körper aneinander die Ursache für die Entstehung von Wärme sei, oder daß umgekehrt die Zuführung
von Wärme die Ursache für die Ausdehnung eines Gases sei.
Auch heute noch ist es nicht unbedingt erforderlich, sich die
Wärme als eine Bewegung vorzustellen, man kann sie sich
ruhig als einen Stoff vorstellen, wie selbst Physiker wie Mach
behaupten. Und dann wird dadurch das ursächliche Verhältnis zwischen Wärme, Reibung und Ausdehnung nicht etwa

undenkbar. Ist aber Ungleichartigkeit sonst nicht der Grund der Undenkbarkeit einer ursächlichen Beziehung zwischen dem Ungleichartigen, so ist mit Recht zu vermuten, daß sie auch in unserem Falle nicht der eigentliche Grund der scheinbaren Undenkbarkeit ist.

Wenn Ungleichartigkeit ein ursächliches Verhältnis zwischen dem Ungleichartigen undenkbar machte, so müßte zunehmende Gleichartigkeit zweier Dinge oder Vorgänge uns einen Kausalzusammenhang zwischen ihnen besonders durchsichtig machen. Das scheint nun in der Tat der Fall zu sein; es scheint, als ob uns ein Geschehen besonders dann verständlich wäre, wenn ein Vorgang einen völlig gleichartigen Vorgang hervorbringt. Aber dieser Schein ist eine Täuschung. Wir meinen ja freilich, daß uns keine Art der Verursachung so verständlich sei, wie wenn die räumliche Bewegung eines Körpers eine räumliche Bewegung eines anderen Körpers hervorbringt. Wird uns daher ein kompliziertes Geschehen der materiellen Welt zerlegt in eine stetige Reihe von einzelnen Schritten, in denen immer nur die Bewegung eines Elementes die Ursache für die Bewegung des nächstliegenden ist, so scheint alles geschehen zu sein, um uns das Geschehen bis in seine letzten Winkel hinein durchsichtig und verständlich zu machen. Die Übertragung der Bewegung von einem materiellen Element auf ein anderes scheint uns so klar zu sein, daß wir alles andere damit aufklären zu können glauben. Sobald wir jedoch diese Übertragung nicht so leicht hinnehmen, sondern auch hier fragen, was wir denn tatsächlich von dem Übergang der Bewegung von einem Körper auf einen anderen wissen, so stellt sich heraus, daß wir hier einfach vor einer zwar sehr gewohnten aber doch harten und nicht weiter klärbaren Tatsache stehen. Es treffe z. B. eine elastische Kugel auf eine zweite, genau gleiche Kugel in zentralem Stoß, d. h. in der Richtung der Linie, die durch die Mittelpunkte beider Kugeln geht. Dann verursacht die Bewegung der ersten Kugel eine ganz bestimmte Bewegung der zweiten. Dieses ursächliche Verhältnis scheint unmittelbar verständlich. Tatsächlich liegt aber feststellbar nichts weiter vor, als daß sich die eine Kugel mit bestimmter Geschwindigkeit der anderen nähert und dann stehen bleibt, worauf sofort die andere Kugel sich mit gleich großer Geschwindigkeit und in der gleichen Richtung, in der sich die erstere bewegte, in Bewegung setzt. (Wenn wir zugleich die Hypothese von der atomistischen Konstitution der Materie machen, also annehmen, daß der Stoff aus kleinsten, nicht mehr teilbaren, durch leere Zwischenräume getrennten Teilchen bestehe, dann findet nicht einmal eine wirkliche Berührung der beiden Kugeln statt, sondern nur eine Annäherung auf kleinste Entfernung, worauf dann sofort an die Stelle der Bewegung der ersten die Bewegung der zweiten Kugel folgt.) Wir wissen aber gar nichts darüber, wie die Bewegung der ersten Kugel die der zweiten hervorbringt. Wir pflegen uns freilich darüber hinwegzutäuschen, indem wir uns die Bewegung anschaulich als ein transportierbares Etwas vorstellen, das im Moment der größten Nähe beider Kugeln von der ersteren sich loslöst, auf die zweite Kugel übergleitet und sie mit sich zieht. Es geht aber o b j e k t i v, soviel wir wissen, nichts von der einen Kugel auf die andere über; nur w i r s e l b s t gehen in unserer Betrachtung mit dem inneren Blick von der Bewegung der ersteren auf die Bewegung der zweiten Kugel über. Weil wir aber meinen, es g e h e auch in dem betrachteten Geschehen von dem einen Körper auf den anderen etwas ü b e r, so erscheint es uns notwendig, daß der zweite Körper das Übergehende aufzunehmen vermöge und deshalb dem ersteren gleichartig sein müsse, um dem, was er aufzunehmen hat, eine gleichartige B e h a u s u n g darbieten zu können, wie L o t z e treffend gesagt hat.

Wie es sich hier bei den beiden elastischen Kugeln im zentralen Stoß verhält, so verhält es sich aber bei aller Bewegung und Verursachung von Bewegungen der Massen und der Moleküle. Immer wissen wir nur, daß zuerst sich hier ein Körper bewegt, und dann in einem bestimmten Moment ein anderer Körper auch anfängt, sich zu bewegen. Wir wissen aber niemals, wie der erste Körper es anfängt, den anderen

in Bewegung zu setzen oder ihn an sich zu ziehen und festzuhalten. Wir wissen nicht, wie der Magnet es macht, um
das in seine Nähe gebrachte Eisenstück zu sich in Bewegung
zu setzen und festzuhalten; oder wie die Sonne es etwa anfängt, die Planeten in ihrer Bahn festzuhalten. Wie die Verursachung von Bewegungen, so ist auch im Grunde jedes
ursächliche Verhältnis einfach eine letzte Tatsache, die uns
insofern unverständlich ist. Wir wissen bei jedem Kausalzusammenhang immer nur, daß ein bestimmter Erfolg eintritt,
wenn bestimmte Bedingungen verwirklicht sind. Und zu diesem
Wissen wird nichts weiter Aufklärendes hinzugefügt, wenn eine
Gleichartigkeit zwischen den Bedingungen und dem Erfolg
besteht. Wir müssen sogar einen Kausalzusammenhang auch
zwischen Ungleichartigem denken, wenn die Erfahrung uns
dazu nötigt. Und wir können ihn denken, wenn auch nicht
immer in jener oben bezeichneten Weise anschaulich vorstellen.

Die Forderung, daß Ursache und Wirkung gleichartig
seien, kann sich weder auf Erfahrung noch auf eine Denk-
notwendigkeit stützen, sondern sie entsteht nur dadurch, daß
man sich unberechtigterweise das Wirken als einen Übergang von Bewegung vorstellt, also den Begriff des Wirkens
in dieser Weise trübt. Wer sich nun an diesen getrübten
Begriff des Wirkens gewöhnt hat, der wird leicht eine Wechselwirkung zwischen leiblicher und psychischer Wirklichkeit undenkbar finden. Denn die psychische Wirklichkeit vermag
weder die „übergehenden" Bewegungen aufzunehmen, noch
solche Bewegungen aus sich zu entlassen, weil sie keine räumlichen Bewegungen enthält. In Wahrheit besteht aber hier
keine Denkunmöglichkeit, sondern nur die Unmöglichkeit, die
gewohnte anschauliche Vorstellungsweise des Überganges einer
Bewegung von einem Objekt auf ein anderes hier anzuwenden.
Diese Unmöglichkeit darf aber niemals zu der Behauptung
überspannt werden, daß eine Wechselwirkung zwischen leiblicher und psychischer Wirklichkeit auch tatsächlich nicht
bestehe. Subjektive Vorstellungsgewohnheiten entscheiden nie-

mals über objektive Wirklichkeit und Möglichkeit. Was wirklich und möglich ist in der wirklichen Welt, kann uns immer nur die Erfahrung lehren.

Das erste Argument des psychophysischen Parallelismus gegen die Annahme einer Wechselwirkung zwischen Leib und Seele fällt also haltlos dahin, wenn man einsieht, daß es sich auf eine logisch unberechtigte, subjektive Denkgewohnheit gründet.

Nicht viel besser steht es mit dem zweiten Argument, nach welchem die Annahme einer Wechselwirkung zwischen leiblichen und psychischen Vorgängen dem Kausalgesetz widersprechen soll. Auch hier liegt der Irrtum darin, daß man den Begriff des Wirkens mit unberechtigten, anschaulichen Vorstellungsweisen verquickt und dadurch verleitet wird, dem Kausalgesetz eine zu enge Fassung zu geben. Das Kausalgesetz in seiner wirklich gültigen Form besagt gar nichts anderes als: daß alles, was ist und geschieht, in der Wirklichkeit eine Ursache dafür hat, daß es so ist, wie es ist, oder so geschieht, wie es geschieht; oder kürzer ausgedrückt, daß alles Anderssein und jede Veränderung in der Wirklichkeit ihre Ursache hat. Das Kausalgesetz fordert also durchaus nicht, daß für ein Dasein oder Geschehen bestimmter Art nur ganz allein ein bestimmter Umkreis des Wirklichen Ursache sein könne; oder daß bestimmte Vorgänge nur Vorgänge ganz bestimmter Art zur Wirkung haben können. Vielmehr hängt die Entscheidung darüber, welche Ursachen eine gegebene Wirkung, und welche Wirkungen eine gegebene Ursache tatsächlich hat, nicht von unserer vorauseilenden Bestimmung, sondern ganz und gar allein von der Erfahrung ab. Das Kausalgesetz gilt für alle Wirklichkeit überhaupt, also auch für die psychische Wirklichkeit. Da es nichts darüber bestimmt und bestimmen kann, welchem Gebiet der Wirklichkeit Ursachen und Wirkungen eines bestimmten Geschehens angehören müssen, so verlangt auch das Kausalgesetz nicht im mindesten, daß etwa materielle Gehirnvorgänge immer nur wieder materielle Gehirnvorgänge zur Ursache und zur Wirkung haben; und es verlangt ebensowenig, daß psychische Vorgänge immer nur wieder psychische Vorgänge zu Ursachen und Wirkungen haben. Es läßt vielmehr ganz dahingestellt, welchem Gebiete der Wirklichkeit die Ursachen und Wirkungen der Gehirnvorgänge, und welchem Gebiete die Ursachen und Wirkungen der psychischen Vorgänge angehören. Nicht das Kausalgesetz, sondern ganz allein die Beschaffenheit der Erfahrungstatsachen vermag darüber zu entscheiden, ob zwischen materieller, leiblicher und psychischer Wirklichkeit ein Kausalzusammenhang besteht oder nicht.

Auch in diesem Falle ist es leicht einzusehen, wie trotzdem die Meinung entstehen konnte, die Annahme einer Wechselwirkung zwischen Leib und Seele stehe in Widerspruch mit dem Kausalgesetz. Man braucht nur jene bei der Kritik des ersten Argumentes hervorgehobene Trübung des Begriffes des Wirkens vorzunehmen, also alles Wirken sich anschaulich als ein Übergehen von Etwas aus der Ursache in die Wirkung vorzustellen, und diesen Begriff in das Kausalgesetz mit hineinzunehmen, um den Anschein zu erwecken, als verbiete das Kausalgesetz die Annahme einer Wechselwirkung zwischen Leib und Seele. Denn freilich, eine räumliche Bewegung in den Gehirnvorgängen kann nicht als solche in die psychische Wirklichkeit übergehen; und eine psychische „Bewegung" kann nicht zu einer räumlichen Bewegung in der materiellen Welt werden. Unterläßt man jedoch jene unberechtigte Verquickung von subjektiven Vorstellungsgewohnheiten mit dem Begriff des Wirkens; sieht man ein, daß die Ursache nicht sich in die Wirkung zu verwandeln braucht, daß wir von einem Übergehen eines Etwas aus der Ursache in die Wirkung gar nichts wissen, so verschwindet aller Widerspruch gegen das Kausalgesetz. Wir würden dem Kausalgesetz wirklich widersprechen, wenn wir annehmen wollten, ein bestimmtes materielles oder ein bestimmtes psychisches Geschehen habe gar keine Ursache. Indem wir dagegen die Erfahrung darüber befragen, welche Ursachen ein bestimmtes Gehirngeschehen habe, und diese Ursachen in psychischen Vorgängen zu finden glauben;

indem wir ebenso nach den Ursachen eines bestimmten psychischen Vorganges forschen, und sie in bestimmten Gehirnvorgängen vermuten, suchen wir ja gerade dem Kausalgesetz Genüge zu tun, anstatt ihm zu widersprechen. Die Annahme einer Wechselwirkung zwischen leiblichem und seelischem Geschehen geht also gerade hervor aus der Anerkennung des Kausalgesetzes und der vorliegenden Erfahrungstatsachen.

Wir gelangen nun zu der Hauptfestung des psychophysischen Parallelismus, in die er sich neuerdings immer wieder zurückzieht. Es ist das Prinzip von der „Erhaltung der Energie", mit dem er seine Stellung endgültig sichern zu können glaubt. Leider sind aber über dieses physikalische Prinzip und seine Bedeutung äußerst unklare Vorstellungen nicht nur unter Philosophen und Psychologen, sondern auch in sogenannten naturwissenschaftlich gebildeten Kreisen weit verbreitet. Es ist daher unbedingt nötig, daß wir uns zunächst den Sinn dieses Prinzips, so weit es hier möglich ist, hinreichend verdeutlichen.

Um den Sinn dieses Prinzips zu erkennen, ist es zunächst erforderlich, daß man weiß, was in der Physik unter „Energie" verstanden wird. Die „Energie" ist nicht etwa eine sinnlich wahrnehmbare Eigenschaft der Dinge; sie kann nicht gesehen und nicht mit Händen gegriffen werden; sie kann auch nicht mit Hülfe von Mikroskopen wahrgenommen werden. Sie ist weder ein fester noch ein flüssiger noch ein gasförmiger Stoff. Das ist genau zu beachten; denn das Prinzip der Erhaltung der Energie ist demnach nicht ein Prinzip der Erhaltung irgend eines Stoffes oder irgend einer sinnlich wahrnehmbaren Eigenschaft eines Stoffes. Unter „Energie" versteht man vielmehr in der Physik nichts anderes als die Arbeitsfähigkeit [oder den Arbeitsvorrat, den ein Körper oder ein System von Körpern besitzt. Wenn man nun verschiedene Arten oder Formen der Energie unterscheidet, so kann diese Unterscheidung nicht die Energie selbst betreffen, denn die Energie ist ja nichts sinnlich Wahrnehmbares; sondern der Unterschied kann sich nur auf die verschiedenen Arten von Arbeit beziehen, die ein Körper zu leisten fähig

ist. Man hat bisher in der Naturwissenschaft 8 solcher „Energieformen" unterschieden; d. h. je nachdem die Arbeit, die ein
Körper oder ein System von Körpern zu leisten vermag, in
der Produktion sichtbarer Massenbewegungen (resp. in der
Aufrechterhaltung bestimmter Massenkonfigurationen) oder in
der Erzeugung von Schall, Wärme, Elektrizität, Magnetismus,
Licht, chemischen oder physiologischen Vorgängen besteht,
spricht man von der mechanischen Energie oder der Schall-,
Wärme, elektrischen, magnetischen, Licht-, chemischen oder
physiologischen Energie des Körpers oder des Systems von
Körpern. Diese zunächst empirisch aufgestellte Anzahl von
Energieformen hat man aber dann auf eine möglichst kleine
Anzahl selbständiger Energieformen zu reduzieren versucht.
So hat man z. B. die Schallenergie auf mechanische Energie
zurückgeführt; die Lichtenergie sucht man als elektromagne-
tische, die physiologische als mechanische, chemische und
elektrische Energie darzustellen. Diese Reduktion ist natürlich wiederum nichts anderes als die Gleichsetzung von zunächst verschieden erscheinenden Arbeitsarten. Weil man in
der Erzeugung von Schall die Erzeugung bestimmter Luftschwingungen erkannt hat, konnte man die Schallenergie als
mechanische Energie betrachten. Die Reduktion der Energieformen ist also nur soweit möglich und berechtigt, als die zunächst sich verschieden darstellenden Arbeitsarten als objektiv
gleichartig erkannt werden. Die Zurückführung ist also von
der Beschaffenheit der Erfahrungstatsachen abhängig; sie muß
nicht notwendig zu einer einzigen Energieform gelangen.
Tatsächlich ist es bisher nicht gelungen, alle die verschiedenen
Energieformen auf die einzige Form der mechanischen Energie
zu reduzieren, weil es nicht möglich gewesen ist, alle Vorgänge in der Natur als bloß mechanische Vorgänge darzustellen. Ja, manche Naturforscher, wie z. B. Ostwald,
halten das eifrige Streben nach Rückführung aller Energie auf
die mechanische Form für einen Rückschritt. Insbesondere
ist diese Reduktion weder eine Forderung noch eine Voraussetzung des Prinzips der Erhaltung der Energie. Sie ist viel-

mehr wohl zu unterscheiden von der gleich zu erwähnenden Äquivalenz der Energieformen.

Jede der oben aufgeführten Energieformen kann nun entweder gerade tatsächlich in Arbeitsleistung begriffen sein; dann nennt man sie aktuelle Energie; oder sie kann bloß ruhend vorhanden sein, noch nicht wirklich Arbeit leistend, dann nennt man sie potentielle Energie. Die aktuelle und die potentielle Energie nennt man auch die zwei Modalitäten der Energieformen.

Unter dem Quantum einer Energieform kann zunächst nichts anderes verstanden werden, als die Größe der entsprechenden Arbeit. Das Quantum der Wärmeenergie ist z. B. nichts anderes als das Quantum der Wärme, die ein Körper zu erzeugen oder abzugeben vermag. Als Einheit dieses Quantums nimmt man die Wärmemenge, die erforderlich ist, um 1 kg Wasser um 1º C. zu erwärmen. Das Quantum der mechanischen Energie ist nichts anderes als das Quantum mechanischer Arbeit, die ein Körper zu leisten vermag. Als praktische Einheit für dieses Quantum nimmt man die mechanische Arbeit, die erforderlich ist, um 1 kg irgend eines Körpers um 1 m in die Höhe zu heben. So mißt man zunächst jede Arbeitsart und damit auch jede Energieform nach ihrer besonderen Einheit.

Nun hat sich bei der Untersuchung bestimmter Vorgänge in der materiellen Welt herausgestellt, daß dann, wenn bei einem materiellen Geschehen ein bestimmtes Quantum einer bestimmten Energieform verschwindet, statt dieses verschwundenen Quantums ganz bestimmte Quanta anderer bestimmter Energieformen auftreten. Wenn z. B. bei irgend einem Vorgang eine Wärmeeinheit vollständig verschwindet, so entsteht zugleich statt dessen etwa ein ganz bestimmtes Quantum mechanischer Energie. Und zwar ist dieses Quantum, wenn nur mechanische Energie entsteht, immer genau 424 mkg groß, d. h. so groß, daß damit 424 kg 1 m hoch gehoben werden könnten. Eine Wärmeeinheit entspricht also immer 424 mkg mechanischer Arbeit; d. h. ein bestimmtes Quantum Wärmeenergie ist bei den Naturvorgängen gleichwertig, äquivalent einem ganz bestimmten Quantum mechanischer Energie. Zugleich gilt, wie sich durch Erfahrung herausgestellt hat, das Umgekehrte: wenn ein bestimmtes Quantum mechanischer Energie, z. B. 424 mkg, bei einem Naturvorgang völlig verschwindet und statt seiner etwa nur Wärmeenergie auftritt, dann ist dieses entstehende Quantum Wärmeenergie immer gerade gleich einer Wärmeeinheit; d. h. so groß, daß damit 1 kg Wasser um 1° C. erwärmt werden könnte. Das Gleiche hat sich für die übrigen Energieformen ergeben. Wo bei einem Naturvorgang ein bestimmtes Quantum einer Energieform verschwindet, da treten statt des verschwundenen Quantums immer ganz bestimmte Quanta anderer Energieformen auf, so zwar daß einem bestimmten Quantum der einen Energieform immer ein ganz bestimmtes Quantum einer bestimmten anderen Energieform entspricht. Bei allem Entstehen und Verschwinden von Energieformen stehen die Quanta der Energieformen in bestimmten ein für allemal gültigen Äquivalenzverhältnissen. Entsteht ein bestimmtes Quantum einer Energieform, so muß ein bestimmtes Quantum einer anderen Energieform verschwunden sein; und umgekehrt, verschwindet irgendwo ein bestimmtes Quantum einer Energieform, so muß statt seiner ein bestimmtes Quantum anderer Energieformen ins Dasein treten. Dies Prinzip von der Äquivalenz der Energieformen behauptet also nicht, daß Energieformen nicht entstehen oder nicht verschwinden könnten; im Gegenteil: es setzt voraus, daß Entstehen und Vergehen von Energieformen stattfindet. Es behauptet auch nicht, daß alle Energieformen im Grunde nur eine einzige Energieform, etwa mechanische Energie, bildeten; sondern es setzt die Verschiedenheiten der Energieformen voraus. Und schließlich beschränkt [dieses Prinzip nicht die Anzahl der möglichen Energieformen, sondern es läßt ganz dahingestellt, wie viele Arten von Energieformen in der Welt vorkommen mögen, denn darüber kann nur die Erfahrung entscheiden. Das Prinzip behauptet vielmehr nur, daß jedes verschwundene Quantum einer Energieform in der Wirklichkeit ersetzt wird durch ganz bestimmte Quanta anderer Energieformen; und daß jedes entstehende Quantum einer Energieform das Verschwinden bestimmter Quanta anderer Energieformen voraussetzt.

Da ein bestimmtes Quantum einer Energieform immer einem bestimmten Quantum einer anderen Energieform gleichwertig ist, so können wir in der Rechnung die eine Form durch die andere ersetzen, wenn wir dabei die Äquivalenzzahlen berücksichtigen, d. h. die Zahlen welche angeben, wieviel Einheiten der einen Energieform wieviel Einheiten der anderen Energieform gleichwertig sind. Wenn wir z. B. bei einem Körper oder einem System von Körpern zugleich Wärmeenergie und mechanische Energie finden, so können wir beide zu einer einheitlichen Summe addieren, wenn wir etwa die mechanische Energie ersetzt denken durch das gleichwertige Quantum von Wärmeenergie, wenn wir also in die Rechnung statt jeder 424 mkg mechanischer Energie 1 Einheit Wärmeenergie einsetzen. Damit ist nicht gesagt, daß sich die mechanische Energie in Wärmeenergie verwandeln müßte; sondern wir benutzen nur die bestehenden Äquivalenzverhältnisse, um die Rechnung zu vereinfachen.

Es verwandele sich nun die mechanische Energie des Körpers (A) oder des Systems (A) von Körpern in Wärmeenergie, aber so, daß diese Wärme an anderen Körpern (B) oder in einem anderen System (B) von Körpern entsteht. Dann verschwindet damit die mechanische Energieform aus A, und A verliert tatsächlich an Energie. Wenn also A nach außen Arbeit irgend einer Art leistet, so verliert es damit an Energie. Kommt dagegen dem A eine Arbeit eines B zu gute, nimmt A äußere Arbeit auf, so nimmt seine Energie um den Betrag der aufgenommenen Arbeit zu. Nur dann, wenn das System A weder nach außen Arbeit abgibt noch von außen Arbeit aufnimmt, wenn es vielmehr „energetisch geschlossen" ist, wird die an Stelle einer verschwindenden Energieform von bestimmtem Quantum auftretende andere Energieform von bestimmtem Quantum in ihm selbst bleiben.

Er wird also, wenn wir die Äquivalenzverhältnisse der Energieformen und eventuelle Verwandlung von aktueller in potentielle
Energie berücksichtigen, in der Summe seiner Energie konstant bleiben. In einem System von Körpern oder einem
Körper, der nach außen energetisch abgeschlossen ist,
ist also bei allen Veränderungen, die innerhalb desselben
stattfinden mögen, die Summe der aktuellen und potentiellen
Energie immer dieselbe. Ist das System (oder der Körper)
energetisch nicht abgeschlossen, steht es also mit etwas
außerhalb seiner in Arbeitsaustausch, so kann zwar die Summe
seiner Energie zu- oder abnehmen. Aber dann bleibt die
Gesamtsumme der Energie, die in ihm und in allem, was mit
ihm in Arbeitsaustausch steht, vorhanden ist, immer konstant.
Bezeichnet man die Summe alles dessen, was überhaupt in
Arbeitstausch zueinander steht, als die Welt, so ist mit Recht
zu schließen, daß die Summe der in der Welt vorhandenen
Energie dauernd konstant erhalten bleibe. Das ist das Prinzip
von der Erhaltung der Energie. Es besagt also nicht,
daß die Energieformen erhalten bleiben, sondern nur, daß
die Summe der Energie dieselbe bleibt, wenn wir die Äquivalenzverhältnisse bei der Berechnung der Summe einsetzen.

Wichtig ist für uns hier noch die Tatsache, daß Arbeitsaustausch nicht notwendig auch Stoffaustausch voraussetzt.
Vielmehr kann ein materielles System von Körpern (z. B. die
Sonne) wohl materiell abgeschlossen, d. h. mit nichts außerhalb seiner in Stoffaustausch stehen, und dennoch nicht
energetisch abgeschlossen sein, sondern mit etwas außer ihm
(z. B. der Erde) in Energieaustausch stehen.

Das Prinzip von der Erhaltung der Energie ist ein Er-
fahrungssatz, der zwar zunächst nur für beschränkte Gebiete
der Welt erwiesen ist, der aber mit Recht auf die ganze Welt
ausgedehnt werden darf. Verbietet nun wirklich dieses Prinzip,
eine Wechselwirkung zwischen leiblicher und psychischer
Wirklichkeit anzunehmen? Durchaus nicht.

Zunächst ist hervorzuheben, daß dieses Prinzip direkt
gar nichts darüber bestimmt, welcher Art die Ursachen und

die Wirkungen eines bestimmten Vorgangs sind. Es fordert
weder, daß materielle Ursachen immer nur materielle Wirkungen,
noch daß materielle Wirkungen immer nur materielle Ursachen
haben. Erst recht verlangt es nicht, daß nur Bewegungen
materieller [Teilchen Ursachen und Wirkungen seien, daß
also eine materielle Bewegung n u r materielle Bewegungen
zur Ursache und zur Wirkung habe. Man mag den Glauben
haben, daß alle Energieformen im Grunde mechanische Energie
seien; im Sinn des Prinzips von der Erhaltung der Energie
liegt aber durchaus nicht die Identität sondern nur die
quantitative Äquivalenz der verschiedenen Energieformen
eingeschlossen. Jenes Prinzip läßt die Anzahl der möglichen
Energieformen völlig dahingestellt. Es kann daher auch nicht
verbieten, außer jenen acht auf Grund der Erfahrung noch
weitere Energieformen anzunehmen. Ohne Verletzung des
Energieprinzips kann man daher, wenn man will, eine spezifische
psychische Energieform annehmen.

Nun könnte man freilich zugeben, daß das Prinzip von
der Erhaltung der Energie zwar nicht direkt die Art der
möglichen Ursachen und Wirkungen materieller Vorgänge be-
bestimme und auch die Annahme einer psychischen Energieform nicht verbiete. Aber, indem es die Konstanz der Energie
in der materiellen Welt behaupte, schließe es einen Energieaustausch zwischen leiblicher und psychischer Wirklichkeit
aus und mache so auch die Annahme einer Wechselwirkung
zwischen Leib und Seele unmöglich, denn eine Wirkung ohne
Energieaustausch sei unmöglich. In dieser Behauptung tritt
der Hauptirrtum derjenigen zutage, die das Energieprinzip als
Einwand gegen die Annahme einer Wechselwirkung zwischen
Leib und Seele benutzen. Dem Energieprinzip wird hier ein
völlig unberechtigter Sinn untergelegt, indem die Bedingung
seiner Giltigkeit zum Inhalt derselben gemacht wird. Das
Prinzip kann gar nicht die Konstanz der Energie in der
materiellen Welt behaupten, weil es überhaupt nicht besagt,
daß dies oder jenes materielle System in sich energetisch
abgeschlossen ist. Es gilt für ein bestimmtes materielles

System, also auch für die ganze m a t e r i e l l e Wirklichkeit, einzig und allein immer n u r unter der Voraussetzung, daß dieses materielle System mit nichts außer ihm in Arbeitsaustausch steht. F ü r e n e r g e t i s c h n i c h t g e s c h l o s s e n e m a t e r i e l l e Systeme verliert es ü b e r a l l s e i n e G ü l t i g k e i t, denn in solchen Systemen kann tatsächlich überall die Summe der in ihnen vorhandenen Energie ab- oder zunehmen, wie wir schon oben hervorgehoben haben. Ob aber ein materielles System energetisch in sich abgeschlossen ist oder nicht, darüber kann immer nur die E r f a h r u n g, nicht aber das Energieprinzip selbst entscheiden. Damit ist die allgemeine Gültigkeit des Energieprinzips nicht im geringsten beeinträchtigt, da es seiner Natur nach nur f ü r e n e r g e t i s c h i n s i c h a b g e s c h l o s s e n e S y s t e m e G i l t i g k e i t b e a n s p r u c h t. Nur die Welt überhaupt wird als energetisch geschlossenes System zu betrachten sein; aber dann gehört eben zur Welt überhaupt alles, was in Energieaustausch miteinander steht.

Das Energieprinzip besagt also nicht, daß die materielle Welt mitsamt den menschlichen Leibern und Gehirnen ein energetisch in sich abgeschlossenes materielles System sei; es läßt vielmehr die Möglichkeit offen, daß das materielle System eines Gehirns nicht nur mit der übrigen materiellen Welt in Stoff- und Energieaustausch steht, sondern daß es auch zu einer zugehörigen psychischen Wirklichkeit, wenn gleich nicht in Stoffaustausch, so doch in Energieaustausch trete. Würde die Erfahrung einen solchen Energieaustausch zwischen Gehirn und psychischer Wirklichkeit anzunehmen nötigen, so würde damit also die Giltigkeit des Energieprinzips nicht aufgehoben, sondern man müßte dann nur zu der Gesamtwirklichkeit, in der die Summe der vorhandenen Energie konstant erhalten werden soll, die mit dem materiellen System des Gehirns in Arbeitsaustausch stehende psychische Wirklichkeit mit hinzurechnen oder eine besondere psychische Energieform annehmen, die in Äquivalenzverhältnis zu den anderen Energieformen stände. Wenn dann ein Gehirnvorgang ein psychisches

Geschehen verursachte, so würde damit freilich aus dem Gehirn, wie aus jedem energetisch geöffneten System, Energie verschwinden, aber nicht aus der Welt überhaupt, sondern statt des verschwundenen Quantums physiologischer Gehirnenergie würde ein äquivalentes Quantum aktueller oder potentieller psychischer Energie entstanden sein. Und wenn umgekehrt psychische Vorgänge Ursache bestimmter Gehirnvorgänge wären, so würde damit die Energie der Welt keine rätselhafte Vermehrung erfahren, sondern es würde dabei nur an die Stelle verschwundener psychischer Energie ein äquivalentes Quantum physiologischer Energie aufgetreten sein. Damit würde der berechtigten Forderung des Energieprinzips vollauf Genüge geschehen sein; die Summe der vorhandenen Energie würde konstant geblieben sein. Es würde kein ernstlicher Einwand gegen diese mögliche Annahme sein, wenn man darauf hinweisen wollte, daß wir eine solche psychische Energie bis jetzt in keiner Weise zu messen vermögen und demzufolge auch die Äquivalentzahl der psychischen Energie nicht feststellen können. Denn man weist damit doch nur auf eine Unfähigkeit unserer Erkenntnis hin, die uns auch sonst hinderlich ist, die uns aber niemals das Recht geben kann, die Möglichkeit einer Wechselwirkung zwischen Leib und Seele zu leugnen. Tatsächlich hat ja auch niemand Bedenken getragen, z. B. Reibung als Ursache der Entstehung von Wärme zu betrachten, als man die Äquivalentzahl für Wärme noch nicht kannte. So könnte uns auch die Unkenntnis der Äquivalentzahl für psychische Energie nicht abhalten, die Annahme einer Wechselwirkung zwischen leiblicher und psychischer Wirklichkeit zu machen.

Ein anderer Einwand stützt sich auf die psychologische Tatsache, daß die individuelle psychische Wirklichkeit, die einzelne Persönlichkeit ein geistiges Wachstum zeige, daß sich im Laufe des Lebens also psychische Energie anhäufe. Eine solche Anhäufung von Energie, die nicht wieder in irgend welche physische Energieformen zurückverwandelt werde, sei aber schließlich nichts anderes als ein Verschwinden von Energie und widerspreche daher dem Prinzip von der Erhaltung der Energie. Es dürfe daher die psychische Wirklichkeit nicht in Energieaustausch, also auch nicht in Wechselwirkung mit dem Leibe stehend gedacht werden. Aber auch dieser Einwand legt dem Energieprinzip einen Sinn bei, den es nicht hat. Denn dieses Prinzip behauptet nicht, wie wir schon sahen, daß die Energie der materiellen Welt konstant bleibe; und es fordert weiterhin durchaus nicht, daß jede Energieform, die einmal verschwunden und durch ein äquivalentes Quantum einer anderen Energieform ersetzt worden ist, immer wieder entstehen müsse durch Verschwinden der zweiten Energieform. Es hat sich ja schon innerhalb der materiellen Wirklichkeit herausgestellt, daß die Energieumsetzung bestimmter Art nur unter bestimmten Bedingungen eintritt, und daß im allgemeinen diese Energieumsetzung in der materiellen Welt eine bestimmte Richtung einschlägt. Man kann z. B. zwar mechanische Arbeit vollständig in Wärmeenergie umsetzen, aber es ist nicht möglich, die so entstehende Wärmeenergie ganz und gar wieder in mechanische Energie zu verwandeln. Die eine Energieform der Wärme nimmt im Weltprozeß immer mehr zu; das Quantum nicht mehr umsetzbarer Wärmeenergie wächst unaufhörlich; oder, wie Clausius sagte, die Entropie des Weltalls strebt einem Maximum zu. Diese Tatsache steht aber nicht im Widerspruch mit dem Energieprinzip, denn die Gesamtenergie der Welt kann dabei völlig konstant bleiben. So widerspricht auch die Anhäufung unverwandelbarer psychischer Energie nicht dem Energieprinzip, also auch nicht der Annahme einer Wechselwirkung zwischen Leib und Seele.

Läßt man also dem Energieprinzip seinen berechtigten Sinn; sieht man ein, daß es die energetische Geschlossenheit der materiellen Systeme, für die es Gültigkeit beansprucht, voraussetzt, aber nicht fordert; erkennt man, daß die Äquivalenz der Energieformen durchaus keine Identität derselben darstellt, daß also die Umsetzung einer Energieform in eine andere niemals als „ein Übergehen" der einen in die

andere, sondern zunächst nur als Ersetzung der einen Energieform durch ein äquivalentes Quantum einer anderen zu denken
ist; dann kann auch das Energieprinzip gegen die Annahme
einer Wechselwirkung zwischen leiblichen und psychischen
Vorgängen keinen haltbaren Einwand begründen.

Die drei Hauptargumente des psychophysischen Parallelismus beruhen also alle auf falschen Voraussetzungen; und
zwar vor allem auf den beiden Irrtümern, daß beim Wirken
von der Ursache etwas in die Wirkung übergehen müsse,
und daß das Energieprinzip die energetische Abgeschlossenheit
der materiellen Welt ohne Rücksicht auf die psychische
Wirklichkeit behaupten könne. Der psychophysische Parallelismus vermag also keine haltbaren Argumente gegen die
Annahme einer Wechselwirkung zwischen leiblicher und
psychischer Wirklichkeit vorzubringen. An positiven Gründen
für seine eigene Behauptung fehlt es ihm völlig. Es bleibt
uns nun noch im folgenden kurz zu zeigen übrig, daß der
psychophysische Parallelismus außerdem in sich eine ganz
und gar unhaltbare Theorie ist.

§ 6. **Die Unhaltbarkeit der Theorie des psychophysischen Parallelismus.** Es würde viel zu weit führen,
wenn wir hier die Theorie des psychophysischen Parallelismus
in aller Ausführlichkeit kritisieren wollten. Es sollen hier
nur einige Hauptmomente hervorgehoben werden, die aber
völlig genügen, um die gänzliche Unhaltbarkeit dieser Ansicht
darzutun.

Wenn man sich zunächst zu Bewußtsein bringt, was
dieser psychophysische Parallelismus alles zugibt, so wird
man sich erstaunt fragen, was ihn denn noch zu seinen sonder-
baren Behauptungen verleitet. Er läßt ja das Gehirngeschehen
und die psychischen Vorgänge nicht beziehungslos nebeneinander hergehen, sondern er gibt zu, daß mit bestimmten
Gehirnvorgängen immer notwendig ein bestimmtes psychisches
Geschehen, und daß umgekehrt mit bestimmtem psychischen
Geschehen immer notwendig bestimmte Gehirnvorgänge verbunden sind. Was besagt dieses Zugeständnis aber anderes,

als daß der Eintritt bestimmter Gehirnvorgänge einen Einfluß
auf das psychische Geschehen, und daß der Eintritt bestimmten
psychischen Geschehens einen Einfluß auf das Gehirngeschehen
hat, daß also eine Wechselwirkung zwischen Leib und Seele besteht! Nur verschwiegene metaphysische Voraussetzungen über
das wahrhaft Wirkliche und sein Verhältnis zu Leib und Seele
können diesem Zugeständnis eine andere Deutung geben. Denn
die Behauptung, es bestehe zwischen einem Vorgang A und
einem Vorgang B ein ursächlicher Zusammenhang, besagt ja
eben nichts anderes, als daß mit der Verwirklichung des A notwendig immer, wenn keine hindernden Umstände vorliegen, die
Verwirklichung des B verbunden ist. Wenn also zwei Reihen
von realen Vorgängen, wie es ja die physiologischen und
und psychischen Vorgänge sind, in wechselseitiger Abhängigkeitsbeziehung von einander stehen, so stehen sie damit eben
in wechselseitigem Kausalzusammenhang, also in Wechselwirkung zu einander. Wer also das eine, die notwendige
Abhängigkeitsbeziehung realer Vorgänge zugibt, das andere,
den ursächlichen Zusammenhang dieser realen Vorgänge aber
leugnet, der gibt in der Tat mit der einen Hand, was er mit
der anderen wieder nimmt, und er verhält sich wie das Kind,
das fordert: „Wasche mich, aber mach' mich nicht naß."
Daß in diesem Verhalten wirklich überempfindliche Verirrung
vorliegt, zeigen nun weiter die Konsequenzen, zu denen der
psychophysische Parallelismus notwendig führt. Es ergeben sich
daraus künstliche und unüberwindliche Schwierigkeiten, die für
die Annahme einer Wechselwirkung dagegen gar nicht bestehen.

Geht man vom Standpunkt des strengen psychophysischen
Parallelismus an die Erklärung des psychischen Geschehens
heran, dann erweist sich ein großes Gebiet psychischer Vorgänge entweder als völlig unerklärlich, oder man ist zu seiner
Erklärung genötigt, zum völlig hypothetischen universellen
Parallelismus zurückzukehren. Jene Theorie will für alles
psychische Geschehen nur psychische Ursachen gelten
lassen; sie muß also psychisches Geschehen immer wieder
durch psychische Ursachen erklären. Für das Auftreten von

Empfindungen aber finden wir unmittelbar keine genügende Ursache in der psychischen Wirklichkeit selbst. Daß ein Mensch jetzt diese, dann jene Farbe sieht, daß er jetzt diese, dann jene Klänge oder Geräusche hört usw., dafür liegt die zureichende Ursache nicht allein in dem wirklich in ihm vorhandenen übrigen psychischen Geschehen, sondern sie liegt, wie wir schon im gewöhnlichen Leben wissen, vor allem in der Einwirkung der materiellen Welt auf den Leib und die zugehörige psychische Wirklichkeit des Menschen. Der psychophysische Parallelismus müßte also entweder gestehen, daß das Auftreten bestimmter Empfindungen ohne genügende Ursache stattfinde, also unerklärlich sei; dann aber würde er sich damit selbst für undurchführbar erklärt haben. Oder er muß mit gewaltsamem Machtspruch die Existenz von s o l c h e m psychischen Geschehen behaupten, das die zureichende Ursache für das Auftreten der Empfindungen bilde. Dieses hypothetisch angenommene psychische Geschehen würde zugestandenermaßen in dem individuellen Bewußtsein desjenigen, der die Empfindungen hat, nicht vorkommen; seine Existenz würde sich empirisch in keiner Weise nachweisen lassen. Aber bei der hypothetischen Annahme d i e s e r nächstliegenden psychischen Ursachen der Empfindungen könnte man unmöglich stehen bleiben. Unaufhaltsam würde man auf dem einmal beschrittenen Wege weitergedrängt, werden. Jenes hypothetische psychische Geschehen, das Ursache der Empfindung ist, müßte ja wiederum seine zureichende Ursache haben, und diese Ursache dürfte wiederum nicht in materiellen, sondern könnte nur in psychischen Vorgängen bestehen, die wiederum, ohne nachweisbar zu sein, als existierend angenommen werden müßten. Es ist leicht ersichtlich, daß man durch die notwendige Fortsetzung dieses Gedankengangs zur Annahme zahlloser, empirisch nicht nachweisbarer psychischer Vorgänge kommen würde. Das Resultat wäre ein u n i v e r s e l l e r Parallelismus. Denn die psychische Kausalreihe soll ja der physischen Kausalreihe so parallel laufen, daß jedes Glied der ersteren einem bestimmten Glied der zweiten zugeordnet ist. Bezeichnen wir die Glieder in der psychischen Reihe, die der Empfindung γ zunächst vorangehen, mit w, x, y, z, so würde der Empfindung γ ein

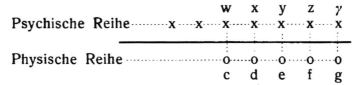

bestimmter Gehirnvorgang g zugeordnet sein. Der die Empfindung γ erzeugende hypothetische psychische Vorgang z müßte dann einem Nerven- oder Gehirnvorgang f entsprechen, der die Ursache jenes ersten Gehirnvorganges ist. Der hypothetischen psychischen Ursache y von z müßte in der physischen Reihe ein Vorgang e als Ursache von f entsprechen. Gehen wir in dieser Weise weiter, so mündet die physische Reihe schließlich in Vorgängen außerhalb des menschlichen Leibes, etwa in Ton- oder Lichtschwingungen c. Diesen außerhalb des menschlichen Körpers stattfindenden materiellen Vorgängen und natürlich auch der ganzen ihnen vorangehenden Kausalreihe müßten also schließlich bestimmte psychische Vorgänge und ganze Reihen von solchen entsprechen. Damit ist aber gesagt, daß schließlich jedem physischen Geschehen überhaupt ein bestimmtes psychisches Geschehen entspreche, denn jene Ton- oder Lichtschwingungen sind ja auch dann vorhanden, wenn sie nicht auf einen menschlichen Körper treffen. Es müßte also ein universeller Parallelismus des physischen und psychischen Geschehens bestehen; d. h. jeder beliebige Vorgang in der materiellen Welt wäre immer und notwendig begleitet von einem bestimmten psychischen Vorgang.

Nun wäre es ja freilich möglich, daß ein solcher wunderbarer, universeller Parallelismus nicht nur in der Phantasie sondern in der Wirklichkeit tatsächlich vorhanden wäre. Aber bis jetzt läßt sich keine Spur von Beweis dafür finden, daß jeder physische Vorgang, also etwa jede Bewegung eines Staubteilchens, tatsächlich von einem bestimmten psychischen Vorgang begleitet sei. Man mag auf Grund metaphysischer

Überlegungen trotzdem an die Wahrheit eines universellen Parallelismus glauben, auf Grund der Erfahrung läßt sich kein Nachweis für diese Theorie erbringen. Der psychophysische Parallelismus führt also notwendig zu einer metaphysischen Behauptung, zu Hypothesen über die Existenz von empirisch nicht nachweisbaren Reihen von psychischen Vorgängen, während er vorgab, nichts anderes, als eine empirische Formel für die vorliegenden Tatsachen zu sein. Macht man ihn daher zur Grundlage der Psychologie, so gründet man diese Wissenschaft tatsächlich auf Metaphysik; jedenfalls zwingt man ihr damit Konsequenzen auf, die über das Erfahrbare weit hinausgehen; oder man muß das Auftreten von Empfindungen unerklärt lassen.

Der psychophysische Parallelismus würde weiterhin dazu nötigen, den menschlichen Leib als den wunderbarsten Automaten zu betrachten, und einen unmittelbaren, ohne jede körperliche Vermittlung stattfindenden Seelenverkehr anzunehmen. Denn, wenn die Reihe der psychischen Vorgänge ohne jeden Einfluß auf die Reihe der physiologischen Vorgänge im zugehörigen Leibe ist, so kann offenbar der Mensch als p s y - c h i s c h e s Individuum weder in seinem eigenen Körper noch in der materiellen Außenwelt und in anderen menschlichen Leibern irgend einen Vorgang hervorrufen. Er steht der materiellen Welt absolut machtlos und wirkungslos gegenüber. Das, was wir gewöhnlich als Produkte menschlicher Geistestätigkeit betrachten, müßte demnach völlig ohne irgend welche Mitwirkung solcher Geistestätigkeit entstanden sein. Der menschliche Körper allein, unbeeinflußt durch das Denken, Fühlen und Wollen des Menschen, würde die Werkzeuge, die Maschinen, die Bauten, ja auch die Dichtungen, die Kunstwerke und die wissenschaftlichen Arbeiten erzeugen. Es wäre sinnlos, diese Produkte noch Geistesprodukte zu nennen, da der Geist an ihrer Erzeugung ja nicht den geringsten Anteil hätte, sondern nur ein völlig einflußloser Begleiter dieses wunderbaren Automatismus wäre. Freilich wäre es d e n k b a r , daß der menschliche Leib als rein körperlicher Automat wirk-

lich solcher Leistungen fähig wäre, aber es läßt sich n i c h t
n a c h w e i s e n, daß er sie tatsächlich ohne Mitwirkung des
Denkens, Fühlens und Wollens vollbringt. Wer nicht dem
Reiz des Paradoxen verfällt, wird daher bei der gewöhnlichen
Annahme bleiben, daß Geistesprodukte eben Geistesprodukte
sind, d. h. daß sie unter Mitwirkung menschlicher Geistestätigkeit entstanden sind.

Um die ganze Unglaublichkeit des psychophysischen Parallelismus einzusehen, braucht man sich bloß klar zu machen,
welches Bild sich auf seiner Grundlage etwa von der Unterhaltung zweier Menschen ergibt. Wir nehmen gewöhnlich
an, daß zunächst der eine Mensch wahrnehmend, vorstellend,
denkend, fühlend und strebend bestimmte Bewegungen seiner
Sprachorgane hervorrufe, die ihrerseits Laute erzeugen; daß
dann diese Laute auf die Gehörorgane des anderen Menschen
wirken und schließlich bestimmte psychische Erlebnisse, Wahrnehmungen, Vorstellungen, Gedanken, Gefühle und Strebungen
in ihm hervorrufen. Ganz anders würde sich der Vorgang
darstellen, wenn der psychophysische Parallelismus bestände.
Der Leib des ersten Menschen würde ohne irgend welche
Mitwirkung seines Denkens und Wollens durch Sprachbewegungen Sprachlaute produzieren, die auf die Gehörorgane
des anderen Menschen treffen und dort weiterhin nur bestimmte l e i b l i c h e Vorgänge in dessen Nerven und Gehirn
erzeugen würden, ohne aber das p s y c h i s c h e Geschehen in
ihm im geringsten zu beeinflussen. Nehmen wir nun an, der
erste Mensch habe dem zweiten etwas mitteilen wollen, d. h.
es sei auf der psychischen Seite eine bestimmte Absicht vorhanden gewesen, auf das psychische Leben des anderen
Menschen einzuwirken, und der zweite Mensch v e r s t e h e
nun nach geschehener Mitteilung den ersten, d. h. es sei in
seinem psychischen Leben die Wahrnehmung der Laute und
die Vorstellung des Mitgeteilten entstanden, so wird man zugestehen müssen, daß das psychische Geschehen in dem
z w e i t e n Menschen durch die Mitwirkung jenes psychischen
Geschehens in dem e r s t e n Menschen entstanden ist. Da

aber das psychische Geschehen in dem ersten Menschen
keinen Einfluß auf seinen Leib und die materielle Welt, und
die leiblichen Vorgänge beim zweiten Menschen keinerlei
Wirkung auf sein psychisches Erleben haben sollen, so müßte
das psychische Geschehen im ersten ohne körperliche Vermittlung ein psychisches Geschehen im zweiten Menschen
bewirkt haben. Auf der einen Seite hätten nur die Körper
aufeinander eingewirkt, auf der anderen Seite hätten dagegen
nur die psychischen Wirklichkeiten gänzlich ohne Vermittlung
durch die Körper sich beeinflußt. Kurz, es müßte dann ein
rein geistiger, vom Leib unabhängiger Seelenverkehr zwischen
den beiden Individuen stattgefunden haben.

Nun können wir zwar nicht behaupten, daß ein Seelenverkehr ohne irgend welche körperliche Vermittlung überhaupt
ganz und gar unmöglich wäre. Wer spiritistischen Neigungen
huldigt, wird gern an das Vorkommen solchen körperlosen
Seelenverkehrs glauben. Aber es ist doch zu bedenken, daß
das ˻wirkliche Stattfinden eines solchen rein geistigen
Kausalzusammenhangs zwischen verschiedenen Individuen bisher, soweit die gesicherten Erfahrungen unseres Erdenlebens
reichen, in keiner Weise wissenschaftlich hat konstatiert werden
können, also bis jetzt Sache des bloßen Glaubens ist. Aber
auch wer diesen Glauben hat, glaubt doch nur, daß unter
seltenen ausnahmsweisen Umständen hier und da im irdischen
Leben dergleichen vorkommt, nicht aber ist er der Meinung,
daß dieser reine Seelenverkehr in jeder alltäglichen und gewöhnlichen Unterhaltung zweier Menschen vorliege, wie es die
Konsequenz des psychophysischen Parallelismus wäre. Der
tatsächlich vorhandene Verkehr psychischer Individuen miteinander, der nach gewöhnlicher Ansicht immer leiblich vermittelt ist, zwingt also den psychophysischen Parallelismus,
die empirisch nicht verifizierbare Annahme eines reinen
Seelenverkehrs zu machen, während für die Annahme einer
Wechselwirkung zwischen Leib und Seele in diesem Falle
keine besonderen Schwierigkeiten vorhanden sind. Jene
Theorie des psychophysischen Parallelismus führt also

auch hier über die Erfahrung zu hypothetischen Annahmen hinaus.

Zu diesen theoretischen Bedenken gesellt sich ein mehr praktisches, das aber dennoch die Schwäche der empirischen Grundlage des psychophysischen Parallelismus deutlich zu machen vermag. Alle praktische Tätigkeit des Menschen gründet sich nämlich auf die Voraussetzung, daß es möglich sei, durch jenes psychische Verhalten, das man ein Streben oder Wollen nennt, bestimmte leibliche Vorgänge hervorzurufen, die dann ihrerseits wieder Ursache von außerleiblichen materiellen Vorgängen werden können. Wer ein bestimmtes materielles Geschehen in der Außenwelt hervorrufen will, setzt in diesem seinen Wollen voraus, daß er imstande sei, durch sein Wollen auf seinen eigenen Körper einwirken und dadurch mittelbar jenes materielle Geschehen verwirklichen zu können. Und nur sofern er diese Voraussetzung macht, kann er dieses Geschehen verwirklichen wollen und den Versuch seiner Verwirklichung machen. Wäre ein Mensch dagegen wirklich davon überzeugt, daß sein psychisches Verhalten der materiellen Welt gegenüber völlig wirkungslos wäre, daß er weder in der Außenwelt noch an oder in seinem eigenen Körper Bewegungen verursachen könne, dann wäre es ihm, solange diese Überzeugung lebendig in ihm wäre, völlig unmöglich, sein Wollen auf die Hervorbringung solcher Bewegungen zu richten. Der Glaube an die Machtlosigkeit des eigenen Wollens lähmt alle praktische Tätigkeit und verdammt den Menschen dazu, in ohnmächtiger Verzweiflung zuzuschauen, wie ohne sein Zutun Bewegungen seines Körpers und anderer materieller Dinge eintreten. Nur wenn ihn die Sehnsucht nach der Seligkeit der kraftvollen Tat einen Moment vergessen ließe, daß er der materiellen Welt vollständig machtlos gegenüberstehe, könnte das Sinnlose eintreten, daß er seinen Körper zu bewegen und ein materielles Geschehen herbeizuführen versuchte. Hätte er dann Erfolg, träte die Bewegung wirklich ein, so müßte er es doch als täuschende Einbildung von sich weisen, zu meinen, er habe die Bewegung durch sein Wollen verursacht. Scheut

er den Selbstbetrug, liebt er die Wahrhaftigkeit auch gegenüber sich selbst, so müßte er sich bemühen, niemals dem
irrtümlichen Glauben an seine Macht über seinen Körper zu
verfallen, sondern alles auf praktische Tätigkeit gerichtete
Wollen sich abzugewöhnen, also niemals sprechen, schreiben,
gehen und seine Glieder bewegen zu wollen. Gänzliche
Willenlosigkeit gegenüber dem Körper und der Außenwelt
wäre die Folge. Die Maschinen des Leibes und der Außenwelt laufen von selbst, warum sich also um sie kümmern,
wenn man keinerlei Macht über sie hat!

Nun mag dieser trostlose Quietismus, der sich hier als
Konsequenz des psychophysischen Parallelismus ergibt, manchem als erstrebenswertes Ideal erscheinen. Müde Seelen,
die mit der Welt nicht fertig werden, werden immer dazu
neigen, sich allen Schwierigkeiten und niederdrückenden Miß-
erfolgen dadurch zu entziehen, daß sie einfach allem praktischen Wirken entsagen. Und sie werden dann auch aus der
Not eine Tugend machen, indem sie der Welt ihr unfreiwillig
erwähltes Verhalten als das einzig richtige Ideal verkünden.
Der gesunde, tatkräftige Mensch dagegen wird immer in der
Aufforderung, aller praktischen Tätigkeit zu entsagen, nichts
anderes als die Anempfehlung des Selbstmordes sehen; er
wird zuversichtlich in dem Glauben verharren, daß er die
Macht hat, seinen Leib und die Außenwelt in großem Umfange nach seinem Willen zu gestalten und zu regieren. Er
weiß zugleich, daß dieser zuversichtliche Glaube die beste
Garantie für den Erfolg ist. Außerdem zeigt ihm ja seine
tägliche Erfahrung in jeder erfolgreichen praktischen Tätigkeit, daß sein Glaube sich bewährt, daß er in der Tat durch
sein Wollen Macht über die materielle Welt hat und sie zu
verändern vermag. Wie kann der psychophysische Parallelismus empirisch begründet sein, wenn er einfach diese täglichen Erfahrungen ignoriert und zu einem trostlosen Quietismus
führt?!

Fassen wir das Ergebnis unserer Überlegungen zusammen,
so müssen wir sagen: Der psychophysische Parallelismus ist

zwar ein schönes, wissenschaftlich klingendes Wort, aber im
übrigen nichts anderes als eine sonderbare, unbeweisbare und
haltlose Behauptung. Wenn man ihn zur Grundlage der Psychologie macht, so bringt er dieser Wissenschaft nicht nur
nicht die geringsten Vorteile, sondern er belastet sie sogar
mit unnötigen Schwierigkeiten und unbeweisbaren Hypothesen.
Es ist höchst charakteristisch, daß selbst diejenigen Psychologen, die zunächst den psychophysischen Parallelismus ver-
teidigen und als den einzig berechtigten Ausdruck für die
vorliegenden Tatsachen bezeichnen, dennoch darauf verzichten,
ihn in der Darlegung der Psychologie selbst durchzuführen.
Um den Schwierigkeiten zu entgehen, die der psychophysische
Parallelismus notwendig mit sich bringt, bedienen sie sich der
Sprache der Wechselwirkung zwischen Leib und Seele. Freilich
glauben sie, nur sprachlichen Schwierigkeiten auszuweichen;
die Sprache der Wechselwirkung, so sagen sie entschuldigend,
erlaube eine bequemere Ausdrucksweise als die Sprache des
Parallelismus. Aber der Sprache folgen die Gedanken. Der
Versuch, auch die Sprache des Parallelismus konsequent
durchzuführen, würde auch die gedanklichen Schwierigkeiten
dieser Theorie zu klarem Bewußtsein bringen. Der Verzicht
auf diesen Versuch läßt den psychophysischen Parallelismus
schon von vornherein als ein künstliches, wertloses Anhängsel
der Psychologie erscheinen. [1]

[1] Einige Vertreter des psychophysischen Parallelismus suchen ihre
Theorie dadurch zu stützen, daß sie sie mit dem „Identitätsprinzip"
oder dem „Monismus" verquicken, also ihr metaphysische Unterlagen
geben. Andere ziehen den „erkenntnistheoretischen Idealismus" heran.
Metaphysik und Erkenntnistheorie gehören jedoch nicht in die Psychologie. Jene Ansichten bleiben daher hier außer Betracht. Umfassendere
Erörterungen der Streitfrage findet man in: Fr. Erhardt: „Wechselwirkung zwischen Leib und Seele" (1897) und „Psychophysischer
Parallelismus und erkenntnistheoretischer Idealismus" (1900), wo sich
weitere Literaturangaben befinden. Ausführlich behandelt die Frage:
Ludwig Busse: „Geist und Körper, Seele und Leib" (1903). Sehr lesens-
wert sind die vorzüglichen Ausführungen von Chr. Sigwart im II. Bde.
der 2. Aufl. seiner „Logik" § 97 b. In Bezug auf das Energieprinzip sei
auf Felix Auerbach: „Kanon der Physik" (1899) verwiesen.

Aus den Darlegungen der beiden letzten Paragraphen ergibt sich also, daß für die Psychologie keinerlei Grund besteht, die Annahme einer Wechselwirkung zwischen leiblichem und seelischem Geschehen aufzugeben. Es weisen nicht nur viele Erfahrungstatsachen direkt auf das Stattfinden einer solchen Wechselwirkung hin, sondern es wird auch das psychische Geschehen durch die Annahme der Wechselwirkung einfacher und ohne den Notbehelf unbeweisbarer Hypothesen verständlich, während die parallelistische Theorie zu unüberwindlichen Schwierigkeiten und zu Konsequenzen führt, die das Erfahrbare weit überschreiten.

Der Gegenstand der Psychologie ist nun vorläufig bestimmt. Es ist die psychische Wirklichkeit. Sie besteht aus einer ungezählten Menge individueller psychischer Wirklichkeiten. In jeder dieser individuellen psychischen Sphären findet sich ein mehr oder weniger umfassendes „Wissen um" eine andere, die physische Wirklichkeit, um eine größere oder geringere Zahl anderer psychischer Individuen und um das eigene psychische Sein und Geschehen. Jedes dieser psychischen Individuen steht besonders innig mit einem bestimmten Leibe, vor allem mit der Großhirnrinde in Wechselwirkung. Dadurch vermag es auch mittelbar mit der übrigen materiellen Welt und den anderen psychischen Individuen in reale Wechselwirkung zu treten. Wie die enge Abhängigkeitsbeziehung, durch die jedem lebendigen Leibe eine bestimmte individuelle psychische Sphäre zugeordnet ist, entstanden sein möge, vermag die Psychologie in keiner Weise zu sagen; sie findet dieselbe einfach vor, wie auch andere Wissenschaften andere Abhängigkeitsbeziehungen einfach vorfinden, ohne über ihre Herkunft berichten zu können und zu brauchen. Die Metaphysik mag und muß sich darüber Gedanken machen.

3. Kapitel.
Die Methoden der Psychologie.

§ 1. Physiologie und Psychologie. Wir kommen nun auf die oben zurückgestellte Frage zurück, wie denn der Psychologie die Erfüllung ihrer Aufgabe möglich sei, wenn doch das Gebiet der Wirklichkeit, das sie wissenschaftlich untersuchen will, nämlich die psychische Wirklichkeit, der sinnlichen Wahrnehmung völlig unzugänglich sei. In der irrtümlichen Meinung, als entstamme all unser Wissen notwendig nur der sinnlichen Wahrnehmung, könnte man zunächst auf den Gedanken kommen, es müsse auch unser Wissen von der psychischen Wirklichkeit, wenn es überhaupt möglich sei, notwendig von der sinnlich wahrnehmbaren, materiellen Wirklichkeit seinen Ausgangspunkt nehmen. Gewinnen wir doch auch unsere Kenntnis von den nicht sinnlich wahrnehmbaren Kräften der materiellen Welt nur durch Untersuchung der materiellen Wirklichkeit selbst. Handelt es sich um die Erkenntnis der menschlichen psychischen Wirklichkeit, so bieten sich ja die menschlichen Leiber als Repräsentanten der psychischen Individuen der sinnlichen Wahrnehmung dar. Was scheint einfacher, als daß man seinen Angriff auf diese sinnlich wahrnehmbaren menschlichen Organismen richtet, daß man in denselben bis zu der Stelle, die mit dem psychischen Leben am unmittelbarsten in Zusammenhang steht, nämlich bis zur Großhirnrinde vordringt und zunächst deren Beschaffenheit und die Vorgänge in derselben festzustellen sucht. Nur so scheint man in die größtmögliche Nähe der psychischen Wirklichkeit überhaupt gelangen zu können.

Die Untersuchung der Beschaffenheit und der Funktionen des Gehirns und speziell der Großhirnrinde bildet einen besonderen Teil der Anatomie und Physiologie des Menschen. Diese beiden Wissenschaften der Anatomie und Physiologie scheinen also die wahre Grundlage der Psychologie bilden zu müssen. Wer noch außerhalb der Psychologie steht und auch von der Physiologie nur eine unklare Vorstellung hat, wird sich gewöhnlich diesen Weg in der Tat als den einzig soliden vorstellen und alle anderen Versuche, der psychischen

Wirklichkeit beizukommen, als mondsüchtige Spaziergänge auf Wolken und in Nebeln fürchten.

Begleiten wir aber versuchsweise einmal einen solchen Neuling in der Psychologie auf diesem scheinbar soliden Wege, auf den er immer wieder in der sicheren Zuversicht hindrängt, so die psychische Wirklichkeit leicht erreichen zu können, dann hemmen zunächst große Hindernisse unseren Gang, und das Ende des Weges sehen wir durch eine undurchdringliche und unübersteigbare Mauer hoffnungslos versperrt. Denn schon die Erkenntnis der genaueren Beschaffenheit des Gehirns ist mit großen Mühseligkeiten verbunden und noch nicht völlig erreicht. Ganz außerordentliche Schwierigkeiten bietet dann aber die Erforschung der Vorgänge im Großhirn des Menschen. Aus naheliegenden Gründen ist es unmöglich, das arbeitende Gehirn eines anderen Menschen oder das eigene Gehirn direkt zu untersuchen, wie man physikalische Vorgänge nach jeder Hinsicht durchforschen kann. Nun ist es freilich trotz aller Schwierigkeiten gelungen, mancherlei festzustellen. Man kennt im großen und ganzen die Beschaffenheit des Gehirns; man kennt im allgemeinen die Elemente, die Zellen und Fasern, aus denen es sich aufbaut; man weiß einiges über die Funktionen einzelner größerer Teile derselben. Aber den genaueren Zusammenhang aller der einzelnen Elemente und die Arten und den Verlauf der Vorgänge in ihnen kennt man noch nicht, sondern ist auf Vermutungen angewiesen.

Aber wenn der Weg durch die Physiologie des Gehirns der einzig richtige für die Psychologie wäre, so müßten wir ihn trotz aller Schwierigkeiten einschlagen. Die Frage ist daher, ob denn die Psychologie wirklich in dieser Richtung ihr Ziel zu erreichen vermag. Nehmen wir daher an, es seien alle Hemmnisse, die sich der physiologischen Gehirnuntersuchung entgegenstellen, völlig überwunden; es sei ein vollständiges und bis in alle Einzelheiten klares Bild von den Gehirnvorgängen und ihrem Zusammenhange gewonnen. Was hätte man damit erreicht? Nun, offenbar einen äußerst wichtigen und interessanten Einblick in ein bestimmt geartetes und besonders kompliziertes materielles Sein und Geschehen. Aber je klarer man blickt, um so weniger wird man in diesem nun durchsichtigen, geheimnisvollen Gehirngeschehen irgend etwas von einer psychischen Wirklichkeit, von psychischen Vorgängen entdecken. Nicht nur hat bisher noch niemals jemand im Gehirn dergleichen wie Empfindungen, Vorstellungen, Gedanken, Gefühle, Willensentschlüsse gesehen oder sonstwie sinnlich wahrgenommen, sondern niemals wird jemand dergleichen sinnlich wahrnehmen, auch mit den besten Mikroskopen nicht, da eben das Psychische seiner Natur nach nicht gesehen oder getastet oder überhaupt sinnlich wahrgenommen werden kann. Eine naive Ansicht stellt sich vor, es seien in den Gehirnzellen allerlei Bilderchen, gedruckte Wörter u. dgl. abgelagert. Allerdings hat man solche Bilderchen nie gefunden, aber selbst wenn man sie anträfe, dann hätte man doch wieder nur sinnlich Wahrnehmbares, nicht irgend etwas Psychisches vor Augen. Wüßte man nicht schon aus anderer Quelle, daß es so etwas wie psychische Wirklichkeit gibt, so würde man auch gegenüber dem völlig erkannten Gehirngeschehen gar nicht auf den Gedanken kommen können, daß außer der materiellen Wirklichkeit, die man vor sich hat, noch ein ganz anders geartetes Geschehen gleichzeitig vorhanden ist. Von der Beschaffenheit dieser anderen Wirklichkeit würde man erst recht auf diesem Wege niemals eine Ahnung bekommen können. Man könnte höchstens auf das Vorhandensein unbekannter Kräfte schließen, wie man etwa in der Physik auf das Vorhandensein unbekannter Naturkräfte schloß. Aber tatsächlich ist uns ja die psychische Wirklichkeit hinsichtlich ihrer Beschaffenheit nicht völlig unbekannt, wie es die Naturkräfte sind. Wir erschließen nicht die Existenz von psychischer Wirklichkeit als einer unbekannten Naturkraft. Selbst wenn vielleicht an bestimmten Stellen des Gehirngeschehens ein bestimmtes Quantum aktueller physiologischer Energie verschwände oder entstände, selbst dann würde daraus nicht notwendig auf die Existenz und die Beschaffenheit einer eigenartigen psychischen Wirklichkeit geschlossen werden

können. Man könnte sich damit begnügen, zu erklären, es
verwandele sich an diesen Stellen des Gehirngeschehens einfach ein bestimmtes Quantum aktueller physiologischer Energie
in ein bestimmtes Quantum potienteller, resp. ein bestimmtes
Quantum potentieller in ein bestimmtes Quantum aktueller
physiologischer Energie. Solange man daher alles Wissen,
das man auf anderen Wegen von psychischem Sein und
Geschehen gewonnen hat, wirklich beiseite setzt und sich
streng auf die physiologische Untersuchung der Gehirnvorgänge
beschränkt, ist es absolut unmöglich, von der Existenz, von
der Beschaffenheit und der Gesetzmäßigkeit der psychischen
Wirklichkeit auch nur die geringste Kenntnis zu gewinnen.

Die Unmöglichkeit, auf dem Wege der physiologischen
Untersuchung der Gehirnvorgänge die Aufgabe der Psychologie zu lösen, ist hiernach eine so leicht erkennbare Tatsache, daß man sich fast wundern könnte, wie jemals Menschen
diesen Weg mit Hoffnung auf Erfolg haben beschreiten können.
Aber auch dieser Irrtum wird leicht verständlich, wenn man
berücksichtigt, daß jeder erwachsene Mensch, wie wir früher
gesehen haben, schon eine gewisse Kenntnis der Beschaffenheit und Gesetzmäßigkeit der psychischen Wirklichkeit besitzt,
und daß er zugleich gewohnt ist, sich alles psychische Geschehen in Verbindung mit den sinnlich wahrnehmbaren Köpfen
der Menschen vorzustellen. Er denkt sich unwillkürlich das
psychische Leben innerhalb der Köpfe vorgehend. Andererseits erfährt er, daß die Schädelhöhle mit dem Gehirn ausgefüllt ist, und daß in diesem Gehirn allerlei noch nicht
genügend bekannte Prozesse sich abspielen. Und diese beiden
in das Gehirn verlegten Arten des Geschehens wachsen nun
für seine Vorstellung zu einer Einheit zusammen. Was er sich
als Gehirngeschehen vorstellt, ist für ihn dann zugleich das
psychische Geschehen. Gehirngeschehen und psychische Vorgänge fließen ihm in eine ungeschiedene Einheit zusammen.
Sagt man ihm dann noch, daß das psychische Leben eine
Funktion des Gehirns sei, so wird er in seinem Irrtum durch
die früher aufgezeigte Mehrdeutigkeit des Begriffes der Funktion

noch bestärkt. Denn es erscheint ja selbstverständlich, daß man, um die Funktionen des Gehirns kennen zu lernen, am besten tut, das Gehirngeschehen selbst zu untersuchen. Die unwillkürliche Tendenz, nur das sinnlich Wahrnehmbare als das einzig Reale zu betrachten, kommt hinzu, um den Blick des psychologischen Neulings immer wieder auf das Gehirn als den Ort der psychischen Vorgänge zu lenken. Hat er jedoch einmal die fundamentale Verschiedenheit von materieller und psychischer Wirklichkeit eingesehen; hat er erkannt, daß das psychische Geschehen zwar abhängig ist von dem Gehirngeschehen, aber nicht selbst Funktion im Sinne eines materiellen Geschehens an oder in dem Gehirn ist, dann sieht er sofort, daß es aussichtslos ist, auf dem Wege der Aufklärung über das materielle Geschehen an und in dem Gehirn eine Erkenntnis der Beschaffenheit und Gesetzmäßigkeit des psychischen Lebens erlangen zu wollen.

Eine „physiologische Psychologie", die wirklich durch rein physiologische Untersuchungen eine Erkenntnis des psychischen Lebens gewinnen wollte, müßte nun eigentlich in nichts anderem als einer wirklich wissenschaftlichen Physiologie des Gehirns bestehen. Tatsächlich enthalten aber die Werke, die eine „physiologische Psychologie" im oben bezeichneten Sinne geben wollen, keine weiter eindringenden Physiologien des Gehirns. Sie bemühen sich gar nicht darum, auf empirischem Wege eine genauere Erkenntnis der Gehirnvorgänge zu gewinnen, was sie doch konsequenterweise tun müßten. Sondern sie nehmen einfach die relativ geringen Einsichten, die man über das Gehirn und die Gehirnvorgänge schon besitzt, und führen, ohne sich auf weitere Gehirnuntersuchungen einzulassen, völlig hypothetische Konstruktionen eines niemals beobachteten Gehirngeschehens aus. Die Leitfäden für solche Konstruktionen aber entnehmen sie, ohne zu wissen, was sie tun, den dürftigen psychologischen Kenntnissen, die sich in ihnen ohne wirkliches Studium und wissenschaftliche Untersuchung als leichter Nebenerwerb des Lebens allmählich angesammelt haben. Sie fehlen also auf beiden

Seiten, in der Physiologie des Gehirns und in der Psychologie;
ihre physiologische Phantasie wird unrechtmäßig befruchtet aus
der trüben Quelle ungereinigter vorwissenschaftlicher Psychologie. In neuerer Zeit hat man denn auch allgemein erkannt,
daß man in solchen „physiologischen Psychologien" nichts
weiter als eine in physiologische Ausdrücke gekleidete ärm-
liche und kindliche Popularpsychologie vor sich hat, die auf
Wissenschaftlichkeit keinerlei Anspruch erheben kann. [1]

Unter dem Titel einer physiologischen Psychologie kann
man nun freilich eine Wissenschaft verstehen, die nicht durch
rein physiologische Untersuchungen oder Phantasien eine Psychologie schaffen will, sondern sich die Aufgabe setzt, den
Zusammenhang, in dem die Gehirnvorgänge und das zugehörige psychische Leben stehen, im einzelnen genauer festzustellen. Eine solche Wissenschaft, die man besser Psychophysiologie nennen würde, ist nicht nur möglich, sondern
eine an sich wichtige und für die Psychologie bedeutungsvolle
Aufgabe. Es ist nicht ausgeschlossen, daß auf Grund ihrer
Ergebnisse die Psychologie manche Korrektur erfahren könnte.
Aber eine solche Psychophysiologie kann nicht der eigentlichen Psychologie vorhergehen und den Anfang aller psychologischen Untersuchung bilden. Will man den Zusammenhang der physiologischen Gehirnvorgänge und der psychischen
Vorgänge genauer bestimmen, so ist offenbar vorausgesetzt,
daß man nicht nur jene physiologischen Vorgänge, sondern
auch das zugehörige psychische Leben einigermaßen wissenschaftlich erkannt hat. Die Psychologie ist also die Vor-

---

[1] Ich bemerke ausdrücklich, daß die von W. Wundt heraus-
gegebenen und jetzt in 5. Aufl. erschienenen *Grundzüge der physio-
logischen Psychologie* nicht zu der eben bezeichneten Art gehören.
Dieses Werk will die Psychologie nicht als ein Teilgebiet der Physiologie
behandeln, es will auch nicht die psychischen aus den physiologischen
Lebenserscheinungen ableiten oder erklären, sondern in erster Linie
Psychologie sein, d. h. „die Bewußtseinsvorgänge in ihrem eigenen
Zusammenhange untersuchen". Es will nur zugleich von den Hilfs-
mitteln Gebrauch machen, welche gegenwärtig die Physiologie der
Analyse der Bewußtseinsvorgänge zur Verfügung stellt.

bedingung der Psychophysiologie. Wie es aber bei jungen Wissenschaften oft der Fall ist, so eilt man auch hier häufig über die Vorbedingungen schnell hinweg, um mit mehr oder minder hypothetischen Konstruktionen den schwierigsten Problemen mutig zu Leibe zu gehen. Die Erfahrung hat nun gezeigt, daß die Psychologie für die Psychophysiologie nicht nur auch Vorbedingung neben der Physiologie des Gehirns ist, sondern daß sie sogar häufig die Führerrolle übernehmen muß, wenn es sich darum handelt, diejenigen Gehirnpartien zu bestimmen, die zu bestimmten psychischen Vorgängen in Beziehung stehen. Man mußte sich erst über die Eigenart bestimmter Störungen in dem psychischen Leben der Menschen und Tiere genaue Rechenschaft geben, um dann in den Gehirnen der betreffenden Menschen und Tiere nach Veränderungen zu suchen, die mit jenen psychischen Störungen in Zusammenhang gebracht werden könnten. Solange die psychologische Analyse der geistigen Störungen noch unvollkommen ist, ist es häufig unmöglich, den psychischen Vorgängen eindeutig bestimmte Gehirnpartien zuzuordnen. Als man z. B. die psychische Natur der Sprachstörungen noch nicht genügend erkannt hatte, wollte es nicht gelingen, einen bestimmten Teil der Großhirnrinde der Sprachtätigkeit zuzuordnen, weil man bald diese bald jene Partie des Gehirns von der normalen Beschaffenheit abweichend fand. Erst als Kußmaul auf Grund psychologischer Selbstbesinnung zeigte, daß man bei Sprachstörungen wohl unterscheiden müsse zwischen den Störungen des Verstehens, des Sprechens, des Lesens und des Schreibens einer Sprache, kam Klarheit in die Untersuchung. Es kann also unmöglich die rein physiologische Untersuchung über den Zusammenhang von physiologischen und psychischen Vorgängen Aufschluß geben.

Aus dem vorangehenden ergibt sich also als absolut gewiß, daß wir uns auf dem Wege einer Physiologie des Gehirns in keiner Weise einen Zugang zur psychischen Wirklichkeit eröffnen können. Die Psychologie erweist sich auch hier als eine selbständige Erfahrungswissenschaft, indem sie

sich als unabhängig von der Physiologie darstellt. Die Erkenntnis ihres Gegenstandes kann sie nur auf eigenem Wege
erlangen. Freilich wird die Psychologie zu ihrer Vollendung
noch der Arbeit der Psychophysiologie bedürfen insoweit wenigstens, als physiologische Gehirnvorgänge Bedingungen und
Folgen psychischer Vorgänge sind. Aber damit wird die Psychologie durch die Physiologie nicht ersetzt, was unmöglich
ist; sondern nur ergänzt, was allerdings notwendig ist.

§ 2. **Sinnesphysiologie und Psychophysik.** Vermochte
schon die Gehirnphysiologie uns keinen Zutritt zur psychischen
Wirklichkeit zu verschaffen, obgleich die Vorgänge, die sie
untersucht, dem psychischen Leben gleichsam am nächsten
liegen, so werden natürlich unsere Aussichten nicht günstiger,
wenn wir in der Reihe der leiblichen Bedingungen des seelischen Geschehens weiter zurückgehen und etwa die Sinnesorgane und ihre Funktionen zum Gegenstand der Untersuchung
machen. Es hängt ja freilich von der Beschaffenheit und der
Funktion seiner Sinnesorgane ab, was ein Mensch von der
materiellen Welt wahrzunehmen und vorzustellen vermag. Der
von Geburt an Blinde wird niemals Farben sehen oder vorstellen,
der Taubgeborene niemals Geräusche und Klänge hören oder
vorstellen können. Ganze Gattungen von psychischen Erlebnissen
fehlen also bei ihnen auf Grund der Beschaffenheit ihres Seh-
oder Hörapparates. Aber die Sinnesorgane und die Vorgänge
in ihnen sind nicht selbst etwas Psychisches, sind keine
Empfindungen oder Vorstellungen, sondern nur entferntere
leibliche Bedingungen für bestimmte psychische Erlebnisse.
Die Untersuchung und Erkenntnis der Sinnesorgane und ihrer
Funktionen ist also an sich noch keineswegs eine Untersuchung und Erkenntnis von psychischen Erlebnissen, also
keine Psychologie, sondern ein spezielles Kapitel der Physiologie. Die Sinnesphysiologie kann daher nur als ein
Grenzgebiet der Psychologie gelten, dessen Kenntnis zwar für
den Psychologen sehr wichtig ist, das aber für sich noch
keinerlei psychologische Einsicht gewährt, also die eigentliche
Psychologie nicht zu ersetzen vermag.

Gehen wir nun in der Reihe der materiellen Bedingungen bestimmten psychischen Geschehens noch weiter zurück über die Sinnesorgane hinaus, so gelangen wir zu den Vorgängen in der Außenwelt, die von der Physik im allgemeinsten Sinne untersucht wurden. Bestimmte physikalische Vorgänge, wie Lichtschwingungen oder Schallschwingungen, müssen unter normalen Verhältnissen auf die Sinnesorgane eines lebenden wachen Individuums einwirken, wenn bestimmte psychische Erlebnisse, wie Farben- und Schallempfindungen entstehen sollen. Sofern diese physikalischen Vorgänge auf die Sinnesorgane einwirken, nennt man sie R e i z e. Untersucht man diese physikalischen Vorgänge für sich, nach ihrer Beschaffenheit und Gesetzmäßigkeit, so treibt man Physik. Und man bleibt noch innerhalb des Gebietes der Physik, wenn man weiter feststellt, welche Lichtschwingungen etwa zu einer bestimmten Farbe, welche Schallschwingungen zu einem bestimmten Geräusch oder Klang gehören. Von irgend etwas Psychischem ist insoweit noch keine Rede. Stellt man die Beziehungen der Reize zu den Vorgängen in den Sinnesorganen fest, so behandelt man ein Grenzgebiet zwischen Physik und Physiologie, eine Aufgabe, die man einer P h y s i o p h y s i k zuweisen könnte. Auch diese ist noch keine Psychologie. Schreitet man weiter vor, so gelangt man zur P h y s i o l o g i e der Nerven- und Gehirnvorgänge und schließlich zur P s y c h o p h y s i o l o g i e d. h. zur Untersuchung der Beziehungen, die zwischen Gehirnvorgängen und psychischem Geschehen bestehen. Diese letztere Grenzwissenschaft setzt aber schon, wie wir gesehen haben, voraus, daß man auf anderem Wege zur Psychologie gekommen ist. Nun kann man aber den Weg, der von den physikalischen Reizen zu den Vorgängen in den Sinnesorganen, den Nerven und dem Gehirn führt, überspringen und versuchen, die Anfangspunkte dieser Reihe, nämlich die physikalischen Reize, direkt zu bestimmten psychischen Vorgängen in Beziehung zu setzen. Es ist klar, daß zur Ausführung eines solchen Versuchs einerseits die P h y s i k der Reize, andrerseits die P s y c h o l o g i e der betreffenden psychischen Erlebnisse vorausgesetzt ist. Die Wissenschaft, die einen solchen Versuch darstellt, nennt man Psychophysik. Sie hat als Grenzwissenschaft eine vorläufige Berechtigung, solange die Zwischenglieder zwischen den physikalischen Reizen und den betreffenden psychischen Erlebnissen noch nicht genügend aufgeklärt sind; schließlich wird sie sich in die einzelnen Wissenschaften der Physiophysik, Physiologie und Psychophysiologie auflösen müssen, da es nicht angeht, auf die Dauer jene Zwischenglieder zu ignorieren. Auf jeden Fall aber kann die Psychophysik im obigen Sinne nicht den Anspruch erheben, an die Stelle der Psychologie zu treten oder auch nur die Grundlage und den Ausgangspunkt der psychologischen Untersuchung zu bieten. Sie setzt ja vielmehr die psychologische Untersuchung der für sie in Betracht kommenden psychischen Tatsachen voraus; ohne Psychologie kann sie nur zu überflüssigen Verirrungen führen.[1]

Indem wir so die ganze materielle Bedingungsreihe für bestimmtes psychisches Geschehen durchlaufen haben, hat es sich uns als völlig aussichtslos herausgestellt, durch Untersuchung dieser materiellen Bedingungen zu einer unmittelbaren Erkenntnis der psychischen Wirklichkeit gelangen zu wollen. Überall trafen wir nur materielles Sein und Geschehen, und wo von Psychischem die Rede war, da mußte die Kenntnis von demselben auf einem anderen Wege gewonnen worden sein, den wir eben gerade suchen.

§ 3. **Untersuchung der Ausdrucksbewegungen.** In unserem Verkehr mit Menschen dienen uns vor allem die körperlichen Wirkungen des psychischen Lebens, speziell die sinnlich wahrnehmbaren Ausdrucksbewegungen als Ausgangs- und Anhaltspunkte für die Erkenntnis ihrer psychischen Er-

---

[1] Man versteht zuweilen unter Psychophysik nichts anderes als die experimentelle Psychologie. Damit gewinnt aber die Aufgabe der Psychophysik eine andere Bedeutung, als die ihr oben zuerteilt wurde. Über die Aufgabe der experimentellen Psychologie und ihre Stellung zur Psychologie überhaupt folgt die Erörterung erst in § 7, um hier den Gang der Darlegung nicht zu unterbrechen.

lebnisse. Die dem Menschen natürliche Tendenz, immer zuerst nach etwas sinnlich Wahrnehmbarem zu greifen, könnte
nun hier zu dem Versuch verleiten, durch das Studium der
Ausdrucksbewegungen die Beschaffenheit und Gesetzmäßigkeit der psychischen Wirklichkeit direkt erkennen zu wollen.
Aber es ist nach dem vorausgehenden schon ersichtlich, daß
auch dieser Weg keinen direkten Zugang zur psychischen
Wirklichkeit zu gewähren vermag. Die Ausdrucksbewegungen
selbst sind ja keine psychischen Vorgänge, sondern materielle
Vorgänge an menschlichen Leibern. Eine Untersuchung, die
sich auf diese materiellen Vorgänge selbst beschränkt, ist also
durchaus keine psychologische Untersuchung. Nun sind sie
freilich Ausdrucksbewegungen, d. h. in ihnen kommen bestimmte psychische Vorgänge zum Ausdruck. Aber damit
ist nicht gesagt, daß sie uns, auch ohne Mitwirkung ganz anderer Erfahrungen, unmittelbar ihrer Natur nach zeigten, daß
psychische Vorgänge mit ihnen verbunden, und wie beschaffen
dieselben sind. Vielmehr müssen wir, um aus körperlichen
Anzeichen die Existenz bestimmten psychischen Geschehens
erkennen zu können, schon eine gewisse Kenntnis der Beschaffenheit und Gesetzmäßigkeit der psychischen Wirklichkeit
haben und müssen wissen, welche Veränderungen an dem zugehörigen Leib durch psychische Vorgänge hervorgebracht
werden können. Es ist daher unmöglich, durch Untersuchung
der Ausdrucksbewegungen und anderer körperlicher Rückwirkungen psychischer Vorgänge direkt die psychische Wirklichkeit zu erkennen, also die Psychologie auf eine solche
Untersuchung zu gründen. Nur weil wir schon einen auf
anderem Wege erworbenen Besitz an Kenntnissen über die
psychische Wirklichkeit und ihre Wirkungen auf die leiblichen
Vorgänge mitbringen, wenn wir bestimmte leibliche Vorgänge
als Ausdrucksbewegungen auffassen, und weil wir uns darüber
gewöhnlich keine Rechenschaft geben, übersehen wir leicht,
daß es unmöglich ist, von der Seite des Leibes aus das Psychische unmittelbar zu erkennen. Es soll keineswegs geleugnet
werden, daß das Studium der Ausdrucksbewegungen für die

Psychologie großen Nutzen haben kann; es soll nur nachdrücklich hervorgehoben sein, daß dieses Studium niemals die
Grundlage, sondern nur ein ergänzendes Hülfsmittel der eigentlichen Psychologie bilden kann, das seinerseits schon den Besitz psychologischer Einsicht voraussetzt und immer nur in
Verbindung mit der direkten psychologischen Methode brauch-
bare Ergebnisse liefert. Dieses Verhältnis des Studiums der
Ausdrucksbewegungen zur Psychologie wird im folgenden noch
deutlicher werden. Hier genügt zunächst das negative Ergebnis, daß wir auch auf diesem von dem Leibe ausgehenden
Wege nicht hoffen können, die psychische Wirklichkeit selbst
zu erreichen.

Wir sehen uns also, solange wir unsern Blick auf die
materielle Welt und die menschlichen Leiber richten, von der
direkten Beobachtung und Untersuchung der psychischen Wirklichkeit nach allen Seiten ausgeschlossen. Wir müssen uns
dieser Tatsache fügen, auch wenn wir bedauern, daß wir damit zunächst auf die Vorzüge verzichten müssen, die der materielle Weg für den Menschen zu haben scheint. Wären wir
wirklich auf die Erfahrung von materiellem Sein und Geschehen
eingeschränkt, gewännen wir wirklich all unsere Erkenntnis
nur durch sinnliche Wahrnehmung, wie es manchmal von kurz-
sichtigen Menschen behauptet wird, dann könnten wir niemals
von der Existenz und noch viel weniger von der Beschaffenheit und Gesetzmäßigkeit der psychischen Wirklichkeit irgend
welche Kenntnis gewinnen. Nun steht aber, wie wir beim Beginn unserer Untersuchungen konstatiert haben, andererseits
ebenso fest, daß wir tatsächlich schon im gewöhnlichen Leben
mancherlei über die psychische Wirklichkeit wissen. Wir
sahen: die psychische Wirklichkeit existiert nicht nur, sondern
wir wissen auch von ihrer Existenz, von ihrer Beschaffenheit
und ihrer Gesetzmäßigkeit wenigstens in gewissem Umfange.
Wir kennen Empfindungen, Vorstellungen, Gedanken, Gefühle,
Strebungen, Wünsche und Willensregungen; wir wissen allerlei
über die Umstände, unter denen derartige psychische Erlebnisse in uns entstehen und in anderen Menschen hervor-

gebracht werden können. Wir verstehen auch das, was uns andere Menschen von ihren psychischen Erlebnissen erzählen. Die psychische Wirklichkeit muß also direkt zugänglich sein. Der Weg, auf dem wir unsere Kenntnis derselben unwillkürlich gewonnen haben, muß aufgesucht und dann von der Psychologie bewußt und mit Absicht beschritten werden. Welches ist dieser Weg?

§ 4. Die „subjektive" Methode. „Selbstbeobachtung" und „innere Wahrnehmung". Solange wir unsern Blick nach „außen", d. h. auf die sinnlich wahrnehmbare Welt gerichtet halten, bietet sich uns nichts Psychisches dar. Wir sind zwar überzeugt, daß mit den einzelnen menschlichen Leibern, die wir sinnlich wahrnehmen, bestimmte individuelle psychische Wirklichkeiten verbunden sind. Aber wir können dieses fremde psychische Leben nicht sehen, nicht hören, nicht tasten und auch auf keine andere Weise unmittelbar wahrnehmen. Unserm Blick bieten sich direkt nur die Leiber dar. Nun erinnern wir uns jedoch, daß jeder von uns nicht nur sinnlich wahrnehmbarer Leib, sondern selbst ein psychisches Individuum mit psychischen Erlebnissen ist. Jeder von uns empfindet, nimmt wahr, stellt vor, denkt, fühlt Lust und Unlust, strebt, will und ist innerlich tätig. Jeder von uns ist eine individuelle psychische Wirklichkeit, in der während des wachen Lebens ein unaufhörlicher Strom psychischen Geschehens dahinrauscht. In jedem von uns ist also dasjenige Sein und Geschehen vorhanden, dessen genauere Erkenntnis gerade die Aufgabe der Psychologie bildet.

Aber nun ist wohl zu beachten, daß zwar jeder ein psychisches Individuum mit psychischen Erlebnissen i s t, daß damit jedoch n i c h t o h n e w e i t e r e s e i n W i s s e n um diese psychischen Erlebnisse verbunden ist. Es ist vielmehr sehr wohl d e n k b a r, daß in einem Individuum tatsächlich allerlei Empfindungen, Vorstellungen, Gedanken, Gefühle, Strebungen und Tätigkeiten stattfinden, ohne daß doch dieses Individuum selbst ein Wissen um seine jetzigen und vergangenen Erlebnisse, um seine Empfindungen, Vorstellungen, Gedanken, Gefühle, Strebungen und

Tätigkeiten hätte. Ein solches Individuum würde einfach in dem Erleben aller dieser Erlebnisse ganz aufgehen und nur ein Wissen um Gegenstände und Vorgänge der materiellen Welt, nicht aber um seine eigenen Erlebnisse haben. Es sähe, hörte und tastete allerlei, ohne um dieses Sehen, Hören und Tasten selbst zu wissen; es fühlte Lust und Unlust und strebte jetzt nach diesem, jetzt nach jenem Gegenstand, ohne daß dieses Fühlen und Streben selbst zum Gegenstande seines Wissens würde. Das seelische Leben der Tiere verläuft wahrscheinlich in großem Umfange in dieser Weise; ihr Wissen scheint sich überwiegend auf die materielle Welt und nicht auf ihre eigenen psychischen Erlebnisse zu beziehen. Es ist von großer Wichtigkeit, daß man sich diese Möglichkeit deutlich macht und immer vor Augen hält. Die in der früheren Psychologie häufig vorkommende Behauptung: alle psychischen Erlebnisse seien ihrer Natur nach immer von einem Wissen um sie begleitet, ist in ihrer Allgemeinheit jedenfalls nicht richtig.[1]

Nun haben wir zwar nur von einem denkbaren Fall gesprochen: es sei denkbar, daß psychische Erlebnisse völlig ohne ein Wissen um sie stattfänden. Tatsächlich hat aber nun jeder erwachsene Mensch ein gewisses Wissen um seine eigenen

[1] Es ist vor allem die Mehrdeutigkeit des Wortes „Bewußtsein", die zu dieser irrtümlichen Meinung verführt hat. „Bewußtsein" ist einmal das allen psychischen Erlebnissen Gemeinsame, ein andermal aber bezeichnet das Wort ein „Wissen um etwas", ein Gegenstandsbewußtsein. Beides ist aber wohl zu unterscheiden. Wenn daher auch alle psychischen Erlebnisse „bewußt" sind, so sind sie doch nicht alle während ihres Stattfindens gewußt, d. h. Gegenstand eines Wissens. Ich komme später auf diese Unterscheidung zurück. Hier sei nur soviel bemerkt, daß die Verwechslung von einfachem Erleben und dem Wissen um dies Erleben, oder von Bewußtsein und Gewußtsein viel Verwirrung in der Psychologie sowohl, wie in der Erkenntnistheorie hervorgebracht hat. Die intellektualistische Darstellung des psychischen Lebens, die Identifizierung von Bewußtsein und Unterscheiden, die Unklarheiten über das „Ich" und das „Selbstbewußtsein" stammen daher. Manche Psychologien fallen sinnlos in sich zusammen, sobald man jene sie ganz und gar durchziehende Verwechslung aufhebt.

psychischen Erlebnisse. Ein solches Wissen ist also jedenfalls
möglich. Ja, wir müssen gestehen, daß die eigene psychische
Wirklickheit für jeden die einzige psychische Wirklichkeit
überhaupt ist, die seinem Wissen unmittelbar zugänglich
ist. Wie psychische Wirklichkeit überhaupt „aussieht",
was Empfindungen, Vorstellungen, was Aufmerken, sich Erinnern, Urteilen, Fühlen, Streben, Wollen etc. in realer
Lebendigkeit sind, das kann jeder nur einzig und allein
erfahren, indem er seinen Blick auf seine eigenen Erlebnisse
richtet. Die Bausteine, die konstituierenden Elemente für alle
Vorstellung und alle Kenntnis von psychischer Wirklichkeit
überhaupt können dem Menschen nur durch sein eigenes
psychisches Erleben dargeboten werden. Nach dem Vorbild
seiner eigenen psychischen Wirklichkeit kann er sich dann
Bilder fremder psychischer Erlebnisse machen. Wenn ein
anderes Individuum tatsächlich völlig andere psychische
Erlebnisse hätte, so wäre ihm dessen psychische Wirklichkeit
völlig verschlossen, er vermöchte sich nicht im geringsten
eine Vorstellung davon zu verschaffen, so lange er nicht in
den Grundzügen Ähnliches in seinem eigenen psychischen
Erleben vorgefunden hätte. Wenn also überhaupt ein Wissen
um psychische Wirklichkeit möglich ist und tatsächlich vorkommt, so kann es nur in dem Wissen um die eigene
psychische Wirklichkeit seine ursprüngliche Quelle haben.
Der Weg, der zum eigenen psychischen Leben führt, ist also
der einzige, auf dem eine unmittelbare Kenntnis von
psychischer Wirklickheit überhaupt zu gewinnen ist; er bildet
daher notgedrungen die Hauptstraße für die Psychologie.
Aber wie verläuft nun dieser Weg? Ist er wirklich so grade
und kurz, wie die Behauptung ihn darstellt, die erklärt: es
sei beim Menschen mit jedem psychischen Erlebnis zugleich
immer ein Wissen um dieses psychische Erlebnis notwendig
verbunden? Man hat sogar gemeint, es sei dieses Wissen
ein absolut sicheres. Die Psychologie habe dadurch einen
einzigartigen Vorzug vor allen anderen Wissenschaften, daß·
sie sich auf ein Wissen stütze, das jeden Irrtum seiner Natur

nach ausschließe. Freilich hätte schon der offenbare Widerspruch, in welchen diese Behauptung mit der relativen Unvollkommenheit der Psychologie trat, auf die Irrtümlichkeit
jener Voraussetzung aufmerksam machen können. Aber man
suchte lieber diese Unvollkommenheit aus anderen Gründen
zu erklären, als daß man jene Voraussetzung aufgab. Jener
Weg zur eigenen psychischen Wirklichkeit ist tatsächlich nicht
so einfach und kurz, daß er jeden Irrtum ausschlösse.

Zunächst ist auch beim erwachsenen Menschen tatsächlich keineswegs mit allen psychischen Erlebnissen gleichzeitig immer ein Wissen um dieselben gegeben. Kein Mensch
denkt, wenn er etwas sieht oder hört oder sonstwie sinnlich
wahrnimmt, immer gleichzeitig an dieses sein Sehen, Hören
oder Wahrnehmen. Es müßte ein höchst unglücklicher Mensch
sein, der sich keiner Sache voll und ganz hingeben könnte,
sondern immer zugleich an sich selbst und sein Auffassen der
Sache denken müßte. Bei Psychologen wird ja dergleichen
vorkommen; aber wenn es zum gewohnheitsmäßigen Verhalten
zu werden droht, macht es sich doch als eine unliebsame
Störung des normalen Verhaltens fühlbar. Der naive Mensch
wird meistens wahrnehmen, vorstellen, denken, fühlen, leidenschaftlich erregt sein, streben usw., ohne während dieser Erlebnisse gleichzeitig ein Wissen um diese Erlebnisse zu haben;
er ist mit seinem „inneren Blick" den Gegenständen dieser
Erlebnisse, nicht aber immer zugleich diesen seinen eigenen
Erlebnissen zugewandt. Die psychischen Erlebnisse sind
nicht nur möglich ohne ein Wissen um sie, sondern sie
finden tatsächlich meistens ohne ein solches gleichzeitiges
Wissen um sie statt.

Die Erfahrung zeigt nun sogar, daß manche psychischen
Erlebnisse einfach unmöglich mit gleichzeitigem Wissen um
sie stattfinden können. Zunächst ist ja dieses Wissen um
die psychischen Erlebnisse selbst ein psychisches Erlebnis.
In diesem Wissen um psychische Erlebnisse haben wir
also sicher solche psychischen Tatbestände vor uns, die vorhanden sind, ohne daß sie gleichzeitig wieder Gegenstand

eines Wissens sind. Wäre es nicht so, dann müßte ja jedes Wissen als psychisches Erlebnis wiederum gleichzeitig gewußt werden; es müßten also unendlich viele Wissensakte gleichzeitig da sein. Das ist aber unmöglich; ein solcher unendlicher Aufbau in einander geschachtelter Wissensakte stürzt in nichts zusammen. Also kann unmöglich jedes psychische Erlebnis während seines Stattfindens zugleich Gegenstand des Wissens für den Erlebenden sein. Es gibt aber noch andere psychische Erlebnisse, die nicht während ihres ganzen Verlaufes von einem Wissen um sie begleitet sein können. Das sind alle diejenigen, in denen wir einer Sache wirklich ganz und gar hingegeben sind. Ist jemand völlig in die Betrachtung eines Gegenstandes oder Vorganges der Außenwelt versenkt, oder hat er seine Gedanken völlig auf ein schwieriges Problem konzentriert, dann kann sein „innerer Blick" unmöglich zugleich auf diese Betrachtung oder dieses Denken selbst gerichtet sein, denn damit würde jene völlige Versenkung und Konzentration notwendig aufgehoben werden. Auch verträgt sich ein heftiger Affekt, wie Zorn oder Wut, meistens nicht mit einem gleichzeitigen Wissen um ihn. Bei allen den psychischen Erlebnissen aber, bei denen ein begleitendes Wissen um sie möglich erscheint, bleibt es immer zweifelhaft, ob nicht vielmehr dieses Wissen sich nur auf ein eben vergangenes Stadium dieses Erlebnisses bezieht.

Psychische Erlebnisse ohne gleichzeitiges Wissen um sie sind also nicht nur möglich und nicht nur tatsächlich, sondern sogar notwendig vorhanden. Selbst wenn nun aber jedes psychische Erlebnis von einem Wissen um dasselbe begleitet wäre, so würde man doch durch dieses gleichzeitig nebenhergehende Wissen immer nur eine flüchtige Bekanntschaft mit den Erlebnissen machen. Die Beschaffenheit der psychischen Wirklichkeit würde einem zwar nicht ganz unbekannt bleiben, aber von einer wissenschaftlichen Erkenntnis derselben würde noch keine Rede sein können. Die Psychologie will aber gerade die psychischen Erlebnisse wissenschaftlich untersuchen und eine möglichst genaue und vollständige Kenntnis ihrer Beschaffenheit und Gesetzmäßigkeit gewinnen. Dazu muß sie die psychischen Erlebnisse zum Gegenstand konzentrierter Aufmerksamkeit machen, muß sie mit einander vergleichen, voneinander unterscheiden, in ihre Elemente zerlegen und ihre Beziehungen zu einander aufsuchen. Diese Denkprozesse sind aber während des Stattfindens der Erlebnisse völlig unmöglich. Wer Gegenstände oder Vorgänge der Außenwelt aufmerksam beobachtet oder untersucht, kann unmöglich gleichzeitig sein aufmerksames Beobachten und Untersuchen selbst beobachten und untersuchen; wer sich ästhetisch betrachtend in ein Kunstwerk versenkt und ganz aufgeht in dem herrlichen Genuß, der kann nicht gleichzeitig seine ästhetische Betrachtung und sein Gefühlsleben zum Gegenstand psychologischer Untersuchung machen. Wer in leidenschaftlicher Erregung daran arbeitet, ein Stück der Welt seinem Willen gemäß umzuformen, der kann nicht fortwährend darauf achten, wie beschaffen seine psychischen Erlebnisse sind und welchen Verlauf sie haben. Sucht er als geübter Psychologe doch hier und da sein Erleben gleichsam auf frischer Tat zu ertappen, so zieht sich dieses scheu zurück, und er bekommt nicht mehr das lebendige, gegenwärtige Erlebnis sondern nur ein abklingendes Nachbild zu fassen. Und wie es sich hier bei den außergewöhnlichen Erlebnissen verhält, so ist es auch bei allen übrigen Erlebnissen mehr oder weniger der Fall. Voraussetzung aller psychologischen Untersuchung psychischer Erlebnisse ist ja, daß diese Erlebnisse zunächst einmal ungestört stattfinden. Das unbefangene Erleben wird aber mehr oder weniger gestört, ja häufig zerstört, wenn sich schon von Anfang an die psychologische Beobachtung, Vergleichung, Unterscheidung usw. hineinmischen. In den meisten Fällen schließt das unbefangene Erleben ein, daß die Aufmerksamkeit auf etwas anderes als dieses Erleben selbst gerichtet ist. Die psychologische Untersuchung verlangt dagegen, daß die Aufmerksamkeit sich gerade auf das Erleben selbst richtet. Daher besteht immer die Gefahr, daß dieses Aufmerken auf das

Erleben selbst jenes Aufmerken auf die Gegenstände des
Erlebens stört und damit das Erleben selbst beeinträchtigt.
Gewiß ist eine Art Spaltung der Aufmerksamkeit möglich, d. h.
die Aufmerksamkeit kann gleichzeitig in gesonderten Strahlen
auf mehreres gerichtet sein. Es ist also an sich nicht unmöglich, daß gleichzeitig die Gegenstände des Erlebens und
das Erleben selbst beachtet werden. Und es besteht ein Teil
der Fähigkeit des geübten Psychologen gerade darin, daß er
diese Spaltung der Aufmerksamkeit so vorzunehmen vermag,
daß das Erleben in seiner Unbefangenheit dadurch möglichst
wenig gestört wird. Aber wenn auch diese introspektive
Methode, d. h. die Methode der direkten Beobachtung der
psychischen Erlebnisse in manchen Fällen wirklich möglich
ist, so ist sie doch nicht allgemein verwendbar, eben nicht
in allen denjenigen Fällen, in denen es auch dem geübtesten
Psychologen unmöglich ist, die Erlebnisse durch jene Spaltung
der Aufmerksamkeit nicht zu stören oder zu vernichten. Und
auch da, wo die introspektive Methode möglich ist, würde
sie doch allein nicht genügen; denn die Erlebnisse dauern
meist nur so kurze Zeit, daß sie zwar beachtet, aber nicht
nach allen Richtungen mit anderen verglichen, von anderen
unterschieden, zergliedert und zu anderen in Beziehung gesetzt werden können, daß also eine hinreichende psychologische
Untersuchung derselben während ihres Stattfindens nicht möglich ist.

Diese Schwierigkeiten der sogenannten introspektiven
Methode wären allerdings unüberwindlich, und eine Psychologie wäre unmöglich, wenn psychische Erlebnisse, nachdem
sie vergangen sind, auch für unser Wissen völlig dahin wären.
Selbst das Wissen um psychische Erlebnisse, das jeder im
Laufe des Lebens unwillkürlich erwirbt, könnte dann nicht
entstehen. Denn dieses Wissen erwerben wir ja nicht ausschließlich durch direkte Beobachtung unserer Erlebnisse
während ihres Stattfindens. Es besteht vielmehr die eigenartige und für die Psychologie glückliche Tatsache, daß es
von den Erlebnissen, die stattgefunden haben, Nachbilder

oder Erinnerungsbilder gibt. Hat jemand einen materiellen Gegenstand oder Vorgang aufmerksam beobachtet, so kann er im Moment, wo er damit aufhört, oder auch nach längerer Zeit, auf dies sein aufmerksames Beobachten zurückblicken und es in der Erinnerung betrachten. Hat er ein erschütterndes Ereignis erlebt, während dessen eine Beachtung seiner Erlebnisse unmöglich war, so kann sich doch am Schluß dieses Erlebnisses, oder auch nachdem schon eine längere Zwischenzeit verflossen ist, sein Blick auf dieses vergangene Erlebnis zurückwenden und es im einzelnen betrachten. So sind allgemein die soeben oder schon länger vergangenen Erlebnisse in großem Umfange für unser Wissen noch erreichbar. Unsere eigenen psychischen Erlebnisse können uns, auch wenn wir während des Erlebens völlig in ihnen aufgehen, dennoch nachher als vergangene Tatsachen gegenübertreten und sich der Untersuchung darbieten. Man sagt statt dessen auch wohl: es bleiben von unseren psychischen Erlebnissen Erinnerungsbilder zurück, und zwar primäre, d. h. solche, die sich unmittelbar an die soeben stattgefundenen Erlebnisse anschließen, oder sekundäre, d. h. solche, die erst nach einiger Zwischenzeit auftreten. Die hiermit nicht ganz einwandfrei bezeichnete Tatsache ist, wie schon gesagt, eine eigenartige. Während wir auf einen Gegenstand der materiellen Welt nur dann zurückblicken können, wenn er schon einmal Gegenstand unserer Betrachtung war, können wir auf psychische Erlebnisse zurückblicken, die während ihres Stattfindens nicht im geringsten Gegenstand unserer Betrachtung waren. Das einfache Dasein oder Stattfinden psychischer Erlebnisse genügt, um die Möglichkeit der Erinnerung an dieselben zu begründen. Die Lebhaftigkeit der Erinnerung an Psychisches ist daher völlig unabhängig von dem Grade der Beachtung, die dem psychischen Erlebnis während seines Erlebens zuteil geworden ist; es sind häufig gerade die unmöglich zu beachtenden Erlebnisse, die am lebhaftesten in der Erinnerung haften bleiben, wie z. B. sehr heftige Affekte des Schrecks, des Zorns, der Wut usw., in denen man wirk-

Pfänder, Einführung in die Psychologie.   9

lich „ganz außer sich" ist und „nicht weiß, was man tut".
Jene eigenartige Tatsache, daß wir auf soeben oder länger
vergangene psychische Erlebnisse zurückblicken können, ist
eine für die Psychologie glückliche Tatsache, denn nur durch
sie ist eine wissenschaftliche Erforschung der psychischen
Wirklichkeit möglich. Nicht nur der Psychologie des täglichen
Lebens sondern auch der wissenschaftlichen Psychologie wird
durch diese Tatsache der Zugang zur psychischen Wirklichkeit erst völlig eröffnet. Alle jene Erlebnisse, die während
des Erlebens nicht beobachtet werden können, sind durch
solche Rückblicke dem Wissen erreichbar. Die Introspektion
findet also durch diese Retrospektion ihre notwendige Ergänzung.[1] Ja, die Retrospektion erweist sich schließlich als
die Hauptsache. Eine länger dauernde Untersuchung, eine
Vergleichung, Unterscheidung und Analyse psychischer Erlebnisse ist unmöglich ohne Rückblick auf soeben oder länger
vergangene Erlebnisse. Die Retrospektion ermöglicht erst die
Psychologie, weil allein auf diesem Wege die psychische
Wirklichkeit in der Form soeben oder länger vergangener Erlebnisse der wissenschaftlichen Untersuchung zugänglich ist.
Damit haben wir die Fundamentalmethode der Psychologie
gefunden. Alle anderen psychologischen Methoden müssen
sich auf diese gründen, weil sie allein den Schlüssel zur
psychischen Welt bietet.

Man hat diese Methode der Reflexion auf seine eigenen
psychischen Erlebnisse die subjektive Methode der Psychologie genannt. Sie ist in der Tat subjektiv, insofern sie sich
auf das eigene Subjekt und die subjektiven Erlebnisse desselben bezieht. Ihr Gegenstand also ist etwas Subjektives.
Jene Methode ist dagegen nicht subjektiv in dem tadelnden
Sinne, daß sie nur subjektive Meinungen ohne Anspruch auf

---

[1] Man kann freilich auch diese Retrospektion eine Introspektion
nennen, insofern auch sie nach „innen", d. h. eben hier auf psychische
Erlebnisse gerichtet ist. Dann gibt es eben zwei Richtungen der
Introspektion, die auf die gegenwärtigen und die auf die vergangenen
Erlebnisse gerichtete.

Wahrheit zutage fördern könnte. Vielmehr kann man sich
seinen eigenen Erlebnissen gegenüber ebenso objektiv verhalten wie den materiellen Dingen und Vorgängen gegenüber.
Wer eines solchen objektiven Verhaltens in der Untersuchung
der eigenen psychischen Erlebnisse überhaupt unfähig wäre,
würde sich damit für völlig untauglich zum Psychologen erweisen, denn eine andere als jene „subjektive" Methode gibt
es nun einmal für die direkte Erkenntnis der psychischen
Wirklichkeit nicht. Im folgenden wird sich noch deutlicher
zeigen, daß alle anderen Methoden der Psychologie unmöglich
jene subjektive Methode zu ersetzen vermögen, daß sie vielmehr überall auf ihren Ergebnissen basieren und ihr nur zur
Ergänzung dienen können. Die schlechte Handhabung der
subjektiven Methode sehen wir immer dadurch sich rächen,
daß sie die Resultate der anderen Methoden in größerem oder
geringerem Umfange unbrauchbar und direkt wertlos macht.

Insofern es das eigene psychische Erleben, das eigene
„Selbst" ist, auf das sich die subjektive Methode richtet, kann
man dies Verfahren auch als die Methode der „Selbstbeobachtung" bezeichnen. Freilich ist dabei das Vorangehende zu beachten, um den Sinn dieser Selbstbeobachtung
richtig zu erfassen, also zu erkennen, daß es in großem Umfange die vergangenen Erlebnisse, also gewissermaßen das
vergangene Selbst ist, das hier „beobachtet" wird. Dagegen
kann es nur irreführend wirken, wenn man jene Methode auch
als Methode der „inneren Wahrnehmung" bezeichnet. Denn
durch bloße „innere Wahrnehmung" ist nur eine flüchtige Bekanntschaft mit einem kleinen Teil der psychischen Tatsachen
möglich; es muß zur inneren Wahrnehmung zum mindesten
Vergleichung, Unterscheidung und Analyse hinzukommen, wenn
die Aufgabe der Psychologie überhaupt soll erfüllt werden
können. Außerdem aber erinnert der Ausdruck „innere Wahrnehmung" zu sehr an den ihm entgegengesetzten der „äußeren
Wahrnehmung". Auch wenn wir ganz davon absehen, daß
der Gegensatz des „innen" und „außen" nur sehr ungenügend
den Unterschied der auf Psychisches und der auf Physisches

gerichteten Blickrichtung bezeichnet, auch dann müssen wir schon den Ausdruck „innere Wahrnehmung" ablehnen. Er verleitet zu leicht zu der falschen Ansicht, als sei die psychische Wirklichkeit, die wir „innerlich wahrnehmen", in ähnlicher Weise wie die physische Wirklichkeit, die wir „äußerlich wahrnehmen", in dieser Wahrnehmung nur als Erscheinung eines an sich unbekannten Realen gegeben; als existiere da eine an sich unbekannte, reale psychische Welt, zu der wir gelegentlich hinzuträten, und von der wir dann, ohne sie in ihrer wahren Beschaffenheit erkennen zu können, nur subjektive Erscheinungen wahrzunehmen bekämen. Eine solche Ansicht ist im Beginn der Psychologie nicht gerechtfertigt, wie wir schon früher hervorhoben. Die psychische Wirklichkeit, zu der wir durch die subjektive Methode gelangen können, ist jedesmal unser eigenes Selbst mit bestimmten Erlebnissen, Zuständen und Tätigkeiten. Dieses Selbst aber mit seinen Erlebnissen stellt sich uns nicht unmittelbar als bloße Erscheinung eines davon verschiedenen, an sich unbekannten Realen dar, sondern als etwas an sich Reales, das so, wie es ist, wirklich existiert oder existiert hat. Die psychische Wirklichkeit, die wir „innerlich wahrnehmen", bedarf nicht der „inneren Wahrnehmung", um so da zu sein, wie wir sie wahrnehmen; es entsteht nicht durch „innere Wahrnehmung" eine psychische Erscheinungswelt, wie nach der Ansicht mancher Erkenntnistheoretiker durch die „äußere Wahrnehmung" erst die physische Erscheinungswelt entsteht. Aus den beiden angegebenen Gründen muß daher die Bezeichnung der subjektiven Methoden als solche der „inneren Wahrnehmung" als unzweckmäßig betrachtet werden.

§ 5. **Die Handhabung der „subjektiven" Methode.** Die subjektive Methode, also die eigentlich psychologische Methode, ist demnach im wesentlichen eine rückblickende Untersuchung von soeben oder länger vergangenen eigenen psychischen Erlebnissen, Zuständen und Tätigkeiten. Es gelingt in einfachen Fällen leicht und sicher, auf diesem Wege psychologische Einsichten zu gewinnen. Durch jenen Rückblick

vermag jeder leicht festzustellen, daß in seinem psychischen
Leben z. B. ein Sehen oder Hören oder Gefühle der Lust und
der Unlust vorkommen, daß ein Gefühl der Lust verschieden
ist von einem Gefühl der Unlust, daß er unter bestimmten
Umständen in freudige, unter anderen Umständen in unlust-
volle Erregung geriet usw.   Sobald es sich jedoch um die
genauere Erkenntnis der Beschaffenheit und der Zusammenhänge der psychischen Erlebnisse handelt, ist die Handhabung
der subjektiven Methode für den Anfänger in der Psychologie
durchaus nicht leicht.   Er fühlt sich zunächst ziemlich hilflos,
wenn man ihn etwa auffordert, die genauere Natur derjenigen
Erlebnisse anzugeben, die wir als Fällung oder Vollzug eines
Urteils, oder die wir als ästhetischen Genuß oder als Willens-
entscheid bezeichnen.   Er hat zwar etwas vor sich, das er zu
fassen sucht, aber es hält ihm nicht stand und will sich nicht
gliedern und zerlegen lassen.   Man hat mit Recht gesagt, es
ist dem Anfänger in der Psychologie, der die psychologische
Methode zu handhaben beginnt, so, als ob er aus dem hellen
Tageslicht in einen halbdunklen Raum träte.   Er sieht zwar
allerlei vor sich, aber so unbestimmt, daß er, wenn er genau
hinblickt, im nächsten Moment schon nichts mehr findet; die
Unterschiede und Einzelheiten vermag er zunächst gar nicht
zu erkennen.   Wenn also auch in jedem Menschen während
seines wachen Lebens fortwährend das Material für psychologische Untersuchungen vorhanden ist, so ist doch nicht
jedem die wissenschaftliche Erfassung desselben ohne weiteres
möglich.   Freilich sind manche Menschen von Natur mehr als
andere für psychologische Beobachtung günstig veranlagt.   Aber
auch bei ihnen muß zu der ursprünglichen Anlage lange Übung
und Schulung hinzukommen, bis sie die subjektive Methode
einigermaßen sicher beherrschen.   Die Differenzen in den Ergebnissen, zu denen verschiedene Psychologen kommen, haben
sehr häufig ihren Ursprung in den verschiedenen Graden der
Vollkommenheit, mit welcher die verschiedenen Psychologen
die subjektive Methode zu handhaben vermögen.   Wie für
alle wissenschaftliche Beobachtung und Untersuchung, so

müssen auch für die psychologische Beobachtung und Untersuchung sogar die günstigsten Anlagen erst ausgebildet werden.
Der Natur der subjektiven Methode entsprechend wird sich
die Übung und Schulung zunächst auf die sichere Erfassung
der soeben vergangenen psychischen Erlebnisse in möglichster
Vollständigkeit richten müssen. Diese plötzliche Rückwendung
des Blicks auf die eigenen psychischen Erlebnisse ist für die
meisten Menschen anfangs eine außerordentlich ermattende
und ihr psychisches Geschehen störende Geistesanstrengung,
deren Ausführung ihnen nur selten gelingt. Hartnäckige Be-
mühung aber vermag aus der seltenen, mühsamen, räder-
knarrenden Bewegung eine leichte, immer bereite, geräuschlose
Leistung zu machen. Was man anfangs nur unklar, unvoll-
ständig und nur kurze Zeit zu erfassen vermochte, wird immer
klarer, vollständiger und standhafter. Die Leistungsfähigkeit
eines Psychologen wird schließlich von dem Grade der Klarheit, Vollständigkeit und Standhaftigkeit abhängen, den seine
eigenen psychischen Erlebnisse in seinem Rückblick zu gewinnen vermögen. Die subjektive Methode verlangt aber auch
die Übung und Schulung im Rückblick auf länger vergangene
Erlebnisse. Man muß sich auf solche Erlebnisse beziehen
nicht nur, um sie mit den soeben vergangenen zu vergleichen
und seine Ergebnisse zu verifizieren, sondern auch allemal
dann, wenn man Klarheit über solche Erlebnisse gewinnen
will, die man gegenwärtig nicht erlebt. Gewiß sind nun hier
große Erinnerungstäuschungen möglich. Aber sie sind doch
bei den verschiedenen Menschen sehr verschieden groß, und
der bessere Psychologe wird allemal der sein, der solchen
Erinnerungstäuschungen am wenigsten unterliegt. Immerhin
wird es sich aber empfehlen, da, wo es möglich ist, den
länger vergangenen die soeben erlebten Erlebnisse vorzuziehen,
um nach Möglichkeit Erinnerungstäuschungen auszuschließen.
In vielen Fällen gibt es nun ein einfaches Hilfsmittel zur Vermeidung von Erinnerungstäuschungen. Es ist möglich, manche
Erlebnisse, die man untersuchen möchte, die aber vor zu
langer Zeit oder noch gar nicht erlebt wurden, einfach durch

ein bestimmtes Verhalten herbeizuführen und sie dann im unmittelbaren Rückblick zu untersuchen. Wo es nicht anders
geht, ist man darauf beschränkt, sich „in Gedanken" in eine
solche Situation hineinzudenken, in der das zu untersuchende
Erlebnis einzutreten pflegt. Es gelingt manchen Menschen in
dieser Weise vielfach, wirklich in gewissem Grade das zu erleben, was sie der psychologischen Betrachtung unterwerfen
wollen. Dieses „gedankliche" Wiedererleben ist keine bloße
Erinnerung oder Vorstellung des Erlebnisses, sondern ein wirkliches Erleben; und dies spielt in der Tätigkeit des Psychologen eine viel größere Rolle, als man gewöhnlich zuzugeben
geneigt ist. Von dieser „gedanklichen" Verwandlungskunst,
die nur ein besonderer Fall des sympathischen Miterlebens
ist, hängt der Reichtum oder die Armut eines Psychologen
wesentlich ab. Genügende Selbstkritik ist natürlich dabei
vorausgesetzt, wie überall. Man kann dieses „gedankliche"
Wiedererleben schon als ein psychologisches Experiment
betrachten, denn es werden dadurch Erlebnisse zum Zwecke
psychologischer Untersuchung willkürlich herbeigeführt. Solche
Experimente haben die Psychologen von jeher angestellt, und
sie werden noch immer von jedem Psychologen ausgeführt,
auch von denjenigen, die ausdrücklich ein solches Verfahren
als unwissenschaftlich ablehnen.

In anderen Fällen wird man zum wirklichen Experiment
übergehen, indem man etwa die äußeren Umstände verwirklicht, von denen ein psychisches Erlebnis abhängt, oder indem
man gerade die psychische Tätigkeit ausführt, die man untersuchen möchte. Auch solche Experimente haben die Psychologen von jeher angestellt. Es ist ein wirkliches psychologisches Experiment, wenn man etwa in ein Konzert geht, um
sich bestimmte musikalisch-ästhetische Erlebnisse für die psychologische Untersuchung zu verschaffen; oder um zu sehen,
ob die gleichzeitige Beachtung mehrerer Stimmen in einem
Musikstück möglich ist usw. Die experimentelle Methode
steht also in gar keinem Gegensatz zur subjektiven Methode,
sondern sie ist nur ein schon immer gebrauchtes Hilfsmittel

für die subjektive Methode. Und Gefahren des Irrtums und
der Täuschung bieten diese sowohl wie die „gedanklichen"
Experimente. Es bleibt immer zweifelhaft, ob die willkürlich
herbeigeführten Erlebnisse wirklich so beschaffen sind, wie sie
es ohne diese Absicht unter gewöhnlichen Umständen sein
würden. Der Wert der auf solchem Wege gewonnenen Resultate hängt auch hier in erster Linie von der Fähigkeit des
Beobachtenden ab, trotz seiner psychologischen Absichten doch
unbefangen erleben zu können, und gegenüber den willkürlich
herbeigeführten Erlebnissen die subjektive Methode sicher
handhaben zu können. Die subjektive Methode kann also
schon in großem Umfange eine experimentelle Methode sein
und ist es immer gewesen. Im übrigen komme ich gleich auf
die sogenannte experimentelle Psychologie zurück. Zunächst
seien noch ein paar Bemerkungen über die Handhabung der
subjektiven Methode hinzugefügt. Die subjektive Methode
wird sich ihre Hauptbeute immer aus der nächsten Nähe des
eigenen Ich holen müssen, indem sie in einer Reflexion auf
die soeben erlebten eigenen Erlebnisse besteht. Aber wie in
jeder Wissenschaft derjenige, der sich ganz und gar nur auf
sich selbst verlassen würde, niemals über die ersten primitiven Anfänge der Wissenschaft hinauskommen würde, so könnte
auch ein isoliertes Individuum, das ganz auf eigene Faust
durch die subjektive Methode, wenn auch mit Experimenten
verbunden, psychologische Erkenntnis gewinnen wollte, niemals
über die dürftigsten Anfänge hinauskommen. Dies ist selbst
eine der sichersten psychologischen Einsichten, die außerdem
durch die Geschichte bestätigt wird. Fortschritt ist hier ohne
Tradition und ohne Aufnahme und Verdauung des Traditionellen nicht möglich. Nun empfängt zwar jeder, der in einem
Kulturstaat aufwächst und dessen Einwirkungen preisgegeben
ist, auch ohne seinen Willen in größerem oder geringerem
Umfange die Resultate der Geistesarbeit vorangegangener Ge-
schlechter. So ist auch jeder Erwachsene schon mehr oder
weniger von psychologischen Einsichten durchtränkt, die er
nicht selbst gefunden, sondern nur durch äußere Anregungen

ohne sein Zutun gewonnen hat. Die Erkenntnis dieser Verhältnisse macht es aber dann dem Jünger der Psychologie
zur Pflicht, offen und bewußt daraus die Konsequenzen zu
ziehen und durch die Tat anzuerkennen, daß man in der Psychologie wie in jeder Wissenschaft zunächst von seinen Vorgängern zu lernen hat. Indem er sich mit voller Aufmerksamkeit den Darlegungen früherer Psychologen hingibt, lernt er
die subjektive Methode erst recht handhaben, und er gewinnt
eine gewisse Übersicht und Ordnung der psychischen Wirklichkeit, die ihm dann die eigene Orientierung sehr erleichtert.
Gewiß ist mit diesem notwendigen Anschluß an das Überlieferte die Gefahr der Fortpflanzung schädlicher Irrtümer verbunden, aber überwiegend ist doch zunächst die Ersparung
nutzloser, ungeheurer eigener Arbeit und die Ermöglichung
weiteren Fortschritts.

Der auf die subjektive Methode angewiesene Psychologe
wird aber nicht nur durch das Studium seiner Vorgänger
außerordentlich befruchtet, sondern erfährt auch durch den
wechselseitigen Gedankenaustausch mit anderen Psychologen
eine wesentliche Förderung. Zunächst zwingt ihn die Mitteilung seiner eigenen Ergebnisse zu möglichst exakten Begriffsbestimmungen und zu kritischem Wortgebrauch, damit der
andere das Mitgeteilte richtig verstehen und nachprüfen kann.
Schon damit ist notwendig auch schon eine Klärung der
eigenen Gedanken verbunden. Erfahren dann seine mitgeteilten
Ergebnisse den Widerspruch anderer, so drängt ihn dies unwillkürlich zu erneuter Prüfung seiner Resultate und macht ihn
häufig auf vorher nicht oder nicht genügend Beachtetes aufmerksam. Andererseits dienen ihm die Mitteilungen anderer über
ihre psychologischen Ergebnisse gerade so gut zur Förderung
seiner eignen Untersuchungen wie die Leistungen seiner Vorgänger. Durch alle diese Mittel wird also die Handhabung der
subjektiven Methode erleichtert und ihre Fruchtbarkeit gesteigert.

§ 6. Die sogenannten „objektiven" psychologischen
Methoden. Man könnte schon die Verwertung der Mitteilungen
anderer Menschen über ihre eigenen psychologischen Er-

gebnisse zu den „objektiven" Methoden rechnen. Denn erstens sind diese Mitteilungen zunächst nur objektive Lebensäußerungen anderer Menschen, die erst interpretiert werden müssen; und außerdem beziehen sich diese Ergebnisse auf fremde psychische Erlebnisse, nicht auf die subjektiven des Hörers oder Lesers. Gerade die Erforschung fremder psychischer Wirklichkeiten auf Grund sinnlich wahrnehmbarer „objektiver" Lebensäußerungen derselben bezeichnet man aber als die „objektive" psychologische Methode. Nun nehmen freilich die sprachlichen Mitteilungen fremder Individuen über ihre eigenen psychischen Erlebnisse eine besondere Stelle unter den Lebensäußerungen überhaupt ein, denn sie wollen schon Resultate einer psychologischen Untersuchung geben, die von diesen fremden Individuen durch die Anwendung der subjektiven Methode gewonnen sind. Der psychologische Wert solcher Mitteilungen wird daher in erster Linie davon abhängen, inwieweit der Mitteilende die subjektive Methode sicher zu handhaben und seine Einsichten klar und genau mitzuteilen vermag. Das Entscheidende würde also bei dieser „objektiven" Methode wiederum die subjektive Methode sein, sofern sie von dem Mitteilenden angewandt worden sein muß. Es würde daher vollständig verfehlt und ein unverzeihlicher Leichtsinn sein, wenn der Psychologe den Aussagen jedes beliebigen Individuums über seine psychischen Erlebnisse blind vertrauen wollte. Wir haben gesehen, daß die subjektive Methode nur auf Grund langer Übung und Schulung sicher zu handhaben ist. Alle psychologisch nicht geschulten Menschen, und seien sie auch sonst vorzügliche Künstler, Dichter oder Männer der Wissenschaft, haben die Neigung, die Mitteilungen über ihre psychischen Erlebnisse mehr oder weniger novellistisch auszuschmücken, sie interessant zu machen und unwillkürlich mit allerlei vorgefaßten Meinungen zu durchtränken. Sind nun gar die Mitteilenden in nicht normaler Verfassung, sind sie hypnotisiert, hysterisch oder geistig krank, so ist doppelte Vorsicht geboten; denn dann ist nicht nur ihre Fähigkeit, die subjektive

Methode anzuwenden, mehr oder weniger gestört, sondern sie
sind auch in größerem oder geringerem Umfange unfähig,
wahrheitsgemäß und klar die Ergebnisse ihrer Selbstbeobachtung mitzuteilen.   Daher muß es als eine völlige Verirrung
und als Mangel an psychologischer Bildung bezeichnet werden,
wenn einige Menschen hofften, die Psychologie am besten
auf die Mitteilungen Hypnotisierter, Hysterischer und Geisteskranker über ihre psychischen Erlebnisse gründen zu können.
Mit der nötigen kritischen Vorsicht behandelt, können allerdings die Mitteilungen psychologisch nicht geschulter Künstler,
Dichter, Männer der Wissenschaft, Hypnotisierter, Hysterischer
und Geisteskranker für die Psychologie vielfältig nutzbar gemacht werden, aber sie können niemals die unbesehenen
Grundlagen der Psychologie bilden.

Noch in anderer Hinsicht setzt aber die Verwertung psychologischer Mitteilungen anderer Menschen schon die Handhabung der „subjektiven" Methode voraus.   Nicht nur der
Mitteilende sondern auch der die Mitteilung verwertende Psychologe muß die subjektive Methode zugrunde legen.   Denn
wir sahen ja schon: fremdes psychisches Leben ist dem Psychologen gar nicht zugänglich.   Er kann die Mitteilungen
anderer Individuen über ihre psychischen Erlebnisse w e d e r
v e r s t e h e n   noch   p r ü f e n   ohne auf sein eigenes psychisches
Erleben zurückzugehen.   Versteht man daher unter den „objektiven" psychologischen Methoden überhaupt alle die Unter-
suchungsweisen, die durch Beobachtung fremder Individuen
psychologische Einsichten gewinnen wollen, so ist selbstverständlich, daß diese Methoden weder die subjektive Methode ersetzen noch selbständig neben sie treten können,
sondern vielmehr immer und überall der s u b j e k t i v e n Methode als i h r e s Lebensnerven b e d ü r f e n. Auf der Grundlage der subjektiven Methode allerdings bilden dann diese
objektiven Methoden eine notwendige und unersetzbare Ergänzung der Selbstbeobachtung.

Das eben Gesagte gilt für alle „objektiven" psychologischen
Methoden, nicht nur für diejenigen, die sich auf die s p r a c h -

lichen Mitteilungen fremder Individuen über ihre psychischen Erlebnisse stützen und die wir zuerst ins Auge gefaßt haben. Auch wenn man unter objektiven Methoden nur diejenigen Verfahrungsweisen verstehen wollte, die nicht die Selbstbeobachtung der fremden Individuen zu Hülfe nehmen, sondern ohne diese, auf Grund der sinnlich wahrnehmbaren Lebensäußerungen das fremde psychische Leben zu erkennen suchen, so würde immer doch die subjektive Methode die unentbehrliche Voraussetzung bleiben. Und die Ausschaltung der fremden Selbstbeobachtung und Mitteilung macht die Erkenntnis des fremden Seelenlebens durchaus nicht leichter, sondern meistens sehr viel schwieriger. Denn die Deutung der übrigen Lebensäußerungen ist häufig nicht eindeutig und geradlinig vollziehbar, sondern bedarf großer Vorsicht und Umsicht. Gerade bei der Erforschung der einfacheren und primitiveren Seelenleben, die nach dem Prinzip: vom Einfacheren zum Komplizierteren vorzuschreiten, zuerst vorgenommen werden müßten, sind wir auf die sprachliche Mitteilung selbstbeobachteter Ergebnisse zu verzichten genötigt und sehen uns dadurch vor besonders große Schwierigkeiten gestellt. Tiere, Wilde und kleine Kinder vermögen keine Selbstbeobachtung auszuführen und besitzen keine hinreichende Sprache, um uns über ihre eigenen psychischen Erlebnisse Auskunft geben zu können. Wollen wir also das Seelenleben der Tiere, der Wilden und der Kinder erforschen, so sind wir dazu ganz und gar auf die Interpretation der sinnlich wahrnehmbaren Lebensäußerungen dieser Individuen beschränkt. Daß aber diese Interpretation keineswegs einfach und leicht ist, das hat sich immer deutlicher in der Erfahrung herausgestellt. Man hat erkannt, daß der größte Teil der sogenannten psychologischen Beobachtungen über Tiere, Wilde und Kinder noch auf dem Niveau der Jägergeschichten steht, daß in ihnen mehr Phantasie als Beobachtung enthalten ist, und daß man die Psychologie nicht mit der Untersuchung dieser primitiveren Seelenleben beginnen kann. Der Grund für diese Verhältnisse liegt schließlich in der Notwendigkeit, fremdes Seelenleben sich nach Analogie des eigenen psychischen Lebens vorstellen zu müssen. Wo daher die fremden Individuen uns möglichst gleichartig sind, vermögen wir relativ leicht ein Bild ihrer psychischen Erlebnisse zu gewinnen; wir versetzen uns gleichsam „mit Leib und Seele" in ihre Lage und erleben dann wirklich „in Gedanken" gleichartige psychische Erlebnisse, die wir nun rückblickend untersuchen können. Nun ist aber der Mensch geneigt, auch bei solchen fremden Individuen, die über oder unter seiner Entwicklungsstufe stehen, sich mit „Leib und Seele" in ihre Lage zu versetzen und ohne weiteres anzunehmen, daß das, was er in dieser gedanklichen Versenkung psychisch erlebt, auch wirklich von diesen ihm unähnlichen Individuen erlebt werde. Er trägt ohne weiteres sein sympathisches Miterleben in die fremden Individuen hinein, er gestaltet sie nach seinem Bilde, ohne dabei auf die Verschiedenheit der Entwicklungsstufe Rücksicht zu nehmen. Bleiben wir uns dagegen der Verschiedenheit der Individuen auf verschiedenen Entwicklungsstufen bewußt, so erweist sich die psychologische Deutung von Lebensäußerungen anderer Individuen als um so schwieriger und unsicherer, je weiter diese Individuen in der Entwicklungsreihe von uns abstehen, je einfacher und primitiver also ihre psychische Wirklichkeit ist. Statt also die Psychologie mit der „objektiven" Untersuchung primitiverer Seelenleben beginnen zu können, sind wir vielmehr genötigt, zuerst und vor allen Dingen durch subjektive Methode und die sie ergänzenden objektiven Methoden die Psychologie des entwickelten Menschen in gewissem Umfange zu gewinnen, und erst dann, mit dem hier gewonnenen Rüstzeug, vorsichtig und umsichtig an die Erschließung primitiverer Seelenleben durch Interpretation sinnlich wahrnehmbarer Lebensäußerungen zu gehen. Tierpsychologie, Psychologie der Naturmenschen und Kinderpsychologie sind also nicht leicht zu erobernde Vorgebiete, sondern schwer erschließbare Seitengebiete der Psychologie des erwachsenen Menschen. Und der Lebensquell aller Psychologie ist und bleibt das eigene Innere; mit der Erforschung des eigenen Seelenlebens muß notwendig die

Eroberung der psychischen Wirklichkeit überhaupt beginnen. Übung in der subjektiven Methode, verbunden mit Übung in vorsichtiger und umsichtiger „Einfühlung" in fremde Individuen dringen schließlich allein in die psychische Welt hinein.

Die naive, unkritische Art, sich das Seelenleben primitiverer Individuen einfach nach dem Vorbild seines eigenen vorzustellen, zeigt sich z. B. in der Tierpsychologie, wenn man den Tieren, etwa den Bienen, auf Grund bestimmter äußerer Verhaltungsweisen, die man bei ihnen wahrnimmt, sofort ein weitreichendes Denken, Überlegen und planmäßiges Handeln zuschreibt, ohne sich zu fragen, ob denn alles dies auf Grund der Erfahrungen, die den Tieren zu Gebote stehen, auch wirklich möglich ist, oder ob das Leben dieser Tiere nicht im übrigen deutlich den Mangel aller dieser psychischen Prozesse und Fähigkeiten zu erkennen gibt. Ebenso ist es voreilige Interpretation, wenn jemand aus der Tatsache, daß ein Wilder in einem bestimmten Falle keinerlei sittliche Entrüstung zeige, einfach schließt, es fehle dem Wilden überhaupt das „moralische Gefühl". Er berücksichtigt dabei nicht, daß solche Fälle, denen gegenüber w i r sittliche Entrüstung fühlen, immer komplizierter Natur sind; daß der Wilde möglicherweise ganz andere Seiten dieses Falles beachtet als wir, und daß natürlich das Gefühl ein anderes sein muß, wenn andere Seiten einer Sache für den Betrachter im Vordergrund stehen. Zugleich vernachlässigt er, im übrigen Leben des Wilden nachzusehen, ob wirklich keinerlei Äußerungen eines moralischen Gefühls vorkommen. In der Kinderpsychologie ist es ebenfalls ein naiver Fehlschluß, der sehr häufig vorkommt, wenn man z. B. aus der Tatsache, daß die Kinder bis zu einem gewissen Alter immer nur in der d r i t t e n Person von sich selbst sprechen, einfach folgert, erst in dem Alter, in dem sie in der e r s t e n Person von sich selbst sprechen, trete das Selbstbewußtsein bei ihnen auf. Der Fehler liegt hier darin, daß man ohne weiteres annimmt, das Kind m e i n e, ebenso wie w i r, mit den sprachlichen Ausdrücken wirklich die dritte Person; man sieht nicht, daß dieselben Worte für das Kind einen anderen Sinn haben können als für uns Erwachsene. Und das ist nun hier in der Tat notwendig der Fall. Das Kind lernt seine Sprache von den Erwachsenen; will es etwas bezeichnen, so gebraucht es die Ausdrücke, mit denen die Erwachsenen das Gemeinte bezeichnen. Will es also von sich selbst sprechen, so muß es notwendig die Ausdrücke anwenden, mit denen die Erwachsenen von ihm sprechen, also solche, die für die Erwachsenen eine dritte Person bezeichnen. Das Wort „Ich" dagegen wenden ja die Erwachsenen nur auf sich selbst, nicht auf das Kind an. Indem das Kind überhaupt von sich selbst spricht, hat es also, mag es dabei Ausdrücke gebrauchen, welche es will, schon ein Selbstbewußtsein, d. h. es weiß, wenn auch nur in geringem Umfange, von sich selbst. Die Ausdrücke, die für uns eine dritte Person bedeuten, gebraucht das Kind eben bis zu einem gewissen Alter in dem Sinn, den für uns das Wort „Ich" hat.

Diese Beispiele mögen auf die Notwendigkeit der Vorsicht und Umsicht hinweisen, die man bei der Erforschung primitiver Seelenleben anzuwenden hat, und zugleich zeigen, daß die „subjektive" Methode die Voraussetzung aller „objektiven" Methoden ist, daß also das Prädikat „objektiv", das man diesen Verfahrungsweisen beilegt, durchaus nicht im Sinne eines höheren wissenschaftlichen Wertes gemeint sein kann. Die objektiven Methoden sind der subjektiven Methode logisch untergeordnet, nicht übergeordnet.

§ 7. **Die experimentelle psychologische Methode.** Bei der Beobachtung fremder Individuen zum Zwecke der Erforschung ihrer psychischen Erlebnisse braucht man nun nicht notwendig darauf zu warten, daß bestimmte seelische Vorgänge sich ohne weiteres Zutun einstellen, sondern man kann auf vielfache Weise absichtlich bestimmte Einwirkungen auf die Individuen ausüben, um bestimmte Erlebnisse in ihnen hervorzurufen und das daraus folgende äußere Verhalten zu beobachten. Führt man eine solche Einwirkung zu diesem Zwecke aus, so stellt man ein psychologisches Experiment

an, d. h. man hat die objektive Methode mit Experimenten
verbunden. Man kann nun diese absichtliche Beeinflussung
anderer Menschen in sehr verschiedener Weise vornehmen.
Vor allem ist es von Bedeutung, ob und wie viel die Versuchsperson von den beabsichtigten Einwirkungen und den
Zwecken des Versuches vorher weiß oder nicht. Nur in den
wenigsten Fällen ist es möglich, ganz ohne Wissen der Versuchsperson auf sie einzuwirken. Meistens weiß die Versuchsperson wenigstens, daß auf sie eingewirkt werden wird,
häufig sogar, welcher Art die Einwirkung sein wird. Schon
dadurch, daß sie aufgefordert wird, sich in bestimmter Weise
zu verhalten, ist sie wissentlich beeinflußt, richtet ihre Aufmerksamkeit nach dieser oder jener Richtung und ist auf die
Ausführung dieser oder jener Tätigkeit eingestellt. Es ist daher immer erforderlich, daß man sich Rechenschaft darüber
gibt, wie weit das Wissen der Versuchsperson über den Versuch reicht, und wie weit dieses Wissen und jene Aufforderung
zu bestimmtem Verhalten das hervorzurufende psychische Erlebnis zu beeinflussen vermögen.

Die Versuchsperson kann dann weiterhin entweder zur
Mitteilung über ihre psychischen Erlebnisse aufgefordert werden, oder man sucht diese psychischen Erlebnisse ganz und
gar aus den übrigen Lebensäußerungen derselben zu erraten.
Im ersteren Falle wird die Mitteilung sich darauf beziehen
können, ob unter den hergestellten Umständen ein Erlebnis
bestimmter Art überhaupt eintrat oder nicht, oder wann es
eintrat, oder wie beschaffen es war, oder ob es den vorangehenden oder nachfolgenden Erlebnissen gleich oder von
ihnen verschieden war. Die beobachteten Lebensäußerungen
sind entweder Muskelbewegungen und Muskelspannungen,
Pulsschlag, Atmung, Blutgefäßerweiterung und -verengerung usw.

An sich ist nun auch die Einführung von Experimenten
in die objektiven Methoden nicht neu. Es ist ja schon ein
Experiment dieser Art, wenn man jemandem etwas Sichtbares
zeigt oder Hörbares erklingen läßt und ihn fragt, welchen
Eindruck das Gesehene oder Gehörte auf ihn mache, ob er

dabei dieses oder jenes Erlebnis habe usw. Wenn man die experimentelle Psychologie als eine neuere Errungenschaft bezeichnet, so meint man damit, daß erst in neuerer Zeit derartige Experimente systematisch und planmäßig, nicht nur gelegentlich, ausgeführt und dazu möglichst alle die Hilfsmittel benutzt worden sind, die uns die Physik und die Physiologie an die Hand geben. Durch die Verwendung besonderer Apparate ist es erst möglich geworden, die Zeitdauer und die Größe der einwirkenden Reize, die Zeitdauer psychischer Erlebnisse, und die Geschwindigkeit und Größe der körperlichen Rückwirkungen psychischer Vorgänge genau zu messen.

Aber auch hier eröffnet die experimentelle Methode keine neue selbständige Quelle psychologischer Erkenntnis neben der subjektiven Methode; sondern sie setzt auch hier, wie die objektiven Methoden überhaupt, als wesentliche Basis die subjektive Methode voraus. Die willkürlich herbeigeführten psychischen Erlebnisse sind ebenso, wie die ohne Absicht eintretenden, direkt nur dem sie Erlebenden zugänglich. Entweder muß daher die Versuchsperson die subjektive Methode handhaben, oder der Experimentator muß die subjektive Methode mit der Deutung fremder Lebensäußerungen verbinden. Die experimentelle Methode findet keinen neuen Zugang zur psychischen Wirklichkeit, sondern sie muß auf dem einzigen vorhandenen Wege bleiben; nur bestimmt sie selbst mit, wann und was sich der subjektiven Methode aus der psychischen Wirklichkeit darbietet. Macht man daher der subjektiven Methode zum Vorwurf, daß bei ihr das Beobachtenwollen die Erlebnisse störe, so gilt dieser Vorwurf nicht nur auch für die experimentelle Methode, sondern er gilt für sie in erhöhtem Maße; denn bei ihr ist ja immer schon v o r Eintritt des Erlebnisses das Beobachtenwollen vorhanden, während dies bei der subjektiven Methode nicht notwendig der Fall zu sein braucht. Daher ist denn auch die experimentelle Methode nur zur Erforschung eines beschränkten Gebietes der psychischen Wirklichkeit anwendbar; dagegen versagt sie, wo es sich darum handelt, das psychische Geschehen zu erkennen, soweit es nicht unter dem Einfluß bestimmtgerichteter Aufmerksamkeit und bestimmtgerichteten Wollens verläuft. Der Versuchsperson wird meistens ein bestimmtes Verhalten vorgeschrieben; sie muß ihre Aufmerksamkeit auf ein mehr oder weniger konkret bestimmtes Gebiet richten und bestimmte psychische Tätigkeiten willkürlich vollziehen. Damit hat man in der Versuchsperson schon psychische Tatbestände hervorgerufen, die das nachfolgende, zu untersuchende psychische Erlebnis mehr oder weniger zu beeinflussen vermögen. Wie sich ein gleichartiges psychisches Erlebnis o h n e diese Beeinflussung etwa darstellen würde, kann man natürlich auf experimentellem Wege nicht feststellen. So geben z. B. die Assoziations- und Gedächtnisversuche wohl Aufschluß darüber, wie das Vorstellen und die Erinnerung verläuft, wenn die Aufmerksamkeit in bestimmte, durch die Versuche bedingte Richtung gelenkt ist. Es bedürfte aber weitergehender Untersuchungen, um nun zu ermitteln, wie sich das unwillkürliche, unter gewöhnlichen Bedingungen stattfindende Assoziations- und Erinnerungsgeschehen verhält. Man täuscht sich häufig auf Grund mangelhafter Handhabung der subjektiven Methode darüber hinweg, daß das experimentell untersuchte psychische Geschehen ein unter bestimmten psychischen Bedingungen stattfindendes ist, und daß die Ergebnisse dieser Untersuchungen daher nicht ohne weiteres verallgemeinert werden dürfen, sondern erst gefragt werden muß, ob nicht ein derartiges psychisches Geschehen o h n e jene psychische Versuchseinstellung des erlebenden Subjekts ganz anders verlaufen würde.

Wir haben bisher die experimentelle Methode nur im Sinne einer äußeren Beeinflussung f r e m d e r Individuen zur Erforschung ihrer Erlebnisse in Betracht gezogen. Auch hier ergab sich schon, daß die subjektive Methode die notwendige Basis der Untersuchung bleibt. Der Experimentator muß sich auf Grund der Erforschung seines eigenen psychischen Lebens ein Bild von dem psychischen Geschehen in dem fremden Individuum machen, und zuweilen wird er darin durch die Versuchsperson unterstützt, die ihre eigenen experimentell hervorgerufenen Erlebnisse nach subjektiver Methode zu erkennen sucht und darüber dem Experimentator Mitteilung macht. Der Weg ist also ein ziemlich umständlicher und dennoch in die subjektive Methode mündender. Außerdem sind die Versuchspersonen nicht immer genügend in der Handhabung der subjektiven Methode geschult und wissen nicht immer, worauf es gerade im gegebenen Fall ankommt. Daher sieht sich der experimentelle Psychologe häufig genötigt, sich selbst als Versuchsperson zu benutzen; er muß zugestehen, daß er in vielen Fällen erst dann für seine Versuchsergebnisse einstehen kann, wenn er selbst die Versuchsperson gebildet hat. Hierin zeigt sich aber, daß die direkte subjektive Methode den eigentlichen Stützpunkt aller psychologischen Forschung bildet. Denn der experimentelle Psychologe hat hier deshalb das volle Vertrauen, weil er eben seine eigenen psychischen Erlebnisse, nachdem sie willkürlich herbeigeführt sind, direkt selbst untersuchen kann. Der Wert der zugrunde liegenden „Selbstbeobachtung" entscheidet überall über den Wert der auf irgend welchen Wegen gewonnenen psychologischen Erkenntnisse. Ist nun der Psychologe selbst Versuchsperson, so haben wir einfach den früher erwähnten Fall der Einführung des Experimentes in die subjektive Methode. Auch hier kann man Apparate anwenden, die genaue Messungen der Zeit und der Beschaffenheit der einwirkenden äußeren Bedingungen und der körperlichen Rückwirkungen psychischer Vorgänge gestatten. Nicht die Experimente überhaupt, sondern diese planmäßige und umfangreiche Verwendung exakter Apparate sind das Verdienst der neueren Psychologie.

Die experimentelle Psychologie in ihrem ganzen Umfange ist also nicht notwendig auf die Beeinflussung fremder Individuen beschränkt, sondern vielfach werden auch bei ihr Versuchsperson und Beobachter in ein und dasselbe Individuum zusammenfallen. Und mit den Apparaten wird nicht etwa die psychische Wirklichkeit selbst erfaßt, zergliedert und gemessen, wie man materielle Objekte ergreifen, zerlegen

und messen kann. Vielmehr ist und bleibt die psychische
Wirklichkeit immer nur den unsichtbaren, immateriellen Griffen
der subjektiven Methode direkt zugänglich. Wer noch unge-
übt in dieser eigentlichen psychologischen Methode ist, wird
ja, wenn er ermattet von den großen Schwierigkeiten derselben
zu versinken droht, begreiflicherweise leicht sein Heil in der
Anklammerung an die greifbaren physikalischen Apparate und
an die Farben, Töne, Gerüche, Geschmäcke etc. suchen und
sich einbilden, dann die psychische Wirklichkeit selbst in
Händen zu haben. Er wird aber mit dem Fortschritt seiner
psychologischen Bildung bald einsehen, daß er Steine statt
Brot ergriffen hatte; daß die experimentelle Methode ihn nicht
von der subjektiven Methode entbinden kann, sondern vielmehr
gerade die geübte Handhabung derselben erfordert, wenn sie
wirklich psychologische Erfolge haben soll. Aber wenn nun
auch die Experimente nicht d i e Psychologie sind, sondern
im D i e n s t e der Psychologie getrieben werden müssen, und
wenn auch für schwache Geister die Gefahr besteht, daß sie
blindlings Experimente häufen und schließlich am Materiellen
hängen bleiben, so ist doch die experimentelle Methode ein
wertvolles und notwendiges Hilfsmittel der subjektiven Methode,
das gebraucht werden muß, soweit es überhaupt möglich ist.
Es ist daher selbstverständlich, daß die Psychologie, soweit
sie kann, experimentelle Psychologie sein muß. Nicht weil
dadurch die subjektive Methode überflüssig oder ersetzt würde;
das ist unmöglich; sondern weil durch das Experiment bestimmte psychische Erlebnisse herbeigeführt, in ihrer Dauer
bestimmt, variiert, isoliert und in ihren Beziehungen zu meßbaren körperlichen Bedingungen und Folgen festgestellt werden
können; kurz weil sie der subjektiven Methode die Erfüllung
ihrer Aufgaben erleichtert und zum Teil erst möglich macht.
Zum vollen Betrieb der wissenschaftlichen Psychologie gehört
demnach auch die möglichste Verwendung von Experimenten.
Wo der Psychologie die ausgiebige Anwendung der experimentellen Methode unmöglich gemacht ist, indem man ihr die
Mittel zur Ausführung der nötigen Experimente verweigert, da

kann, solange dies der Fall ist, von einer nach jeder Richtung genügenden Förderung und Pflege der wissenschaftlichen Psychologie nicht die Rede sein. Die experimentelle Psychologie ist keine neue Psychologie, sondern die alte Psychologie mit neuen Hilfsmitteln. Und durch diese neuen Hilfsmittel wird die Psychologie nicht zur N a t u r wissenschaft, sondern bleibt nach wie vor die grundlegende G e i s t e s wissenschaft. Verirrungen einzelner „experimenteller Psychologen", die anfangs in der Begeisterung für die neuen Hilfsmittel über den Mitteln den Zweck vergaßen, dürfen nicht gegen die Anwendung der experimentellen Methode selbst ins Feld geführt werden. Möglicher Mißbrauch ist kein Einwand gegen den Gebrauch einer Sache, die Wert hat. Daß aber der Gebrauch von Experimenten in der Psychologie Wert habe und notwendig sei, ist heute keine bloße Mutmaßung einzelner verirrter Köpfe mehr, sondern eine nachgewiesene Tatsache; eine Tatsache, die freilich noch nicht in genügender Verbreitung bekannt ist, um die unwillkürliche Antipathie gegen Einführung materieller Apparate in die Erforschung des immateriellen Seelenlebens zu beseitigen und der Psychologie ihre volle Leistungsfähigkeit zu sichern.

§ 8. Die genetische Methode in der Psychologie. Der erwachsene Mensch bringt, wie wir sahen, ein mehr oder minder ausgedehntes psychologisches Wissen schon mit an die Psychologie heran, ohne zu wissen, woher er diese seine Kenntnisse gewonnen hat. Er wird daher immer wieder leicht übersehen, daß alle psychologische Untersuchung notwendig auf die subjektive Methode zurückgehen muß. Dazu kommt nun, daß die Handhabung der subjektiven Methode anfangs dem psychologischen Neuling manche Schwierigkeiten bietet, die er erst durch anstrengende Übung überwinden muß. Es ist daher leicht begreiflich, daß man diese subjektive Methode unwillkürlich gern zu meiden sucht und, statt den geradesten und einzig möglichen Weg zur Erforschung der psychischen Wirklichkeit einzuschlagen, immer wieder auf scheinbar leichter gangbare Umwege sich flüchtet. Weist nun außer dieser un-

willkürlichen Tendenz noch ein berechtigtes wissenschaftliches
Streben auf einen bestimmten Umweg hin, so gewinnt dieser
Weg geradezu etwas Verlockendes. Dies ist der Fall bei der
genetischen Methode. Für den gedeihlichen Fortschritt einer
Wissenschaft ist es immer zweckmäßig, nicht zuerst die komplizierteren, sondern vielmehr die einfachsten Tatsachen ihres
Gebietes zu untersuchen und von da zu den zusammen-
gesetzteren allmählig vorzuschreiten. Nun ist das psychische
Leben des erwachsenen Menschen zweifellos eine ziemlich
komplizierte Tatsache, die direkt geistig zu erobern fast un-
·möglich erscheint. Es ist daher an und für sich das Streben
gerechtfertigt, zunächst einmal möglichst einfache Seelenleben
·der wissenschaftlichen Untersuchung zu unterwerfen. Aber es
ist eine andere Frage, ob denn auch die Verwirklichung dieses
berechtigten Strebens in diesem Falle möglich ist. Jedenfalls
ist es voreilig, zu behaupten, ein Verständnis des psychischen
Lebens des Menschen sei einzig und allein dadurch zu er-
·reichen, daß man zuerst das elementare psychische Leben der
niederen Tiere erforsche und dann zusehe, wie sich im Laufe
der Entwicklung allmählig aus diesem primitiven Seelenleben
das menschliche Seelenleben herausgestaltet habe. Man hat
·sogar gemeint, durch die Erkenntnis der letzten Elemente des
Seelenlebens der niederen Tiere seien auch erst die letzten
Elemente bestimmt, aus denen das menschliche Seelenleben
·zusammengesetzt gedacht werden müsse.

Wir haben nun schon gesehen, daß jenes berechtigte
wissenschaftliche Streben, vom Einfachen zum Komplizierteren vorzuschreiten, in unserem Falle tatsächlich nicht auf
Verwirklichung hoffen kann; daß man das psychische Leben
der Tiere in keiner Weise als solches erkennen kann; daß
man vielmehr nur die sinnlich wahrnehmbaren Lebensäußerungen der Tiere zum Anhaltspunkt nehmen kann, um daran
Vermutungen über die Art des zugrunde liegenden, nicht
wahrnehmbaren psychischen Lebens zu knüpfen. Der Inhalt
dessen, was wir als das seelische Leben der Tiere vermuten,
·kann aber nur nach dem Vorbild unseres eigenen psychischen

Lebens von uns gedacht werden, da wir kein anderes Vorbild
für psychisches Leben überhaupt haben. Diese unsere Vermutungen werden aber natürlich um so unsicherer und zweifel-
hafter, je weiter wir in der Tierreihe herabsteigen und Wesen
betrachten, die schon in der äußeren Gestalt und ihren Lebensäußerungen vom Menschen sehr verschieden sind. Wenn wir
auch annehmen dürfen, daß das psychische Leben der Tiere
um so einfacher ist, je tiefer es in der Entwicklungsreihe steht,
so nimmt doch gerade mit der Einfachheit des Seelenlebens
die Schwierigkeit unserer Erkenntnis desselben zu. Das Seelenleben der Tiere ist tatsächlich für uns um so unklarer und
weniger bekannt, je einfacher wir es uns nach den übrigen
Anzeichen zu denken haben. Das uns direkt Zugängliche und
Bekannteste ist das psychische Leben des erwachsenen Menschen. Von diesem müssen wir daher ausgehen, um dann
erst auch die dunklen Partien der psychischen Wirklichkeit
aufhellen zu können. Wer durch das Studium des Seelenlebens der niederen Tiere überhaupt erst das menschliche
Seelenleben zu erkennen sucht, macht den widersinnigen Versuch, mit dem Unbekannteren und Dunklen das Bekanntere
und Helle zu erleuchten.

Es ist also unmöglich, die Psychologie mit der genetischen
Methode im oben angegebenen Sinne zu beginnen. Auch hier
wird man auf die subjektive Methode zurückgewiesen. Erst
wenn die Psychologie des erwachsenen Menschen vermittelst
der subjektiven Methode und ihren Hülfsmethoden eine gewisse Höhe der Vollendung erreicht hat, kann man versuchen,
das Seelenleben der Tiere auf den verschiedenen Entwicklungsstufen einigermaßen aufzuhellen und eine genetische Psychologie zu schaffen, d. h. Vermutungen darüber anzustellen,
wie sich in der Entwicklungsreihe der Tiere bis zum Menschen
das Seelenleben von Stufe zu Stufe ändert und entwickelt.
Die Wissenschaft wird sich schließlich auch diesem Problem
zuwenden müssen. Aber sie kann eine genetische Psychologie mit Aussicht auf Erfolg nur dann unternehmen, wenn
sie sich auf eine gründliche Psychologie stützen kann. Selbst

wenn man das Seelenleben der Tiere ohne Kenntnis des
menschlichen psychischen Lebens erkennen könnte, würde man
schon zur Aufstellung einer psychischen Entwicklungsreihe
den Endpunkt der Reihe, das seelische Leben des Menschen,
zuerst untersuchen müssen. Denn in einer solchen Reihe
sollen ja die einzelnen Glieder nach dem Grade ihrer Entwicklungshöhe geordnet werden; das psychisch höher entwickelte
Tier soll in der Reihe auf das psychisch weniger entwickelte
folgen. Um aber zu entscheiden, welches Seelenleben ein
höher entwickeltes ist als ein anderes, braucht man einen
Maßstab, an dem man sie beide mißt. Und diesen Maßstab
bildet hier eben das Seelenleben des erwachsenen Menschen.
Je ähnlicher das vermutete Seelenleben eines Tieres diesem
menschlichen Seelenleben ist, um so höher entwickelt ist es.
Die Größe der Ähnlichkeit mit dem Endglied bestimmt die
Reihenfolge aller vorangehenden Glieder. Es kann also nicht
nur die Beschaffenheit, sondern auch die Ordnung der
Glieder einer psychischen Entwicklungsreihe nur mit Hülfe der
Psychologie des erwachsenen Menschen erkannt werden.

Auch wenn man dies zuzugeben geneigt ist, macht man
sich doch häufig übertriebene Vorstellungen von dem Werte
einer genetischen Psychologie. Man meint, durch die Aufstellung einer psychischen Entwicklungsreihe, die von den
niedersten Tieren bis zum Menschen reiche, werde doch erst
ein rechtes Verständnis und eine Erklärung des menschlichen
Seelenlebens gewonnen, denn wir sähen dann doch, wie es
sich im Laufe der Zeit zu dem entwickelt hat, was es jetzt
ist. Nun liegt gewiß in dieser Behauptung ein Kern von
Wahrheit enthalten. Aber es mischen sich in sie doch leicht
allerlei falsche Ansichten. So vergißt man bei solchen genetischen Betrachtungen sehr häufig, daß hier der Begriff der
„Entwicklung" einen ganz anderen Sinn hat, als dann, wenn
wir etwa von der Entwicklung eines einzigen bestimmten Individuums sprechen. Im letzteren Falle ist es wirklich ein
und dasselbe in der Zeit dauernde Individuum, das von Anfang bis zu Ende die Entwicklung durchmacht. Bei jener

psychischen Entwicklungsreihe dagegen sind es von einander isolierte unzählige Individuen, die neben einander die Entwicklungsreihe darstellen; nicht ein und dasselbe Individuum ist zunächst ein bestimmtes niederes Tier und wird dann, immer lebendig bleibend und stetig sich entwickelnd, im Laufe der Jahrtausende zu einem bestimmten menschlichen Individuum. Wir als Erkennende durchschreiten freilich die Entwicklungsreihe, nicht aber ist die Entwicklungsreihe selbst die auseinandergelegte Entwicklung eines einzigen Individuums. Jedes einzelne Glied dieser Entwicklungsreihe hat vielmehr seine eigene Entwicklung; es beginnt immer wieder ganz von vorn und nicht etwa gleich auf der Entwicklungshöhe des vorangehenden Gliedes. Wir täuschen uns nur leicht darüber, daß die Entwicklungsreihe nicht durch ein einheitliches Individuum in sich zusammengehalten ist, weil wir unsere, die ganze Reihe durchlaufende „Einfühlung" und unser nacherlebendes Ich unwillkürlich in die Reihe selbst verlegen und als ein die Reihe selbst erlebendes Individuum auffassen. Tatsächlich wissen wir aber von einem solchen, die tausendjährige psychische Entwicklung in sich erlebenden Individuum nichts. Für unsere Erkenntnis fehlt also der Entwicklungsreihe der innere psychische Zusammenhang, den ein die ganze Entwicklung erlebendes Ich herstellen würde. Man sucht nun in die psychische Entwicklungsreihe einen gewissen Zusammenhang hineinzubringen, indem man die einzelnen Individuen durch Fortpflanzung und Vererbung miteinander verbindet. Jedes Individuum beginnt zwar seine Entwicklung von vorn, aber es stammt doch immer von anderen älteren Individuen ab und hat von ihnen die ursprünglichen und im Laufe ihres Lebens erworbenen psychischen Fähigkeiten und Anlagen geerbt, mit denen es nun weiter kommen kann als seine Vorfahren. Dieses Übergehen geistiger Anlagen und Fähigkeiten von den Eltern auf die Nachkommen, so kann man sagen, gibt der psychischen Entwicklungsreihe den inneren psychischen Zusammenhang. Kann man nun freilich auch heute noch nicht behaupten, daß die Vererbung erworbener

psychischer Fähigkeiten eine unzweifelhafte Tatsache sei, so
wird dennoch durch die Vererbung ein gewisser Zusammenhang in die Entwicklungsreihe gebracht. Aber jene Einheit
einer zeitlichen Entwicklung, wie sie in der Identität des sich
entwickelnden Individuums besteht, wird dadurch nicht erreicht.
Mit den Nachkommen tritt ja tatsächlich eine Vermehrung der
vorhandenen Individuen ein; und während die Eltern sich
noch weiter entwickeln, beginnen die Nachkommen schon ihre
eigene Entwicklung. Man darf also bei der Entwerfung einer
psychischen Entwicklungsreihe die Abgründe zwischen den
Eltern und Kindern nicht zu leichtfertig zudecken oder gar
völlig ignorieren wollen.

Außerdem aber würde auch eine lückenlose Entwicklungsreihe des Seelenlebens uns zwar schließlich zum Seelenleben
des Menschen führen, aber an und für sich uns noch gar
keinen Aufschluß darüber geben, durch welche Umstände und
Einwirkungen die Entwicklung gerade in diese Richtung gelenkt worden ist; d. h. sie würde nicht im geringsten die Entwicklung des menschlichen Seelenlebens aus dem tierischen
Seelenleben erklären, sondern nur diese Entwicklung selbst
vor Augen führen und das fertige Resultat derselben beschreiben. Sie sagt, dort bei den Tieren war damals das
Seelenleben so beschaffen, dann hier bei diesen Tieren in
späterer Zeit war es komplizierter usw.; sie sagt also, was
zu den verschiedenen Zeitpunkten war, und daß es immer
anders und komplizierter wurde. Aber warum und wodurch
es anders und komplizierter wurde, sagt die Entwicklungsreihe
selbst nicht. Um aber ein Verständnis für die einzelnen Schritte
der Entwicklung zu gewinnen, müssen wir überall unsere
eigenen Erfahrungen über unsere eigenen Erlebnisse und unsere eigene Entwicklung mit zu Hülfe nehmen. Wie wir uns
das Seelenleben der Tiere nur nach dem Vorbild unseres
eigenen zu denken vermögen, so können wir uns auch die
psychische Entwicklung in der Tierreihe bis zum Menschen
schließlich nur nach dem Vorbild unserer eigenen psychischen
Entwicklung vorstellen. Unser wirkliches Verständnis jener

psychischen Entwicklung reicht nur so weit, als wir sie in der „Einfühlung", in „gedanklicher" Hineinversenkung selbst nach-zuerleben vermögen. Aber es gilt nicht das Umgekehrte: nicht jede Entwicklungsreihe, die wir innerlich nachzuerleben ver-mögen, ist auch die wirklich vorhanden gewesene. Daß so häufig Phantasieerzählungen, die aber als wirkliche Erkenntnis der psychischen Entwicklung gemeint sind, Glauben finden, das liegt eben daran, daß sie uns das sympathische Miterleben gestatten und uns dabei den ästhetischen Genuß der eigenen Entwicklung von kleinen Anfängen zu höherer Vollkommenheit in der Phantasie gewähren. Weil wir das Geschilderte so be-friedigend und glatt mitzuerleben vermögen, meinen wir, so müsse es auch wirklich gewesen sein. Dadurch wird ja unser historischer Glaube in großem Umfange bestimmt.

Freilich einige mehr verstandesmäßig-rechnerisch veran-lagte Geister, die auf möglichst simple Vorstellungen ausgehen, stellen sich die psychische Entwicklung als eine bloße Ver-mehrung und Vereinigung von einfachen psychischen Elementen vor. Ihre Phantasie nimmt offenbar materielle Vorgänge zum Vor-bild, da ihr klare psychische Vorbilder fehlen. Mit der Zunahme psychologischer Bildung pflegen dann auch derartige kindliche Entwicklungskonstruktionen zu verschwinden. Denn genauere psychologische Einsicht zeigt, daß das psychische Leben des Menschen nicht eine bloße Aneinanderfügung einer größeren oder geringeren Anzahl hypothetischer psychischer Atome ist. Die Atomtheorie der Naturwissenschaft hat einige frühere Psy-chologen offenbar zum Schaden der Psychologie unwillkürlich in ihrem psychologischen Nachdenken stark beeinflußt. Jedoch erst die ganzen folgenden Darlegungen vermögen deutlich zu machen, daß die individuelle psychische Wirklichkeit ihrer Natur nach die atomistische Auffassung, die in der materiellen Wirklichkeit so große Erfolge gehabt hat, verbietet.

Die genetische Methode kann sich nun von der Tierreihe zurückziehen und auf das menschliche Seelenleben beschränken; d. h. sie kann sich auf die Erkenntnis der Entwicklung des menschlichen psychischen Individuums von seiner Kindheit an

richten. Auch diese Aufgabe hat ihre Berechtigung und große
Bedeutung. Aber ihre Lösung kann ebenfalls nicht der Psychologie des erwachsenen Menschen voraufgehen, sondern ihr
nur folgen; denn nur dann ist eine annähernde Erkenntnis des
kindlichen Seelenlebens und der Entwicklung desselben zu
erreichen. In welchem Sinne man also auch die genetische
Methode auffaßt, immer setzt sie die subjektive Methode voraus
und kann dieser nur zur Ergänzung, nicht als Ersatz dienen.

§ 9. **Produkte menschlicher Geistestätigkeit als Material für die Psychologie.** Ebenfalls eine Ergänzung, nicht
einen Ersatz findet die subjektive Methode in der psychologischen Verwertung der Produkte menschlicher Geistestätigkeit, sofern man aus der Beschaffenheit dieser Produkte auf
diejenigen psychischen Vorgänge zurückschließen kann, die bei
ihrer Erzeugung mitgewirkt haben. Derartige Geistesprodukte
sind die Welt- und Lebensanschauungen, die Wissenschaften,
die Kunstwerke, die Dichtungen, die Sitten, die Rechtssatzungen,
die Sprachen und schließlich auch die technischen Produkte.
Der Rückschluß von derartigen Produkten auf psychische Vorgänge ist natürlich nur möglich, wenn man schon Kenntnis
von psychischen Vorgängen und von ihrem Zusammenhange
mit solchen Produkten auf Grund der Selbstbeobachtung gewonnen hat. Dennoch kann die Ausführung solcher Rück-
schlüsse auch für die eigentliche Psychologie Bedeutung gewinnen, indem sie entweder auf erneute Revision und Korrektur
der psychologischen Einsichten hindrängt, oder auf noch vorhandene und bisher nicht beachtete Lücken in der Psychologie aufmerksam macht, oder aber auch nur auf die Tragweite
eines psychischen Vorgangs hinweist, die sonst nicht so sehr
in die Augen fallen würde.

Da jene Geistesprodukte niemals ohne Mitwirkung größerer,
in Gemeinschaft lebender Menschengruppen zustande kommen,
da kein Individuum für sich isoliert jemals zu einer beachtens-
werten Erzeugung irgend welcher Produkte kommt, sondern
dazu immer der fördernden Aneignung der es umgebenden
Kultur bedarf, so führt die psychologische Verwertung jener

Geistesprodukte schließlich immer auf solche psychologische Prozesse zurück, die so, wie sie stattfinden, nur in einer Gemeinschaft vieler Menschen möglich sind. Sie sind also eigentlich Produkte der psychischen Tätigkeit einer Gemeinschaft und nicht eines einzelnen Individuums für sich. Man hat daher die Untersuchungen, die jene Geistesprodukte für die Psychologie nutzbar zu machen suchen, unter dem Namen der „Völkerpsychologie" zusammengefaßt, freilich zunächst nicht, um damit eine besondere Wissenschaft, sondern nur um dadurch einen besonderen Weg psychologischer Untersuchung zu bezeichnen. Von anderer Seite hat man in neuerer Zeit unter „Völkerpsychologie" eine besondere, selbständig neben der „Individualpsychologie" stehende Wissenschaft verstanden, deren Aufgabe dann freilich nicht immer in gleicher Weise bestimmt wird. So ist denn heute der Begriff der „Völkerpsychologie" noch keineswegs ein einheitlicher; es vereinigen sich in ihm außerdem häufig eine Menge von Unklarheiten, deren Aufdeckung auch heute noch nicht überflüssig ist. Es ist daher nötig, daß wir hier etwas ausführlicher auf den Begriff der Völkerpsychologie eingehen und uns vor allem klar machen, was eine solche Wissenschaft auf keinen Fall beanspruchen kann.

§ 10. **Völkerpsychologie.** Der Völkerpsychologie wird zuweilen die Aufgabe gestellt, sie solle die „Volksseele", den „Volksgeist" oder das „Volksbewußtsein" untersuchen. Als solche Wissenschaft von der „Volksseele" sei sie eine der Individualpsychologie, als der Wissenschaft von der Einzelseele, gleichgeordnete und besondere Psychologie. Sie habe einen besonderen Gegenstand, eben die „Volksseele", die von den Einzelseelen der Volksgenossen wohl zu unterscheiden und ihnen gegenüber etwas Selbständiges sei. Diese selbständige Volksseele habe sie in Elemente zu zerlegen, gerade wie die Individualpsychologie die Elemente der Individualseele festzustellen suche; sie habe dann weiter die Gesetzmäßigkeit des Geschehens in der Volksseele zu erkennen, wie die Individualpsychologie die Gesetze erforsche, nach denen das Geschehen in der Individualseele stattfinde.

Ist nun dieser Anspruch der Völkerpsychologie, eine besondere und der Individualpsychologie gleichgeordnete Wissenschaft zu sein, wissenschaftlich berechtigt? Gibt es wirklich zwei voneinander verschiedene Psychologien? — Der Anspruch gründet sich auf die Behauptung, es gebe eine besondere, von den Individualseelen der Volksgenossen verschiedene und ihnen gegenüber selbständige Volksseele. Die Prüfung jenes Anspruches wird sich also darauf richten müssen, zu fragen, ob es wissenschaftlich berechtigt sei, die Existenz einer solchen besonderen Volksseele zu behaupten.

Nun ist nicht zu leugnen, daß eine weitverbreitete Neigung besteht, die Existenz einer besonderen Volksseele anzunehmen. Nicht nur bei sogenannten „Realpolitikern", bei Dichtern und Denkern, sondern auch im gewöhnlichen Leben treffen wir diese Neigung häufig an. Für manche Menschen ist es eine genußreiche Schwärmerei, sich „in die dunklen Tiefen der Volksseele" zu versenken. Man nimmt wirklich häufig an, daß durch das Zusammenleben einer Mehrheit von psychischen Individuen ein neues psychisches Wesen ins Dasein trete und als geheime, überragende Macht seine Glieder beherrsche, ihr Denken, Fühlen, Wollen und Handeln in Richtungen lenke, die sie ohne seine Einwirkung nicht eingeschlagen haben würden. Selbständig nach eigenartiger Gesetzmäßigkeit scheint nach der Vorstellung mancher Menschen die Volksseele in verborgener Tiefe zu wirken und unerbittlich und ehrfurchtsvolle Rücksicht verlangend die Volksgenossen zu dirigieren. Und als eine viel würdigere und erhabenere, mit der Individualpsychologie gar nicht zu vergleichende Aufgabe stellt es sich dann dar, diesem mächtigen Wesen seine geheimen Gedanken, Gefühle, Triebe und Ziele abzulauschen und die Regeln seines Verhaltens zu erforschen. Um das Wohl und Wehe dieser Volksseele kümmert und sorgt sich jener Patriot; ihr will er dienen, ihr sich aufopfern; er wehrt es weit von sich ab, wenn man ihm sagt, es sei nicht die Volksseele — die es nicht gebe —, sondern es seien diese und diese einzelnen, intellektuell, moralisch und ästhetisch so mangelhaften Indivi-

duen, denen seine Begeisterung und seine Sorge zu gelten habe.
Für solche, in der Mehrzahl verächtliche Individuen würde er
sich niemals derartig begeistern können. Sollte das wirklich
nicht existieren, was die Gedanken so vieler Menschen bewegt
und ihnen Genuß und Begeisterung erweckt? Soll auch hier
die Wissenschaft wieder Genuß und Begeisterung rauben?

Doch wer mit Herz und Gemüt an dem Glauben hängt,
es gebe eine besondere Volksseele, der mag ruhig bei diesem
Glauben verharren. Die Wissenschaft vermag ihm den Glauben
nicht zu nehmen, weil sie nicht zu beweisen vermag, daß es
keine solche besondere Volksseele gebe. Nur darf er seinerseits für seinen Glauben keine wissenschaftliche Geltung in
Anspruch nehmen; denn die Wissenschaft vermag ebensowenig
nachzuweisen, daß eine solche von den Individuen verschiedene Volksseele wirklich existiere. Es gibt keine Erfahrungstatsachen, die darauf hinwiesen, daß es außer dem psychischen
Leben der einzelnen Volksgenossen und gleichsam über ihnen
schwebend, noch ein Wahrnehmen, Vorstellen, Denken, Fühlen,
Wollen eines besonderen Volksindividuums gebe. Fehlt doch
schon der besondere lebendige Leib, aus dessen Lebensäußerungen wir, wie in allen Fällen fremder psychischer
Wirklichkeit, die Existenz eines Seelenlebens erschliessen
könnten. Wo sind die Sinnesorgane, die Nerven, das Gehirn
und die beherrschbaren Muskeln, die der Betätigung und Offen-
barung der besonderen Volksseele dienen? Niemand vermag
sie aufzuweisen. Aber auch sonst gibt es keine Tatsachen,
die zur Annahme einer Volksseele nötigen könnten. Freilich,
man führt einige zweifellose Tatsachen an, die die Existenz
einer Volksseele beweisen sollen; aber diese Tatsachen sind
in anderer Weise erklärbar; ihre Erklärung wird gerade durch
die Annahme einer Volksseele umgangen und durch die rätselhafte Wirkung eines rätselhaften Wesens ersetzt. Diese Tatsachen sind folgende:

Das einzelne Individuum in einem Volke mag noch so
individuell und vorzüglich veranlagt sein, so zeigt doch sein
wirkliches psychisches Leben so außerordentlich große Über-

einstimmung mit dem psychischen Leben der anderen Volksgenossen, daß dagegen seine individuellen Eigentümlichkeiten
sehr weit zurücktreten. Seine Sprache, seine Anschauungen
und Kenntnisse, seine Sitten, Gebräuche und Lebensgewohnheiten, seine Interessen, Ziele und Lebenszwecke sind durch
seine Zugehörigkeit zu dem bestimmten Volke bedingt und
sind mehr oder weniger andere, je nachdem welchem Volke
das Individuum angehört. Gewisse Grundzüge des psychischen Lebens eines Volksgenossen stammen also nicht ursprünglich aus ihm selbst, sondern sind ihm durch die Zugehörigkeit zu diesem Volk aufgeprägt worden. Die Gleichartigkeit des psychischen Lebens, wie sie die Glieder eines
Volkes zeigen, weist hin auf eine gleichartige Ursache. Es
muß ein und dieselbe Ursache auf die Individuen eingewirkt
haben und ihnen die gleichartigen Grundzüge des Geistes
aufgeprägt haben. Diese für alle Individuen eines Volkes
gleiche Ursache, so könnte man nun schließen, sei eben die
Volksseele. Die Volksseele sei also gleichsam der Träger
aller einzelnen Volksindividuen, sie rage in alle Volksgenossen
hinein, umfasse sie alle, sei der gemeinsame Boden, aus dem
sie alle hervorwüchsen, und von dem sie ihre Kraft und Grundgestalt erhielten. Die Existenz, die Beschaffenheit und Gesetzmäßigkeit der Volksseele sei also aus ihren Wirkungen in den
einzelnen Volksgenossen zu erkennen; indem man eben die
den Volksgenossen gemeinsame Sprache, gemeinsamen Anschauungen, Sitten, Gebräuche, Lebensgewohnheiten, Interessen
und Ziele untersuche, lerne man die Volksseele wirklich kennen.

Nun sind zweifellos die Tatsachen richtig. Und es ist
ein unzweifelhaftes Verdienst der Völkerpsychologen, daß sie
die Psychologie nachdrücklich auf diese Tatsachen hingewiesen
haben. Freilich reicht das bezeichnete Tatsachengebiet noch
viel weiter, als es hier vorgeführt wurde. Es reicht so weit,
wie das psychische Leben eines einzelnen Menschen durch
andere Menschen und ihre Taten beeinflußt wird. Das einzelne
Individuum wächst nicht isoliert auf; es würde tatsächlich
ohne den Einfluß anderer Menschen nicht weit über die psy-

chische Stufe des Tieres hinausgelangen. Das psychische Leben des erwachsenen Menschen weist tatsächlich auf Schritt und Tritt die Spuren der Einwirkung anderer Menschen auf; das wenigste stammt aus ihm selbst. Seine Eltern, Erzieher, Lehrer haben durch Beispiel, Sprache und Tat auf ihn eingewirkt, ebenso haben alle Menschen, mit denen er verkehrt hat, auch solche, die nicht seinem Volk angehören, dann alle möglichen Geistesprodukte, wie Bücher, Kunstwerke, technische Produkte an der Gestaltung seines psychischen Lebens mitgearbeitet. Er würde nicht so wahrnehmen, vorstellen, denken, sprechen, schreiben, wie er es tut; nicht so fühlen und Menschen und Dinge bewerten, wie er fühlt und wertet; nicht diese Lebensgewohnheiten haben und diese Ziele erstreben, die er hat und erstrebt; nicht diese Leistungen vollbringen, die er ausführt; wenn er nicht den tausendfältigen Einfluß anderer Menschen und ihrer Werke erfahren hätte. Selbst der originellste Mensch ist nichts ohne diesen umfassenden Einfluß anderer Menschen. Der einzelne wird assimiliert von der ihn umgebenden Kultursphäre und dadurch erst zu dem, was er ist und leistet, befähigt. Eine wissenschaftliche Untersuchung des individuellen Seelenlebens wird also in der Tat überall auf außerhalb dieses Individuums gelegene Faktoren hingewiesen. Aber sie kann diese Einwirkungen fremder Individuen nicht einfach ignorieren und Individualpsychologie in dem Sinne sein wollen, daß sie das individuelle Seelenleben so betrachtet, als ob es ganz für sich isoliert wäre; sie kann also auch nicht das psychische Leben des Individuums, soweit es von anderen Individuen beeinflußt ist, einer ihr nebengeordneten Wissenschaft der Völkerpsychologie überlassen. Sondern sie muß selbst auch diejenigen psychischen Vorgänge im Individuum untersuchen, die durch die Wahrnehmung fremder Lebensäußerungen entstehen, oder die andererseits zur Hervorbringung eigener Lebensäußerungen führen. Denn auch diejenigen psychischen Vorgänge, die durch die Gemeinschaft mit anderen Menschen bedingt sind, finden ja tatsächlich in dem individuellen psychischen Leben, das die

Psychologie untersuchen will, statt. Erfüllt aber die Individualpsychologie diese selbstverständliche Forderung, dann bleibt
für die Völkerpsychologie im Sinne einer Wissenschaft von
der Volksseele gar kein Raum mehr. Denn jene Tatsachen
nötigen nicht zur Annahme einer besonderen Volksseele, sondern sind auf Grund individualpsychologischer und psychophysischer Gesetzmäßigkeiten wohl zu erklären.

Jede vermeintliche Einwirkung einer besonderen Volksseele
läßt sich zurückführen auf die Einwirkung ganz bestimmter
einzelner Menschen oder ganz bestimmter Geistesprodukte
bestimmter Menschen. Die Gemeinsamkeit gewisser geistiger
Grundzüge bei den Angehörigen eines Volkes entsteht nicht
durch die Wirksamkeit einer besonderen und bestimmtbeschaffenen Volksseele auf alle diese Individuen, sondern
sie hat ihren Ursprung schließlich in der Wechselwirkung der
Individuen aufeinander und dem Einfluß gemeinsamer Umgebung. Wir wissen nichts von einer besonderen Volksseele
und brauchen ihre Existenz in der Psychologie nicht anzunehmen. All das Erleben, Erleiden und Tun, das man der
Volksseele zuschreibt, erweist sich bei genauer Betrachtung
als Erleben, Erleiden und Tun der einzelnen psychischen Individuen, die zusammen das Volk bilden. Alle Veränderungen,
die in der Volksseele stattfinden sollen, gehen in Wirklichkeit
in den einzelnen Volksgenossen vor sich. Die Untersuchung
der Beschaffenheit und Gesetzmäßigkeit des psychischen
Lebens einer vermeintlichen Volksseele muß sich also in eine
Untersuchung der Beschaffenheit und Gesetzmäßigkeit des
psychischen Lebens der einzelnen Volksgenossen verwandeln,
muß also notwendig Individualpsychologie sein, da wir von
einem anderen psychischen Leben als dem in den einzelnen
Individuen nichts wissen.

Die Annahme einer besonderen Volksseele müßte zugleich
mit der Annahme verbunden werden, daß diese Volksseele
ohne körperliche Vermittlung auf das psychische Leben der
einzelnen Volksgenossen einwirken könnte. Auch von einer
solchen unmittelbaren psychischen Einwirkung wissen wir nichts;

wir kennen nur die körperlich vermittelte Einwirkung eines psychischen Individuums auf ein anderes. Die psychischen Individuen sind, wie wir sahen, gegeneinander psychisch isoliert; sie berühren sich nicht, sie vermischen sich nicht; kein psychischer Vorgang in dem einen Individuum wirkt unmittelbar auf das psychische Geschehen in einem anderen Individuum; es findet kein Austausch, kein Übergang von psychischen Zuständen zwischen den verschiedenen Individuen statt. Wenigstens hat sich bis jetzt nicht wissenschaftlich feststellen lassen, daß ein unmittelbarer Seelenverkehr hier auf Erden stattfindet. Vielmehr erweist sich alle Wechselwirkung zwischen psychischen Individuen als eine durch physiologische und physikalische Vorgänge vermittelte. Durch Sprache, Schrift, Mienen, Gebärden usw. stellt das eine Individuum physische Bedingungen her, die geeignet sind, durch physische Einwirkung auf die Sinnesorgane des anderen dessen in sich abgeschlossenes psychisches Leben zu beeinflussen. Alles psychische Geschehen findet nur in den einzelnen Individuen statt; psychische Wechselwirkung kann nur innerhalb des individuellen Seelenlebens vorkommen; zwischen den Individuen liegt die materielle Welt und materielles Geschehen in den Leibern und der Außenwelt. Der Leib des Menschen ist der Angriffs- und Ausgangspunkt für alle psychische Einwirkung. Er ist auch der Vermittler aller der Einwirkungen, die das heranwachsende Individuum von der materiellen und sozialen Umgebung, in die es hineingeboren ist, unaufhörlich erfährt, und die ihm schließlich ein den anderen Volksgenossen mehr oder weniger gleichartiges geistiges Gepräge verleihen.

Die Tatsachen rechtfertigen es also nicht, eine besondere Volksseele als die Ursache des gemeinsamen geistigen Gepräges der Volksgenossen anzunehmen. Vielmehr wird die Entstehung dieses geistigen Gepräges ohne Annahme einer unbekannten Ursache und einer unbekannten Wirkungsweise dieser Ursache durch bekannte erfahrungsgemäße Einwirkungen verständlich. Die Individualpsychologie reicht dazu völlig aus, und für eine Psychologie der Volksseele im angegebenen Sinne fehlt alles Erfahrungsmaterial.

Durch das Zusammenleben und die körperlich vermittelte Wechselwirkung vieler psychischer Individuen entsteht aber auch nicht als Wirkung eine den Individuen gegenüber selbständige Volksseele. Alles, was durch die Wechselwirkung der Volksgenossen an psychischen Erlebnissen und Tatsachen entsteht, bleibt, soweit es nachweisbar ist, in den einzelnen Individuen eingeschlossen. Die den einzelnen Volksgenossen gemeinsamen geistigen Grundzüge sind nicht eine, nur in einem Exemplar vorhandene psychische Wirklichkeit, sondern sind so oft vorhanden, als es mit denselben ausgestattete Volksgenossen gibt. Man mag durch Vergleichung der Volksgenossen eine gemeinsame psychische Grundgestalt für sich gedanklich herauslösen und als den Volkscharakter oder Volkstypus bezeichnen. Aber man muß sich dann bewußt bleiben, daß dieser psychische Volkstypus nicht für sich eine selbständige Existenz hat, sondern nur in den einzig und allein realiter existierenden psychischen Individuen existiert; daß er nicht der Zahl nach, sondern nur der Beschaffenheit nach ein einziger ist; daß er nicht wie ein außer den Individuen stehender gemeinsamer Besitz, sondern wie eine allen den Individuen gleichartige Grundgestalt existiert, die nur an oder in den einzelnen Individuen vorkommt. Auch auf diesem Wege der Hypostasierung eines durch Vergleichung gewonnenen Begriffsinhaltes gelangt man also nur unrechtmäßig zur Annahme einer besonderen Volksseele. Auch hier muß die Erforschung der Beschaffenheit und der Vorgänge dieser „Volksseele" sich notwendig auf die einzelnen individuellen Seelen richten, in denen allein das zu finden ist, was man erforschen möchte. Freilich wird man zu dem Zweck viele Individuen vergleichen müssen, um das Gemeinsame von den individuellen Besonderheiten scheiden zu können.

Gerade in dieser eben angedeuteten Erforschung des Gemeinsamen der Individuen eines Volkes könnte man nun die eigentümliche Aufgabe einer besonderen, neben die Indi-

vidualpsychologie tretenden Völkerpsychologie sehen. Man
könnte auf eine besondere Volksseele als selbständiges Individuum verzichten, da sich deren Annahme wissenschaftlich
nicht rechtfertigen lasse, man könnte zugeben, daß wir nur
von den einzelnen Volksgenossen und ihrem psychischen Leben
etwas wissen können, aber fordern, daß man auch einmal
über die Betrachtung der einzelnen Individuen hinausgehe,
seinen Blick auf die Gesamtheit der zu einem Volke gehörigen
Individuen lenke und gerade durch Vernachlässigung des Individuellen das Typische aller dieser Volksgenossen zu bestimmen
suche. Freilich wird man doch nur einen relativ sehr kleinen
Teil der Volksgenossen wirklich beobachten und. untersuchen
können. Durch die Vielheit der untersuchten Individuen
kann sich die Völkerpsychologie ebenfalls nicht von der Individualpsychologie scheiden wollen. Und auch die Vernachlässigung des Individuellen wird in gewissem Grade von der
Individualpsychologie ausgeführt; sie will ja, wie wir gesehen
haben, zunächst die allgemeine Beschaffenheit und Gesetzmäßigkeit der psychischen Wirklichkeit erkennen. Aber das
Typische eines Volkes wird allerdings nicht von der Individualpsychologie selbst bestimmt. Es gibt also in der Tat eine
besondere Aufgabe, die darin besteht, die psychischen Typen
verschiedener Völker festzustellen, ihre Entstehung und die
Umstände zu erforschen, die zur Entstehung dieser Typen
Veranlassung gegeben haben; also etwa zu bestimmen, wie
der deutsche, psychische Volkscharakter heute beschaffen ist,
wodurch er sich von anderen Volkscharakteren unterscheidet,
wie er im Laufe der Zeit sich verändert hat, und welche Faktoren
diese Veränderung bedingt haben. Als Hilfsmittel zur Lösung
dieser Aufgabe wird die Untersuchung der dem Volke gemeinsamen Sprache, der gemeinsamen Anschauungen, Sitten, Gebräuche, Lebensgewohnheiten, Interessen und Ziele und der
Veränderungen dienen müssen, die alles dies im Laufe der Zeit
erlitten hat. Diese zu lösende und gewiß interessante Aufgabe
könnte man als die Aufgabe der Völkerpsychologie in Anspruch
nehmen. Wer zum ersten Male von Völkerpsychologie hört,

wird sich ja meistens unter diesem Namen etwas Ähnliches vorstellen; er wird erwarten, daß man ihm die psychologischen Charakteristika der verschiedenen Völker vorführt und ihm zugleich zeigt, worin sie sich äußern, und wie und wodurch sie entstanden sind.

Eine Völkerspychologie in diesem Sinne würde aber zunächst nicht eine von der Individualpsychologie unabhängige Wissenschaft bilden können. Schon deshalb nicht, weil doch alles Psychische, von dem sie spricht, in realer Lebendigkeit nur in den einzelnen Volksgenossen wirklich ist. Dann aber, weil sie auf Schritt und Tritt der Hilfe der Individualpsychologie bedarf, um das Material zu bekommen, aus dem schließlich die Volkstypen aufgebaut werden müssen. Sie wendet eben Individualpsychologie an auf bestimmtes historisch gegebenes Material. Und deshalb ist sie nun außerdem nicht nur keine selbständige Psychologie, sondern auch überhaupt keine Psychologie, sondern eine Geschichtswissenschaft, denn sie bezieht sich ja in letzter Linie auf bestimmte, einer bestimmten Zeit angehörige Menschen und den geschichtlichen Verlauf, den die psychische Veränderung der einzelnen Volscharaktere genommen hat. Die Aufgabe einer solchen Völkerpsychologie hat schon die allgemeine Kulturgeschichte übernommen, die freilich auf psychologischer Grundlage aufgebaut ist und sein muß und auch der Psychologie wertvolle Anregungen geben kann, aber selbst keine Psychologie ist.

Man kann nun noch über diese Aufgabe hinausgehen, indem man nicht die Beschaffenheit und Entwicklung bestimmter Volkstypen untersucht, sondern ganz allgemein fragt, welche gemeinsamen psychischen Grundzüge stellen sich überhaupt beim Gemeinschaftsleben der Menschen ein, wovon hängt ihre Beschaffenheit und ihre Veränderung im Laufe der Zeit ab? Wo Menschen an einem Orte zusammenleben, da stellen sich alsbald gemeinsame Sprache, Anschauungen, Sitten, Gebräuche, Lebensgewohnheiten usw. ein. Woher kommt das? Wie kommt es, daß diese gemeinsamen Züge bei den

verschiedenen Menschengruppen verschieden sind? Welche
Faktoren bewirken allgemein, daß sich diese gemeinsamen
geistigen Grundzüge im Laufe der Generationen bei einem
und demselben Volke ändern? Die Lösung dieser Fragen
wäre gewiß eine sehr wichtige und gerade für den Psychologen höchst interessante Aufgabe. Sie würde die Prinzipien
für alle Kulturgeschichte geben; sie würde den Extrakt und
die Grundlage aller historischen Wissenschaften bilden und
sie würde die Individualpsychologie auf manche Punkte aufmerksam machen können, die erst bei der umfassenderen
Betrachtung der Menschheitsentwicklung deutlich hervortreten,
dagegen bei der Betrachtung der Individuen nicht so leicht
ins Auge fallen. Aber alle psychischen Vorgänge und alle
psychische Gesetzmäßigkeit, die eine solche Kulturwissenschaft
festzustellen hätte, würden doch immer der Individualpsychologie angehören. Denn immer sind es die Individuen, in
denen allein die gemeinsamen psychischen Grundzüge entstehen, vorhanden sind und eine Veränderung erfahren. Wollte
man also eine solche Wissenschaft von den Prinzipien aller
Kulturgeschichte als Völkerpsychologie bezeichnen, so würde
auch diese Völkerpsychologie nicht unabhängig von der Individualpsychologie sein, sondern teils die Individualpsychologie
als unentbehrliches Hilfsmittel voraussetzen, teils allerdings
auch der Psychologie des Individuums ihrerseits dienen können.
Außerdem aber wäre sie keine bloße Psychologie, sondern
sie würde außer den Hilfsmitteln, die ihr die Individualpsychologie bietet, noch p h y s i o l o g i s c h e Tatsachen und Gesetzmäßigkeiten und auch die Beschaffenheiten und Gesetzmäßigkeiten der m a t e r i e l l e n Dinge der Außenwelt zur Lösung
ihrer Aufgaben herbeiziehen müssen. Die Veränderungen, die
der menschliche Körper durch bestimmten Gebrauch oder
durch Einwirkung der ihn umgebenden Außenwelt erleidet,
und die Veränderungen, die die materielle Außenwelt mit oder
ohne Zutun der Menschen durchmacht, wirken ja immer mit
bei der Gestaltung und Veränderung der gemeinsamen psychischen Grundzüge einer Menschengruppe. Wenn also auch

hier die Aufgabe einer besonderen Wissenschaft vorliegt, so ist doch der Name einer „Völkerpsychologie" für sie nicht recht geeignet. Man würde daher besser tun, nach dem Vorschlag von H. Paul[1] sie als „Wissenschaft von den Prinzipien der Kulturgeschichte" zu bezeichnen.

Was also mit mehr oder weniger Recht als Völkerpsychologie bezeichnet wird, ist in Wahrheit entweder Individualpsychologie oder allgemeine Kulturgeschichte oder Prinzipienwissenschaft der Kulturgeschichte. Da es für unsere Erfahrung keine besondere Volksseele gibt, sondern nur Individualseelen, so kann alle Psychologie als Erfahrungswissenschaft nur Individualpsychologie sein. Eine Völkerpsychologie, die nichts weiter als eine psychologische Verwertung der Geistesprodukte von menschlichen Gemeinschaften erstrebt, ist daher keine besondere Psychologie neben der Individualpsychologie, sondern nur ein Hilfsmittel, eine Hilfsmethode für die Individualpsychologie.

Die Anerkennung der Einsicht, daß die Psychologie als Erfahrungswissenschaft immer nur Individualpsychologie sein kann, widerstrebt einigen Menschen, weil sie meinen, es sei damit das Volk aufgelöst in eine Summe von Individuen, die beziehungslos nebeneinander stehen. Man meint, eine solche atomistische Konstitution des Volkes finde sich in der Wirklichkeit nicht; sondern die Erfahrung zeige uns das Volk als etwas den Individuen Übergeordnetes, als dessen abhängige Glieder sich die einzelnen Individuen darstellen. Nun stecken freilich in dieser Behauptung manche Unklarheiten. Vielleicht verbirgt sich dahinter nur eine Hypostasierung von Begriffen: man nimmt an, daß dem Kollektivbegriff „Volk", der zunächst nur eine Mehrheit von Individuen zur Einheit zusammenfaßt, auch in der Wirklichkeit etwas Besonderes neben den Individuen entspreche; oder man setzt das, was man als das Gemeinsame der Volksgenossen durch Vergleichung und Ab-

---

[1] H. Paul: *Prinzipien der Sprachgeschichte.* 3. Aufl. 1898. Vgl. darin die sehr lesenswerten kritischen Darlegungen über den Begriff und die Aufgabe der Völkerpsychologie.

straktion herausgelöst hat, noch einmal als selbständige Wirklichkeit außerhalb der Individuen. Aber wenn man diese Denkfehler vermeidet, liegt in der Erklärung, ein Volk sei keine bloße Summe von Individuen, ein richtiger Kern enthalten. Selbst eine Mehrheit von Individuen, die gleichartige Sprache, Anschauungen, Sitten, Gebräuche, Lebensgewohnheiten, Interessen und Ziele haben, bildet noch nicht eine solche Einheit, wie sie die Einheit eines Volkes darstellt. Die gemeinsamen psychischen Grundzüge der Individuen würden ja nur für einen die Individuen vergleichenden und zur Einheit zusammenfassenden Beobachter eine Einheit bilden, nicht aber eine reale Einheit sein. Eine Mehrheit von Individuen kann aber in gewissem Sinne eine reale Einheit bilden. Für unsere Erfahrung sind zwar die psychischen Individuen psychisch gegeneinander isoliert. Aber indem jedes einzelne Individuum mit der Gesamtheit der übrigen zu einem Volke gehörigen Individuen sympathisiert oder sich in sie „einfühlt" und „positiven Anteil" an ihnen nimmt, ist doch eine eigenartige Einheit und ein eigenartiger Zusammenhang geschaffen, den wir eben meinen, wenn wir auf die Einheit eines Volkes im Gegensatz zu einer Summe von Individuen hinweisen. Nun mag man in der Metaphysik berechtigt sein, anzunehmen, daß jene Einfühlung des einen Individuums in die Gesamtheit der übrigen eine wirkliche Vereinigung der psychischen Individuen sei; daß durch diese wechselseitige Einfühlung alle Individuen gleichsam in ein Ich zusammenschmelzen; für die Erfahrungspsychologie geht das sich einfühlende Individuum nicht tatsächlich in andere Individuen über, sondern bleibt in seiner Isolierzelle und vereinigt sich nur „gedanklich" mit den anderen, es fühlt sich Eins mit ihnen, ohne doch in Wirklichkeit in die anderen überzugehen. Der psychische Zusammenhang der Individuen eines Volkes besteht also immer nur innerhalb der einzelnen Individuen selbst, in der sympathischen Einfühlung des einzelnen Individuums in die anderen. Die Individualpsychologie wird also auch diesen Zusammenhang zu untersuchen haben. Sie über-

läßt es der Metaphysik, diesen Zusammenhang der wechselseitigen sympathischen Einfühlung in eine metaphysische Einheit, in eine reale Vereinigung der psychischen Individuen
umzudeuten. Es ist also ein Irrtum, daß die Individualpsychologie den Zusammenhang der Individuen übersehe. Freilich bleibt sie bei einem gewissen Atomismus der psychischen
Individuen notwendig stehen, da für unsere Erfahrung die
psychischen Individuen gegeneinander psychisch völlig isoliert
sind und sich nicht berühren oder vermischen. Aber trotz
dieser psychischen Isolierung der Individuen, die es auf Erden
zu keiner völligen Verschmelzung zweier Individuen kommen
läßt, besteht einerseits ein mittelbarer Zusammenhang durch
die materielle Welt hindurch und andererseits jener eigenartige
Zusammenhang der wechselseitigen sympathischen Einfühlung,
der, metaphysisch betrachtet, möglicherweise unter Umständen
ein wirkliches Einswerden ist.

§ 11. **Rückblick und Ausblick.** Wir hatten zunächst die
Aufgabe der Psychologie als einer selbständigen Erfahrungswissenschaft bestimmt. Ihr Gegenstand ist ein besonderes
Gebiet des Wirklichen, nämlich die psychische Wirklichkeit,
deren Existenz niemand im Ernste zu leugnen vermag. Diese
psychische Wirklichkeit ist gerade so wie die materielle Wirklichkeit schon im täglichen Leben vielfältig Gegenstand unseres
Vorstellens, unseres Denkens, unserer Gefühlsanteilnahme und
unseres Wollens. Auch in der Kunst und den Geschichtswissenschaften wird uns Psychisches vor Augen geführt. Die
uns schon im täglichen Leben bekannte psychische Wirklichkeit ist zerteilt in isolierte, individuelle Einheiten, deren jede
mit einem materiellen Leib innig verbunden ist. Dieser psychischen Wirklichkeit gegenüber hat die Psychologie die Aufgabe einer Erfahrungswissenschaft zu erfüllen; d. h. sie hat,
ohne bestimmte physikalische, erkenntnistheoretische und
metaphysische Ansichten zugrunde zu legen, zunächst erfahrungsgemäß die allgemeine Beschaffenheit und Gesetzmäßigkeit der individuellen psychischen Wirklichkeiten zu erforschen.
Dadurch wird die Psychologie grundlegend für alle Geistes-

wissenschaften und wichtig für alle praktischen Berufe, die
es mit der Behandlung psychischer Individuen zu tun haben.
Sie ist außerdem zwar nicht grundlegend, aber das Material
vorbereitend für die Normwissenschaften der Logik, der Ethik
und der Ästhetik. Wir hatten dann die psychische Wirklichkeit als völlig verschieden von der materiellen Wirklichkeit
erkannt, zugleich aber anerkannt, daß sie zu der materiellen
Wirklichkeit in einer zweifachen Beziehung steht, nämlich in
einer Wissens- und in einer Wirkungsbeziehung. In besonders
engem Kausalzusammenhang scheinen die physiologischen
Vorgänge in den Gehirnrinden bestimmter Leiber zu den
psychischen Vorgängen in bestimmten Individuen zu stehen.
Wenigstens gibt es keine haltbaren Einwände gegen die durch
die Erfahrungstatsachen nahegelegte Annahme, daß Gehirn und
Seele in Wechselwirkung miteinander stehen. Der sogenannte
psychophysische Parallelismus erwies sich als ein erkenntnis-
theoretisches Kunstprodukt, das ohne metaphysische Stütze
in sich zusammenfällt. Bei der Bestimmung der Methode der
Psychologie macht einerseits der tatsächliche Zusammenhang,
der zwischen physischer und psychischer Wirklichkeit besteht,
und andererseits die Gewöhnung des Denkens, mit materiellen
Dingen und Vorgängen zu operieren, zunächst geneigt, die
Erforschung der psychischen Wirklichkeit von der physischen
Seite, speziell von der Seite des Leibes aus zu beginnen.
Dieser Versuch erweist sich aber überall als aussichtslos.
Man bleibt auf diesem Wege immer in den Grenzgebieten
der psychischen Wirklichkeit, ohne Hoffnung, in das psychische
Gebiet selbst eindringen zu können. Den einzig möglichen
Zugang zur psychischen Wirklichkeit bietet die subjektive
Methode, die man auch Methode der Selbstbeobachtung
nennen kann. Schulung und Übung ist auch hier nötig, wenn
die subjektive Methode haltbare Resultate gewinnen soll.
Soweit es möglich ist, hat man das Experiment zu Hilfe zu
nehmen. Diese subjektive Methode ist die unersetzliche
Grundlage aller anderen psychologischen Methoden, die also
nur Hilfsmethoden der Selbstbeobachtung sein können. Ge-

rade aber, weil sie der subjektiven Methode dienen, muß die Psychologie sich auch ihrer bedienen; denn dem Psychologen muß alles willkommen sein, was die Erforschung der psychischen Wirklichkeit nur irgendwie zu fördern vermag. Wie die subjektive Methode die einzig mögliche Basis aller Psychologie ist, so ist auch alle Psychologie notwendig Individualpsychologie, da wir in der Erfahrung nur individuelle psychische Wirklichkeiten, nicht aber über diesen schwebend auch besondere Volksseelen zu konstatieren vermögen. Da nur der erwachsene Mensch, nicht aber kleine Kinder die subjektive Methode zu handhaben, also Psychologie zu treiben vermögen, so ist es selbstverständlich, daß die Psychologie von der Erforschung des psychischen Lebens des Erwachsenen ausgeht und erst mit Hilfe der hier gewonnenen Ergebnisse an das psychische Leben des Kindes und dessen Entwicklung herantritt.

Das psychische Leben des Erwachsenen ist aber in seinem ganzen Umfange und vor allem in der Form zu betrachten, in der es im gewöhnlichen Leben verläuft, nicht dagegen ausschließlich und zunächst in der Gestalt, die es bei dem Manne der Wissenschaft in den Zeiten des wissenschaftlichen Denkens annimmt. Die Überschätzung des Denkens, speziell des wissenschaftlichen Denkens, hat früher manchmal den Blick der Psychologen auf diese eine Seite des menschlichen Seelenlebens eingeschränkt und aus der Psychologie eine bloße Erkenntnispsychologie gemacht, der es wesentlich darum zu tun war, nur die Entwicklung zu erkennen, die die Erkenntnis der Außenwelt im Seelenleben des Menschen durchgemacht hat. Glücklicherweise ist diese ausschließlich in den Dienst der Erkenntnistheorie gezwungene und dadurch äußerst einseitig gewordene Psychologie heute schon fast abgestorben. Die Überschätzung des Denkens herrscht nicht mehr so allgemein; der Blick der Psychologen hat sich ausgeweitet und sucht sich heute immer mehr der ganzen Fülle des realen psychischen Lebens in seiner warmblütigen und überaus reichen Lebendigkeit zu bemächtigen. Nicht darin sieht der heutige Psychologe seine wahre Aufgabe, das sogenannte „naive"

Bewußtsein zu beschneiden und von einem vermeintlich höheren Standpunkt aus zu kritisieren, sondern darin, es voll und ganz in seiner realen Beschaffenheit und Gesetzmäßigkeit zu erkennen. Denn keiner Erfahrungswissenschaft als solcher kommt die Aufgabe zu, die von ihr zu untersuchenden Tatsachen zu loben, zu tadeln oder zu kritisieren und als minderwertig zu ignorieren.

Ehe wir nun den aufgefundenen Weg zur psychischen Wirklichkeit selbst beschreiten, müssen wir noch ein Hindernis unschädlich machen, das den Blick von der eigentlichen Aufgabe der Psychologie abzulenken imstande ist. In unserer Sprache und unserem Sprachgebrauch hat sich nämlich eine Betrachtungsweise des psychischen Lebens verkörpert, die einer sehr unvollkommenen Stufe der wissenschaftlichen Psychologie entspricht. Das ist die sogenannte „Vermögenspsychologie". Der Weg, den sie in der Behandlung psychologischer Fragen einschlägt, galt lange Zeit, bis ins 19. Jahrhundert hinein, als eine völlig befriedigende Lösung der wissenschaftlichen Aufgabe der Psychologie. Die Sprache lenkt den Anfänger in der Psychologie immer wieder leicht auf diesen Weg. Es bedarf daher zunächst der Besinnung darüber, was den berechtigten Inhalt der Vermögenspsychologie ausmacht und worin andererseits ihre Mängel bestehen, die sie in der vorhandenen Form zu einer ungenügenden wissenschaftlichen Leistung machen.

§ 12. **Die Vermögenspsychologie und ihr wissenschaftlicher Wert.** Die Vermögenspsychologie denkt sich die Seele mit einer bestimmten Anzahl von Seelenvermögen ausgestattet. Derartige Seelenvermögen sind z. B. die Sinnlichkeit, das Vorstellungsvermögen, der Verstand, die Vernunft, das Gedächtnis, die Phantasie, das Gefühlsvermögen und das Begehrungs- und Willensvermögen. Nicht jedes dieser Vermögen ist nach dieser Ansicht in jedem Momente wirksam. Aber jedes Vermögen kann selbsttätig wirken; und zwar wirkt es entweder allein oder mit anderen zusammen. Es kann dann die anderen Vermögen wiederum entweder unterstützen oder ihnen hemmend entgegenwirken. Als das Tätigkeitsgebiet jedes dieser Vermögen wird eine bestimmte Art psychischen Geschehens betrachtet. So soll es Sache der Sinnlichkeit sein, die sinnlich wahrnehmbaren Dinge mit ihren Farben, Tönen, Gerüchen, Geschmäcken usw. wahrzunehmen; dagegen hat das Vorstellungsvermögen die Vorstellungen hervorzubringen; der Verstand betätigt sich in der Bildung theoretischer und praktischer Begriffe und Urteile; der Vernunft fällt die Aufgabe zu, im Denken und Handeln die Aufsicht zu führen, die objektiven Gründe für und wider einen bestimmten theoretischen und praktischen Entscheid abzuwägen und so einen vernünftigen Entscheid herbeizuführen; das Gedächtnis ist der Verwalter der geistigen Vorräte, es hat die Gedächtnisbilder aufzubewahren und sie aus freiem Antrieb oder auf Verlangen anderer Vermögen dem Bewußtsein zur Verfügung zu stellen; die Phantasie ist der produktive Künstler, der aus dem vorhandenen Vorrat neue anschauliche Bilder, Ideale und neue Pläne herzustellen hat; das Gefühlsvermögen taxiert den Wert, den die einzelnen Erlebnisse für das psychische Individuum haben und zeigt diesen Wert dem Bewußtsein durch bestimmte Gefühle der Lust oder Unlust an; der Wille schließlich, oder das „untere" und das „obere Begehrungsvermögen", bestimmt sich das eine Mal frei aus sich selbst an der Hand bestimmter Vorstellungen zur Tätigkeit, oder er läßt sich zur Ausführung bestimmter Taten hinreißen oder als Helfer benutzen. Wie hieraus schon ersichtlich ist, sind diese Vermögen nicht als gleichgeordnet und als gleichwertig gedacht. Vielmehr bestehen zwischen ihnen Abhängigkeitsbeziehungen und eine verwickelte Über- und Unterordnung. Es hat aber keinen Zweck das ganze geordnete System der Seelenvermögen hier vorzuführen. Durch dieses System von Seelenvermögen glaubt die Vermögenspsychologie den hinreichenden Unterbau gewonnnen zu haben, auf dem sie das ganze Gebäude der Psychologie leicht errichten könne. Jedes einzelne konkrete psychische Geschehen wird von ihr einfach durch Berufung auf die dabei mitwirkenden

Vermögen und deren gegenseitiges Verhältnis verständlich zu machen gesucht. Es wäre sehr leicht, dieser Verfahren der Vermögenspsychologie durch Verfolgung im einzelnen lächerlich zu machen. Aber es ist gerechter, zu fragen, welchen berechtigten Sinn diese Psychologie hat und worin ihre wissenschaftlichen Mängel bestehen.

Der Ursprung der Vermögenspsychologie liegt offenbar in dem Bedürfnis des Denkens nach einer Ordnung und Klassifikation der psychischen Thatsachen. Das psychische Leben stellt sich der beginnenden Untersuchung als ein Gebiet von verwirrender Mannigfaltigkeit dar. Der erste Schritt, um eine Übersicht über dies Gebiet der psychischen Erlebnisse zu bekommen, besteht aber darin, daß man durch Vergleichung und Unterscheidung im großen gleichartige psychische Tatsachen zu einer Gruppe zusammenfaßt, ungleichartige sondert und jede dieser Gruppen mit einem kennzeichnenden Namen belegt. Eine solche geordnete Übersicht über die psychische Wirklichkeit vermag nun die Vermögenspsychologie in gewissem Grade wirklich zu geben. Wenn daher diese Psychologie nichts weiter beanspruchte, als eine vorläufig orientierende Übersicht über die psychische Wirklichkeit darzubieten, so käme sie einem ersten wissenschaftlichen Bedürfnis entgegen und hätte insofern ihr volles Existenzrecht. Sie würde uns durch die Vorführung des Systems der Seelenvermögen mitteilen, daß es im Gebiete der psychischen Wirklichkeit verschiedene Gruppen von immer gleichartig wiederkehrenden Vorgängen, wie Sinnesempfindungen, Vorstellungen, Denkvorgänge, Erinnerungen, Phantasievorgänge, Gefühle und Willensvorgänge, gebe, und daß diese Vorgänge in bestimmten Beziehungen der Über- und Unterordnung zu einander stehen.

Aber die Vermögenspsychologie beansprucht gewöhnlich doch, etwas mehr als eine bloße Klassifikation der psychischen Tatsachen zu sein. Die Vermögen sind für sie nicht die psychischen Vorgänge selbst. Wenn der Seele bestimmte Seelenvermögen zugeschrieben werden, so ist damit nicht gesagt, daß in der Seele bestimmte psychische Vorgänge stattfinden.

Es ist damit aber auch nicht bloß gesagt, daß bestimmte psychische Vorgänge möglich sind. Man erklärt zwar heute häufig, daß die Seelenvermögen nur „bloße" Möglichkeiten zu bestimmten psychischen Vorgängen bedeuten. Die Seele besitze bestimmte Seelenvermögen, das heiße: es sei möglich, daß bestimmte psychische Vorgänge stattfinden. Aber diese Behauptung ist nicht richtig. Ohne uns in die Analyse der Möglichkeitsbegriffe hier einzulassen, brauchen wir nur darauf hinzuweisen, daß an sich die Möglichkeit für alles mögliche psychische Geschehen besteht, auch für solches, von dem wir gar keine Ahnung haben, wofür wir also gar keine Vermögen besitzen. Die Seelenvermögen sind also keine bloßen Möglichkeiten, sondern sie sind die in der Seele selbst liegenden, dauernden realen Bedingungen, die die reale Möglichkeit bestimmter Arten von seelischen Vorgängen begründen. Sie drücken nicht die Denkmöglichkeit bestimmter psychischer Vorgänge aus, sondern wollen wirklich existierende Faktoren sein, die das wirkliche Stattfinden bestimmter seelischer Geschehnisse erst realiter möglich machen. Eine reale Möglichkeit, im Unterschied von einer „bloßen" Möglichkeit, besteht nur dann, wenn in der Wirklichkeit etwas existiert, in dem die reale Möglichkeit wurzelt. Ohne wirklich existierende Wurzeln ist die reale Möglichkeit ein bloßes Wort.

Jedoch auch gegen die Vermögenspsychologie in diesem Sinne läßt sich nichts Haltbares einwenden, so oft auch übereifriger erkenntnistheoretischer Rigorismus sie verdammt hat. Mag man unter der Seele verstehen, was man will; mag man sie als ein besonderes, dem Bewußtseinsgeschehen zugrunde liegendes reales Wesen oder bloß als den „Zusammenhang" des Bewußtseinsgeschehens oder schließlich als das reale lebendige psychische Subjekt betrachten, immer wird man doch jede einzelne individuelle psychische Wirklichkeit mit bestimmten dauernden realen Faktoren ausgestattet denken müssen, die als dauernde Bedingungen den wirklichen Eintritt bestimmten psychischen Geschehens überhaupt erst möglich machen. Jede individuelle psychische Wirklichkeit enthält ja doch tatsächlich die dauernden

realen Bedingungen für bestimmte Arten psychischer Vorgänge;
oder, anders ausgedrückt, sie ist dauernd so beschaffen, daß
unter bestimmten hinzutretenden Umständen immer bestimmte
Arten psychischen Geschehens in ihr stattfinden. Es hat noch
keine Psychologie gegeben, die in Wahrheit ohne die Annahme solcher dauernden realen Bedingungen hätte ihre Aufgabe erfüllen können. Mag man das Wort „Vermögen" oder
„Seelenvermögen" noch so ängstlich vermeiden, mag man
statt dessen von Anlagen, Fähigkeiten, Dispositionen, Gewohnheiten, „realen Möglichkeiten" usw. sprechen, dem wirklichen
Sinne nach ist mit diesen Ausdrücken doch nur dasselbe gemeint, was man sonst als Vermögen bezeichnet. Und in diesem
Sinne ist die Annahme von Seelenvermögen in der Psychologie tatsächlich gar nicht zu umgehen. Jeder Psychologe
denkt sich die individuelle psychische Wirklichkeit mit einer,
das einzelne psychische Geschehen überdauernden und es
mitbedingenden Beschaffenheit ausgerüstet. Und insofern treibt
er tatsächlich und notwendig Vermögenspsychologie. Lassen
wir hier daher nicht den störenden und zersetzenden Einfluß
bestimmter Erkenntnistheorien in die Psychologie eindringen.
Die Tatsachen werden nicht anders, wenn man sie, statt mit
den geläufigen Ausdrücken, mit noch so künstlich gedrechselter
Sprache beschreibt. Auch die Naturwissenschaft tut ja recht
daran, wenn sie sich in der Lösung ihrer Aufgaben zunächst
nicht durch erkenntnistheoretische Überlegungen an dem Gebrauch analoger Vermögensbegriffe hindern läßt, sondern ruhig
von Kräften, von Affinität, Schmelzbarkeit, Dehnbarkeit, Löslich-
keit usw. spricht, um damit die dauernden Beschaffenheiten
von Dingen zu bezeichnen, von denen es abhängt, daß unter
bestimmten hinzutretenden Umständen ein bestimmtes Geschehen an oder in diesen Dingen stattfindet. Die Verwendung
von Vermögensbegriffen ist also nicht der wunde Punkt der
Vermögenspsychologie.

Einige logisch ängstliche Gemüter haben Anstoß daran
genommen, daß die Vermögenspsychologie der Seele eine
Mehrheit von Seelenvermögen zuschreibe. Sie meinten, die

Einheit der Seele verbiete die Annahme einer Mehrheit
von Seelenvermögen. Solange jedoch die Vermögenspsychologie unter den Seelenvermögen nichts anderes als die eben
bezeichneten realen Bedingungen für bestimmte Arten psychischen Geschehens versteht, darf und muß sie eine Mehrheit
solcher Bedingungen annehmen; oder vielmehr, darf sie annehmen, daß die einheitliche Seele trotz ihrer Einheit die realen
Bedingungen für mehrere Arten psychischen Geschehens enthält. Denn die Seele ist ja in jedem Falle keine Einheit im
Sinne der Einfachheit, keine Substanz, die jede Mannigfaltigkeit ausschlösse. Es gibt ja auch Einheit in der Mannigfaltigkeit. Daß eine Mehrheit eine Einheit bilden kann, ist
keine Denkunmöglichkeit. So gut wir einem und demselben
materiellen Dinge unbeschadet seiner Einheit eine Mehrheit
von Eigenschaften zuschreiben, dürfen wir auch in der Seele
eine Mehrheit von Beschaffenheiten vorhanden denken, ohne
daß die Einheit der Seele darüber zerbräche.

Die Mängel, die die Vermögenspsychologie in der gewöhnlichen Form wissenschaftlich unbrauchbar machen, liegen
in anderen Punkten. Sie überspringt zunächst die erste wichtige Aufgabe der Psychologie, nämlich die Analyse der psychischen Tatsachen selbst; sie gibt uns keine Erkenntnis von
der Beschaffenheit der psychischen Vorgänge. Eine solche
genauere Analyse des psychischen Lebens selbst ist aber
nicht nur an sich notwendig, sondern sie würde auch erst die
genügende Grundlage für die eigenen Behauptungen der Vermögenspsychologie geben. Denn um festzustellen, welche
Vermögen die Seele besitzt, muß man zuerst die Leistungen
der Seele, also das einzelne konkrete psychische Sein und
Geschehen untersuchen. Erst wenn man die psychischen Erlebnisse, Zustände und Tätigkeiten in ihrer Beschaffenheit erkannt hat, lassen sich auf Grund der Forderungen, die diese
Tatsachen stellen, die dauernden realen Bedingungen bestimmen, die in der Seele vorhanden sein müssen, wenn jene
psychischen Erlebnisse, Zustände und Tätigkeiten so sollen
stattfinden können, wie sie es tatsächlich tun. Die Vermögen

sind ja nicht das erste, was unserer Selbstbeobachtung sich darbietet; sondern das nächstliegende sind die einzelnen psychischen Erlebnisse, Zustände und Tätigkeiten, deren Ähnlichkeiten und Verschiedenheiten uns erst die genauere Bestimmung der Seelenvermögen gestatten. Die Psychologie kann daher auf keinen Fall mit der Vermögenspsychologie beginnen, wenn sie ihre Aufgabe wirklich erfüllen will. Die genauere Analyse des wirklichen psychischen Seins und Geschehens würde auch zur Beseitigung eines zweiten Fehlers der Vermögenspsychologie führen; sie würde ergeben, daß man zwischen ursprünglichen und erworbenen Vermögen zu unterscheiden hat. Einige der dauernden, realen Bedingungen für bestimmtes psychisches Geschehen sind nicht von Anfang an da, sondern entstehen erst im Laufe des Lebens und machen dann erst dieses bestimmte psychische Geschehen möglich. Die Vermögenspsychologie läßt im allgemeinen diesen Unterschied außer Betracht und findet daher auch keinen Anlaß, der Entstehung erworbener Vermögen und Fähigkeiten nachzuforschen; damit übergeht sie wiederum einen wichtigen Teil der Aufgaben, die eine wissenschaftliche Psychologie zu lösen hat. Der wesentliche Mangel der Vermögenspsychologie besteht aber darin, daß sie nicht im einzelnen die Bedingungen festzustellen sucht, von denen der Eintritt und die Beschaffenheit des psychischen Geschehens abhängt, sondern vielmehr so spricht, als ob die einzelnen Seelenvermögen unabhängige, selbständige Wesen seien, die sich ohne bestimmte Gesetzmäßigkeit aus eigener freier Willkür betätigten, jetzt allein, dann einander helfend, dann wieder einander bekriegend. Manchmal führt man die Seelenvermögen sogar als selbständige psychische Individuen ein, die ihrerseits wieder allerlei wahrnehmen, denken, fühlen und erstreben; Erlebnisse, die man dann keiner weiteren Untersuchung würdigt. Eine derartige Zerteilung der Seele in selbständige psychische Individuen widerspricht allerdings der Einheit der Seele. Denn immer ist es doch dasselbe psychische Subjekt, das die einzelnen Vermögen hat, und das sich betätigt, wenn die

Seelenvermögen wirksam werden. Innerhalb der einzelnen individuellen psychischen Wirklichkeit ist es immer ein und dasselbe Ich, das jetzt wahrnimmt, dann vorstellt oder denkt, fühlt, strebt und will. Die individuelle Seele ist keine Gemeinschaft aus mehreren Individuen. Die Seelenvermögen können daher nur verschiedene Seiten an einem und demselben Individuum sein. Und auf keinen Fall darf man das einzelne Seelenvermögen wieder selbst mit einem Seelenleben ausgestattet denken, denn dadurch würde man das, was man erkennen und erklären will, schon wieder unerkannt und unerklärt voraussetzen. Der „Wille" als Seelenvermögen ist also keine Person, die sehen, wahrnehmen, denken und überlegen könnte, die mit Bewußtsein der Vernunft gehorchen oder die Sinnlichkeit unterdrücken könnte usw. Gar zu leicht begehen aber die Menschen diese Personifizierung der Seelenvermögen und merken nicht, daß sie damit die Aufgabe der Psychologie ungelöst in die Seelenvermögen zurückschieben. Alle die seelischen Erlebnisse, die man den Seelenvermögen zuschreibt, und auf Grund deren man sie handeln läßt, sind ja nicht das Vorauszusetzende, sondern gerade das, was die Psychologie seiner Beschaffenheit und Gesetzmäßigkeit nach erkennen soll. Sieht man dies ein, unterläßt man es, in die Seelenvermögen das ganze Seelenleben noch einmal hineinzuverlegen, so pflegt doch die Vermögenspsychologie weiterhin die Aufsuchung gesetzmäßiger Zusamenhänge zwischen psychischen Erlebnissen zu verabsäumen. Es genügt zur Beschreibung und Erklärung des psychischen Lebens nicht, daß man mit der Vermögenspsychologie bloß angibt, in diesem psychischen Geschehen sei dieses Vermögen, in jenem jenes Vermögen wirksam. Es müßte festgestellt werden, durch welche Umstände die einzelnen Vermögen zur Tätigkeit veranlaßt werden, und welche Bedingungen bewirken, daß jetzt diese, jetzt jene Vermögen sich zu gemeinsamer Tätigkeit vereinigen oder sich gegenseitig hemmen und bekriegen. Denn die Seelenvermögen wirken nicht unabhängig von allen weiteren Umständen, gleichsam aus freier, rätselhafter Willkür, wenn es ihnen gerade paßt; sondern sie sind selbst nur Glieder innerhalb des gesetzmäßigen Zusammenhangs des psychischen Geschehens.

Die angeführten Mängel der Vermögenspsychologie zeigen, daß auf diesem Wege die eigentliche Aufgabe der Psychologie, nämlich die Analyse und Erklärung des psychischen Seins und Geschehens, nicht geleistet werden kann. Die Vermögenspsychologie kann nur vorläufig über das Gebiet der psychischen Wirklichkeit orientieren und zum Ausdruck bringen, daß bei allem psychischen Geschehen ursprüngliche oder erworbene, dauernde, reale Bedingungen mit wirksam sind. Die Spuren der Vermögenspsychologie sind aus der heutigen wissenschaftlichen Psychologie ziemlich verschwunden. Herbart war der erste, der im II. Band seiner „Psychologie als Wissenschaft" die Vermögenspsychologie einer energischen Kritik unterzog. Er ging freilich im Kampf gegen die Vermögen zu weit. Aber insofern er zeigte, daß die Vermögenspsychologie keinen Anspruch machen könne, schon eine Wissenschaft zu sein, daß die eigentliche Aufgabe der Psychologie von ihr nicht gelöst werde, hat er das Verdienst der Wiederbelebung der wissenschaftlichen Psychologie, wenn er auch in seinen eigenen psychologischen Leistungen in andere Fehler verfiel, indem er voreilig an die Erklärung des psychischen Geschehens ging und aus vorausgesetzten einfachen Seelenelementen das ganze psychische Leben zu konstruieren unternahm. Herbart übersieht, ebenso wie die Vermögenspsychologie, daß die Analyse des wirklichen psychischen Seins und Geschehens erst die Grundlage für die Erklärung der psychischen Tatsachen zu liefern hat. Dieses Verhältnis von Analyse und Erklärung wird in neuerer Zeit immer allgemeiner anerkannt. Da der Fortschritt der Psychologie von dieser Anerkennung bedingt ist, so sei das Verhältnis von Analyse und Erklärung in der Psychologie etwas genauer betrachtet.

§ 13. Analyse und Erklärung in der Psychologie. Die psychologische Analyse hat die Beschaffenheit der psychischen Wirklichkeit festzustellen. Sie richtet sich zu diesem Zwecke auf einzelne konkrete psychische Tatbestände

und sucht an ihnen die unterscheidbaren Teile, Seiten, Beschaffenheiten oder Momente, an denen keinerlei Vielheit mehr
zu erkennen ist, hervorzuheben. Sie hat aber dann weiter
festzustellen, wie diese einzelnen, nicht weiter zurückführbaren
Teile, Seiten, Beschaffenheiten oder Momente zusammen
sind, oder in welchen Beziehungen sie zu einander stehen,
wenn sie das Ganze eines psychischen Tatbestandes ausmachen.

Die Aufgabe der psychologischen Erklärung ist es dagegen, die Gesetzmäßigkeit der psychischen Wirklichkeit
zu erforschen, d. h. zu untersuchen, von welchen Faktoren
der Eintritt, die Beschaffenheit und die Veränderung der
psychischen Tatbestände abhängen.

Nun ist zunächst zu beachten, daß hier, wie auch sonst,
Analyse und Erklärung von einander verschieden sind. Man
hat diesen Unterschied zwischen Analyse und Erklärung nicht
immer deutlich erkannt, sondern manchmal vielmehr gemeint,
man habe, wenn man nur die Entstehung eines psychischen
Tatbestandes nachgewiesen habe, auch schon über die Beschaffenheit des entstandenen Tatbestandes selbst genügende
Rechenschaft gegeben. Ja, von einigen Psychologen wird noch
heute die Beschreibung der Beschaffenheit psychischer Tatbestände mit ihrer Erklärung prinzipiell verwechselt. Um
zu erkennen, daß hier in der Tat eine Verwechslung be-
gangen wird, braucht man nur darauf hinzuweisen, daß auch
sonst niemals die Erkenntnis der Beschaffenheit einer Sache
dasselbe ist wie eine Erklärung der Entstehung der Sache.
Wer z. B. die Eigenschaften des Wassers genau erkennt,
weiß deshalb noch nicht, unter welchen Umständen Wasser
entsteht. Oder wer umgekehrt vom Wasser nichts weiter
wüßte, als daß es unter bestimmten Umständen aus einem
Gemisch von 2 Teilen Wasserstoff mit 1 Teil Sauerstoff
entsteht, würde damit die wirkliche Beschaffenheit des Wassers
noch lange nicht kennen. Man setzt die Kenntnis der Beschaffenheit des Wassers stillschweigend voraus und merkt
daher nicht, daß die Erklärung der Entstehung keine Er-

kenntnis der Beschaffenheit ist. Grade das Gebiet, dem das Beispiel entnommen ist, nämlich die Chemie, mag aber grade die Verwechslung von Analyse und Erklärung in der Psychologie gefördert haben. Denn unter Analyse versteht man eben in der Chemie nicht eine Untersuchung über die wirkliche Beschaffenheit der Stoffe sondern eine Zerstörung der zusammengesetzten Stoffe, um zu erkennen, aus welchen einfachen Stoffen sie unter bestimmten Umständen als etwas Neues entstehen. Das Resultat der chemischen Analyse des Wassers, daß es nämlich aus 2 H und O „besteht", besagt daher nicht, wie beschaffen das Wasser ist. Die psychologische Analyse dagegen will gerade feststellen, wie beschaffen die psychischen Tatsachen sind, wie sie wirklich „aussehen", nicht, wie sie so geworden sind. Und auch in der Psychologie ist die Erkenntnis der Beschaffenheit eines psychischen Tatbestandes nicht dasselbe, wie die Einsicht in die Entstehung des Tatbestandes. Wer weiß, wie beschaffen der Tatbestand des Wollens ist, hat damit vielleicht Hinweise auf die Entstehung desselben, nicht aber schon eine Einsicht in diese Entstehung gewonnen. Und umgekehrt lehrt die Mitteilung, daß unter diesen und diesen Bedingungen ein Wollen entsteht, noch nicht, wie denn dieses Wollen selbst aussieht.

Nun ist aber überall ein gewisser Grad der Analyse die logische Voraussetzung für erfolgreiche Erklärungsversuche; man muß die Tatsachen, die man erklären möchte, doch schon in gewissem Grade kennen. Und um eine versuchte Erklärung auf ihre Richtigkeit prüfen zu können, muß man die Tatsachen ihrer Beschaffenheit nach genau kennen, dann erst läßt sich feststellen, daß unter den vermuteten Bedingungen allemal grade diese bestimmten Tatsachen entstehen, deren Entstehung man erklären möchte. So muß auch in der Psychologie die feste Grundlage aller Erklärungen und Theorien die psychologische Analyse der Tatsachen bilden. Um z. B. die Vermutung, daß unter diesen und diesen Bedingungen allemal ein Wollen entstehe, auf ihre Giltigkeit

prüfen zu können, muß man schon wissen, wie das Wollen
überhaupt beschaffen ist, sonst läuft man Gefahr, psychische
Tatbestände als Wollen zu betrachten, die kein Wollen sind,
oder solche außer Acht zu lassen, die die wesentlichen Merkmale des Wollens an sich tragen. Wer die Meinungsstreitig-
keiten über psychologische Fragen verfolgt, wird finden,
daß sie meistens zurückgehen und münden in einen Streit
über die Beschaffenheit der psychischen Tatsachen selbst,
und daß nicht eher an eine Einigung zu denken ist, bis die
Fragen, die die psychologische Analyse zu lösen hat, eindeutig entschieden sind. Die flüchtige Bekanntschaft mit den
psychischen Tatsachen, die jeder als unwillkürlichen Ertrag
seines bisherigen Lebens in die Psychologie mit hereinbringt,
läßt nur zu leicht über die wichtige und schwierige Aufgabe
der psychologischen Analyse hinweggehen. In jugendlichem,
ungeduldigem Wagemut, der an sich gewiß etwas Schönes ist,
möchte man möglichst schnell das ganze Gebiet der Psychologie durch eine einheitliche Theorie beherrschen und glaubt
ohne weiteres ein sicheres Wissen über die Entstehung der
psychischen Vorgänge produzieren zu können. Die Folgen
solchen Verhaltens sind immer, daß man nicht die Theorien
nach den Tatsachen, sondern die Tatsachen nach den Theorien
gestaltet, und daß sich dabei manche psychischen Tatbestände
eine gewaltsame Umdeutung gefallen lassen müssen. Diesem
die Analyse überspringenden theoretischen Eroberungsgeist
waren vor allen Dingen die Tatsachen des Gefühls- und
Willenslebens, dann das Ich und das Selbstbewußtsein
hinderlich; flugs werden sie zu Beziehungen oder Verhältnissen
zwischen Vorstellungen oder Empfindungen gemacht; und da
sie in ihrer Beschaffenheit nicht durch die Analyse fixiert
waren, so vermochten sie im Denken dieser Theoretiker
keinen Widerstand gegen solche Gewaltakte zu leisten. Wären
dagegen die psychischen Tatsachen in ihrer Beschaffenheit
erst einmal wirklich festgestellt, dann würde die Erklärung
nicht so oft fehlgehen und eine relativ einfache Sache sein.
In jedem einzelnen Fall muß daher die Analyse der Erklärung

vorhergehen, man muß das „Was" kennen, ehe man nach dem „Warum" fragt.

Wir haben nun im vorangehenden die Haupthindernisse beseitigt, die der Annäherung an die psychische Wirklichkeit entgegenstehen. Der Gegenstand und der Weg zu ihm sind bestimmt; wir sind jetzt genügend ausgerüstet, um den Weg selbst zu beschreiten und die psychische Wirklichkeit näher zu betrachten. Damit man bei der Betrachtung der Einzelheiten die allgemeine Orientierung nicht verliert, ist es gut, sich vorher die großen Züge des Ganzen klar zu machen. Wir wollen daher zunächst die psychische Wirklichkeit gleichsam von weitem überblicken und eine allgemeine Charakteristik derselben voranschicken. Es ist dabei nicht zu umgehen, in dieser allgemeinen Charakteristik Begriffe zu gebrauchen und Behauptungen aufzustellen, die erst durch die nähere Betrachtung ihre völlige Rechtfertigung und Sicherstellung erlangen können. Die Verständlichkeit des Gesagten wird dadurch für den Unbefangenen wohl kaum beeinträchtigt werden.

II. Teil.
Die psychische Wirklichkeit, ihre Beschaffenheit und Gesetzmäßigkeit.

1. Kapitel.
Allgemeine Charakteristik der psychischen Wirklichkeit.

§ 1. Zusammenfassung der bisher gefundenen Merkmale. Die psychische Wirklichkeit stellt sich, so sahen wir, im ganzen dar als eine Welt von ungezählten psychischen Individuen, die alle gegeneinander psychisch isoliert sind, und von denen jedes in seiner Verkapselung ein den Blicken aller anderen Individuen verschlossenes, von ihnen nur erratbares psychisches Leben führt. Diese Individuen nehmen keinen Raum ein und haben weder räumliche Größe noch Gestalt; und doch sind sie da und leben ein unräumliches, aber mehr oder weniger bedeutsames Leben. Nun hängt freilich, bildlich gesprochen, an jeder individuellen psychischen Wirklichkeit ein bestimmter, räumlich ausgedehnter und gestalteter Leib, der seinerseits seinen Ort im Raum hat und umgeben ist von anderen Leibern und der übrigen materiellen Welt. Der bestimmte Leib ist für die bestimmte individuelle psychische Wirklichkeit das einzige materielle Objekt, mit dem sie in Wechselwirkung treten kann; er bildet gleichsam die einzige Eingangs- und Ausgangspforte für dieses bestimmte psychische Individuum. Der Ort dieses Leibes ist daher von einzigartiger Bedeutung für das Individuum. Das psychische Individuum selbst aber hat keinen Ort, d. h. es erfüllt nicht in bestimmten Entfernungen von materiellen Objekten einen größeren oder geringeren Teil des Raumes; man kann ihm nur insofern einen Ort zuweisen, als man es in Beziehung zu dem Ort setzt, wo der zugehörige Leib sich befindet. Man kann sagen, die materielle Welt sei das Isoliermaterial, in dem an bestimmten Punkten bestimmte individuelle psychische Wirklichkeiten eingebettet liegen.

Durch diese zwischenliegende materielle Welt wird aber die Isolierung der Individuen in gewissem Sinne wieder aufgehoben. Indem der Leib einerseits Ausdrucksmittel und Werkzeug für das psychische Individuum ist, andererseits aber materielle Einwirkungen anderer Leiber empfangen und dem Individuum übermitteln kann, ist ein durch die materielle Welt vermittelter Seelenverkehr ermöglicht, der aber, soweit wir wissen, niemals während des Erdenlebens die psychische Isolierung der Individuen aufhebt, also niemals zu einer direkten „Berührung", Vereinigung oder Einwirkung der psychischen Individuen führt.

Das Individuum sowohl als auch seine einzelnen Erlebnisse, Zustände und Tätigkeiten haben nicht nur keinerlei räumliche Qualitäten, sondern es fehlen ihnen auch die anderen Eigenschaften der materiellen Welt; sie sind nicht irgendwie gefärbt, nicht greifbar hart oder weich, nicht eigentlich warm oder kalt; und in sich still und geräuschlos verläuft auch das wildbewegteste psychische Leben. Die psychische Wirklichkeit ist also eine der stofflichen Eigenschaften ermangelnde, stofflose Welt, die niemals jemand mit Augen gesehen, mit Ohren gehört, mit Händen gegriffen hat, und die auch mit den feinsten Waffen der Naturwissenschaft nicht sinnlich wahrnehmbar zu machen ist. Aber sie ist trotzdem nicht nur auch da, neben oder in der materiellen Welt und in innigem Zusammenhang mit materiellen Leibern, sondern es kommt auch in ihr ein Wissen um eine materielle Welt vor. Jedes einzelne psychische Individuum steht wissend, fühlend und strebend einer gewußten materiellen Welt gegenüber.

Damit haben wir noch einmal auf die Hauptumrisse der psychischen Wirklichkeit hingewiesen, die wir schon früher gezeichnet haben. Nun wollen wir diese geheimnisvolle Welt immer deutlicher und klarer geistig zu erfassen suchen. Wir richten dazu unseren Blick auf die individuelle psychische

Wirklichkeit eines erwachsenen Menschen, denken uns, wir seien eine Zeitlang unbemerkter Augenzeuge des darin statt-findenden psychischen Lebens und fragen uns zunächst, wie im großen und ganzen das beschaffen ist, was sich da vor unserem inneren Blick abspielt.

§ 2. **Unaufhörliche Veränderung.** Ob wir das lebhaft bewegte, reiche und kraftvolle Seelenleben eines hochbegabten Individuums oder ob wir das träge, arme und matte psychische Leben eines kärglich ausgestatteten Menschen betrachten, immer ist das, was sich uns darstellt, keine unveränderliche, ruhende Welt, sondern eine Welt, in der fortwährend schnellere oder langsamere Veränderungen vor sich gehen, in der keine merk-liche Zeit hindurch Stillstand herrscht, sondern in der ein unaufhaltsames, mehr oder weniger auf- und abwogendes Fließen stattfindet. Wenn wir das Aussehen, das diese in-dividuelle Wirklichkeit in diesem Momente hat, vergleichen mit der Beschaffenheit, die sie in irgendeinem früheren oder irgendeinem späteren Momente aufweist, so werden wir immer größere oder kleinere Unterschiede auffinden. Nur in seltenen Fällen oder unter besonderen experimentellen Umständen wird ein psychischer Gesamtzustand auftreten, der wenigstens im großen und ganzen einem früher schon einmal dagewesenen gleicht. Soweit man darüber etwas feststellen kann, darf man sagen, niemals kehrt in der individuellen psychischen Lebens-geschichte ein in jeder Beziehung gleicher psychischer Gesamt-zustand wieder. Selbst bei denjenigen Menschen, die längere Zeit in einer Umgebung von unveränderlicher Beschaffenheit verbringen und während dieser Zeit tagtäglich dieselben Be-schäftigungen in derselben Zeitfolge zu verrichten haben, ist doch nicht ein Tag wie der andere, wenn wir auf ihr psy-chisches Leben achten. Was anfangs ihre Aufmerksamkeit erregte, beachten sie später nicht mehr; früher nicht Beachtetes wird nun beachtet; durch das vergangene Leben haben die Gegenstände eine andere Bedeutung gewonnen; andere Ge-danken, andere Gefühle, andere Stimmungen und andere Strebungen, Wünsche und Absichten haben sich eingestellt;

und so wird schließlich im psychischen Leben kein Tag, ja
kein Moment völlig gleich dem anderen sein.

Nun müssen wir aber die allgemeine Natur dieser unaufhörlichen Veränderung der psychischen Wirklichkeit genau
beachten, um nicht in Irrtümer zu geraten, denen die Psychologie zeitweilig verfallen ist. Die Veränderung, die wir in der
individuellen psychischen Wirklichkeit vor Augen sehen, besteht
nicht darin, daß eine bestimmte Anzahl unveränderlich und
dauernd existierender Elemente gleichsam auf eine Bühne tritt,
zeitweilig teilweise verschwindet und immer neue Kombinationen
bildet. Die einzelnen psychischen Erlebnisse, Zustände und
Tätigkeiten, die in der individuellen psychischen Wirklichkeit
vorkommen, entstehen immer wieder neu, sie sind nicht
vorher schon da und treten nicht hinter einem Vorhang hervor;
und sie verschwinden immer wieder völlig aus dem
Dasein, sie treten nicht hinter einen Vorhang zurück und
führen nicht ein ungesehenes aber wirkliches Leben weiter.
Wenn z. B. das betrachtete Individuum jetzt eine rote Farbe
sieht oder vorstellt, so tritt dieses Sehen resp. Vorstellen der
roten Farbe als etwas völlig Neues ins Dasein, es existierte
vorher noch nicht. Und wenn dieses Sehen oder Vorstellen
der roten Farbe aus der psychischen Wirklichkeit wieder verschwindet, so ist es damit auf ewig dahin; es wird nicht etwa
als solches dauernd aufbewahrt und kann nicht eines schönen
Tages wieder auferstehen und wiederkehren. Wohl kann von
demselben Individuum ein und dieselbe rote Farbe wiederum
gesehen oder vorgestellt werden, aber dieses jetzt vorhandene
Sehen oder Vorstellen als psychischer Tatbestand ist ein neues,
jetzt erst ins Dasein getretenes Sehen oder Vorstellen, es ist
numerisch oder der Zahl nach von dem früheren Sehen oder
Vorstellen verschieden, wenn es auch mehr oder weniger Ähnlichkeit mit dem früheren Sehen oder Vorstellen hat. Jenes
lebt jetzt zu dieser Zeit, dieses lebte damals zu anderer Zeit.
Ebenso verhält es sich, wenn in der betrachteten psychischen
Wirklichkeit ein Gefühl der Lust oder der Freude auftritt.
Dieses Gefühl war vorher nicht da, es entsteht jetzt völlig

frisch und neugeboren; und wenn es wieder verschwindet, dann verschwindet es eben wirklich und wird nicht irgendwo aufbewahrt, um gelegentlich wieder zu erscheinen; es hat völlig aufgehört zu existieren, an seine Stelle treten andere, ebenfalls vergängliche Gefühle, unter denen möglicherweise eines ist, das dem vergangenen völlig gleicht, aber deshalb nicht das vergangene selbst ist. Freilich eine Erinnerung an das vergangene Gefühl ist möglich; aber diese Erinnerung ist nicht selbst ein Gefühl und erst recht nicht das vergangene Gefühl, sondern sie ist ein Wissen um das vergangene Gefühl, um etwas, was dem Totenreich der Vergangenheit angehört und nie wieder lebendig zu machen ist. Die Veränderung in der psychischen Wirklichkeit besteht also darin, daß immer neue psychische Erlebnisse, Zustände und Tätigkeiten entstehen und wieder vergehen. Sind sie einmal aus der psychischen Wirklichkeit verschwunden, so sind sie auch ein für allemal dahin und führen nicht irgendwo ein dauerndes Leben, sondern können nur als Tote im Gedächtnis der Lebenden ein Scheinleben führen, ohne wirklich wiedererweckt werden zu können. Das Individuum kann sich allerdings in seine vergangenen Erlebnisse, Zustände und Tätigkeiten liebevoll versenken, sich ganz und gar in sie „einfühlen“ und so gleichsam ein Stück seines Lebens nochmal durchleben. Und es kann sich ganz in die Zukunft versetzen, sich in ein Stück seines zukünftigen Lebens völlig „einfühlen“ und so schon jetzt vorauserleben, was später wiederum wirklich eintritt. Aber daraus ergibt sich nicht, daß psychische Erlebnisse, Zustände und Tätigkeiten als solche dauernd fortexistierten und sich gelegentlich auch einmal oder mehreremal in der psychischen Wirklichkeit zeigten. Tatsächlich verschwinden sie ja völlig; daß sie selbst noch irgendwo existierten, läßt sich nicht im geringsten nachweisen. Es können nur im späteren Verlauf desselben individuellen psychischen Lebens psychische Tatbestände wiederum neu entstehen, die mit den vergangenen eine größere oder geringere Ähnlichkeit haben, ohne deshalb die vergangenen selbst zu sein. Es ergibt sich hieraus, welchen Sinn

es allein haben kann, wenn man in der Psychologie von der
„Wiederkehr desselben" psychischen Erlebnisses, Zustandes
oder Strebens spricht. Man darf damit niemals sagen wollen:
Ein und dasselbe, numerisch identische psychische Erlebnis,
das früher schon einmal in dieser selben psychischen Wirklichkeit vorhanden war, habe mittlerweile unverändert fort-
existiert oder sei inzwischen anderswo gewesen und komme
nun gleichsam aus seinem Versteck hervor, um sich von neuem
sehen zu lassen. Auf Grund unserer Erfahrungen kann mit
jener Ausdrucksweise nur gemeint sein, daß jetzt ein psychisches Erlebnis neu entstanden sei, das aber genau die
gleiche Beschaffenheit habe wie ein früher in derselben psychischen Wirklichkeit dagewesenes, und das eventuell auf
dieselben numerisch identischen Gegenstände bezogen sei.
Denn das individuelle psychische Leben besteht nicht aus
festen, selbständigen, unverändert dauernden Elementen; es ist
keine Bewegung solcher fester Elemente. Mag alles materielle
Geschehen sich schließlich als bloße Bewegungen letzter, unveränderlicher, ewig dauernder Elemente darstellen, auf das
individuelle psychische Leben ist diese Vorstellungsweise nicht
anwendbar. Die einzelnen psychischen Erlebnisse, Zustände
und Tätigkeiten können nicht mit diesen Atomen selbst verglichen werden, sondern höchstens mit den Bewegungen dieser
Atome; denn sie haben mit diesen Bewegungen das gemeinsam, daß sie immer von neuem entstehen müssen und, wenn
sie stattgefunden haben, ein für allemal als solche verschwunden sind.

Die soeben bezeichnete Tatsache macht eine psychologische Theorie unhaltbar, die zuerst im 17. Jahrhundert von
dem englischen Philosophen John Locke begonnen, dann aber
vor allem durch den deutschen Psychologen Herbart im einzelnen ausgebildet worden ist. Diese Theorie nimmt nämlich
an, daß die individuelle psychische Wirklichkeit aus gewissen
einfachen, unveränderlichen und dauernd existierenden Elementen, den Ideen oder Vorstellungen, bestehe und zusammengesetzt sei. Offenbar hat hier die Atomtheorie als

Vorbild gedient, für die die materielle Welt aus letzten, unveränderlichen, ewigen materiellen Atomen zusammengesetzt ist. Und wie die Atomtheorie das materielle Geschehen im Grunde als Bewegungen dieser Atome betrachtet, so stellt jene psychologische Theorie das ganze psychische Geschehen als ein fortwährendes Sichbewegen, Sichtrennen und Verbinden, Sichhemmen und Unterstützen jener psychischen Atome, der Vorstellungen, dar. Nur wird hier noch eine Besonderung eingeführt, um den Tatsachen etwas mehr gerecht zu werden: Es soll nämlich immer nur ein relativ kleiner Teil jener psychischen Atome über der „Schwelle des Bewußtseins" sich befinden, während der übrige größere Teil jedesmal unter der Schwelle des Bewußtseins sitzen und dort mehr oder weniger eifrig tätig sein soll. Die psychische Wirklichkeit stellt sich hiernach wie eine Art Mückenschwarm dar, von dem jetzt dieser jetzt jener Teil seinen Tanz ausführt, während der übrige Teil sich gerade auf einem festen Gegenstand niedergelassen hat oder in eine dunkle Höhle gekrochen ist. Zwei Gründe sind es wohl gewesen, die die Einführung dieser atomistischen Theorie in die Psychologie erleichtert haben. Einerseits die durch die Sprache unterstützte Verwechslung des Inhaltes oder Gegenstandes der Vorstellungen, also der Farben, Formen usw., mit den Vorstellungen selbst als den vorübergehenden psychischen Erlebnissen, die diese Farben, Formen usw. zum Inhalt oder Gegenstand haben können. Indem man bei dem Worte „Vorstellung" nur auf die Inhalte blickte, konnte es möglich erscheinen, daß solche Vorstellungen wie eine Art Bilderchen eine dauernde, unveränderte Existenz haben, während man bei der Betrachtung der Vorstellungen als eigenartiger psychischer Erlebnisse sofort erkannt haben würde, daß ihnen keine dauernde und unveränderte Existenz zukommt. Der zweite Grund aber ist der, daß diese atomistische Theorie eine einfache und bequeme Beschreibung des psychischen Lebens erlaubte. Nicht nur mußte diese Theorie für die häufig von der Naturwissenschaft herkommenden Psychologen einschmeichelnd bequem sein, sondern sie erlaubt auch tatsächlich in einigen Fällen eine einfache Beschreibung der psychischen Tatsachen. Wir finden daher heute die Spuren dieser Theorie noch vielfach in den psychologischen Untersuchungen vor. Manchmal mag man sich dabei bewußt sein, sie nur im Sinne einer bequemen Ausdrucksweise zu verwenden, aber es fehlt doch auch nicht an Fällen, in denen sich die Verfasser nicht klar darüber sind, daß diese Theorie auf Fiktionen beruht, daß ihre Beschreibungen nicht mit den wirklichen psychischen Tatsachen übereinstimmen, und daß die Durchführung dieser atomistischen Theorie notwendig zu willkürlichen Konstruktionen und zu einem falschen Bild von dem wirklichen psychischen Leben führen muß.

Das psychische Leben ist in fortwährender Veränderung begriffen, es ist ein unaufhörliches Entstehen und Vergehen, es gibt keine psychischen Atome. Aber zeigt nun die individuelle Wirklichkeit tatsächlich n u r Veränderungen? Bleibt nicht doch etwas trotz des unaufhörlichen Wechsels bestehen? Es ist doch immer d i e s e l b e, der Zahl nach e i n e individuelle psychische Wirklichkeit, die wir betrachten. Wie kann denn eine ungeheure Vielheit von vergänglichen, in der Zeit aufeinanderfolgenden, psychischen Erlebnissen, Zuständen und Tätigkeiten e i n e e i n z i g e psychische Wirklichkeit bilden? — Auf diese Fragen hat man geantwortet: Die in der Zeit aufeinanderfolgenden, vergänglichen psychischen Erlebnisse, Zustände und Tätigkeiten h ä n g e n eben überall zusammen; und dieser Zusammenhang des Vergänglichen mache oder sei die Einheit der individuellen psychischen Wirklichkeit. Es sei nicht etwas da, das fortwährend den ewigen Wechsel überdauere, es sei vielmehr in jedem Moment alles neu, nur hänge eben dieses Neue mit dem soeben Vergangenen und dem unmittelbar darauf Folgenden zusammen, es bilde ein Glied in einer zusammenhängenden zeitlichen Reihe von flüchtigen Phänomenen. Und diese in sich zusammenhängende Reihe s e i die individuelle psychische Wirklichkeit. — Wie verhält es sich mit diesem Zusammenhang? Worin besteht seine Natur? Setzt er nicht etwas voraus, das den Wechsel des einzelnen psychischen Geschehens überdauert? Diese Fragen sollen uns im folgenden zunächst beschäftigen.

§ 3. **Stetigkeit des Verlaufs des psychischen Ge-schehens.** Vor uns verläuft bald in langsamerem und trägem, bald in rascherem und lebhafterem Tempo das in fortwährender Veränderung begriffene psychische Geschehen in einem be-stimmten Individuum. Achten wir zunächst darauf, wie es sich mit dem zeitlichen Zusammenhang dieses psychischen Ge-schehens verhält. Er scheint ein kontinuierlicher, stetiger zu sein; in keinem Momente, solange das Individuum wenigstens wach ist, scheint eine Unterbrechung dieses Geschehens statt-zufinden; unaufhörlich gleitet das Geschehen. Wir suchen eine Unterbrechung herbeizuführen. Das Individuum ist gerade in einem bestimmten Gedankengange begriffen; da feuern wir mitten hinein eine Pistole ab. Ist das Individuum nicht völlig taub, so wird allerdings sein Gedankengang jäh unterbrochen. Aber ist damit eine Lücke in das psychische Geschehen selbst gerissen?

Zunächst ist klar, daß zwischen dem Denken, das gerade vorhanden war, als der Knall ertönte, und dem Hören dieses Knalles kein innerer Zusammenhang besteht; denn sonst dürften wir ja den Gedankengang nicht als unterbrochen bezeichnen, das Hören des Knalles würde ein Glied in dem Denkvorgang bilden. Besteht dann vielleicht wenigstens ein stetiger zeit-licher Zusammenhang? Geht etwa der Denkvorgang zeitlich stetig über in das Hören des Knalles? Nun, soviel ist sicher, das Hören des Knalles entsteht in einem gewissen Zeitpunkte als etwas total Neues; mag auch dieses Hören erst nach einer kurzen Zeit ein völlig deutliches werden; in dem Moment, wo es, wenn auch noch so undeutlich, eintritt, ist es doch etwas Neues, das nicht stetig aus dem Denkvorgang hervorgeht, sondern plötzlich an seine Stelle tritt. Man sagt dagegen, der Denkvorgang wird nicht plötzlich verdrängt, sondern er klingt noch etwas nach, während gleichzeitig das Hören des Knalles auf seine volle Höhe anschwillt. Aber damit ist noch kein Zusammenhang zwischen dem Denkprozeß und dem Hören des Knalles gegeben. Nehmen wir einen ähnlichen Fall aus der materiellen Welt: Während die Bewegung eines Körpers gerade allmählich zur Ruhe kommt, beginne irgendein anderer Körper gerade allmählich seine Bewegung. Dann fallen zwar das Ende der einen Bewegung und der Anfang der anderen Bewegung in dieselbe Zeit, aber es besteht deshalb kein zeitlicher stetiger Zusammenhang zwischen diesen beiden Bewegungen; die erste Bewegung geht nicht stetig in die zweite über; die bloße teilweise Gleichzeitigkeit ergiebt noch keinen Zusammenhang. Dasselbe gilt aber für unseren Fall: Die bloße Gleichzeitigkeit des abklingenden Denkens und des anwachsenden Hörens des Knalles ergiebt noch keinen stetigen Zusammenhang zwischen dem Denken und dem Hören. Es fehlt, bildlich gesprochen, das, was das Ende des Denkens mit dem Anfang des Hörens zusammenschweißt und aus der Zweiheit eine Einheit macht.

Nun ist andererseits zweifellos, daß ein Zusammenhang in der individuellen psychischen Wirklichkeit besteht, daß also nicht etwa zwischen dem Aufhören des Gedankenganges und dem Hören des Knalles eine psychische Lücke da ist, in der gar nichts Psychisches vorhanden wäre, und daß auch nicht blos Ende des Gedankenganges und Anfang des Hörens zeitlich zusammenfallen; sondern es ist ein lückenloser innerer Zusammenhang da, ein stetiges Fließen eines einzigen psychischen Stromes. Man hat gemeint, dieser Zusammenhang bestehe darin, daß eigenartige Übergangserlebnisse die verschiedenen psychischen Vorgänge verbänden; so werde z. B. in unserem Falle der Gedankengang mit dem Hören des Knalles zu einer Einheit verbunden durch ein besonderes Erlebnis des Übergehens von dem Gedanken zu dem Knall. Aber auch damit ist der Zusammenhang des individuellen psychischen Geschehens nicht genügend charakterisiert. Man kommt auf diesem Ausweg keinen Schritt weiter als vorher. Man hat nur jetzt eben drei psychische Vorgänge statt der vorigen zwei. Die bloße zeitliche Aufeinanderfolge dieser drei Erlebnisse ist ebenfalls noch kein innerer Zusammenhang des stetigen Geschehens. Das Übergangserlebnis ist ja etwas Neues gegenüber dem Denkprozeß, und das Hören des Knalles ist wiederum etwas Neues gegenüber dem Übergangserlebnis. Nun wird man freilich sagen, das Übergangserlebnis s e i eben der stetige Übergang des Gedankenganges in das Hören des Knalles, und diese stetigen Übergänge bilden eben den Zusammenhang des individuellen psychischen Geschehens. Aber damit hat man nur ein anderes Wort an die Stelle des stetigen Überganges gesetzt, nicht aber die Natur dieses stetigen Übergangs und damit die Natur des Zusammenhangs des psychischen Lebens genauer bezeichnet. Es bleibt nur übrig, sich zurückzuziehen und zu erklären, die Natur des Zusammenhangs der einzelnen psychischen Erlebnisse in einer individuellen psychischen Wirklichkeit lasse sich eben nicht genauer bezeichnen, man könne nur darauf hinweisen, daß ein solcher eigenartiger Zusammenhang besteht. Das ist freilich bequem, aber auch leicht irreführend, weil man die Eigenart dieses Zusammenhanges auf diesem Wege leicht aus den Augen verliert und deshalb schließlich ein total falsches Bild von der psychischen Wirklichkeit gewinnt.

Wir werden im folgenden sehen, daß es einzig und allein die numerische Identität des erlebenden Subjekts ist, die den Zusammenhang des individuellen psychischen Lebens konstituiert. Es ist ein und dasselbe Subjekt, das erst den Gedankengang vollzieht und dann den Knall hört; dieses Ich bildet die Brücke über den jähen Wechsel seiner Erlebnisse. Sobald wir die einzelnen Erlebnisse an eine Mehrheit von Subjekten verteilt denken, kann von einem stetigen Verlauf des psychischen Geschehens und von einem individuellen Lebenszusammenhang dieser einzelnen Erlebnisse keine Rede mehr sein. Man muß hier berücksichtigen, daß das u n - r ä u m l i c h e psychische Geschehen keine Identität des Ortes und keine stetige räumliche Bewegung darbietet. Die Zusammenschweißung verschiedener psychischer Erlebnisse kann also nicht durch die Identität des räumlichen Orts oder durch einen stetigen Übergang von einem Ort zum anderen her-

gestellt werden. Freilich gibt es auch Zusammenhänge durch
qualitativ stetigen Übergang, z. B. den Zusammenhang einer
Tonreihe, in der jeder Ton stetig in die folgenden übergeht. Aber
daß das psychische Leben einen derartigen Zusammenhang
darbiete, wird man doch nicht behaupten können. Der stetige
Übergang des einen Tones in einen anderen ist dadurch
charakterisiert, daß sich der Moment, in dem an die Stelle
des ersten Tones ein anderer getreten ist, nicht mit Sicherheit feststellen läßt, daß sich die Änderung vielmehr allmählich
ins Dasein schleicht. In unserem Beispiel jedoch wird in
einem bestimmten Moment etwas Neues, das Hören des
Knalls, zu dem Gedankengang hinzugefügt; von einem all-
mählichen Übergleiten des Gedankenganges in das Hören des
Knalles kann hier keine Rede sein. Das denkende Subjekt
vielmehr ist es, das mehr oder weniger schnell aus dem
Denken in das Hören des Knalles hineingleitet. Ohne die
numerische Identität des psychischen Subjekts kein Zusammenhang der individuellen psychischen Wirklichkeit. Das wollen
wir nun ausführlicher hervorheben.

§ 4. **Die Einheit des Gleichzeitigen in der individuellen
psychischen Wirklichkeit.** Das in der Zeit verlaufende
psychische Geschehen, so sahen wir, ist kein stetiges ohne
die Identität des erlebenden Ich. Lassen wir nun zunächst
den Zeitverlauf des psychischen Lebens außer Betracht und
beschränken uns auf das, was in einem bestimmten Zeitpunkt
in einer individuellen psychischen Wirklichkeit vorhanden ist.
Alles, was wir in diesem Momentbild zu unterscheiden vermögen, betrachten wir als zusammengehörig, es gehört
dies alles für uns zu der einen individuellen psychischen
Wirklichkeit. Man gründet diese Zusammenfassung auf den
Zusammenhang, den alles, was in einem Momente in dieser
individuellen psychischen Wirklichkeit gleichzeitig vorhanden
ist, bilde. Das Ganze stelle eine eigenartige Einheit, die
„Einheit des Bewußtseins" dar, so hat man gesagt. Wir
wollen den Ausdruck: „Die Einheit des Bewußtseins" bei
Seite lassen, weil er vieldeutig ist; wir wollen uns nicht durch

Worte am Weiterfragen hindern lassen, sondern zunächst die Sache, die eigenartige Natur dieser Einheit oder dieses Zusammenhanges des Gleichzeitigen in der individuellen psychischen Wirklichkeit deutlich zu machen suchen.

Daß ein eigenartiger sachlicher Zusammenhang und nicht bloße Gleichzeitigkeit die Einheit des Gleichzeitigen hier ausmacht, ist unleugbar. Denn gleichzeitig mit der betrachteten individuellen Wirklichkeit existieren ja noch unzählige andere psychische Wirklichkeiten. Die gesamte psychische Wirklichkeit eines Momentes ist aber, wie wir schon hervorhoben, in gegeneinander isolierte individuelle Einheiten zersprengt; d. h. es gehören jedesmal nur bestimmte der überhaupt in der Welt vorhandenen psychischen Erlebnisse, Zustände und Tätigkeiten zu einer individuellen psychischen Wirklichkeit zusammen. Außer der bloßen Gleichzeitigkeit der psychischen Erlebnisse muß noch ein innerer Zusammenhalt jedesmal einen bestimmten Umkreis des Gleichzeitigen zu einer individuellen Einheit verdichten. Die zeitliche Einheit, in die wir alle gleichzeitigen psychischen Erlebnisse der Welt zusammenfassen können, greift über die individuellen Einheiten über. Die individuellen Einheiten des Psychischen sind engere Einheiten als die zeitliche Einheit alles gleichzeitigen psychischen Erlebens.

Nun kann man aber auch nicht sagen, daß innerhalb der gesamten psychischen Wirklichkeit, die in einem bestimmten Zeitpunkt vorhanden ist, sich jedesmal diejenigen psychischen Erlebnisse, Zustände und Tätigkeiten, die räumlich einander nahe lägen, zu den individuellen Einheiten vereinigten. Aus der Gesamtheit der in einem Moment in der Welt vorhandenen Mücken mögen sich die einzelnen Mückenschwärme durch die dichtere Anhäufung an bestimmten Raumstellen als gesonderte Einheiten herauslösen. Da den psychischen Erlebnissen, Zuständen und Tätigkeiten jedoch alle räumlichen Eigenschaften fehlen, so kann bei ihnen von einer räumlichen Nähe, von dichterer räumlicher Anhäufung keine Rede sein. Die Einheit der individuellen psychischen

Wirklichkeit ist daher keine räumliche Einheit; sie läßt sich nicht mit der Einheit eines Mückenschwarms vergleichen, sondern sie ist eine unräumliche und viel innigere Einheit, deren Elemente nicht die Selbständigkeit der einzelnen Mücken haben und sich nicht gelegentlich auch mal für sich in der Welt aufhalten oder zu einem anderen Mückenschwarm wandern können.

Auch wenn wir nun eine Mehrheit von unräumlichen Elementen sich gegenseitig anziehen und festhalten lassen, so bekommen wir zwar eine innerlich zusammenhängende Einheit von Elementen, aber nicht eine solche Einheit, wie sie in der individuellen psychischen Wirklichkeit vorliegt. Denn solche sich bloß gegenseitig festhaltende Elemente wären doch immer noch, bildlich gesprochen, außer einander liegende, von denen das eine immer völlig außerhalb der anderen bleibt. Die gleichzeitigen psychischen Elemente in einer individuellen psychischen Wirklichkeit jedoch liegen nicht außer einander, halten sich nicht von außen gegenseitig fest, sondern sie durchdringen sich gegenseitig in eigenartiger Weise in einem gemeinsamen Punkt. Das Vorstellen etwa steht nicht neben einem gleichzeitigen Gefühle und einem gleichzeitigen Streben, hält diese nicht von außen fest und wird nicht von ihnen festgehalten.

Erst recht ist aber diese individuelle Einheit des Psychischen zu scheiden von den Einheiten, die wir durch Vergleichung auf Grund der Ähnlichkeiten zwischen einzelnen Dingen herstellen. Wir bilden etwa durch Vergleichung der Menschen den Begriff der Gattung Mensch, indem wir das den Menschen Gemeinsame aus den verschiedenen Individuen herauslösen. Die Gesamtheit der einzelnen Menschen bildet dann insofern eine Einheit, als sie alle den Inhalt des Gattungsbegriffs Mensch in sich enthalten. Eines und dasselbe ist also in den einzelnen Menschen enthalten, aber nur der Beschaffenheit, nicht der Zahl nach. Ein und dasselbe vereinigt die Menschen zu einer einzigen Gattung; der Zahl nach ist dagegen das Gemeinsame so vielfach vorhanden, als es Menschen gibt. Es ist aber klar, daß das in einem Zeitpunkt vorhandene Psychische zwar Ähnlichkeiten aufweisen und dadurch zu Gattungseinheiten zusammengefaßt werden kann, daß aber diese Einheiten durchaus nicht mit den individuellen psychischen Einheiten zusammenfallen. Die in einem Moment in der Welt vorhandenen Gefühle mögen alle etwas Gemeinsames haben und zur Gattung des „Gefühls" gehören, damit bilden diese sämtlichen Gefühle noch nicht zusammen die Einheit einer individuellen psychischen Wirklichkeit, sondern gehören vielmehr einer Mehrheit von Individuen an. Überhaupt kann die Einheit der individuellen psychischen Wirklichkeit schon deshalb nicht eine bloße Ähnlichkeitseinheit sein, weil sie nicht erst, wie die Ähnlichkeitseinheiten, in unserem Denken durch begriffliche Zusammenfassung hergestellt wird, sondern völlig unabhängig von der Denktätigkeit eines hinzutretenden Denkers schon in sich eine reale Einheit ist.

So bleibt denn die Einheit des Gleichzeitigen in der individuellen psychischen Wirklichkeit als eine eigenartige, mit keiner anderen Einheit vergleichbare Einheit übrig. Die individuelle psychische Wirklichkeit bildet in jedem Moment ein eigenartiges Ganze. Diese individuelle Einheit läßt sich in folgender Weise genauer charakterisieren. Die einzelnen psychischen Erlebnisse, Zustände und Tätigkeiten, etwa ein einzelnes Wahrnehmen oder Vorstellen, ein Fühlen, Streben oder Wollen, enthalten immer ein psychisches Subjekt, das eben diese Erlebnisse hat, in diesen Zuständen sich befindet oder strebt und tätig ist. Ebenso wenig wie es eine Bewegung gibt und geben kann, die nicht die Bewegung eines Etwas wäre, das sich bewegt oder bewegt wird, ebenso wenig gibt es etwas Psychisches ohne ein Subjekt. In jedem psychischen Erlebnis steckt ein Subjekt, ein Ich, das erlebt. Subjektsloses Erleben ist etwas in sich Widersinniges. Es wird im folgenden immer deutlicher werden, daß man die Existenz psychischer Subjekte notwendig anerkennen muß, wenn man nicht bloß von Fiktionen, von unmöglichen Tatsachen, sondern von wirklich existierendem

psychischen Leben reden will. Lassen wir die Entstehung
oder Herkunft dieser psychischen Subjekte ganz beiseite;
schalten wir auch die Frage nach der metaphysischen Bedeutung der psychischen Subjekte völlig aus; dann bleibt
zunächst als Tatsache bestehen, daß alles Psychische ein
Subjekt enthält. Und nun besteht die Einheit des Gleichzeitigen in der individuellen psychischen Wirklichkeit einfach
darin, daß all dies gleichzeitige Psychische ein und dasselbe Subjekt enthält, daß es einen einzigen Zentralpunkt hat,
daß ein und derselbe Lebenspunkt in all den gleichzeitigen
Erlebnissen, Zuständen und Tätigkeiten sitzt. Wir zerreißen
sofort die individuelle psychische Wirklichkeit in eine Mehrheit verschiedener Wirklichkeiten, wenn wir annehmen, es
komme jedem der einzelnen psychischen Erlebnisse ein ge-
sondertes Subjekt zu; es stehe neben dem Subjekt, das in
dem Wahrnehmen enthalten ist, ein zweites, das vorstelle, ein
drittes, das fühle, ein viertes, das strebe und tätig sei. Erst
wenn es ein und dasselbe Subjekt ist, das gleichzeitig wahrnimmt, vorstellt, fühlt, strebt und tätig ist, erst dann bildet
das gleichzeitige Wahrnehmen, Vorstellen, Fühlen, Streben
und Tun die Einheit der individuellen psychischen Wirklichkeit. Die Identität des psychischen Subjekts also vereinigt
aus der Gesamtheit des gleichzeitig überhaupt in der Welt
vorhandenen Psychischen jedesmal eine bestimmte Gruppe
von psychischen Erlebnissen, Zuständen und Tätigkeiten zu
einer Einheit. Die Mehrheit der psychischen Subjekte in
der Welt bedingt die fundamentale Scheidung alles Psychischen
in eine Mehrheit individueller psychischer Wirklichkeiten.
Die psychischen Subjekte sind die letzten Einheitspunkte, an
die unlösbar und restlos alles Psychische verteilt ist, das in
einem bestimmten Zeitpunkt überhaupt in der Welt existiert.
Und was sich an einem solchen Punkte zusammenfindet, ist
damit von allem anderen als isolierte Einheit geschieden.
Die Einheit der individuellen psychischen Wirklichkeit in einem
Moment besteht also in der numerischen Identität des darin
enthaltenen Subjekts.

Es ist nun schon hier leicht einzusehen, daß man unmöglich das psychische Subjekt oder das Ich seinerseits wieder als bloße Summe der gleichzeitig vorhandenen Erlebnisse betrachten kann. Immer wieder versuchen Psychologen, sich der Anerkennung eines psychischen Subjekts oder Ichs dadurch zu entledigen, daß sie die widersinnige Behauptung aussprechen, das psychische Subjekt oder Ich sei nichts anderes als die Gesamtheit der psychischen Elemente. Wir werden später diese Behauptung genauer prüfen und ihre Irrtümlichkeit aufdecken. Hier genügt schon der Hinweis darauf, daß ja eben die Summe alles gleichzeitigen Psychischen noch keine individuelle Einheit ausmacht, sondern vielmehr in eine Mehrheit individueller Einheiten zerfällt, daß sie also tatsächlich nicht das psychische Subjekt sein kann. Es könnte immer nur die Gesamtheit der in einer individuellen psychischen Wirklichkeit vorhandenen, nicht die Gesamtheit aller überhaupt existierenden psychischen Erlebnisse als das psychische Subjekt dieser individuellen psychischen Wirklichkeit in Anspruch genommen werden. Aber dann bleibt den Vertretern dieser Ansicht zu zeigen übrig, wodurch denn grade diese speziellen psychischen Erlebnisse zu der Einheit der individuellen psychischen Wirklichkeit zusammengeschlossen und von der Gesamtheit aller übrigen psychischen Erlebnisse überhaupt gesondert sind. Und hier würde es nun nicht genügen, wie wir gesehen haben, sich einfach auf den unbestimmten Begriff eines Zusammenhangs herauszureden, der diese psychischen Erlebnisse zur individuellen Einheit vereinige. Ohne psychisches Subjekt gibt es diesen Zusammenhang nicht, also kann nicht umgekehrt dieser Zusammenhang das Subjekt sein. Man weise die Natur dieses Zusammenhangs auf, dann wird deutlich werden, daß er schon das Ich und die Identität des Ich voraussetzt. Ja, schon das einzelne psychische Erlebnis ist in sich unmöglich ohne ein darin steckendes psychisches Subjekt, wie wir ebenfalls oben schon sahen. Ein subjektloses Erlebnis wird auch nicht dadurch möglich und denkbar, daß man ihm weitere subjektslose

Erlebnisse zugesellt; ebenso wenig wie ein Blinder dadurch sehend wird, daß man ihn mit anderen Blinden in einen Zusammenhang bringt, oder ein Toter dadurch lebendig wird, daß man andere Tote zu ihm hinzufügt. Durch Addition von Nullen gewinnt man keine Größe. Psychisches ohne ein Ich darin ist eine Totgeburt einiger Psychologen, ein Nichts, das nicht dadurch etwas wird, daß man es durch andere Nichtse zu stützen sucht. An diesem Punkte zeigt sich die ganze Verirrung derjenigen Psychologen, die das Psychische so weit aus den Augen verloren haben, daß sie in den Farben, Tönen, Gerüchen, Geschmäcken etc. das eigentlich Psychische zu haben glauben. Denn nun müssen sie notwendig ein diese Farben, Töne etc. empfindendes und vorstellendes Subjekt konstruieren, und da es nicht in den Farben, Tönen etc. selbst liegt, so muß es außerhalb liegen in der Gesamtheit der Farben, Töne etc. — Doch lassen wir hier solche monströsen Schulverirrungen auf sich beruhen.

Die Einheit des Gleichzeitigen in der individuellen psychischen Wirklichkeit besteht also in der numerischen Identität des darin enthaltenen Subjekts. Die seltenen Fälle der scheinbaren Vermehrung der Subjekte in der individuellen Persönlichkeit, die sogen. Spaltung der Persönlichkeit, das Doppel-Ich, lassen wir hier außer Betracht. Wir wollen nun noch die Einheit im zeitlichen Verlauf des psychischen Geschehens etwas genauer vor Augen führen.

§ 5. **Die Einheit des individuellen psychischen Lebenslaufes.** Die Gesamtheit alles psychischen Geschehens in der Welt mag für die metaphysische Betrachtung einen einzigen Strom bilden, für unsere Erfahrung jedoch ist diese Gesamtheit zersprengt in eine ungezählte Vielheit einzelner, voneinander isolierter Ströme. Aber jeder dieser einzelnen Ströme des psychischen Geschehens hängt in sich in der eigenartigen Weise zusammen, daß er die eigentümliche Einheit einer individuellen psychischen Lebensgeschichte darbietet. Nach dem vorangehenden ist nun auch die Natur dieser Einheit leicht zu verdeutlichen. Denn es ist ebenfalls die numerische Identität des psychischen Subjekts in einer zeitlichen Aufeinanderfolge von psychischen Erlebnissen, Zuständen und Tätigkeiten, die aus dem psychischen Geschehen in der Welt gerade diese bestimmten Erlebnisse, Zustände und Tätigkeiten herauslöst und zur Einheit eines individuellen Lebenslaufes zusammenbindet. In der individuellen psychischen Wirklichkeit ist es immer ein und dasselbe psychische Subjekt, nicht eine Mehrheit von solchen, das im Verlauf der Zeit die aufeinanderfolgenden Erlebnisse erlebt, in den aufeinanderfolgenden Zuständen sich befindet und die sukzessiven Strebungen und Tätigkeiten aus sich hervorgehen läßt. Und nur w e i l ein und dasselbe Subjekt dieses psychische Geschehen durchzieht, sind wir berechtigt, dieses Geschehen zur Einheit einer und derselben psychischen Lebensgeschichte zusammenzufassen. Die Annahme einer Vielheit von psychischen Subjekten in dem Strom des psychischen Geschehens würde die individuelle Einheit zersprengen und aus ihr eine Mehrheit zeitlich zusammenhängender individueller Lebensgeschichten machen, deren zeitliche Dauer freilich kaum zu bestimmen wäre, da es unmöglich zu sagen wäre, wann an die Stelle des ersten psychischen Subjekts das zweite, an Stelle dieses das dritte usw. träte.

Es zieht sich nun nicht nur tatsächlich durch das individuelle psychische Leben ein und dasselbe Ich hindurch; es besteht nicht nur tatsächlich die numerische Identität des psychischen Subjekts in dem individuellen Lebenslauf, sondern auch die Erkenntnis dieser Tatsache findet sich allgemein verbreitet. Jeder normale erwachsene Mensch ist sich zuweilen bewußt, daß er als das psychische Subjekt der gegenwärtigen psychischen Erlebnisse, Zustände und Tätigkeiten schon früher existiert hat, und daß dieses selbe gegenwärtige psychische Subjekt es war, das bestimmte vergangene Erlebnisse hatte, damals in bestimmten Zuständen sich befand und damals Bestimmtes erstrebte und tat. Nicht mehrere psychische Subjekte, sondern ein einziges Subjekt ist es gewesen, das seiner Ansicht nach seine ganze vergangene psychische Lebens-

geschichte durchgemacht hat. Er rechnet alle diejenigen ihm
bekannten vergangenen psychischen Erlebnisse nicht zu
seiner eigenen Lebensgeschichte, in welchen er ein von
seinem eigenen psychischen Subjekt der Zahl nach verschiedenes psychisches Subjekt vorfindet oder vorhanden
denkt. Diese bilden für ihn die ihm bekannten psychischen
Lebensgeschichten anderer Individuen. Er kann zugeben,
daß sich sein Ich seiner Beschaffenheit nach mehr oder weniger
gründlich im Laufe der Zeit geändert hat; aber er kann nicht
zugeben, daß an die Stelle eines ersten früheren psychischen
Subjekts in seiner Lebensgeschichte ein zweites, ein drittes,
ein viertes usw. getreten sei, denn dann könnte er weder von
einer qualitativen Änderung seines Ich noch von seiner psychischen Lebensgeschichte sprechen. Es gilt als ein Zeichen
psychischer Störung und Erkrankung, wenn jemand seine
eigene psychische Lebensgeschichte wirklich im Ernste an
eine Mehrheit von psychischen Subjekten verteilt glaubt, wenn
er also sicher davon überzeugt ist, daß nicht er, sondern ein
anderer bestimmte seiner vergangenen psychischen Erlebnisse,
Zustände und Tätigkeiten erlebt und ausgeführt habe.

Es ist aber selbstverständlich, daß das psychische Subjekt
nicht erst dann entsteht, wenn es erkannt oder Gegenstand
eines Wissens wird. Das psychische Subjekt oder Ich besteht, ebenso wie seine numerische Identität in der Zeit,
gänzlich unabhängig davon, ob irgend jemand etwas davon
weiß oder nicht. Wir müssen hier wieder hervorheben, daß
ein psychischer Tatbestand an sich noch kein Wissen um
diesen Tatbestand ist. Es sollte eigentlich einem Psychologen
nicht mehr passieren, daß er die Behauptung, es stecke in
jedem psychischen Tatbestand ein Ich, verwechselt mit der
ganz anderen und falschen Behauptung, mit jedem psychischen
Tatbestand sei zugleich ein Wissen um das darin enthaltene
Ich gegeben. Wer nachweist, daß Kinder oder Wilde kein
Wissen um ein psychisches Subjekt oder ein Ich haben, hat
damit offenbar nicht das geringste gegen die wirkliche Existenz
und die numerische Identität psychischer Subjekte vorgebracht.

Trotzdem begegnen wir derartigen Fehlschlüssen in der Psychologie häufig genug.

Also ein in der Zeit verharrendes, allen Wechsel überdauerndes psychisches Subjekt oder Ich ist das Einheitstiftende in einer zeitlichen Folge psychischen Geschehens. Nun schließt die numerische Identität durchaus nicht notwendig eine qualitative Identität in sich, sondern verträgt sich sehr wohl mit einer Veränderung der Beschaffenheit. Nur die numerische, nicht die qualitative Identität des psychischen Subjekts ist aber Bedingung eines einheitlichen individuellen Lebenslaufes. Ob das psychische Subjekt oder das Ich sich im Laufe der Zeit in seinen Eigenschaften ändert oder nicht, ob es eines schönen Tages in nichts zergeht oder unvergänglich ist, darüber ist daher in den obigen Ausführungen noch nichts ausgemacht. Wir werden später sehen, daß das psychische Subjekt unbeschadet seiner numerischen Identität wirklich im Laufe der Zeit Änderungen seiner Beschaffenheit erfährt.

Die numerische Identität eines psychischen Subjekts schließt also nicht nur bestimmte gleichzeitige psychische Erlebnisse, Zustände und Tätigkeiten zu einer individuellen psychischen Wirklichkeit, sondern auch einen bestimmten Strom psychischen Geschehens zu einer individuellen Lebensgeschichte zusammen. Die individuelle psychische Wirklichkeit und die individuelle psychische Lebensgeschichte bedeuten demnach den Umkreis von psychischen Tatbeständen und Vorgängen, die ein und dasselbe psychische Subjekt enthalten, oder die in einem und demselben Ich ihr gemeinsames Zentrum haben. Das Ich, das psychische Subjekt ist der feste, dauernde Einheitspunkt eines individuellen psychischen Seins und Geschehens. Zugleich haben wir die wichtige Einsicht gewonnen, daß alles Psychische ein Ich oder ein psychisches Subjekt einschließt. Alle psychischen Tatbestände sind notwendig Erlebnisse, Zustände oder Tätigkeiten von psychischen Subjekten. Nur durch Beziehung auf psychische Subjekte läßt sich der Gegenstand der Psychologie völlig deutlich bestimmen. Wer das psychische Subjekt nicht schon in jedem einzelnen psychischen Tatbestand anerkennt, wird niemals später ein wirkliches Ich oder Subjekt entstehen lassen können, denn aus subjektlosen Tatbeständen kann man kein Subjekt gewinnen. Ja, die Psychologie muß auf Schritt und Tritt auch die numerische Identität des Ich in all den psychischen Tatbeständen, die sie betrachtet und in Beziehung zueinander setzt, wenigstens stillschweigend voraussetzen. Sobald man die psychischen Erlebnisse, Zustände und Tätigkeiten an verschiedene psychische Subjekte verteilt denkt, hat das meiste von dem, was die Psychologie über psychisches Sein und Geschehen vorbringt, keinen Sinn und keine Gültigkeit mehr. Man setzt als selbstverständlich voraus, daß man in derselben individuellen psychischen Wirklichkeit bleibt, solange nicht ausdrücklich zu anderen Individuen übergegangen wird. Die Assoziationsgesetze z. B. hätten gar keinen Sinn und keine Gültigkeit, wenn man dabei nicht an Erlebnisse eines und desselben Subjekts dächte; sie gelten nur für individuelle psychische Wirklichkeiten, also für die Umkreise psychischen Seins und Geschehens, die durch die Gemeinsamkeit eines und desselben psychischen Subjekts ausgezeichnet sind. Das wird sich später, wenn wir zu den Assoziationsgesetzen kommen, deutlich zeigen.

---

2. Kapitel.
Genauere Beschaffenheit der einzelnen psychischen Wirklichkeit.

§ 1. „Gegenstände" und Gegenstandsbewußtsein. Die individuelle psychische Wirklichkeit, deren Erkenntnis die Aufgabe der Psychologie bildet, ist eine unräumliche, sinnlich nicht wahrnehmbare Welt, die aus einem unaufhörlichen und fortwährend in Veränderung begriffenen Erfahren, Erleben, Erleiden und Tun eines und desselben Subjekts besteht. Dieses Erleben, Erleiden und Tun des Subjekts steht aber in Zusammenhang mit wahrgenommenen oder vorgestellten „Gegenständen". Die Stellung dieser wahrgenommenen, vorgestellten oder gedachten Gegenstände zur individuellen psychischen Wirklichkeit ist eine ganz eigenartige. Die Gegenstände liegen gleichsam an der Peripherie, an der Grenze der psychischen Wirklichkeit, deren Zentrum das den Gegenständen gegenüberstehende Ich bildet. Es ist von der äußersten Wichtigkeit, die Eigenart dieser Stellung zu beachten und dabei keinerlei erkenntnistheoretische Reflexionen hineinzumischen. Leider ist die Verständigung hier dadurch erschwert, daß mit dem Worte „Gegenstand" nicht immer dasselbe bezeichnet wird. Auch die anderen Ausdrücke, die man statt seiner gebrauchen könnte, wie „Objekt" oder „Inhalt", treffen nicht eindeutig das, was wir hier bezeichnen wollen. Besonders irreführend ist der Ausdruck „Inhalt", weil er das Verhältnis der Gegenstände zur psychischen Wirklichkeit als ein Verhältnis eines Gefäßes zu seinem Inhalte bezeichnet, während es in Wirklichkeit mit keinem anderen Verhältnis verglichen werden kann. Das Wort „Gegenstand" drückt noch am besten die Eigenart dieses Verhältnisses aus; deshalb wähle ich diesen Ausdruck. Um aber die Bedeutung desselben deutlich zu machen, fragen wir am besten, was denn alles als Gegenstand einer psychischen Wirklichkeit vorkommt.

Als Gegenstand der psychischen Wirklichkeit kann alles vorkommen, was es überhaupt nur für den Menschen gibt, alles, was nur ein Mensch „zum Gegenstand" seiner Betrachtung, seines Vorstellens und Nachdenkens machen kann. Diese Einsicht erscheint auf den ersten Blick so selbstverständlich, daß man ihre ausdrückliche Hervorhebung nicht recht versteht. Tatsächlich wird sie häufig bei Einzelfragen vergessen; so, wenn man z. B. allgemein behauptet, Ähnlichkeit könne nicht Gegenstand des Bewußtseins sein. Dabei übersieht man völlig, daß man ja in dieser Behauptung selbst die Ähnlichkeit zum Gegenstand der Betrachtung macht und über sie etwas allgemein behauptet. Wahrscheinlich hat man dabei unter „Gegenständen" materielle Dinge oder Sinnesqualitäten, wie Farbe, Härte, Wärme usw., verstanden, also den Begriff des Gegenstandes auf diese Gegenstände eingeschränkt. Wir nun wollen

hier den Begriff des Gegenstandes in seiner allgemeinsten
Bedeutung nehmen. In dieser umfaßt er zunächst alle materiellen Dinge, ihre Eigenschaften, ihre Zustände und ihre
Veränderungen, mögen sie der Vergangenheit, der Gegenwart
oder der Zukunft angehören. Aber nicht nur dies alles, sondern
auch alle Beziehungen zwischen den Dingen können Gegenstand einer psychischen Wirklichkeit werden; man kann die
räumlichen, die zeitlichen, die ursächlichen und die Ähnlich-
keitsbeziehungen zum Gegenstand der Aufmerksamkeit und
des Nachdenkens machen. Zu diesen Gegenständen aus der
materiellen Welt gehören natürlich auch der eigene Leib und
die fremden Leiber. Ebenso wie die materielle Welt kann
aber auch die psychische Welt zum Gegenstand einer psychischen Wirklichkeit werden. Nicht nur in der Psychologie,
sondern auch schon im gewöhnlichen Leben machen wir, wie
wir früher schon hervorhoben, psychische Individuen, ihre
Eigenschaften, ihre Erlebnisse, ihre Zustände und Tätigkeiten
zum Gegenstand unserer Betrachtung und unseres Nachdenkens. Dabei bleibt es dann nicht aus, daß wir auch die
Beziehungen zwischen den Individuen, den Eigenschaften, Erlebnissen, Zuständen und Tätigkeiten zum Gegenstand unserer
Betrachtung machen. Und auch hier können die Gegenstände
entweder der Vergangenheit oder der Gegenwart oder der
Zukunft angehören. Nun stehen wiederum die materielle und
die psychische Welt in inniger Beziehung zueinander. Diese
Beziehung ist, wie wir ebenfalls schon sahen, zweifacher, total
verschiedener Art. Die psychischen Subjekte wissen um die
materielle Welt, stehen also in einer Wissensbeziehung zu ihr;
außerdem aber bestehen Wechselwirkungsbeziehungen zwischen
den individuellen psychischen Wirklichkeiten und den lebendigen materiellen Leibern. Beide Arten von Beziehungen
können Gegenstände der Betrachtung und des Nachdenkens
werden; sie gehören also auch zu den möglichen Gegenständen der psychischen Wirklichkeit. Schließlich gibt es
noch die ganze Welt der Phantasieprodukte, zu der die mathematischen Gegenstände, dann die der materiellen und die der

psychischen Wirklichkeit nachgebildeten Phantasiegegenstände
zu rechnen sind. Auch diese Phantasieprodukte sind Gegenstände der psychischen Wirklichkeit; daß ihre Existenz nur
solange dauert, als sie gerade Gegenstände einer individuellen
psychischen Wirklichkeit sind, macht durchaus keinen Unterschied in bezug auf ihren Charakter als Gegenstände.

Damit ist die Gesamtheit der möglichen Gegenstände
einer psychischen Wirklichkeit bezeichnet. Natürlich sind in
jedem Moment nicht alle möglichen Gegenständen auch
wirklich Gegenstände einer bestimmten psychischen Wirklichkeit. Vielmehr ist gewöhnlich immer nur ein sehr beschränkter Ausschnitt Gegenstand der Betrachtung oder des
Vorstellens und Nachdenkens eines Individuums. Am häufigsten
kommt als Gegenstand der individuellen psychischen Wirklichkeit vor: ein größeres oder kleineres Stück der materiellen,
den zugehörigen Leib umgebenden Außenwelt und dies oder
jenes Geschehen in ihr; dann Teile des eigenen Körpers und
Vorgänge an oder in ihm; die eigene psychische Persönlichkeit mit ihren früheren oder zukünftigen Erlebnissen und Taten;
Sprachlaute; die Körper fremder Menschen; ihr Denken, Fühlen,
Wollen und Tun in bezug auf die Außenwelt oder auf psychische Individuen; schließlich Phantasieprodukte von materiellem oder psychischem Sein und Geschehen.

Aus der unendlichen Menge von möglichen Gegenständen
ist also jeweils nur ein kleiner Teil wirklich Gegenstand einer
bestimmten individuellen psychischen Wirklichkeit, und zwar
im allgemeinen nur auf sehr kurze Zeit; dann tritt ein anderer
Teil an seine Stelle. Die individuelle psychische Wirklichkeit
gleitet gleichsam in scheinbar völlig regelloser Weise über
die unbegrenzte Welt von möglichen Gegenständen hin, jetzt
dieser Gruppe von Gegenständen längere oder kürzere Zeit
zugewandt, dann sie verlassend und zu einer anderen Gruppe
allmählich hinübergleitend. Freilich ist bei dieser bildlichen
Beschreibung im Gedächtnis zu behalten, daß eben alles
überhaupt zur Welt der möglichen Gegenstände gehört, daß
also diese Welt nicht durchgängig fix und fertig dasteht, um

von der psychischen Wirklichkeit sich erfassen zu lassen, sondern daß ein Teil dieser Gegenstände erst durch die unwillkürliche oder die absichtliche Tätigkeit des psychischen Subjekts entsteht und nur unter dem Einfluß dieser Tätigkeit existiert, wie es z. B. bei den Phantasieprodukten der Fall ist.

Wenn aber nun irgend etwas Gegenstand einer individuellen psychischen Wirklichkeit ist oder wird, so heißt das nicht bloß, daß dieses Etwas und die psychische Wirklichkeit gleichzeitig existieren, sondern es ist damit gesagt, daß in dieser psychischen Wirklichkeit ein bestimmtgeartetes psychisches Erlebnis vorhanden ist, dessen Gegenstand eben jenes Etwas ist. Wenn jenes Etwas in eigenartiger Weise von dem psychischen Subjekt wissend erfaßt ist, dann ist es Gegenstand für dieses Subjekt oder Gegenstand dieser psychischen Wirklichkeit. Es gibt verschiedene Arten jener Wissensbeziehung des psychischen Subjekts auf Gegenstände; diese Arten sind teils von der Natur der Gegenstände, teils von der Tätigkeit des Subjekts abhängig. Wir wollen uns zunächst eine Übersicht über diese Hauptarten des Gegenstandsbewußtseins verschaffen; die genauere Unterscheidung derselben kann freilich erst später erfolgen.

Da sind zunächst die Farben, die Töne, die Gerüche, die Geschmäcke, die Wärme, die Kälte, die Härte, die Weichheit, der Hunger, der Durst usw. Es gibt eine Art des Wissens um die Farben oder des Bewußtseins von den Farben, die wir als das Sehen der Farben bezeichnen. Das psychische Subjekt kann von den Tönen die Art des Wissens um sie haben, die wir als Hören bezeichnen. In bezug auf die übrigen Gegenstände sagen wir, daß das psychische Subjekt sie, also die Gerüche, Geschmäcke usw., empfinde, wenn es in einer bestimmten Wissensbeziehung zu ihnen steht. In der Psychologie gebraucht man das Wort „empfinden" allgemein für das, was in allen den bezeichneten Fällen die Eigenart des Wissens um die Gegenstände ausmacht, und das sich auch im Sehen und Hören findet. Das Sehen, Hören, Riechen, Schmecken usw. sind dann eben wieder besondere Arten des

Empfindens, die alle das, was das Wort „Empfinden" bezeichnet, als gemeinsame Charakteristik in sich tragen. Das Empfinden ist ein eigenartiges psychisches Erlebnis, das sich nicht weiter zerlegen und beschreiben läßt, auf das man nur hinweisen kann, das aber jeder kennt, der sich an sein Sehen einer Farbe oder sein Hören eines Tones oder Geräusches erinnert. Die Gegenstände des Empfindens, also die Farben, Töne, Gerüche, Geschmäcke usw. gehören der materiellen Welt an, sie sind in keiner Weise etwas Psychisches. Versteht man daher unter dem Begriff der Empfindungen diejenigen psychischen Tatbestände, in denen ein psychisches Subjekt das eigenartige Wissen von jenen Gegenständen hat, das wir Empfinden nannten, so darf man nicht jene Gegenstände selbst als Empfindungen bezeichnen. In der Psychologie hat man dennoch häufig sowohl die Gegenstände als auch die psychischen Erlebnisse des Empfindens dieser Gegenstände mit dem Namen der Empfindungen belegt. Ein solcher Sprachgebrauch muß aber notwendig leicht zu Unklarheiten und Verwirrungen führen, da die Eigenschaften der Gegenstände durchaus nicht die gleichen sind wie diejenigen der psychischen Erlebnisse. Wir wollen daher im folgenden unter Empfindungen immer nur jene eigenartigen psychischen Erlebnisse und nicht die Gegenstände dieser Erlebnisse verstehen.[1] Es widerspricht auch schon dem gewöhnlichen Sprachgebrauch, die Farben, Töne usw. als Empfindungen zu bezeichnen, denn es klingt sinnlos, zu sagen, daß wir Empfindungen sehen, wenn wir Farben sehen; Empfindungen hören, wenn wir Töne hören usw. Im übrigen wird der Begriff der Empfindung

---

[1] Ich selbst habe früher auch die Gegenstände, sofern sie empfunden sind, als Empfindungen bezeichnet, so in der „Phänomenologie des Wollens" (1900). Bald ist mir aber deutlich geworden, daß ein großer Teil der Verwirrung in der heutigen Psychologie dadurch entstanden ist, daß man die beiden Bedeutungen des Begriffs der Empfindung nicht genügend auseinanderhielt. Es empfiehlt sich daher, diese Auseinanderhaltung durch verschiedene Worte zu erleichtern, wie es oben geschieht.

später (3. Kap. § 1) genauer fixiert werden; hier mögen diese vorläufigen Bemerkungen genügen.

Von dem Empfinden wird häufig noch eine besondere Art des Wissens um materielle Gegenstände, das W a h r n e h m e n, unterschieden, das man dann wohl auch als s i n n l i c h e s oder ä u ß e r e s Wahrnehmen von dem „inneren", d. h. auf Psychisches gerichteten Wahrnehmen unterscheidet. Dieser Begriff des sinnlichen Wahrnehmens wird zwar auch nicht eindeutig gebraucht, wir können ihn hier aber auf diejenigen psychischen Erlebnisse beschränken, die in einem eigenartigen Wissen um materielle D i n g e und materielle G e s c h e h n i s s e bestehen. Wenn wir etwa einen vor uns stehenden Baum oder die Bewegung einer Kugel betrachten, so nennen wir ja in der Tat dieses eigenartige Erfassen des Baumes oder der Bewegung nicht ein Empfinden, sondern ein Wahrnehmen dieses Baumes resp. dieser Bewegung. Aus diesen Beispielen leuchtet aber auch schon ein, daß in jedem Wahrnehmen ein Empfinden enthalten ist, denn um den Baum oder die Bewegung wahrzunehmen, ist ein Empfinden der Farben des Baumes und der Kugel, oder ein Tasten der Härte, Rauigkeit usw. beider nötig. Das Wahrnehmen, als ein eigenartiges Wissen um die materielle Welt, enthält also als wesentliche Bestandteile Empfindungen in sich. Wie es sich aber auch mit dem genaueren Verhältnis von Empfinden und Wahrnehmen verhalten mag, jedenfalls kommt in den individuellen psychischen Wirklichkeiten ein eigenartiges, unmittelbares Wissen um die materielle Welt, um die materiellen Dinge, ihre Eigenschaften und Veränderungen vor. In diesen psychischen Tatbeständen des Wissens ist die materielle Welt resp. ein Stück von ihr G e g e n s t a n d einer psychischen Wirklichkeit, ohne damit aufzuhören, materielle Wirklichkeit zu sein. Die materiellen Dinge sind nicht und werden nicht etwas Psychisches, wenn sie von psychischen Subjekten wahrgenommen werden. Die individuelle psychische Wirklichkeit ist gleichsam unmittelbar vor den wahrgenommenen materiellen Dingen und Geschehnissen zu Ende. Es gibt für uns alle im gewöhnlichen Leben eine materielle Welt, d. h. wir haben ein eigenartiges Wissen um sie; sie kann also Gegenstand unserer psychischen Wirklichkeit werden, ohne ihren Charakter als materielle Welt zu verlieren. Ein großer Teil des psychischen Lebens der Menschen besteht gerade in dem Wahrnehmen einer materiellen Welt und in einem Erleben, Erleiden, Streben und Wirken in bezug auf diese wahrgenommene materielle Welt.

Erkenntnistheoretiker einer bestimmten Richtung behaupten zwar, daß es bei ihnen anders sei, daß sie immer nur ihre eigenen psychischen Erlebnisse wahrnehmen. Aber wir wollen ja hier nicht das psychische Leben dieser Erkenntnistheoretiker untersuchen, sondern das normale psychische Leben des gewöhnlichen Menschen. Und es ist zu vermuten, daß jene Erkenntnistheoretiker sich über sich selbst täuschen, daß sie eine Theorie des Erkennens durch ungenaue Ausdrücke als Beschreibung des wirklichen psychischen Lebens darstellen. Man ist soweit gegangen, zu erklären, ein solches Wahrnehmen einer materiellen Welt sei nicht nur nicht vorhanden, sondern sogar völlig undenkbar. Natürlich schafft man sich diese Undenkbarkeit durch ein trügerisches Spiel mit Worten selbst. Um den Leser vor diesen Schlinggewächsen der Erkenntnistheorie, aus denen man so leicht nicht wieder herauskommt, wenn man einmal hineingeraten ist, zu warnen, wollen wir hier kurz das Wortspiel aufdecken. Wenn wir, statt mit dem bisher gebrauchten Ausdruck, die psychische Wirklichkeit als „das Bewußtsein" bezeichnen, so lautet jene erkenntnistheoretische Überlegung ungefähr folgendermaßen: Sollte die materielle Welt wirklich wahrgenommen werden, so müßte sie Gegenstand des Bewußtseins werden; nun kann nur dasjenige Gegenstand des Bewußtseins werden, was wirklich innerhalb des Bewußtseins vorhanden ist. Die materielle Welt ist aber ihrem Begriffe nach etwas, das außerhalb des Bewußtseins existiert. Was aber außerhalb des Bewußtseins liegt, kann nicht zu gleicher Zeit innerhalb des Bewußtseins sich befinden. Also ist es undenkbar, daß die materielle Welt wahrgenommen werden könne, denn wir können nur wahrnehmen, was

innerhalb, nicht das, was außerhalb des Bewußtseins sich
befindet.

Wer durch diesen Gedankengang noch nicht innerlich
erschüttert ist, wird es zwar unglaublich finden, daß sich vernünftige Menschen wirklich dadurch betören lassen, aber es
ist dennoch Tatsache. Ganze Erkenntnistheorien werden auf
derartigen Fundamenten aufgebaut. Wodurch entsteht nun die
scheinbare Undenkbarkeit der Wahrnehmung einer materiellen
Welt? Nun einfach dadurch, daß man unmerklich von der
Sache weg auf die bildlichen Vorstellungen hinübergleitet, die
mit den Ausdrücken: „innerhalb" und „außerhalb" des Bewußtseins verbunden sind. Gewiß kann das, was sich ganz
und gar innerhalb eines bestimmten Raumes befindet, nicht
zugleich auch außerhalb dieses Raumes sein. Hier liegt allerdings eine Undenkbarkeit vor. Aber die Ausdrücke „innerhalb" und „außerhalb" des Bewußtseins haben ja gar keine
räumliche Bedeutung. Das Bewußtsein oder die psychische
Wirklichkeit ist kein Raum; das, was Gegenstand der psychischen Wirklichkeit sein soll, braucht nicht innerhalb eines bestimmten Raumes zu liegen. Und die materielle Welt ist nicht
dadurch charakterisiert, daß sie außerhalb dieses bestimmten
Raumes läge. Unterläßt man daher die unberechtigte Anwendung jener räumlichen Bilder, wie sie durch die Verwendung der Ausdrücke „innerhalb" und „außerhalb des Bewußtseins" nahegelegt wird, so fällt auch die ganze Undenkbarkeit,
die nur durch sie hineinkommt, von selbst hinweg. Selbst
wenn wir annehmen, daß die materielle Welt auch existiere,
wenn sie nicht wahrgenommen wird, dann liegt doch keine
Undenkbarkeit in der Behauptung, die materielle Welt sei nicht
nur da, sondern sie werde auch von psychischen Subjekten
wahrgenommen. Mag das Wissen um etwas, zu dem auch
das Wahrnehmen einer materiellen Welt als ein besonderer
Fall gehört, noch so eigenartig und rätselhaft erscheinen, jeder
kennt es, und in keiner Weise wird es einer Erkenntnistheorie
möglich sein, diese Tatsache dadurch aus der Welt zu schaffen,
daß sie sie in manchen Fällen für unmöglich erklärt. Doch

die weitere Erörterung dieser Frage gehört nicht in die Psychologie, sondern in die Erkenntnistheorie oder auch in die Logik. Für die Psychologie genügt die Konstatierung, daß der erwachsene Mensch im täglichen Leben sich in seinem Wahrnehmen in eigenartiger Wissensbeziehung zu einer von ihm verschiedenen, nicht psychischen, sondern materiellen Wirklichkeit weiß. Es ist sicher, daß in den individuellen psychischen Wirklichkeiten ein Wahrnehmen einer materiellen Wirklichkeit vorkommt, und, soweit die Erinnerung reicht, auch immer schon vorgekommen ist.

Es gibt aber nun weiter in der individuellen psychischen Wirklichkeit eine Art des „Wissens um" materielle Dinge, Eigenschaften und Geschehnisse, die von dem Empfinden und Wahrnehmen verschieden ist. Das betrachtete psychische Subjekt kann jetzt ein Wissen um ein Stück der materiellen Welt haben, das es jetzt nicht wahrnimmt, aber früher einmal oder mehrmals wahrgenommen hat. Diese Art des Wissens, die wir hier meinen, bezeichnet man gewöhnlich als Erinnerung. Gegenstand dieses Wissens sind also zunächst die früher von demselben psychischen Subjekt wahrgenommenen materiellen Dinge, ihre Eigenschaften oder ihre Veränderungen. Aber das Gegenstandsreich der Erinnerung ist umfassender; es gehört dazu nicht nur Materielles, sondern auch Psychisches. In der individuellen psychischen Wirklichkeit kommt auch ein „Wissen um" eigene frühere psychische Erlebnisse, Zustände und Tätigkeiten vor. Man kann sich erinnern an eigene frühere Empfindungen, Wahrnehmungen, Erinnerungen, Vorstellungen, Gedanken, Gefühle, Stimmungen, Strebungen, Absichten und Tätigkeiten. Mögen aber die Gegenstände der Erinnerung sein, welche sie wollen, immer zeigt doch die Erinnerung als psychischer Tatbestand etwas Gemeinsames, das uns berechtigt, sie als eine besondere Art des „Wissens um" dem Empfinden und Wahrnehmen gegenüberzustellen.

Es kommen nun in der individuellen psychischen Wirklichkeit Fälle vor, in denen das psychische Subjekt zwar etwas gegenwärtig nicht Wahrgenommenes, aber der materiellen oder psychischen Wirklichkeit Angehöriges zum Gegenstand hat, ohne daß aber der damit gegebene Tatbestand ein eigentliches Erinnern wäre. So „denkt" das betrachtete Individuum ja fortwährend „an" bestimmte Menschen oder Straßen, Plätze, Häuser, Landschaften usw., die es gegenwärtig nicht wahrnimmt; es hat diese wirklichen Objekte zu Gegenständen, aber dieselben sind ihm nicht als der Vergangenheit angehörige bewußt. Man bezeichnet in diesen Fällen den psychischen Tatbestand nicht als ein Erinnern, auch nicht als ein Empfinden oder Wahrnehmen, sondern als ein Vorstellen. Da das psychische Subjekt in jedem Moment nur einen sehr kleinen Teil der materiellen Welt wahrnehmen kann, für den übrigen Teil aber auch großes Interesse hat; da es ferner auch für die nichtwahrnehmbaren fremden Individuen großes Interesse hat, so spielt gewöhnlich jenes Vorstellen von materiellen Dingen und von psychischen Individuen eine besonders große Rolle in der individuellen psychischen Wirklichkeit. Die Bedeutung des Vorstellens geht aber noch viel weiter, weil das Vorstellen in der gewöhnlichen Bedeutung des Wortes viel mehr umfaßt als jene wirklichen Dinge und Menschen. Es gibt eben dem gewöhnlichen Sprachgebrauch nach außer jenem, gleichsam die Gegenstände empfangenden Vorstellen auch ein die Gegenstände produzierendes Vorstellen. Man kann schon das sogenannte innere Sprechen zu dem produzierenden Vorstellen rechnen. Das erwachsene Individuum, das eine Lautsprache beherrscht, pflegt ja die Produktion von Sprachlauten in gewisser Weise fortzusetzen, auch wenn es keine hörbaren Laute mehr erzeugt. Sprachlaute gehören zu den häufigsten Gegenständen seiner psychischen Wirklichkeit; aber sie sind eben häufig nur vorgestellt, nicht gehört oder wahrgenommen und auch nicht erinnert oder bewußt als diejenigen, die irgend einmal von irgend jemandem gesprochen worden sind. Sie sind zwar dem psychischen Subjekt gegenüberstehende Gegenstände, aber sie erscheinen zugleich durch die produzierende Vorstellungstätigkeit des Subjekts geschaffen. Inwieweit dies letztere richtig ist, wollen wir hier nicht untersuchen. Die-

jenigen psychischen Tatbestände, in denen Erzeugnisse der
Phantasie Gegenstände der psychischen Wirklichkeit sind,
werden unbestritten als Fälle des Vorstellens betrachtet. Demnach ist die Welt der möglichen Vorstellungsgegenstände eine
fast grenzenlose, da ja schon die Welt der möglichen Phantasiegegenstände eine unendlich große ist. Aber hier kommt es
uns nicht so sehr auf die möglichen Gegenstände, sondern auf
die Heraushebung derjenigen psychischen Tatbestände an, in
denen diese Gegenstände wirklich Gegenstände eines psychischen Subjekts sind, d. h. in denen sie in der eigenartigen
Weise von dem psychischen Subjekt erfaßt oder umfaßt sind,
die wir als Vorstellen bezeichnen. Konnten wir vorhin das
Empfinden, Wahrnehmen, Erinnern als besondere Arten des
„Wissens um" Gegenstände bezeichnen, so will sich hier diese
Ausdrucksweise nicht recht eignen, weil wir dabei unwillkürlich an die Wirklichkeit dessen, worum gewußt wird, denken,
bei dem Vorstellen aber die Wirklichkeit der vorgestellten
Gegenstände gewöhnlich dahingestellt bleibt. Das Vorstellen
unterscheidet sich gewiß von dem Empfinden, Wahrnehmen
und Erinnern, aber es ist doch auch ein psychischer Tatbestand, in dem ein psychisches Subjekt einen Gegenstand
geistig erfaßt oder umfaßt. Die vorgestellten Gegenstände
sind natürlich hier wiederum nicht das sie umfassende Vorstellen. Unter Vorstellungen wollen wir daher im folgenden
mit bewußter Absicht nur die psychischen Tatbestände verstehen, in denen Gegenstände in der bezeichneten eigentümlichen Weise von einem psychischen Subjekt geistig umfaßt
sind; den vorgestellten Gegenständen oder „Inhalten" wollen
wir dagegen, um verwirrende Verwechslungen zu vermeiden,
nie den Namen „Vorstellungen" beilegen außer, wenn eben
wirklich die mit diesem Namen bezeichneten psychischen Tatbestände, wenn also wirklich Vorstellungen vorgestellt sind.

Überblicken wir die individuelle psychische Wirklichkeit
weiter, um unsere Übersicht über die Arten der psychischen
Tatbestände, die in dem Bewußtsein von Gegenständen bestehen, zu vervollständigen, so tritt uns noch das Urteilen,

Denken und Schließen entgegen, Tatbestände, die man vielleicht alle als ein Denken im eigentlichen Sinne bezeichnen könnte, und für die der Ausdruck des „Wissens um etwas" am besten zu passen scheint. Wenigstens kommen die mit jenen Worten gemeinten psychischen Tatbestände hier für uns nur insoweit in Betracht, als sie Arten des Wissens um Gegenstände sind, nicht sofern sie bestimmtgeartete und bestimmtverlaufende Tätigkeiten des psychischen Subjekts in sich schließen. Daß aber in dem Urteilen, Denken und Schließen immer eine Art des Bewußtseins von Gegenständen vorhanden ist, dürfte ohne weiteres einleuchten; denn wollte man selbst darauf hinweisen, daß in allem Urteilen, Denken und Schließen das Wesentliche die Erkenntnis oder das „Wissen um" B e z i e h u n g e n zwischen Gegenständen sei, so sind doch auch diese Beziehungen nach unserem Sprachgebrauch Gegenstände des Wissens. Auch hier müssen wir wieder die Gegenstände von dem Wissen um sie wohl unterscheiden. Besonders bei dem Wissen um Beziehungen zwischen Gegenständen liegt die Gefahr erfahrungsgemäß sehr nahe, die Beziehungen mit dem Wissen um sie zu verwechseln. Es ist aber klar, daß die Ä h n l i c h k e i t zweier Gegenstände etwas anderes ist als das B e w u ß t s e i n v o n d i e s e r Ä h n l i c h k e i t, und daß eine ursächliche Beziehung zwischen zwei Vorgängen nicht selbst ein Wissen um diese ursächliche Beziehung ist. Eine Verwechslung so total verschiedener Dinge muß natürlich tiefgreifende schädliche Wirkungen in der Psychologie wie auch in der Erkenntnistheorie haben. Der Grundfehler dessen, was man neuerdings als „Psychologismus" bekämpft, liegt eben darin, daß diese Anschauungsweise grundsätzlich überall die G e g e n s t ä n d e m i t d e m W i s s e n u m s i e verwechselt. Es scheint aber fast, als ob es heute keinem Psychologen oder Philosophen gelänge, diesen Fehler grundsätzlich zu vermeiden. Um so mehr sollte man wenigstens da, wo es geht, schon durch die Wahl der Ausdrücke eine Verwechslung von Gegenständen mit dem Wissen um sie zu verhüten suchen. Wir wollen uns nach Möglichkeit darum bemühen.

Mit den vorangehenden Erörterungen haben wir schnell ein großes Gebiet der individuellen psychischen Wirklichkeit durchwandert, das überall einen gemeinsamen Grundzug erkennen läßt. Mögen wir das Empfinden, das Wahrnehmen, das Erinnern, das Vorstellen oder das Denken betrachten, und mögen die Gegenstände dieser psychischen Tatbestände sein, welche sie wollen, so haben wir doch in allen diesen Fällen ein psychisches Subjekt oder ein Ich vor uns, das seinerseits etwas anderes, irgend einen Gegenstand vor sich hat und diesen Gegenstand als etwas von ihm Geschiedenes, ohne mit ihm zusammenzufallen, in eigenartiger Weise umfaßt oder von ihm ein Bewußtsein hat. Alle diese psychischen Tatbestände, die wir aufgezählt haben, bilden also eine besondere Klasse; sie sind verschiedene Gestaltungen einer und derselben Seite der psychischen Wirklichkeit; sie sind alle besondere Fälle des Bewußtseins von Gegenständen. Um einen bezeichnenden Namen für diese besondere Klasse von psychischen Tatbeständen zu haben, wollen wir das Gemeinsame in ihnen das Gegenstandsbewußtsein nennen. Empfindungen, Wahrnehmungen, Erinnerungen, Vorstellungen und Denkakte sind also Arten des Gegenstandsbewußtseins.

Diese Bezeichnungsweise dürfte besser und verständlicher sein, als wenn man alle jene psychischen Tatbestände als ein „Vorstellen" oder ein „Denken" bezeichnet, wie man es in der Dreiteilung der psychischen Tatsachen in „Vorstellen, Fühlen und Wollen" oder „Denken, Fühlen und Wollen" tut. Denn die eigentliche Bedeutung der Worte „Vorstellen" und „Denken" ist doch zunächst eine viel engere, als ihnen hier zuerteilt wird. Das „Vorstellen" bezeichnet doch nach dem gewöhnlichen Sprachgebrauch eine spezielle, von dem Empfinden, Wahrnehmen, Erinnern und Denken verschiedene Art des Gegenstandsbewußtseins; und ebenso ist das eigentliche Denken doch verschieden von dem Empfinden und Vorstellen. Hier aber sollen nun die Worte „Vorstellen" oder „Denken" gerade das allem Empfinden, Wahrnehmen, Erinnern, Vorstellen und Denken Gemeinsame bezeichnen, also alle diese Arten gleichzeitig umfassen und nicht auf bestimmte Arten des Gegenstandsbewußtseins eingeschränkt sein. Benutzt man aber die gleichen Worte gleichzeitig in der engeren und in der weiteren Bedeutung, so liegt nach der Natur unseres an Worte gebundenen Denkens eine Verwechslung der beiden Bedeutungen, also die Gefahr des Irrtums immer nahe. Um diese Gefahr zu vermeiden, hat man aus dem englischen oder französischen Sprachgebrauch Ausdrücke herübergenommen und das allen jenen psychischen Tatsachen Gemeinsame als eine „Präsentation" bezeichnet, oder die in ihnen vorhandene Seite der psychischen Wirklichkeit die „präsentative" oder auch „kognitive" Funktion genannt. Doch dadurch hat man nicht viel gebessert, denn die Worte „Präsentation" und „präsentative Funktion" lassen zunächst doch bloß an das Vorstellen denken, während der Ausdruck „kognitive Funktion" speziell auf ein Erkennen oder Denken hinweist. Gemeint ist freilich mit diesen Ausdrücken dasselbe, was wir das Gegenstandsbewußtsein nannten.

Zur Vermeidung falscher Vorstellungen sei nochmals hervorgehoben, daß natürlich jedes einzelne Gegenstandsbewußtsein notwendig ein psychisches Subjekt oder Ich enthält; daß außerdem zu den möglichen Gegenständen des Gegenstandsbewußtseins nicht nur materielle Dinge, sondern alles überhaupt, was jemals Gegenstand für ein psychisches Subjekt sein kann, gehört, daß also auch psychische Subjekte, Erlebnisse, Zustände und Tätigkeiten Gegenstände eines Gegenstandsbewußtseins sein können, wie sie es ja tatsächlich sind, wenn sich z. B. jemand an seine vergangenen Erlebnisse erinnert oder Schilderungen fremder seelischer Erlebnisse liest, und vor allem natürlich, wenn er Psychologie treibt; und daß endlich das materielle Sein und Geschehen dann, wenn es Gegenstand einer psychischen Wirklichkeit ist, deshalb nicht aus einem materiellen zu einem psychischen Sein und Geschehen wird, sondern bleibt, was es ist.

Wenn wir nun auch zunächst nur in einer einzigen individuellen psychischen Wirklichkeit, nämlich in unserer eigenen, das Vorhandensein von Gegenstandsbewußtsein überhaupt zu konstatieren vermögen, so dürfen wir doch wohl mit ziemlicher Sicherheit annehmen, daß es keine individuelle psychische Wirklichkeit gibt, in der nicht irgend eine Art des Gegenstandsbewußtseins vorkäme. Zum mindesten wird wohl in jeder menschlichen psychischen Wirklichkeit irgend ein Empfinden, Wahrnehmen, Erinnern, Vorstellen oder Denken vorkommen, so beschränkt auch manchmal das Reich der möglichen Gegenstände sein mag. Das Gegenstandsbewußtsein kann daher als eine konstituierende Seite der menschlichen und wahrscheinlich aller psychischen Wirklichkeit überhaupt betrachtet werden. Daneben gibt es noch andere konstituierende Seiten, auf die wir bald zu sprechen kommen werden. Zunächst erhebt sich noch die Frage, ob denn das Gegenstandsbewußtsein irgend einer Art fortwährend und ununterbrochen in der individuellen psychischen Wirklichkeit des Menschen vorhanden ist.

Eine völlig sichere Antwort auf diese Frage läßt sich freilich nicht geben. Was zunächst das psychische Leben während des Wachzustandes anbetrifft, so scheint es immer ein Gegenstandsbewußtsein irgend einer Art zu enthalten. Sollte es psychische Tatbestände während des wachen Lebens geben, in denen keinerlei Gegenstandsbewußtsein vorhanden ist, in denen also das psychische Subjekt gar nichts, auch nicht die vagsten, unbestimmtesten, nebelhaften Gegenstände vor sich hat, so würden sie doch zu den seltenen Ausnahmen gehören. Um so sicherer scheint auf den ersten Blick während des Schlafes alles Gegenstandsbewußtsein zeitweilig zu fehlen. Aber genauere Betrachtung vermag ernstliche Zweifel daran zu erwecken. Die Frage nämlich, ob es wirklich völlig traumlosen Schlaf gibt, läßt sich nicht so ohne weiteres bejahen. Freilich behaupten ja viele Menschen, daß sie mehr oder weniger häufig schlafen, ohne irgendwie zu träumen. Aber sie können mit Gewißheit nur sagen, daß sie sich nicht erinnern, in bestimmten Fällen während des Schlafes geträumt zu haben. Es steht aber fest, daß gerade Träume sehr leicht vergessen werden, daß also die Erinnerung in bezug auf

Träume eine sehr unsichere ist. Wenn man bedenkt, daß
Träume, an die man sich unmittelbar beim Erwachen noch
deutlich erinnern konnte, dennoch kurze Zeit darauf oft völlig
der Erinnerung entschwinden, so wird man immer die Möglichkeit zugestehen müssen, daß auch dann Träume vorhanden
gewesen sind, wenn man sich derselben in keinem Zeitpunkte
zu erinnern vermag. Eine n e g a t i v e Erinnerung, wie in anderen Fällen, also eine sichere Erinnerung, daß etwas Bestimmtes zu einer bestimmten Zeit n i c h t erlebt wurde, ist ja
hier nicht möglich, weil hier die Zeit, auf die sich die Erinnerung bezieht, nicht mit bestimmtem und Anhaltspunkte
bietendem Inhalt ausgefüllt, sondern völlig leer ist. Die
Versuche, die man angestellt hat, um zu entscheiden, ob es
traumlosen Schlaf gibt oder nicht, scheinen andererseits zu
ergeben, daß immer während des Schlafes geträumt wird.
Weckt man nämlich in einer Reihe von Versuchen einen
Schlafenden zu ihm unbekannten Zeiten willkürlich auf und
fragt ihn, ob er soeben geträumt habe, so soll er tatsächlich
diese Frage immer bejahen müssen. Doch ist das Problem
noch nicht genügend untersucht. Und auch wenn der willkürlich Erweckte immer einen Traum zu konstatieren vermöchte, so wäre damit noch nicht nachgewiesen, daß der
Schlaf niemals traumlos ist. Denn es besteht die ja sonst
bekannte Möglichkeit, daß der Traum in jenen Versuchen
t a t s ä c h l i c h erst durch die aufweckenden Reize angeregt
worden ist, wenn er auch s c h e i n b a r dem Erwachen in
längerer zeitlicher Ausdehnung vorangegangen ist. Kurz, die
Frage, ob es traumlosen Schlaf gibt, und ob während des
Schlafes längere oder kürzere Zeit alles Gegenstandsbewußtsein fehlt, läßt sich noch nicht endgültig entscheiden.

Nach dem Gesagten dürfen wir also mit großer Wahrscheinlichkeit annehmen, daß irgend eine Art des Gegenstandsbewußtseins in jeder menschlichen psychischen Wirklichkeit
nicht nur überhaupt, sondern während des wachen Lebens
immer vorkommt, daß also in jedem Momente des wachen
Lebens sei es ein Empfinden oder ein Wahrnehmen oder ein

Erinnern oder ein Vorstellen oder ein Denken als konstituierendes Element der psychischen Wirklichkeit sich vorfindet. Damit ist jedoch nicht ausgeschlossen, daß in einem gegebenen Augenblick gleichzeitig m e h r e r e Arten des Gegenstandsbewußtseins in einer und derselben psychischen Wirklichkeit vorhanden sein können. Aber gleichzeitig vorhandene Arten des Gegenstandsbewußtseins, also etwa gleichzeitiges Empfinden, Vorstellen und Erinnern, stehen, wenn sie derselben psychischen Wirklichkeit angehören, nicht beziehungslos nebeneinander, sondern sie bilden durch die numerische Identität des in ihnen allen vorhandenen psychischen Subjekts jene eigenartige Einheit, die wir schon früher hervorgehoben haben.

Nachdem wir so eine summarische Übersicht über die möglichen Gegenstände und über die Arten des Gegenstandsbewußtseins gewonnen haben, bleibt uns nur übrig, nun allgemein noch einmal den Unterschied des Gegenstandsbewußtseins und seines Gegenstandes zu betonen. Ein und derselbe Gegenstand kann zu verschiedenen Zeiten einem und demselben psychischen Subjekt bewußt sein. Dann ist aber nicht ein einziges Gegenstandsbewußtsein, sondern eine Mehrheit von solchen vorhanden; in einer Mehrheit zeitlich getrennter psychischer Erlebnisse ist sich dann das Subjekt eines und desselben Gegenstandes bewußt. Einem und demselben Gegenstand entspricht dann also eine Mehrheit, nicht ein einziges Gegenstandsbewußtsein. Noch deutlicher wird der Unterschied zwischen Gegenstandsbewußtsein und Gegenstand, wenn wir bedenken, daß die Gegenstände nicht nur etwas Psychisches, sondern auch materielle Objekte und Geschehnisse sein können, daß dagegen das Gegenstandsbewußtsein seiner Natur nach immer und überall etwas Psychisches ist. Im einzelnen zeigt sich dann, daß die Eigenschaften der Gegenstände meistens ganz andere sind als die Eigenschaften des auf sie bezogenen Gegenstandsbewußtseins. Wird z. B. eine rote dreieckige Fläche wahrgenommen, so ist der Gegenstand eine räumliche, ausgedehnte, dreieckige Figur von roter Färbung; dagegen ist die Wahrnehmung dieser Fläche nichts Räumliches, nicht ausgedehnt, nicht dreieckig und keine rotgefärbte Wahrnehmung. Alle diese Eigenschaften kommen dem Gegenstande zu, nicht aber dem Gegenstandsbewußtsein. Und wie hier, so verhält es sich in vielen anderen Fällen. Nur, wenn der Gegenstand etwas Psychisches ist, wenn also etwa das Gegenstandsbewußtsein selbst Gegenstand der Betrachtung ist, können die Eigenschaften des Gegenstandes und des ihn erfassenden Gegenstandsbewußtseins mehr oder weniger einander gleich sein. Aber auch dann haben wir doch zweierlei, nämlich einerseits den Gegenstand, andererseits das auf ihn bezogene Gegenstandsbewußtsein; und im eben angeführten Falle dann gleichsam ein lebendes Gegenstandsbewußtsein, das ein ihm gleiches, aber totes Gegenstandsbewußtsein in Händen hält.

§ 2. **Gefühle.** Es wäre denkbar, daß mit dem Gebiet, das wir soeben durcheilt haben, die individuelle psychische Wirklichkeit erschöpft wäre; daß es also in der psychischen Wirklichkeit nichts weiter als die Arten des Gegenstandsbewußtseins gäbe, die wir als Empfindungen, Wahrnehmungen, Erinnerungen, Vorstellungen und Urteilsakte bezeichnet haben. Das psychische Subjekt einer derartig beschränkten psychischen Wirklichkeit würde dann zwar jetzt von diesen, dann von jenen Gegenständen diese oder jene Art des Bewußtseins haben, aber es würde doch gleichsam nur ein starrer, unbeweglicher und teilnahmloser Zuschauer der Gegenstände, ihrer Veränderungen und ihres Wechsels sein. Es würde ganz und gar „bloß Auge" ohne Herz und Hand sein. Auch nicht ein einziger Gegenstand seines Bewußtseins würde ihm angenehm oder unangenehm sein; freudige Erregung würde ihm ebenso fehlen wie traurige Niedergeschlagenheit; kein einziges Ereignis würde es mit Spannung oder Furcht erwarten, weder helfend noch hemmend in irgend etwas sich einmischen, sondern absolut alles absolut teilnahmlos gehen lassen, wie es will.

Aber schon der unheimliche Eindruck, den diese gedachte, auf bloßes Gegenstandsbewußtsein eingeschränkte psy-

chische Wirklichkeit macht, weist darauf hin, daß wir uns hier
ein unnatürliches Zerrbild konstruiert haben. In der Tat ist
kein einziger normaler Mensch ein bloßer starrer, absolut teilnahmloser Betrachter aller möglichen Gegenstände. Selbst
wenn wir uns zu einem eiskalten „Verstandesmenschen" wenden,
werden wir mehr finden als bloßes Gegenstandsbewußtsein.
Selbst wenn wir annehmen wollten, daß ihm die Welt niemals
heiter oder düster erscheine, daß ihm die anderen Menschen
nur einfach vorhandene, gleichgültige Maschinen seien, so wird
er doch zum mindesten den Schicksalen seines eigenen Leibes
nicht völlig teilnahmlos und untätig gegenüberstehen. Schon
die Aufrechterhaltung des eigenen Lebens würde durch solches
Verhalten während kurzer Zeit unmöglich sein. Würde ihm
absolut gar nichts Lust oder Unlust bereiten, würde er nichts
erstreben und nichts von sich weisen, dann würde dieser
geistigen Abgestorbenheit bald der leibliche Tod folgen. Nur
wenn ihm Hunger, Durst und große Kälte oder Hitze un-
genehm sind, und wenn er strebt und sich müht, sie zu beseitigen, kann er leben. Aber dann lebt er auch bloß; soll
sich ein einigermaßen reiches und kräftiges psychisches Leben
entwickeln, dann muß das bloße Gegenstandsbewußtsein durch
das wechselvolle Leben des Gefühls belebt und mit der Trieb-
kraft des Strebens und Tuns erfüllt werden. Auch diejenigen
Menschen, die wir im gewöhnlichen Leben kühle Verstandesmenschen nennen, entbehren nicht ganz des inneren Reich-
tums an auf- und abwogenden Gefühlen und des vielfältigen
Drängens, Strebens und Tuns. Beschränken wir uns zunächst
auf das Gefühlsleben, so wird es einem kühlen Verstandesmenschen nicht völlig gleichgültig sein, was er ißt oder trinkt,
ob er friert oder sich verbrennt, was er sieht, oder was er
hört, sondern schon das sinnlich Empfundene oder Wahrgenommene als solches wird mannigfache Gefühle der Lust
und Unlust in ihm erregen. Vermag er über diese oder jene
schwierige Sache eine klare Einsicht zu gewinnen oder nicht,
so wird ihn Freude oder Unmut erfüllen. Ein leises Auf und
Nieder der Gefühlsgrundstimmung wird auch ihm nicht erspart

bleiben. Selbst ästhetische Gefühle werden sich in ihm gegenüber diesem oder jenem Stück Natur oder gegenüber diesem
oder jenem Kunstwerk gelegentlich einstellen. Er wird es
nicht vermeiden können, anderen Menschen gegenüber hier
und da ein wenig Sympathie und Antipathie zu fühlen und
ihr Tun und Treiben zu billigen oder mißbilligend zu betrachten, und fällt schließlich sein Blick auf seine eigenen
vergangenen, gegenwärtigen oder zukünftigen Taten, so werden
sie ihm in befriedigendem oder unbefriedigendem Lichte erscheinen.

Aus dem Gesagten geht jedenfalls hervor, daß es in der
individuellen psychischen Wirklichkeit außer den Tatbeständen,
die wir als Arten des Gegenstandsbewußtseins bezeichneten,
zunächst noch etwas gibt, das man gewöhnlich „Gefühle"
nennt. Wir treffen da auf sogenannte Gefühle der Lust und
Unlust, auf Freude, Unmut, auf allerlei Gefühlsstimmungen, auf
ästhetische Gefühle, auf Gefühle der Sympathie und Antipathie,
der Befriedigung und Mißbefriedigung usw. Und wir sehen,
während das psychische Subjekt gleichsam über die Welt der
möglichen Gegenstände scheinbar regellos hin- und hergleitet,
diese Veränderungen des Gegenstandsbewußtseins verbunden
mit einem scheinbar ebenso regellosen, aber von den Gegenständen mehr oder weniger abhängigen Schwanken und Sich-
verändern dieser sogenannten Gefühle. Aber sind denn diese
Gefühle gegenüber den schon aufgezählten Arten des Gegenstandsbewußtseins etwas Neues? Oder sind sie etwa nur
eine besondere Art des Gegenstandsbewußtseins? Diese
Fragen zu erörtern, erscheint dem Neuling in der Psychologie
wahrscheinlich völlig überflüssig; er meint, das sehe doch jeder
vernünftige Mensch, daß Gefühle von allem Gegenstandsbewußtsein verschieden seien. Er weiß eben noch nicht, wie
leicht den Menschen die Orientierung verloren geht, wenn sie
in die Einzelheiten eines Gebietes eindringen, und wie oft
tatsächlich Gefühle mit Arten des Gegenstandsbewußtseins in
der Psychologie verwechselt werden. Darum wollen wir gleich
hier am Eingang in die Psychologie möglichst deutlich den

Unterschied der Gefühle und des Gegenstandsbewußtseins hervorheben und dadurch Verirrungen vorbeugen.

Das Gemeinsame aller Arten des Gegenstandsbewußtseins bestand darin, daß ein psychisches Subjekt ein Bewußtsein oder ein Wissen von einem Gegenstande hat; oder anders ausgedrückt, daß das Subjekt irgend etwas „vor sich hatte" und es in eigenartiger Weise umfaßte. Nun betrachten wir demgegenüber den psychischen Tatbestand, der vorliegt, wenn ein bestimmter Geschmack ein Gefühl der Lust oder der Unlust erregt. Freilich haben wir dann zunächst auch ein Gegenstandsbewußtsein vor uns; das psychische Subjekt hat ein Bewußtsein von dem Geschmack, es hat, genauer gesagt, eine Empfindung, die diesen Geschmack zum Gegenstand hat. Aber damit ist der Tatbestand nicht erschöpft; die Empfindung ist noch nicht das Gefühl der Lust oder der Unlust. Was aber außerdem noch vorhanden ist und als Gefühl der Lust oder der Unlust bezeichnet wird, das ist nun nicht ein anderes Gegenstandsbewußtsein neben jener Empfindung; das Gefühl besteht gar nicht im Vor-sich-haben von etwas und in einem wissenden Umfassen dieses Etwas; es ist nicht außer dem Geschmack noch ein anderer Gegenstand vor das Subjekt getreten, sodaß nun zwei Gegenstände bewußt wären. Vielmehr braucht das psychische Subjekt von dem vorhandenen Gefühl gar nichts zu wissen; es kann das Gefühl der Lust oder Unlust einfach in der psychischen Wirklichkeit da sein, ohne zugleich Gegenstand eines Wissens zu sein. Wenn wir das außer der Empfindung vorhandene Gefühl der Lust oder Unlust charakterisieren wollen, so müssen wir es als eine Zuständlichkeit des psychischen Subjekts selbst, als eine Art und Weise, wie das psychische Subjekt sich angesichts des Geschmacks befindet, bezeichnen. Das psychische Subjekt hat ein Gefühl der Lust, das heißt nicht, es schmeckt etwas, auch nicht es sieht oder hört oder riecht oder tastet etwas, sondern das heißt, es ist ihm angesichts des Geschmacks, des Gesehenen, Gehörten usw., kurz angesichts eines Gegenstandes in bestimmter Weise zumute. Nicht sein Gegenstandsbewußtsein ist um einen Gegenstand vermehrt, sondern es selbst ist in einen bestimmten Zustand geraten. Wie es sich aber in diesem Falle mit dem Gefühl verhält, so verhält es sich auch bei den anderen Arten des Gegenstandsbewußtseins. Ein Gefühl ist niemals eine Wahrnehmung oder eine Erinnerung oder eine Vorstellung oder ein Denken eines Gegenstandes; sondern es ist immer eine Art, wie sich das Subjekt befindet etwa angesichts der Gegenstände, die es zugleich wahrnimmt, oder an die es sich erinnert, die es vorstellt und die es erkennt. Kurz, Gefühle sind als Zuständlichkeiten des psychischen Subjekts von jeder Art des Gegenstandsbewußtseins verschieden, weil sie nicht in einem Wissen um Gegenstände bestehen; sie kommen zum Gegenstandsbewußtsein als etwas völlig Neues hinzu.

Nun pflegen freilich die Gefühle nicht bloß neben dem Gegenstandsbewußtsein da zu sein, sondern meistens auf bestimmte Gegenstände bezogen zu sein. Dieses Verhältnis ist ja schon darin zum Ausdruck gebracht, daß wir sagten, die Gefühle seien die Arten und Weisen, wie einem psychischen Subjekt angesichts dieser oder jener Gegenstände zumute ist. Die Gefühle erscheinen meistens als die Art der Anteilnahme des Subjektes an den Gegenständen seines Gegenstandsbewußtseins. Aber damit ist nicht gesagt, daß die Gefühle selbst eine Art des Gegenstandsbewußtseins wären; sondern nur, daß sie sich meistens erst einstellen, wenn das psychische Subjekt sich auf bestimmte Gegenstände richtet. Indem das psychische Subjekt einen bestimmten Gegenstand zum Inhalt eines bestimmtgearteten Gegenstandsbewußtseins macht, und solange es in diesem Gegenstandsbewußtsein bleibt, tritt das auf den Gegenstand bezogene Gefühl als eine Zuständlichkeit des psychischen Subjekts ein. Gegenstandsbewußtsein und Gefühl mögen also ein zusammengehöriges Ganze bilden, deshalb sind sie aber doch von einander verschieden. Im übrigen scheinen manche Gefühle auch eine gewisse Unabhängigkeit von den gerade aufgefaßten Gegenständen zu haben. Eine starke Gefühlserregung kann weiterdauern, auch wenn das psychische Sub-

jekt sich von den gefühlserregenden Gegenständen abgewandt
und anderen Gegenständen zugewandt hat; das psychische
Subjekt befindet sich dann in einer bestimmten Zuständlichkeit, die nicht mehr abhängig ist von den Gegenständen, denen
es gerade zugewandt ist. Allerdings bestände in solchen Fällen
immer noch die Möglichkeit, daß die gefühlserregenden Gegenstände doch nicht ganz aus dem Gegenstandsbewußtsein verschwunden seien, sondern gleichsam aus dem Hintergrunde
heraus immer noch die Zuständlichkeit des Subjekts beeinflußten. Dafür scheint auch die Tatsache zu sprechen, daß
das Gefühl wirklich verschwindet, wenn sich die Auffassungs-
tätigkeit des Subjekts den anderen Gegenständen tatsächlich
voll und ganz zuwendet. Andere Fälle dagegen machen die
Existenz von gegenstandslosen Gefühlen oder Stimmungen
wieder wahrscheinlich. Jede individuelle psychische Wirklichkeit pflegt eine bestimmte Gefühlsgrundstimmung zu besitzen,
die gleichsam die Mittellage bildet, um die die Gefühle beim
Wechsel der Inhalte des Gegenstandsbewußtseins schwanken.
Außerdem kommen auch vorübergehende Stimmungen vor,
für die wir ebenfalls keine zugehörigen, gleich lange vorhandenen Gegenstände im Gegenstandsbewußtsein aufzufinden
vermögen. Mögen auch alle diese gegenstandslosen Gefühlsstimmungen, wie manche behaupten, ihre Ursache in der Art
haben, wie in dem zugehörigen Leibe die organischen Lebensfunktionen gerade verlaufen, so ist doch diese Ursache nicht
das, was man sonst als Gegenstand des Gefühls bezeichnet.
Denn diese Ursache pflegt ja nicht der bewußte Gegenstand
des psychischen Subjekts zu sein, das sich in der Gefühls-
stimmung befindet. Wer nicht weiß, warum er so sehnsüchtig
oder so traurig ist, der ist ja doch eben sehnsüchtig oder
traurig gestimmt, ohne in seinem Gegenstandsbewußtsein
Gegenstände zu finden, auf die sich diese Sehnsucht oder
Trauer beziehen könnte. Und wenn man ihm dann sagt, seine
Sehnsucht oder Trauer stamme aus Vorgängen im Genital-
system oder im Verdauungskanal, so mag er damit die Ursachen seiner Stimmung erfahren, aber diese Vorgänge sind

dann doch nicht die schon vorher vorhandenen Gegenstände seiner Sehnsucht oder seiner Trauer. Man kann nun freilich auch hier, um den Stimmungen zugehörige Gegenstände zuzuordnen, behaupten, jene körperlichen Zustände oder Vorgänge seien zugleich die Ursache bestimmter Körperempfindungen; ein eigentümlich dunkles Etwas werde empfunden oder stehe im Hintergrunde des Gegenstandsbewußtseins und bilde den zu den Stimmungen gehörigen Gegenstand. Nur seien eben diese Gegenstände der Stimmungen nicht leicht aufzufinden, weil sie im dunklen Hintergrunde des Gegenstandsbewußtseins stehen. Man wird zugeben müssen, daß diese Möglichkeit besteht. Vielleicht wird man auch durch andere Tatsachen nachweisen können, daß es nicht nur möglich, sondern wirklich so ist, daß also alle Gefühle, auch die scheinbar gegenstandslosen Gefühlsstimmungen immer eine gegenständliche Grundlage im Inhalte des zugehörigen Gegenstandsbewußtseins haben. Damit wäre doch nur festgestellt, daß immer ein bestimmtes Gegenstandsbewußtsein und ein bestimmtes Gefühl zusammengehören, nicht aber, daß das Gefühl eine Art des bloßen Gegenstandsbewußtsein sei. Gemeinsam ist dem Gefühl und dem Gegenstandsbewußtsein innerhalb derselben psychischen Wirklichkeit nur das identische psychische Subjekt, das einerseits ein Bewußtsein von einem Gegenstande hat, andererseits sich in einem bestimmten Zustande befindet. Als psychische Erlebnisse eines und desselben Subjekts sind und bleiben aber Gefühl und Gegenstandsbewußtsein qualitativ von einander verschieden.

Mit diesen Hinweisen auf den Unterschied von Gefühl und Gegenstandsbewußtsein müssen wir uns begnügen, da sich weder das Gegenstandsbewußtsein noch das Gefühl im eigentlich logischen Sinne definieren läßt. Wer die entsprechenden psychischen Tatbestände nicht erlebt hätte und sie sich nicht vorstellen könnte, der würde sich niemals durch Zusammensetzung anderer ihm sonst bekannter psychischer Erlebnisse ein Bild von einem Gefühl oder einem Gegenstandsbewußtsein machen können. Da aber jeder Gefühle und Gegenstandsbewußtsein erlebt hat, so ist ihm der Rückgang zu diesen psychischen Tatsachen möglich. Nur diesen Rückgang und die Erkenntnis des Unterschiedes zu erleichtern, konnten die obigen Bemerkungen beabsichtigen. Das eigentümlich verschiedene „Was" des Gegenstandsbewußtseins und des Gefühls kann nur durch Selbstbesinnung erfaßt werden.

Eine andere Frage ist es nun wieder, ob Gefühle nicht nur als etwas Neues außer dem Gegenstandsbewußtsein in jeder psychischen Wirklichkeit vorkommen, sondern auch fortwährend in der psychischen Wirklichkeit vorhanden sind. Der Rückblick schon auf das wache psychische Leben scheint hier die Auskunft zn geben, daß nicht immer Gefühle irgend einer Art in der individuellen psychischen Wirklichkeit sich finden, daß es vielmehr völlig gefühlsfreie Zeiten der einfachen Betrachtung von Gegenständen gibt. Auch hier läßt jedoch die genauere Prüfung der Frage an der anfänglich so sicher erscheinenden Entscheidung wieder Zweifel entstehen. Wenn man etwa darauf hinweist, daß es doch völlig gleichgiltige Gegenstände waren, mit denen man eine kürzere oder längere . Zeit hindurch beschäftigt war, so ist durch diesen Hinweis noch nicht erwiesen, daß nicht trotzdem während dieser Zeit von dem betreffenden psychischen Subjekt Gefühle irgend welcher Art erlebt wurden. Denn es wäre ja möglich, daß allerdings diese gleichgiltigen Gegenstände keine Gefühle erweckt hätten, dennoch aber Gefühle vorhanden waren, die entweder völlig gegenstandslos oder auf gleichzeitig vorhandene andere Gegenstände bezogen waren. Wollte man also durch die Erinnerung entscheiden, ob immerwährend Gefühle vorhanden sind, so dürfte man sich nicht auf die Erinnerung an die Gegenstände beschränken, sondern müßte vor allem die Erinnerung auf die Gefühle selbst richten. Versuchen wir das aber, so versagt die Erinnerung sehr bald; wir vermögen nicht immer mit Gewißheit anzugeben, ob in dem betreffenden Moment ein Gefühl vorhanden war oder nicht. Jedenfalls ist es bisher nicht gelungen, den Nachweis zu führen, daß die psychische Wirklichkeit eine merkbare Zeit hindurch völlig gefühlsfrei sei. Freilich hat man die ununterbrochene Existenz von Gefühlen irgend welcher Art ebenfalls nicht sicherstellen können; aber der Schein spricht doch für diese Möglichkeit. Man nimmt daher jetzt meistens an, daß Gefühle irgend welcher Art und in irgend einem Stärkegrad immer in der individuellen psychischen Wirklichkeit wenigstens während des wachen Lebens vorhanden sind, oder daß gefühlsfreie Zustände, wenn sie überhaupt existieren, doch jedenfalls nur augenblickliche Durchgangspunkte des seelischen Geschehens seien.

Die Schwierigkeit, in dieser Frage zu einer endgültigen Entscheidung zu gelangen, hängt offenbar mit der Natur der Gefühle zusammen, damit also, daß die Gefühle, solange sie als Zuständlichkeiten des psychischen Subjekts lebendig sind, nicht Gegenstände des Wissens dieses Subjekts sind, oder wenigstens es nicht zu sein brauchen. Die Gefühle stehen nicht, wie die Gegenstände, dem sie erlebenden Subjekt als etwas von ihm Geschiedenes gegenüber und bilden nicht, während sie erlebt werden, Inhalte des Gegenstandsbewußtseins. Als lebendige Zustände des Subjekts sind sie nicht Gegenstände dieses Subjekts; Gefühle sind zu unterscheiden von dem Wissen um Gefühle, und erlebte Gefühle sind keine gewußten. Versteht man daher unter dem „Bewußtsein" das, was wir das Gegenstandsbewußtsein genannt haben, — man tut dies in der Psychologie leider sehr häufig, ohne zu wissen, was man tut — so ist klar, daß die lebendigen Gefühle nicht im „Bewußtsein" vorhanden sind, also ihrer Natur nach „unbewußte" psychische Elemente sind. Wir werden später die Mehrdeutigkeiten des Begriffes des „Bewußtseins" und damit seine Gefahren hervorheben; hier wollen wir ihn nach dieser Zwischenbemerkung wieder aus unserem Gebrauch ausschalten.

Sind nun freilich die Gefühle einigermaßen stark, so ist nachträglich leicht ein Wissen um sie möglich. Wie man sich an das Gegenstandsbewußtsein, das ebenfalls, während es erlebt wird, nicht wieder Inhalt eines Gegenstandsbewußtseins ist, erinnern kann, so kann die Erinnerung auch Gefühle zu Gegenständen haben. Soeben oder vor längerer Zeit dagewesene Gefühle oder Phasen eines Gefühles können also allerdings zu Gegenständen des Wissens werden. Aber diese Gefühle, die Gegenstände eines Gegenstandsbewußtseins sind, sind eben erinnerte, vorgestellte oder gleichsam tote Gefühle, nicht jetzt lebendige Zustände des um sie wissenden oder sie vorstellenden psychischen Subjekts. Wenn wir in der Psychologie die individuelle psychische Wirklichkeit untersuchen, so machen wir sie freilich zum Gegenstand unserer Betrachtung; wir machen also auch die darin enthaltenen Gefühle zu Gegenständen unseres Bewußtseins. Aber in dem Gesamttatbestand, den wir dann vor uns haben, betrachten wir die Gefühle, die das betrachtete psychische Subjekt selbst hat, und nicht die, die dieses Subjekt zum Gegenstand seines Bewußtseins hat. Die Psychologie der Gefühle kann also die Gefühle nicht als Gegenstände des Bewußtseins sondern nur als Zustände des psychischen Subjekts untersuchen. Denn die Gegenstände der betrachteten psychischen Wirklichkeit stehen, wie wir schon sahen, in eigenartiger Weise an der Grenze dieser psychischen Wirklichkeit. Und das Gegenstandsbewußtsein, das Gefühle zu Gegenständen hat, ist, wie wir ebenfalls schon sahen, eben ein Gegenstandsbewußtsein wie jede Vorstellung von Etwas, aber niemals selbst ein Gefühl. Stellt ein Individuum ein Gefühl vor, so ist dieses Gefühl jetzt Gegenstand seines Bewußtseins und nicht jetzt lebendiger Zustand seiner selbst; die Vorstellung des Gefühls ist zwar jetzt lebendiges Bewußtsein, aber nicht selbst ein Gefühl, sondern eben ein Gegenstandsbewußtsein. — Man wird am besten tun, die Abschweifung auf das psychische Leben des betrachtenden Psychologen möglichst zu vermeiden, und den Blick ausschließlich der betrachteten psychischen Wirklichkeit selbst zuzuwenden; dann wird man die Verwirrung vermeiden, die in der Psychologie so häufig aus solcher fortwährenden Standpunktswechselung hervorgeht.

Richten wir unseren Blick auf die betrachtete psychische Wirklichkeit, so sehen wir, daß das grade vorhandene lebendige Gefühl ebensowenig, wie es jetzt G e g e n s t a n d dieser psychischen Wirklichkeit ist, ebenso wenig als eine E i g e n - s c h a f t von Gegenständen dieser psychischen Wirklichkeit aufgefaßt werden kann. Das betrachtete psychische Subjekt habe irgend ein materielles Objekt, z. B. einen Kristall, zum Gegenstand seines Gegenstandsbewußtseins, und es erlebe angesichts dieses Gegenstandes ein bestimmtes Gefühl der Lust, so hat es doch gar keinen Sinn, dieses Gefühl dem Kristall als eine E i g e n s c h a f t zuzuschreiben. Dieser Kristall hat wohl allerlei materielle Eigenschaften, aber daß er auch Gefühle hätte, davon wissen wir nichts. Aber angenommen, der Kristall habe auch Gefühle der Lust und Unlust; nun so hätte eben e r das Gefühl der Lust, n i c h t das ihn be- trachtende p s y c h i s c h e S u b j e k t. Hat dann wirklich auch das ihn betrachtende S u b j e k t ein Gefühl der Lust, so wäre dieses aber doch nicht das Gefühl der Lust, das der K r i s t a l l selbst hat. Im übrigen müßte ja das Gefühl der Lust, wenn es eine Eigenschaft des Kristalls sein sollte, G e g e n s t a n d für das den Kristall betrachtende Subjekt sein, während es doch vielmehr jetzt lebendiger Zustand dieses Subjektes selbst ist. Was man dem Kristall allein als E i g e n s c h a f t zu- schreiben könnte, das wäre die F ä h i g k e i t, in einem ihn betrachtenden psychischen Subjekt ein bestimmtes Gefühl zu erregen. Aber man würde hier wieder eine fundamentale Verwechslung begehen, wenn man die Fähigkeit eines Ob- jektes, unter bestimmten Umständen eine Wirkung hervorzu- bringen, mit dieser hervorzubringenden Wirkung selbst ver- wechselte. Ebenso wenig wie die Säuren, weil sie die Fähig- keit haben, blaues Lackmuspapier rot zu färben, deshalb selbst rot sind, ebenso wenig hat der Kristall, weil er die Fähigkeit hat, ein psychisches Subjekt mit einem Gefühl der Lust zu erfüllen, deshalb selbst das Gefühl der Lust zur

Eigenschaft.   Die Fähigkeit zur Gefühlserregung ist kein Gefühl.[1] Ein Gegenstand kann also wohl die Fähigkeit haben, ein Gefühl zu erregen, ohne daß deshalb ein Gefühl schon da wäre oder gar eine Eigenschaft dieses Gegenstandes wäre, wozu es doch erst einmal da sein müßte. Man kann freilich, wenn man gewaltsam einfach beschreiben will, den Sinn des Wortes „Eigenschaft" so verbiegen und verdrücken, daß selbst die sonderbare Behauptung, die Gefühle seien Eigenschaften der Gegenstände des Bewußtseins, sinnvoll erscheint. Dem unbefangenen Blick wird jedoch eine solche Behauptung immer als eine künstliche Verzerrung des wirklichen Sachverhaltes erscheinen. Ich halte es nicht für die Aufgabe der Psychologie, zu Liebe spezieller Schul- und Stubenmeinungen fundamentale Unterschiede durch Verbiegung von Wortbedeutungen zu verwischen und perspektivisch verzerrte Bilder von der psychischen Wirklichkeit zu geben; sondern diese wunderbare psychische Wirklichkeit in ihrer wahren Beschaffenheit und Gesetzmäßigkeit zu erkennen, das scheint mir die einzige und eine der Begeisterung würdige Aufgabe der Psychologie zu sein. Andere mögen anderer Meinung sein und mögen die psychische Wirklichkeit als ein rücksichtslos zu behandelndes Anwendungsgebiet für allgemeine Theorien benutzen. Ich kann in der Erklärung, die Gefühle seien Eigenschaften der Gegenstände des Bewußtseins, nur eine Vergewaltigung der psychischen Wirklichkeit sehen.

Es sind nun besonders die sogenannten s i n n l i c h e n G e f ü h l e gewesen, die sich die Umdeutung in Eigenschaften der Gegenstände haben gefallen lassen müssen. Unter sinnlichen Gefühlen versteht man dabei diejenigen Gefühle der Lust und Unlust, die angesichts einzelner Farben oder Töne oder Gerüche usw. entstehen oder, anders ausgedrückt, die auf einzelne Gegenstände der Empfindung bezogen sind. Wenn man das sinnliche Gefühl als einen G e f ü h l s t o n der Empfindung bezeichnete, so konnte auch in dieser Ausdrucks-

---

[1] So ist auch der Wert eines Objektes kein Lustgefühl und kein Wertgefühl, sondern eine Eigenschaft des Objektes.

weise die Absicht liegen, die Gefühle zu Eigenschaften der Empfindungsgegenstände zu stempeln. Zweifellos ist jene Bezeichnung auch von manchen in diesem Sinne aufgefaßt worden, eine Auffassung, die ja durch die Bezeichung der Farben, Töne usw. als Empfindung nahegelegt war. Es braucht aber jene Ausdrucksweise nicht notwendig so aufgefaßt zu werden. Denn in Wirklichkeit will man doch unter den Empfindungen etwas Psychisches verstehen; dann kann man aber nur die bestimmte Art des Gegenstandsbewußtseins, nicht die Gegenstände oder Inhalte dieses Gegenstandsbewußtseins damit meinen. Dann bedeutet aber der Gefühlston einer Empfindung nicht eine Eigenschaft des Empfindungsgegenstandes, also etwa des gesehenen Rot, sondern eine bestimmte Färbung oder Tönung des Gegenstandsbewußtseins, dessen Gegenstand das gesehene Rot ist. Dagegen ist natürlich nicht viel einzuwenden; wenn man will, kann man ohne Fälschung des psychischen Tatbestandes die sinnlichen Gefühle als Tönung oder Beschaffenheit desjenigen Gegenstandsbewußtseins, das im Empfinden vorliegt, bezeichnen. Denn das Gegenstandsbewußtsein enthält immer das psychische Subjekt, und die Zustände dieses psychischen Subjekts kann man als eine jetzt vorhandene Tönung oder Beschaffenheit des Subjekts betrachten. Unterscheidet man dabei genau den Gegenstand des Bewußtseins von dem Gegenstandsbewußtseins, so wird man nicht in Gefahr kommen, den Gefühlston der Empfindung mit einer Eigenschaft des empfundenen Gegenstandes zu verwechseln. Da aber leider die Verwechslung der Empfindungsgegenstände, wie z. B. der Farben, mit den Empfindungen selbst, die die Farben zum Gegenstande haben, immer noch häufig vorkommt, so wird es wohl zweckmäßiger sein, auch die sinnlichen Gefühle nicht als Gefühlstöne der Empfindungen zu bezeichnen. Dazu kommt noch, daß diese Ausdrucksweise grade der besonderen Stellung, die die Gefühle als Zustände des Subjekts in der psychischen Wirklichkeit einnehmen, nicht gerecht wird, und daß sie nicht allgemein für alle Gefühle gebraucht werden

kann, falls es wirklich gegenstandslose Gefühle oder Gefühlsstimmungen gibt. Wir wollen daher die Gefühle nicht in
unbestimmter Weise als „Töne" des Gegenstandsbewußtseins
bezeichnen, sondern, wenn wir überhaupt versuchen wollen,
ihre Stellung zu charakterisieren, in ihnen Zuständlichkeiten
des psychischen Subjekts sehen, in denen das Subjekt entweder
einfach sich befindet, oder in die das Subjekt angesichts bestimmter Gegenstände versetzt wird.

Können wir auch nicht beanspruchen, das Gefühl logisch
definiert zu haben, was unmöglich ist, so haben wir doch in
den vorangehenden Erörterungen gesehen, daß die Gefühle
gegenüber allem bloßen Gegenstandsbewußtsein etwas Neues
und Eigenartiges sind, und daß sie für das sie gerade erlebende
Subjekt nicht Gegenstände und keine Eigenschaften von Gegenständen sind. Die individuelle psychische Wirklichkeit enthält
also außer dem großen Gebiete des Gegenstandsbewußtseins,
zu dem alle Empfindungen, Wahrnehmungen, Erinnerungen,
Vorstellungen und Erkenntnisse gehören, noch ein anderes
großes Gebiet von psychischen Faktoren, das einen gemeinsamen, aber von dem des Gegenstandsbewußtseins verschiedenen Grundcharakter aufweist, der uns veranlaßt, alle
diese Faktoren zu der einen Klasse der Gefühle zu rechnen.
Das Gemeinsame können wir nur durch Umschreibung hervorzuheben suchen, indem wir sagen, die Gefühle sind gleichsam Arten und Weisen, wie das psychische Subjekt sich befindet, oder sie sind Zuständlichkeiten des psychischen Subjekts oder Ichs. Das psychische Subjekt ist also im wachen
Leben nicht nur immer auf irgend welche Gegenstände wissend
bezogen, hat nicht nur immer irgend welche Gegenstände vor
sich und ein Bewußtsein von ihnen, sondern es ist auch
zugleich immer in dieser oder jener Zuständlichkeit, sein
Befinden ist dieser oder jener Art, es fühlt sich von den Inhalten seines Gegenstandsbewußtseins so oder so angemutet.

[Freilich habe ich hier das Wort „Gefühl" in dem ge-
bräuchlichen engeren Sinne genommen, in welchem es nur
Arten und Weisen bezeichnet, wie das psychische Subjekt

sich befindet, und in welchem es in Gegensatz zu allem Gegenstandsbewußtsein, zur „intellektuellen" Seite der psychischen Wirklichkeit steht. Gegenüber dem von einigen Psychologen erweiterten Sprachgebrauch sei mit einigen Worten die obige engere Fassung des Begriffs des „Gefühls" gerechtfertigt. Man spricht manchmal von einer besonderen Klasse von Gefühlen, die man als die logischen oder die intellektuellen Gefühle bezeichnet. Damit braucht der Begriff des Gefühls noch nicht erweitert zu sein, denn man kann unter diesen logischen und intellektuellen Gefühlen zweierlei ganz verschiedene Arten verstehen. Nennt man etwa die Gefühle der Unlust, die sich an theoretischen Zweifel, an gedankliche Widersprüche, an Ungewißheit und Unklarheit heften, und ebenso die entsprechenden Gefühle der Lust, die sich an die Lösung der Zweifel, an Übereinstimmung von Gedanken, an Einheit, Gewißheit und Klarheit schließen können, speziell logische oder intellektuelle Gefühle, so sind es ja wirklich Gefühle im oben bezeichneten Sinne, d. h. Zuständlichkeiten des psychischen Subjekts, nur eben solche, die mit einer bestimmten Beschaffenheit des Gegenstandsbewußtseins verbunden sind und deshalb als besondere Gruppe der Gefühle unterschieden werden können. Ganz anders verhält sich die Sache, wenn man unter logischen oder intellektuellen Gefühlen solche psychische Erlebnisse versteht, die man als „Gefühl" der Ähnlichkeit, der Unähnlichkeit, der Gleichheit, der Ungleichheit und weiterhin als „Gefühl" der Wirklichkeit, der Tatsächlichkeit, der Bejahung oder Verneinung, der Möglichkeit, der Wahrscheinlichkeit und der Gewißheit bezeichnet. Denn das „Gefühl" der Ähnlichkeit z. B. bezeichnet nicht einen Zustand, in dem das psychische Subjekt sich befindet, und den man als Ähnlichkeit bezeichnen könnte, es ist nicht eine Art und Weise, wie das psychische Subjekt inneren Anteil an Gegenständen nimmt; sondern wenn ein psychisches Subjekt ein solches „Gefühl" der Ähnlichkeit hat, dann „weiß es um" die Ähnlichkeit, die Ähnlichkeit ist Gegenstand seines Wissens; es erkennt Ähnlichkeit zwischen zwei oder mehreren

Gegenständen, nicht es selbst befindet sich im Zustande der Ähnlichkeit. Dies sogen. „Gefühl" der Ähnlichkeit ist also in Wahrheit ein Gegenstandsbewußtsein. Analog verhält es sich mit den „Gefühlen" der Unähnlichkeit, der Gleichheit und der Ungleichheit; auch sie sind in Wahrheit Gegenstandsbewußtsein mit bestimmtem Inhalt. Auch die sogen. Gefühle der Wirklichkeit, der Tatsächlichkeit, der Bejahung oder Verneinung, der Möglichkeit, der Wahrscheinlichkeit und der Gewißheit sind leicht als Arten oder Modifikationen des Gegenstandsbewußtseins zu erkennen. Nur das „Gefühl" der Gewißheit könnte außer einer besonderen Beschaffenheit des Wissens auch ein wirkliches Gefühl bezeichnen. Es gibt eben eine besondere Zuständlichkeit der Gewißheit, in die das psychische Subjekt geraten kann, wenn es eine bestimmte gewisse Erkenntnis gewonnen hat. Jene sogen. logischen oder intellektuellen Gefühle sind also besondere Arten oder Modifikationen des Gegenstandsbewußtseins. Wer will, kann natürlich den Sinn des Wortes „Gefühl" so ausdehnen, daß er auch diese psychischen Erlebnisse als Gefühle bezeichnet. Um Worte wollen wir nicht streiten. Aber es besteht ein sachlicher Unterschied zwischen diesen psychischen Erlebnissen und den Gefühlen im engeren Sinne; diese sogen. logischen oder intellektuellen Gefühle stehen ihrer Natur nach den anderen Arten des Gegenstandsbewußtseins viel näher als jenen Gefühlen im engeren Sinne, indem sie eben nicht eine Art und Weise, wie das psychische Subjekt sich befindet, sondern eine Art und Weise des „Wissens" dieses Subjekts bilden. Da nun dem Worte „Gefühl" gerade die Bedeutung des „Sichbefindens" eines Subjekts schwer ablösbar anhaftet, so ist es gerechtfertigt, dieses Wort in dem engeren Sinne anzuwenden, es also nicht für irgendwelches Gegenstandsbewußtsein zu gebrauchen. Wer das Wort „Gefühl" in dem allgemeineren Sinne verwendet, daß er auch jene Tatbestände des „Wissens um etwas" als Gefühle bezeichnet, wird dann, um den sachlichen Unterschieden gerecht zu werden, die logischen Gefühle als eine total verschiedene Klasse von den anderen Gefühlen unterscheiden müssen, indem er die letzteren etwa mit dem Namen der „affektiven" Gefühle belegt. Dann umfaßt das Wort Gefühl aber zwei fundamental verschiedene Klassen von psychischen Erlebnissen, und es liegt dann eigentlich kein Grund mehr vor, nur diese Arten des Gegenstandsbewußtseins und nicht alles Gegenstandsbewußtsein überhaupt als Gefühl zu bezeichnen, also auch Empfindungen, Wahrnehmungen, Vorstellungen usw. als logische Gefühle anzusehen, da diese Empfindungen usw. viel mehr Verwandtschaft mit jenen logischen Gefühlen zeigen, als diese logischen Gefühle mit den „affektiven" Gefühlen haben. Um also durch den Unterschied der Worte den sachlichen Unterschieden der psychischen Erlebnisse und Zustände besser nachzukommen, ist es zweckmäßiger, das Wort „Gefühl" in dem engeren Sinne zu verwenden, es also nicht für irgendein „Wissen um etwas" oder für irgendein Gegenstandsbewußtsein zu gebrauchen.]

Wer die im Laufe der Zeit eintretenden Zuständlichkeiten des psychischen Subjekts, also die Gefühle, genauer verfolgt, der wird finden, daß dieses Gebiet der psychischen Wirklichkeit eine außerordentlich große Mannigfaltigkeit zeigt. Die Gefühlszustände scheinen alle Augenblicke andere und andere zu sein; eine geordnete Übersicht durch Klassifikation der Gefühle scheint fast unmöglich zu sein; jedes Gefühl scheint etwas ganz für sich Stehendes zu sein, wenn es auch mit anderen Gefühlen den gemeinsamen Charakter des Gefühls aufweist. Man hat trotzdem eine gewisse Ordnung der Gefühle schon herauszufinden vermocht. Am leichtesten drängt sich der Unterschied der Gefühle, die den Charakter der Lust oder der Freude, von denjenigen Gefühlen auf, die den Charakter der Unlust oder der Trauer tragen. Es lassen sich also zunächst aus den vorkommenden Gefühlen eine große Anzahl zu einer Klasse der Gefühle der Lust, eine andere Gruppe zu einer Klasse der Gefühle der Unlust zusammenfassen, weil jede dieser beiden Gruppen einen gemeinsamen Grundzug enthält. Der Lust- und ebenso der Unlustcharakter kann in verschiedenen Stärkegraden auftreten. Man hat früher gemeint, mit diesen Unterschieden des Lust- und Unlustcharakters und der Stärkegrade derselben seien auch alle Unterschiede der Gefühle erschöpft. Erst in neuerer Zeit hat man eingesehen, daß die Gefühle noch andere wichtige Unterschiede zeigen, daß ein Gefühl noch nicht genügend charakterisiert ist, wenn es bloß als ein Lust- resp. Unlustgefühl von bestimmtem Stärkegrade bezeichnet wird, daß zwei Gefühle also zwar den gleichen Stärkegrad des Lustcharakters aufweisen können, ohne deshalb schon völlig gleichartige Gefühle zu sein, daß z. B. das Gefühl der Lust, das durch einen angenehmen Geschmack erregt wird, der Beschaffenheit nach verschieden ist von dem Gefühl der Freude, das angesichts eines bedeutenden Kunstwerks entsteht. Man hat sich daher bemüht, diese an den Gefühlen selbst vorkommenden Charakterzüge herauszufinden und danach die Klassifikation der Gefühle zu vervollständigen.[1] Bis jetzt hat sich freilich noch keine dieser umfassenderen Gefühlsklassifikationen eine allgemeinere Anerkennung zu erringen vermocht. Die Gefühlslehre bedarf hier wie auch überhaupt noch der eindringenden und umfangreichen psychologischen Arbeit. Die nach den Gegenständen, auf die die Gefühle bezogen erscheinen, getroffene Einteilung der Gefühle muß notwendig durch eine Einteilung der Gefühle nach ihrer Beschaffenheit ergänzt werden, wenn auch die Einteilung nach den Gegenständen auf Unterschiede der Beschaffenheit der Gefühle hinweist. Am weitesten ist bisher Th. Lipps in seinen verschiedenen Schriften in der Gefühlsanalyse vorgedrungen.

Der in einem gegebenen Moment vorhandene Gefühlszustand eines psychischen Subjekts ist insofern ein einheitlicher, als es eben ein und dasselbe psychische Subjekt ist, das in diesem Gefühlszustand sich befindet. Diese Einheit des Gefühls schließt aber nicht aus, daß der Gefühlszustand eine Mehrheit von Gefühlscharakteren zugleich enthält. Bezeichnet man jeden solchen Gefühlscharakter als ein besonderes Gefühl,

---

[1] Vgl. Th. Lipps: *Leitfaden der Psychologie* (1903), S. 268 ff.; *Vom Fühlen, Wollen und Denken* (1902). W. Wundt: *Grundzüge der physiologischen Psychologie.* V. Aufl. II. Bd. S. 284 ff.

so können unbeschadet der Einheit des Gefühlszustandes doch gleichzeitig mehrere Gefühle in ein und derselben psychischen Wirklichkeit vorhanden sein. Aber diese Mehrheit von Gefühlen unterscheidet sich eben von der Mehrheit gleichzeitiger Gefühle, die auf verschiedene psychische Wirklichkeiten verteilt sind, dadurch, daß sie an einem und demselben psychischen Subjekt gleichzeitig haften. Auch Gefühle enthalten ja, wie alles Psychische, notwendig in sich ein psychisches Subjekt; eine Mehrheit von gleichzeitigen Gefühlen kann daher nur entweder ein und dasselbe Subjekt oder eine Mehrheit voneinander geschiedener psychischer Subjekte enthalten. Im letzteren Falle gehört die Mehrheit der Gefühle nicht mehr einer einzigen individuellen psychischen Wirklichkeit an.

Die Frage, ob in derselben psychischen Wirklichkeit gleichzeitig eine Mehrheit von Gefühlen vorhanden sein kann, entsteht besonders dann, wenn eine Mehrheit von Gegenständen, von denen jeder für sich allein ein bestimmtes Gefühl zu erregen vermöchte, gleichzeitig Inhalt des Gegenstandsbewußtseins ist und als ein Ganzes aufgefaßt wird, wenn also etwa eine Mehrheit von Tönen gehört oder eine Zusammenstellung mehrerer Farben gesehen wird. Wird nun wirklich die Mehrheit der Gegenstände als ein Ganzes aufgefaßt, so entsteht ein einziges Gefühl, das gegenüber den angesichts der einzelnen Gegenstände möglichen Gefühlen etwas Neues ist, aber aus ihnen durch „Verschmelzung" entstanden gedacht werden kann. Dabei ist freilich zu berücksichtigen, daß dieses „Verschmelzungsgefühl" nicht nur von der Beschaffenheit der einzelnen Gegenstände, sondern auch und wesentlich von den Beziehungen dieser Gegenstände zueinander abhängt. Außerdem hängt der Charakter dieses Gesamtgefühls ab von dem Beachtungsrelief, das dem aufgefaßten Ganzen gerade augenblicklich zukommt, d. h. das Gefühl ist ein anderes, je nachdem was von dem aufgefaßten Ganzen im Vordergrund der Beachtung steht, oder je nachdem unter welchem „Gesichtspunkt" das Ganze von Gegenständen betrachtet wird. Darauf werden wir später noch zurückkommen. Hier sei nur noch bemerkt, daß unter Umständen gegenüber einer Mehrheit von Gegenständen doch auch eine gewisse Mehrheit von Gefühlen vorzukommen scheint, daß dann aber zugleich eine gewisse Zwiespältigkeit des psychischen Subjekts vorliegt; eine eigentümliche Erscheinung, deren genauere Erörterung aber den Rahmen einer Einführung in die Psychologie überschreiten würde.

Ein Gefühl, das mehrere voneinander verschiedene Charakterzüge an sich trägt, kann man ein kompliziertes Gefühl nennen. Davon ist zu unterscheiden das „Verschmelzungsgefühl". Schließlich kann man noch diejenigen Gefühle, in denen eine gewisse Zwiespältigkeit vorhanden ist, wie z. B. das Gefühl der Wehmut, als „gemischte" Gefühle bezeichnen. Die meisten der vorkommenden Gefühle sind kompliziert, d. h. sie zeigen eine Mehrheit von Charakterzügen. Ebenso sind beim Erwachsenen wohl die meisten Gefühle Verschmelzungsgefühle, d. h. sie sind einheitliche Gefühle, die angesichts eines Ganzen entstehen und an die Stelle der Gefühle treten, die an und für sich durch die Teile und die Beziehungen innerhalb des Ganzen erregt werden könnten. Die gemischten Gefühle kommen dagegen nur selten vor, d. h. es kommt selten vor, daß ein Gefühl gleichzeitig einander entgegengesetzte Gefühlscharaktere aufweist, also mit einer Zwiespältigkeit behaftet ist.

§ 3. **Streben.** Gibt es nun in der betrachteten individuellen psychischen Wirklichkeit nur die beiden Gebiete des Gegenstandsbewußtseins und der Gefühle? Kommt darin wirklich nichts weiter vor als Empfindungen, Wahrnehmungen, Erinnnerungen, Vorstellungen und Erkenntnisse einerseits und andererseits die große Mannigfaltigkeit der Arten und Weisen, wie das psychische Subjekt sich befindet, während es irgend einen Gegenstand empfindet, wahrnimmt, erinnert, vorstellt und erkennt? Lassen sich etwa alle psychischen Tatbestände restlos dadurch charakterisieren, daß man die Art des Gegenstandsbewußtseins und die Beschaffenheit des zugehörigen Gefühlszustandes angibt? Oder gibt es Tatbestände, die noch

etwas anderes, ein dem Gegenstandsbewußtsein und dem Gefühle gegenüber neues Moment enthalten?

Wir werden auch hier wieder am leichtesten erkennen,
ob die Charakteristik der individuellen psychischen Wirklichkeit noch der Vervollständigung bedarf, wenn wir uns aus
den bisher gewonnenen Grundzügen eine psychische Wirklichkeit aufgebaut denken und dieses gedachte Bild vergleichen
mit der wirklichen psychischen Wirklichkeit. Denn denkbar
wäre es ja, daß in einer psychischen Wirklichkeit nur die
Arten des Gegenstandsbewußtseins und Gefühle vorkämen.
Das psychische Subjekt einer solchen psychischen Wirklichkeit würde zwar fast von der ganzen Mannigfaltigkeit der
möglichen Gegenstände alle möglichen Arten des Wissens
haben können; es würde empfinden, wahrnehmen, erinnern,
vorstellen und erkennen, seien es materielle Dinge, Eigenschaften und Geschehnisse oder psychische Erlebnisse und
Zustände; es würde dabei zugleich alle möglichen Arten von
Gefühlen erleben können, an den Inhalten des Gegenstandsbewußtseins fühlenden Anteil nehmen und allerlei Gefühlsstimmungen durchkosten können; aber es wäre damit auch
nur ein allerlei Gefühle erlebender, völlig untätiger, sich niemals um irgend etwas bemühender Zuschauer von Gegenständen
und Geschehnissen, die völlig ohne sein Zutun da wären und
einträten.

Demgegenüber zeigt aber nun die psychische Wirklichkeit des Menschen, die uns aus der Erfahrung bekannt ist,
eine andere Beschaffenheit. In ihr kommen psychische Tatbestände vor, die außer dem bloßen Gegenstandsbewußtsein
und den Gefühlen noch andere Seiten enthalten, die wir z. B.
ein Drängen, ein Streben, ein Begehren, ein Wünschen, ein
Sehnen, ein Verlangen, ein Wollen oder ein Tun nennen. Alle
diese wieder unter sich mehr oder weniger verschiedenen
Seiten an psychischen Gesamttatbeständen sind ja etwas
wirklich Psychisches, denn sie enthalten alle das psychische
Subjekt; alles Drängen, Streben, Begehren, Wünschen, Sehnen,
Verlangen, Wollen und Tun ist seiner Natur nach immer ein

Drängen, Streben usw. eines bestimmten psychischen Subjekts, es würde in nichts zerfallen, wenn man das psychische Subjekt aus ihm herausnehmen wollte. Soweit wir wissen, kommen auch in j e d e r menschlichen psychischen Wirklichkeit derartige Regungen, wie wir sie eben bezeichnet haben, vor. Ein Individuum, das wirklich nur bloß Freud und Leid erfahrender, völlig untätiger Zuschauer der seinem Gegenstandsbewußtsein sich darbietenden Gegenstände und Geschehnisse wäre, würde unter den tatsächlich gegebenen Lebensbedingungen sofort wieder aus der irdischen Welt verschwinden müssen. Die Welt, in der wir leben, erstickt sehr bald alle bloß wissenden und fühlenden Wesen. Leben kann nur, wer sich wehrt und tätig ist.

Man braucht nun aber nur die bezeichneten neuen psychischen Momente miteinander zu vergleichen, um zu erkennen, daß in ihnen allen ein gemeinsamer charakteristischer Grundzug enthalten ist, der uns berechtigt, sie alle als besondere Ausprägungen einer und derselben Seite der psychischen Wirklichkeit zu betrachten. Wir werden diesen gemeinsamen Grundcharakter wohl am besten als ein Streben oder Tun bezeichnen. In all dem Drängen, Streben, Begehren, Wünschen, Sehnen, Verlangen, Wollen und Tun steckt als Kern ein Streben, eine innere Tätigkeit. Wir können auch hier wieder diesen Grundzug jener psychischen Tatbestände nicht im eigentlichen logischen Sinne definieren; wer dergleichen nicht selbst erlebt hätte und nicht sich vorzustellen vermöchte, würde sich durch keine Zusammensetzung ihm sonst bekannter Elemente eine Vorstellung davon machen können. Wer sich jedoch etwa in einer Prüfung oder bei einer sonstigen wichtigen Gelegenheit auf etwas, was ihm nicht einfallen wollte, besonnen hat; wer sehnlichst irgend etwas erwartet hat; oder wer eine schwierige geistige oder körperliche Leistung auszuführen sich bemüht hat, der hat deutlich erfahren, was wir hier als Streben oder inneres Tun bezeichnen, und auf dessen Eigenart wir hinweisen können, indem wir sagen, das psychische Subjekt schaut nicht nur fühlend allerlei Gegenständen zu, sondern es „ergreift

auch Partei" für oder gegen die Gegenstände, „es ist tätig"
für oder gegen diese oder jene Änderung seines eigenen Zustandes und seines Gegenstandsbewußtseins, es ist nicht nur
da, sondern „es regt sich" auch nach bestimmter Richtung
strebend oder widerstrebend. Gerade das, was den eigentlichen Sinn der Worte Streben, Widerstreben und Tun ausmacht, gibt es nirgends anders als in der psychischen Wirklichkeit. Die psychische Wirklichkeit aber, in der zu dem
Gegenstandsbewußtsein und dem Gefühl noch dieses Streben
oder Tun irgend einer Art hinzutritt, zeigt damit eine völlig
neue psychische Seite, sie wird damit um ein neues psychisches
Element bereichert, das in keiner Weise sich auf die anderen
psychischen Elemente zurückführen läßt.

Zunächst ist klar, daß das Streben nicht einfach irgend
eine Art des Gegenstandsbewußtseins ist. Das ergibt sich
schon durch die Vergleichung des beiderseitigen Grundcharakters. Das Streben besteht nicht einfach darin, daß
ein Subjekt einen Gegenstand „vor sich hat" oder „um einen
Gegenstand weiß"; oder umgekehrt, ein Bewußtsein von irgend
einem Gegenstande haben, das heißt nicht, nach dieser oder
jener Richtung streben oder widerstreben. Dasselbe Resultat
ergibt sich auch im einzelnen: Das Sehen einer Farbe ist an
und für sich noch keinerlei Streben; eine Farbe kann gesehen
werden ohne irgend ein Streben, und das psychische Subjekt
kann streben, ohne irgend eine Farbe zu sehen. So verhält
es sich auch mit den übrigen Empfindungen, niemals ist eine
Empfindung an und für sich schon ein Streben. Damit ist
von vornherein schon die Theorie ausgeschlossen, die das
Streben mit Muskelempfindungen verwechselte; denn Muskelempfindungen als solche sind auch nur eine Art des Gegenstandsbewußtseins, des „Wissens um etwas", also an und für
sich noch kein Streben. Ebenso kann man die einzelnen
Wahrnehmungen, Erinnerungen, Vorstellungen und Erkenntnisse
durchnehmen, man wird immer, solange man an den damit
bezeichneten psychischen Tatbeständen nur das bloße Bewußtsein von Gegenständen ins Auge faßt, finden, daß man

darin noch kein Streben vor sich hat. Freilich kann das empfindende, wahrnehmende, erinnernde, vorstellende und erkennende psychische Subjekt in diesem Empfinden, Wahrnehmen, Erinnern, Vorstellen und Erkennen gleichzeitig streben und tätig sein. Aber damit ist nicht festgestellt, daß dieses Streben und Tun ein bloßes Bewußtsein von Gegenständen sei, sondern nur, daß das Streben mit den Arten des Gegenstandsbewußtseins die eigentümliche Einheit bildet, die durch die Identität des wissenden und strebenden Subjekts gestiftet wird. Der psychische Gesamttatbestand wird aber ein anderer, wenn ein bloßes Gegenstandsbewußtsein zu einem strebenden Gegenstandsbewußtsein wird, oder, besser ausgedrückt, wenn das psychische Subjekt von einem Wissen um Gegenstände zur strebenden Aktion oder Reaktion übergeht. Nicht etwa erst der Erfolg dieser strebenden Tätigkeit sondern schon der Eintritt des Strebens selbst bedeutet eine Veränderung des psychischen Tatbestandes.

Daß das bloße, ruhende Gegenstandsbewußtsein für sich noch kein Streben ist, dürfte vielleicht jeder zugeben. Nun drängt sich aber leicht der Gedanke auf, ob nicht doch das Übergehen des Subjekts von einem Gegenstand zum andern, diese innere, psychische „Bewegung" des Subjekts das sei, was wir hier ein Streben oder strebendes Tun nennen. Scheint doch in der Tat überall die Ruhe direkt das Fehlen jedes Strebens und Tuns zu repräsentieren, die Bewegung dagegen das beste Symbol für Streben und Tätigkeit zu sein. Aber es ist eine, wenn auch sehr naheliegende Täuschung, zu meinen, die Bewegung selbst sei schon ein Streben oder Tun. Denn jede Bewegung, sei sie räumlicher oder unräumlicher Natur, ist an und für sich zunächst nichts weiter als ein Geschehen, eine stetige Veränderung eines Etwas in der Zeit. Das erkennt man sogleich, wenn man die räumliche oder eigentliche Bewegung etwas genauer betrachtet. Die räumliche Bewegung eines Körpers oder eines materiellen Punktes besteht einfach in der stetigen Ortsänderung, die der Körper oder der materielle Punkt im Laufe der Zeit erfährt. Eine solche stetige

Ortsveränderung ist aber an sich kein Streben; denn sie ist nichts Psychisches, sie kann ohne das geringste Streben und Tun des Körpers stattfinden. Zwar denkt man meistens zu der räumlichen Bewegung unwillkürlich ein Streben oder Tun hinzu, man denkt den bewegten materiellen Körper ausgestattet mit einem Streben, von seinem augenblicklichen Ort zu einem andern überzugehen. Und dann erscheint die räumliche Bewegung von dem Streben und der Tätigkeit des Körpers durchzogen, sie erscheint als die Verwirklichung, als die äußerlich sichtbare Erscheinung des Strebens dieses Körpers. Aber damit ist nicht gesagt, daß die Bewegung selbst das Streben sei. Im Gegenteil vielmehr zugestanden, daß das Streben und die Bewegung sehr verschiedene Gegenstände sind. Die Bewegung kann man sehen, das Streben nicht; die Bewegung erscheint als das Resultat des Strebens, nicht als das Streben selbst; das Streben nach Übergang von einem Orte zum anderen ist nicht der Übergang selbst. Wir erkennen sogar ausdrücklich an, daß die Bewegung als solche nicht das Streben oder Tun ist, wenn wir z. B. einem ruhenden Körper, der an der Ausführung einer Bewegung gehindert wird, ebenfalls ein Streben und Sichbemühen beilegen. Ohne daß und ehe die erstrebte Bewegung eintritt, ist schon das Streben für uns vorhanden. Man verwechselt also das Streben und Tun mit dem möglichen Resultat des Strebens und Tuns, wenn man die Bewegung selbst schon als ein Streben und Tun betrachtet. Wie wir aber hier bei der räumlichen Bewegung das unbemerkt hinzugedachte Streben und Tun mit der Bewegung selbst verwechseln, so begehen wir auch eine Verwechslung, wenn wir in der psychischen „Bewegung" des Subjekts, wie sie beim Wechsel der Inhalte des Gegenstandsbewußtseins stattfindet, schon ein Streben und Tun dieses Subjekts vor uns zu haben glauben. Denn an und für sich ist die psychische „Bewegung" des Subjekts, wie sie in der Änderung des Gegenstandsbewußtseins vorliegt, nichts weiter als ein bestimmtes psychisches Geschehen. Und sie bleibt für unser Denken ein strebungsloses und untätiges Geschehen, so lange wir nicht den so oft begangenen Fehler begehen, daß wir unbemerkt in unseren Gedanken mehr setzen, als wir durch unsere ausdrückliche Erklärung setzen wollten. Diesen Fehler begeht man aber in der Psychologie und speziell in diesem Falle sehr leicht. Während man von einer bloßen Veränderung des Gegenstandsbewußtseins oder von der darin liegenden psychischen „Bewegung" des psychischen Subjekts spricht, denkt man doch unwillkürlich zu dieser „Bewegung" wiederum ein Streben oder Tun hinzu und merkt nicht, daß man damit etwas Neues, von der „Bewegung" selbst Verschiedenes hinzudenkt. Und diese unwillkürliche Hinzufügung eines Strebens oder Tuns zu der psychischen Veränderung geschieht hier deshalb besonders leicht, weil ja in der Tat das psychische Subjekt bei den meisten psychischen Veränderungen zugleich strebt und tätig ist; weil die psychische Wirklichkeit die eigentliche uns bekannte Heimat alles Strebens und Tuns ist. Aber was meistens zusammen vorkommt, ist deshalb noch nicht eines und dasselbe. So ist auch die bloße Änderung des Gegenstandsbewußtseins ihrer Beschaffenheit nach etwas anderes als das, was den Sinn der Worte „Streben" und „Tun" ausmacht. Mit dem Eintritt eines Strebens oder Tuns ist nicht nur zu dem Gegenstandsbewußtsein sondern auch zu der Änderung des Gegenstandsbewußtseins eine völlig neue Seite der psychischen Wirklichkeit hervorgetreten; der Materialgehalt der psychischen Wirklichkeit hat sich damit um etwas wesentlich Neues vermehrt. Das psychische Subjekt hat nun nicht mehr bloß ein Bewußtsein von Gegenständen und erlebt nicht bloß „Bewegungen", sondern es regt sich und bewegt sich selbst. Mögen wir zu den räumlichen Bewegungen materieller Objekte unberechtigterweise Streben und Tätigkeit hinzudenken, in dem psychischen Sein und Geschehen ist das Streben und Tun auf jeden Fall ein wirklich vorhandenes psychisches Etwas; mag der physischen Welt gegenüber das Sprechen von Streben und Tätigkeit eine bloße vermenschlichende Redeweise sein, der psychischen Welt gegenüber trifft man damit wirklich existierende psychische Tatsachen.

Dieses wirklich vorhandene Streben ist nun aber auch nicht schon unter den psychischen Tatbeständen anzutreffen, die wir Gefühle genannt haben. Vielmehr enthält die psychische Wirklichkeit in dem Charakter des S t r e b e n s etwas, was von allem b l o ß e n F ü h l e n sich wesentlich unterscheidet. Während die Gefühle an und für sich einfach ruhende Zuständlichkeiten des psychischen Subjekts sind, sind die Strebungen gleichsam vom psychischen Subjekt ausgehende Tätigkeits- oder Kraftstrahlen. Solange das psychische Subjekt bloß fühlt, befindet es sich in irgend einem Zustand, ohne zu streben und sich zu regen; es strebt weder in dem Zustand zu verharren, noch aus ihm herauszukommen. Wenn dagegen das psychische Subjekt nicht bloß Gefühlszustände erlebt, erfährt und erleidet, sondern zugleich auch strebt, so ist es damit aus seinem ruhenden Zustand herausgegangen; es zielt nun ab auf etwas oder wehrt sich gegen etwas; es ist tätig, reagiert, und drängt hin auf etwas oder weg von etwas; es b e f i n d e t sich nun nicht nur irgendwie, sondern es t u t auch irgendwas.

Daß Gefühle an und für sich noch kein Streben sind, mag im einzelnen einleuchtend erscheinen, wenn man an die Gefühle der Lust, an das passive Genießen denkt; dagegen erscheint jene allgemeine Einsicht wieder zweifelhaft, wenn man Gefühle der Unlust ins Auge faßt. Ist nicht jedes einigermaßen starke Gefühl der Unlust schon ein Streben? Liegt nicht in jedem starken Schmerzgefühl schon eine Tätigkeit, eine Reaktion des Subjekts? Doch es scheint nur so. Gewiß wird häufig oder meistens in der psychischen Wirklichkeit mit starken Unlustgefühlen auch ein Streben verbunden sein; das psychische Subjekt wird gegen das Unlusterregende reagieren. Aber damit ist nicht gesagt, daß das Unlustgefühl selbst schon ein Streben sei. Vielmehr sind auch hier das Gefühl und das Streben ganz verschiedene psychische Seiten; nur ist es eben ein und dasselbe Subjekt, das einerseits in dem Zustand starker Unlust sich befindet und andererseits mehr oder weniger heftig dem Unlusterregenden widerstrebt. Trotz dieser innigen Einheit sind Gefühl und Streben doch nicht dasselbe. Wir meinen nur gewöhnlich, daß kein Mensch starke Unlust spüren werde, ohne sich zugleich dagegen zu wehren; wir halten die Unlust für das sicherste Mittel, um den Menschen zu irgend einem Streben und Tun „anzutreiben". Aber in diesen Meinungen des gewöhnlichen Lebens ist doch nur zum Ausdruck gebracht, daß die Unlust das sei, was am leichtesten ein Streben und Tun des psychischen Subjekts hervorrufe, nicht aber, daß sie selbst schon ein Streben oder Tun sei. Es kommen auch Zustände vor, in denen nur einfach Unlust erfahren, ertragen oder erduldet wird, ohne daß sich in dem zugehörigen psychischen Subjekt die geringste Reaktion durch ein Streben oder Drängen bemerkbar machte. Solche Zustände sind bekannt unter dem Namen der „Resignation". Auch wenn man zweifeln sollte, ob Zustände der Resignation wirklich längere Zeit hindurch bei irgend einem Menschen vorkämen, so genügt für die Unterscheidung von Unlustgefühl und Streben das Zugeständnis, daß die Resignation überhaupt, wenn auch nur sehr kurze Zeit, vorkommt. Denn dann hat man zugegeben, daß ein Gefühl der Unlust tatsächlich vorhanden sein kann, ohne daß damit schon ein Streben vorliegt; also kann unmöglich das Gefühl der Unlust selbst schon ein Streben sein. Im übrigen kommt es schließlich hier gar nicht darauf an, ob jemals Gefühle ohne Streben vorkommen. Gefühle könnten vom Streben völlig verschieden sein, auch wenn sie immer mit Streben vereinigt wären. Um die Verschiedenheit von Gefühlen und Strebungen nachzuweisen genügt schon der Hinweis auf die Tatsache, daß man sich eine psychische Wirklichkeit, die nur Gegenstandsbewußtsein und Gefühle, also keinerlei Streben und Tun enthielte, wenigstens vorzustellen vermag. Wären Gefühle und Strebungen ein und dasselbe, so wäre es absolut unmöglich, Gefühle vorzustellen, ohne eben damit schon Streben und Tun vorzustellen.

Wir brauchen nun wohl nicht ausführlich die Meinung zu widerlegen, als sei zwar nicht das „ruhende" Gefühl, wohl aber die psychische „Bewegung", die das psychische Subjekt in der Änderung der Gefühlszustände durchmacht, mit dem

Streben oder Drängen des Subjekts identisch. Denn hiergegen gilt das, was wir schon oben bemerkt haben. Eine Bewegung als solche, also hier die Gefühlsveränderung als solche, ist bloß ein psychisches Geschehen an oder in dem Subjekt der Gefühle, aber noch gar kein Streben oder Drängen. Dieses Geschehen kann einfach stattfinden, ohne daß das Subjekt dafür oder dagegen reagiert. Soll die Gefühlsveränderung den Charakter des Strebens haben, so muß zu ihr eine neue psychische Seite hinzukommen, nämlich eben jenes vom Subjekt nach irgend einer Richtung ausstrahlende Streben.

Einen anderen Versuch, das Streben durch andere psychische Elemente zu ersetzen, müssen wir aber noch berücksichtigen, weil er überzeugend klingt und zugleich als Warnung vor einem häufig in der Psychologie vorkommenden Denkfehler dienen kann. Ist das Streben weder ein bloßes Gegenstandsbewußtsein noch ein bloßes Gefühl, so bleibt noch die Möglichkeit übrig, daß es eine Verbindung von Gegenstandsbewußtsein und Gefühl sei. Man hat in der Tat den Versuch gemacht, das Streben auf eine gewisse Vereinigung von Gegenstandsbewußtsein und Gefühl zurückzuführen. Dieser Versuch verfährt ungefähr folgendermaßen. Nehmen wir an, in der betrachteten psychischen Wirklichkeit sei noch gar kein Streben irgend welcher Art vorhanden, das psychische Subjekt erlebe aber allerlei lustvolle Erlebnisse. Später trete nun auf irgend einen hier gleichgültigen Anlaß die Vorstellung eines solchen lustvollen Erlebnisses ein. Diese Vorstellung ist etwas Neues, sie ist nicht das lustvolle Erlebnis selbst; andererseits steckt in ihr doch der Anfang des lustvollen Erlebnisses, sie ist das „im Entstehen begriffene" lustvolle Erlebnis. Und dafür ist nur ein anderer Name das Streben nach diesem Erlebnis. Das Streben ist also nichts anderes als die Vorstellung eines lustvollen Erlebnisses; manchmal setzt man noch hinzu: das Streben sei die lustbetonte Vorstellung eines lustvollen Erlebnisses. Damit ist aber in der Tat behauptet, das Streben bestehe in einer Verbindung von Gegenstandsbewußtsein und Gefühl; es existiere also in der

psychischen Wirklichkeit neben den Arten des Gegenstandsbewußtseins und den Gefühlen nicht noch etwas Eigenartiges,
das dem Worte Streben seinen besonderen Sinn gebe.

Aber auch diese Behauptung beruht darauf, daß man
unwillkürlich zu der „lustbetonten Vorstellung" das Streben
hinzudenkt, ohne es zu merken. Aber selbst wenn auch i n
W i r k l i c h k e i t mit jeder lustbetonten Vorstellung eines lustvollen Erlebnisses ein Streben verbunden wäre, so würde
auch hier wiederum das immer zusammen Vorkommende
nicht identisch, sondern zweierlei sein. Auch mag allemal ein
Streben e n t s t e h e n, wenn ein lustvolles Erlebnis vorgestellt
wird; dann b e s t e h t aber doch nicht das Streben in der
Vorstellung des lustvollen Erlebnisses. Es ist jedoch nicht
einmal wahr, daß jede lustbetonte Vorstellung eines lustvollen
Erlebnisses in Wirklichkeit mit einem Streben verbunden sei.
Es kann vorkommen, daß jemand nur einfach ein lustvolles
Erlebnis vorstellt und daran seine Freude hat, ohne daß er
deshalb jetzt das Erlebnis erstrebte. Selbst wenn dies nur
einen kurzen Moment hindurch möglich wäre, so wäre damit
die Verschiedenheit von Streben und lustbetonter Vorstellung
eines lustvollen Erlebnisses erwiesen. Aber nicht einmal dieses
getrennte Vorkommen ist nötig, um die Verschiedenheit von
Streben und lustbetonter Vorstellung nachzuweisen. Es genügt
dazu vielmehr schon, daß man sich ein völlig strebungsloses,
aber lustbetontes Vorstellen eines lustvollen Erlebnisses denken
kann. Dies kann man aber; man kann, wie wir schon sahen,
sich vorstellen, ein Individuum sei bloß fühlender Zuschauer
von Gegenständen und Geschehnissen, ohne irgend ein Streben
und Tun. Dann kann aber unmöglich die lustbetonte Vorstellung schon selbst ein Streben sein, sondern das Streben
ist etwas Eigenartiges, das unter gewissen Umständen zu der
lustbetonten Vorstellung hinzukommt. Die Vorstellung eines
lustvollen Erlebnisses ist an und für sich nur eine Art des
„Wissens um", ein Gegenstandsbewußtsein mit einem bestimmten Gegenstande. Ist die Vorstellung zugleich „lustbe-
tont", so heißt das, das psychische Subjekt, das dieses lust-

volle Erlebnis vorstellt, befindet sich angesichts dieses vorgestellten Gegenstandes in einem Zustande der Lust. Faßt man die hiermit gesetzten Bestimmungsstücke genau ins Auge, so ist darin noch nicht das geringste von dem enthalten, was den eigentlichen Sinn des Wortes „Streben" ausmacht. Wie entsteht aber dann der Schein von Richtigkeit, den die Behauptung, das Streben sei nichts anderes als die lustbetonte Vorstellung eines lustvollen Erlebnisses, auf den ersten flüchtigen Blick hat? Nun, einfach dadurch, daß es uns unmittelbar verständlich erscheint, wenn sich in einem Subjekt, das einem vorgestellten lustvollen Erlebnis gegenüber Lust fühlt, nun auch ein Streben nach diesem Erlebnis regt. Es wird uns besonders leicht, zu der lustvollen Vorstellung ein Streben hinzuzudenken und als ihr zugehörig aufzufassen. Und dann geschieht es, daß wir, wie so oft, diese leichte Zutat über dem schon Vorhandenen übersehen und meinen, das Vorhandene sei selbst schon das Streben. Diese Selbsttäuschung wird noch verstärkt, wenn man sagt, die Vorstellung des lustvollen Erlebnisses sei „das im Entstehen begriffene" lustvolle Erlebnis selbst. Denn wir sind gewohnt, überall da, wo wir von einem „im Entstehen begriffenen" Geschehen sprechen, unwillkürlich ein auf die Vollendung des Geschehens gerichtetes Streben hinzuzudenken. An und für sich ist „das im Entstehen begriffene lustvolle Erlebnis" nichts weiter als der Anfang des lustvollen Erlebnisses. Ist dieses Erlebnis strebungslos, so braucht auch sein Anfang kein Streben zu enthalten. Ist aber wirklich in dem Anfang des Erlebnisses schon ein Streben vorhanden, so ist damit eben zu der Vorstellung des lustvollen Erlebnisses ein neues Moment hinzugefügt, das man wiederum nicht übersehen darf, wenn es uns auch noch so selbstverständlich zu dem im Entstehen begriffenen Geschehen zu gehören scheint. Denn das Streben und Drängen ist gegenüber allem bloßen Sein und bloßen Geschehen etwas Neues. Und der Mensch hat nicht nur Gefühle und ein Bewußtsein von Gegenständen, sondern er strebt, will und tut etwas.

Wir haben den außer dem Gegenstandsbewußtsein und dem Gefühl in der individuellen psychischen Wirklichkeit vorhandenen psychischen Grundzug als S t r e b e n bezeichnet, weil der eigentümliche Sinn dieses Wortes gerade in jenem einzigartigen psychischen Grundzug besteht. Schaltet man diese Bedeutung aus dem Sinn des Wortes „Streben" aus, so bleibt gar nichts mehr übrig; das Wort hat dann keinen Inhalt mehr. Wo wir überhaupt von einem Streben sprechen, da gibt uns jener psychische Grundzug den Inhalt für unsere Worte. Den Anlaß, von einem Streben zu sprechen, gibt uns nun· vielfach die Einsicht, daß für den Eintritt oder den Fortgang eines Geschehens zwar die Bedingungen gegeben sind, das Geschehen aber nicht sofort eintritt oder nicht fortgeht. Aber auch hier meinen wir, daß in den vorhandenen Bedingungen wirklich ein Streben vorhanden sei, das auf den Eintritt oder den Fortgang des Geschehens gerichtet sei. Selbst für materielle Objekte hat dies seine Gültigkeit. Wenn wir etwa von einem Stein, der auf einem Tische liegt, sagen, er strebe zur Erde, so meinen wir damit gewöhnlich wirklich, daß in dem Stein jenes Drängen oder Streben vorhanden sei. Erkenntnistheoretische Überlegungen, um deren Richtigkeit wir uns hier nicht kümmern, haben nun dazu geführt, das Recht zu bestreiten, dem Stein und den materiellen Objekten überhaupt ein solches Streben beizulegen. Diejenigen, die diese erkenntnistheoretischen Überlegungen als richtig anerkennen, bleiben dann doch dabei, von Streben, Tun, Kräften usw. in der materiellen Welt zu sprechen, nur wollen sie mit diesen Wörtern einen anderen Sinn verbinden. So soll das „Streben" nicht mehr jenes eigentümliche Moment bezeichnen, das wir alle kennen, sondern nur den Tatbestand konstatieren, daß die Bedingungen für ein Geschehen gegeben sind, dieses Geschehen aber nicht eintritt. Man wird wohl sagen dürfen, daß diese Verwendung des Wortes „Streben" doch nur deshalb passend erscheint, weil und insofern jeder nicht umhin kann, zu dem Tatbestand unwillkürlich jenes den ursprünglichen Sinn des Wortes Streben ausmachende Element hinzu-

zudenken. Diesen den ursprünglichen Sinn offiziell aus-
schließenden Begriff des Strebens wendet man dann auch auf
die psychische Wirklichkeit an; d. h. man nennt die psychischen Tatbestände, in denen die Bedingungen für den Eintritt
oder den Fortgang eines psychischen Geschehens gegeben
sind, Tatbestände des Strebens, wenn der Eintritt oder der
Fortgang des Geschehens gehemmt oder gehindert ist, gleichgültig darum, ob jenes psychische Element des Strebens oder
Drängens vorhanden ist oder nicht. Zum Unterschied von
jenem Tatbestand bezeichnet man dann jenen psychischen
Grundzug als Strebungsgefühl.[1] Jener Tatbestand des
Strebens ist dann die Bedingung des Daseins eines Strebungs-
gefühls. Wir sahen nun aber, daß das Wort „Gefühl" besser
für die Arten und Weisen, wie das psychische Subjekt sich
befindet, also für die bloßen, ruhenden Zuständlichkeiten des
Subjekts reserviert bleibt, und daß das Streben gerade im
Gegensatz zu den Gefühlen eine Betätigung des Subjekts darstellt. Das Wort Strebungsgefühl hebt also gleichsam durch
den zweiten Teil das, was der erstere setzt, das Streben,
wiederum auf, wenn man nicht auf den unerlaubten Ausweg
verfällt, in dem Strebungsgefühl eine Art des Wissens um das
Streben zu sehen. Dieser Ausweg liegt ja nahe genug; wer
ein Streben fühlt, scheint damit ein Wissen um dieses Streben
zu haben. Wir werden aber sogleich sehen, daß das Streben
und das Wissen um das Streben, das eine Art des Gegenstandsbewußtseins ist, nicht nur verschieden sind, sondern
auch nicht notwendig zusammen vorkommen. Wir wollen daher das psychische Element nicht als Strebungsfühl, sondern
einfach als Streben bezeichnen. Wir können es dann ein
aktuelles Streben nennen, wenn es sich darum handelt, das
Dasein dieses Elementes von dem bloßen Vorhandensein der
Bedingungen seines Auftretens zu unterscheiden. Wollen wir

---

[1] So Th. Lipps: *Leitfaden der Psychologie* (1903), S. 202 ff. Ich
selbst habe früher noch in der „*Phänomenologie des Wollens*" im Anschluß an Lipps diese Terminologie verwendet, halte sie aber jetzt
nicht mehr für zweckmäßig.

das Vorhandensein solcher Bedingungen für ein aktuelles Streben kurz bezeichnen, so können wir von einem p o t e n - t i e l l e n Streben sprechen, wobei natürlich zu beachten ist, daß für ein „real mögliches Streben", wie für alle realen Möglichkeiten, immer wirklich reale Bedingungen vorhanden sein müssen, wenn seine Existenz soll behauptet werden können. Die Erklärung, es existiere ein potentielles Streben, besagt also immer nur, es existieren bestimmte Bedingungen in der psychischen Wirklichkeit, die unter bestimmten Um- ständen zum Auftreten eines bestimmten aktuellen Strebens führen. Wenn wir z. B. sagen, es beständen in einem Men- schen bestimmte Triebe oder Motive, so wollen wir häufig damit nicht behaupten, daß jetzt in der individuellen psychi- schen Wirklichkeit aktuelle Strebungen vorhanden seien, son- dern vielmehr daß das psychische Subjekt Beschaffenheiten oder Bedingungen in sich trage, die unter bestimmten Um- ständen zu bestimmten aktuellen Strebungen führen. Jene Triebe oder Motive sind also dann als potenzielle Strebungen gedacht. Aktuelle Strebungen sind alle psychischen Tatbe- stände, die jene eigenartige psychische Seite des Strebens ent- halten, um deren Hervorhebung es sich in diesem Paragraphen handelt.

Da das Streben von allem Gegenstandsbewußtsein und den Gefühlen verschieden ist, so ist damit schon gesagt, daß es auch nicht selbst in einem Wissen um ein Streben oder um Gefühle bestehe, denn dieses Wissen um ein Streben oder um Gefühle ist nichts weiter als ein Gegenstandsbewußtsein, nur mit besonderen Gegenständen. An und für sich schließt also ein wirklich vorhandenes Streben noch nicht ein, daß das Subjekt dieses Strebens auch um dieses Streben weiß. Denn dazu müßte das aktuelle Streben ja zum Gegenstand des Bewußtseins für das strebende Subjekt werden. Streben heißt aber nicht, ein Wissen um ein Streben haben. Und um- gekehrt: Jemand mag ein Streben vorstellen oder um ein Streben wissen, damit strebt er noch nicht selbst. Das stre- bende Subjekt hat nicht das Streben als Gegenstand vor sich,

sondern steckt gleichsam in dem Streben selbst. Das Streben
und das Wissen um dieses Streben sind aber nicht nur verschiedene psychische Tatsachen, sondern sie kommen auch
tatsächlich nicht immer zusammen vor. Ein psychisches Subjekt kann heftig nach irgend etwas streben, ohne dabei um
dieses Streben zu wissen. Das Streben ist dann wirklich aktuell vorhanden, aber es ist nicht zugleich Gegenstand des
Wissens des strebenden Subjekts. Ziehen wir auch hier wieder
einen Augenblick den allgemeinen Begriff des „Bewußtseins"
herein. Wir bemerkten schon, daß man häufig unter Bewußtsein allgemein nur das versteht, was wir das Gegenstandsbewußtsein genannt haben. Nach solchem Sprachgebrauch
muß dann alles, was nicht Gegenstand des Gegenstandsbewußtseins ist, als nicht bewußt oder als unbewußt bezeichnet
werden. Wenn daher das aktuelle Streben nicht zugleich
Gegenstand des Gegenstandsbewußtseins ist, wenn es nicht
zugleich von dem strebenden Subjekt gewußt wird, so ist das
Streben als ein unbewußtes im obigen Sinne zu bezeichnen.
Da nun meistens weder das Gegenstandsbewußtsein noch die
Gefühle noch die Strebungen während ihres Daseins zugleich
Inhalte eines Gegenstandsbewußtseins sind, so wäre demnach
die psychische Wirklichkeit der Hauptsache nach als eine unbewußte zu bezeichnen, und man hätte volles Recht, zu behaupten, der allergrößte Teil des psychischen Lebens verlaufe
unbewußt. Denn in der Tat lebt der Mensch ja in der Hauptsache sein psychisches Leben einfach, ohne daß er das grade
lebendige Stück desselben zum Gegenstand seines Bewußtseins machte; er geht ganz auf in dem psychischen Leben,
ohne es selbst noch zugleich zu betrachten. Kein Mensch
wird behaupten können, daß er nicht nur ein psychisches
Leben lebe, sondern daß auch gleichzeitig der ganze Strom
seines psychischen Lebens völlig lückenlos vor „seinem inneren
Auge" vorbeiziehe. Selbst beim geborenen und geübten Psychologen ist es nicht so. Fassen wir also den Begriff des
„Bewußtseins" in obigem Sinne, so gehört es gar nicht zur
Charakteristik des Psychischen, bewußt zu sein; vielmehr ist

dann alles Psychische an und für sich unbewußt, denn sein Dasein bedeutet nicht, daß es Gegenstand für ein wissendes Subjekt sei. Das Wort Bewußtsein wird aber noch in anderen Bedeutungen gebraucht, von denen die eine gerade das meint, was allen lebendigen psychischen Tatsachen gemeinsam ist. Hier wird besonders deutlich, wie wichtig es ist, die verschiedenen Bedeutungen des Wortes „Bewußtsein" streng auseinanderzuhalten. Durch die Verwechslung der zuletzt angeführten Bedeutung mit der obigen entsteht die intellektualistische Psychologie, die das Psychische als dasjenige charakterisiert, das Gegenstand des Wissens oder „Bewußtseinsinhalt" in diesem Sinne sei. Eine solche Psychologie befindet sich dann natürlich von vornherein auf einem Irrwege, denn es gehört, wie die Erfahrung zeigt, nicht im geringsten zum Wesen des Psychischen, Gegenstand des Wissens oder Bewußtseinsinhalt in diesem Sinne zu sein. Doch wir wollen auch hier die Begriffe des „Bewußtseins" und der „Bewußtseinsinhalte" wieder ausschalten. Nach der allgemeinen Einsicht, daß das in einer psychischen Wirklichkeit vorhandene Psychische an und für sich nicht zugleich Gegenstand des Wissens für das Subjekt dieser psychischen Wirklichkeit ist, wenden wir uns wieder zum Streben speziell.

Unser Ergebnis war: wenn ein psychisches Subjekt strebt, so besteht dieses Streben nicht darin, daß das Subjekt ein Bewußtsein von einem Gegenstande hat; das strebende Subjekt hat das Streben nicht als Gegenstand vor sich, sondern hat es in sich. Es bedarf nun wohl keiner längeren Erörterung, daß das Streben des Subjekts auch nicht darin besteht, daß ein Gegenstand, den das Subjekt vor sich hat, eine bestimmte Eigenschaft des Strebens habe. Hat das strebende Subjekt ein Bewußtsein von einem Gegenstande, so mag diesem Gegenstande auch ein Streben zukommen, aber das Streben dieses Gegenstandes ist nicht identisch mit dem Streben des psychischen Subjekts, sondern es liegen dann zwei Strebungen vor. Wäre das Streben des psychischen Subjekts eine Eigenschaft eines Gegenstandes seines Gegenstandsbewußtseins, so müßte es ja dem psychischen Subjekt als Gegenstand seines Wissens gegenüberstehen. Das psychische Subjekt strebt, das heißt aber nicht, es hat das Streben zum Gegenstand seines Bewußtseins. Lassen wir also dem Worte Eigenschaft die Bedeutung, die es nun einmal hat, so ist es sinnlos, das Streben des Subjekts als eine Eigenschaft der Inhalte des Gegenstandsbewußtseins zu bezeichnen.

Wenn wir in dem vorangehenden allgemein vom Streben sprachen, so haben wir dabei absichtlich noch nicht unterschieden zwischen dem positiven oder dem Streben nach etwas und dem negativen, dem Streben gegen etwas oder dem Widerstreben. Denn es handelte sich hier nicht um den Unterschied, der ja tatsächlich zwischen dem Streben und dem Widerstreben besteht, sondern um das in beiden, dem Streben und dem Widerstreben, gleichartige Moment des Drängens oder Strebens. Auch das Widerstreben ist, wie schon das Wort andeutet, ebenfalls ein Streben, nur eben ein Streben gegen oder wider etwas. Das oben Gesagte gilt also für das positive Streben sowohl als auch für das Widerstreben. Auch das aktuelle Widerstreben ist kein Gegenstandsbewußtsein, kein Gefühl, keine Verbindung von beiden, kein Gegenstand und keine Eigenschaft von Gegenständen des Gegenstandsbewußtseins. Natürlich kann auch das Widerstreben Gegenstand eines Gegenstandsbewußtseins werden; aber das Subjekt, das ein Wissen um ein Widerstreben hat, ist damit noch nicht ein widerstrebendes Subjekt.

Es wurde dann neben dem Streben noch das Tun erwähnt, ohne daß beides unterschieden wurde. In jedem Streben liegt ja schon das Tun oder eine Tätigkeit des Subjekts; jedes Streben ist insofern schon ein Tun. Allerdings hat das Wort Tun noch einen engeren Sinn; es bezeichnet dann nicht bloß ein Tun, wie es in jedem Streben vorhanden ist, sondern ein in bestimmter Richtung fortschreitendes, erfolgreiches Streben; es stellt dieses Tun gleichsam das Streben in der Bewegung im Gegensatz zu dem Streben in der Ruhe dar. Wir ließen diesen Unterschied bei Seite, um uns zunächst auf das, was dem angehaltenen und dem fortschreitenden Streben gemeinsam ist, zu beschränken.

Man könnte nun auch hinsichtlich dieses dritten Grundzuges der psychischen Wirklichkeit die Frage stellen, ob er nicht nur in jeder psychischen Wirklichkeit vorkomme, sondern auch immer darin vorhanden sei, ob also die menschliche psychische Wirklichkeit in jedem Momente des wachen Lebens nicht nur Gegenstandsbewußtsein und Gefühle irgend welcher Art sondern auch immer zugleich ein Streben irgend einer Art enthalte. Während wir jedoch mit ziemlicher Sicherheit sagen können, daß es wohl keinen Menschen gibt, der nicht irgend einmal ein Streben, ein Drängen, ein Begehren, Sehnen, Wünschen usw. erlebt hätte, können wir nicht mit völliger Gewißheit behaupten, daß das Streben unaufhörlich und immer in der psychischen Wirklichkeit vorhanden sei. Es scheint wenigstens, daß zuweilen, wenn auch nur kurze Zeit hindurch, Gesamttatbestände der psychischen Wirklichkeit vorkommen, in denen das Moment des Strebens völlig fehlt. Eben jene früher erwähnten Tatbestände der absoluten Resignation, der völligen Ergebung in das Schicksal scheinen wenigstens auf Momente ohne irgend welches Streben des psychischen Subjekts zu sein. Freilich sind diese psychischen Erlebnisse nur selten vorkommende Fälle, die außerdem nicht in ihrer ganzen Dauer ohne alle strebende oder widerstrebende Regung des Subjekts verlaufen. Abgesehen von diesen seltenen Ausnahmen scheint in der psychischen Wirklichkeit während des wachen Lebens immer ein Streben oder Tun irgend welcher Art und in irgend einem Grade vorhanden zu sein. Wie es sich während des Schlafes verhält, darüber wissen wir auch hier nichts Bestimmtes.

Wir haben zur Bezeichnung des dritten Grundzuges der psychischen Wirklichkeit das Wort „Streben" gebraucht. Früher ist dafür häufiger das Wort „Wollen" verwendet worden. Als die drei Hauptgebiete des Seelenlebens bezeichnete man das „Denken", „Fühlen" und „Wollen". Gemeint war und ist mit diesen Ausdrücken offenbar im Grunde dasselbe, was wir oben

als die drei Grundzüge der psychischen Wirklichkeit angeführt
haben. Aber die gebrauchten Ausdrücke haben doch immer
wieder dazu geführt, daß man im Laufe der Untersuchung statt
des eigentlich Gemeinten etwas anderes und zwar Spezielleres
ins Auge faßte. Wir sahen schon, daß das Wort „Denken"
neben der allgemeinen Bedeutung, die ihm in jener Dreiteilung
des psychischen Gebietes beigelegt wird, zunächst eine engere
Bedeutung besitzt, daß es nicht ursprünglich das allen Arten
des Gegenstandsbewußtseins Gemeinsame sondern eine bestimmte Art des Gegenstandsbewußtseins bezeichnet. Außerdem
liegt darin schon der Hinweis auf eine Tätigkeit des psychischen Subjekts; das Tun, das fortschreitende Streben findet
sich schon in dem Denken; das denkende Subjekt ist ein
tätiges. Das Wort „Denken" enthält also ursprünglich in
seiner Bedeutung schon den dritten Grundzug der psychischen
Wirklichkeit. Das ist ein zweiter Grund, der die Verwendung
dieses Wortes zur ausschließlichen Bezeichnung des Gegenstandsbewußtseins unzweckmäßig macht. Selbst in dem Worte
„Fühlen" liegt schon ein Hinweis auf ein Tun des fühlenden
Subjekts; wir haben daher statt seiner das Wort „Gefühl" gebraucht. Und schließlich müssen wir auch die Verwendung
des Wortes „Wollen" zur Bezeichnung des dritten psychischen
Grundzuges für unzweckmäßig erklären. Denn auch dieser
Ausdruck hat zunächst eine engere Bedeutung; er umfaßt ursprünglich nicht alle die Tatbestände, denen der Grundzug
des Strebens gemeinsam ist, sondern sondert gerade aus diesen
eine bestimmte Gruppe aus und stellt sie zu den anderen in
Gegensatz. So widerspricht es dem gewöhnlichen Sprachgebrauch, wenn man z. B. auch das Wünschen, das Sehnen,
das Hoffen und das Fürchten als ein Wollen bezeichnet.
Wünscht und ersehnt z. B. jemand schönes Wetter, so ist dieses
Wünschen und Ersehnen kein Wollen im eigentlichen Sinne;
ein Wollen des schönen Wetters ist dem Menschen unter normalen Umständen unmöglich. Das Wollen im eigentlichen
Sinne ist ein spezieller Fall des Strebens und Tuns. Nun ist
es natürlich erlaubt, in der Wissenschaft die gewöhnliche Be-

deutung eines Wortes auszudehnen oder zu verengen. Man kann daher, wenn man will, auch dem Wort „Wollen" in der Psychologie die allgemeine Bedeutung des Strebens und Tuns beilegen. Aber man muß sich dann dessen bewußt bleiben, daß man damit die Bedeutung des Wortes „Wollen" ausgedehnt hat, und vorsichtig die Gefahren der Zweideutigkeit zu vermeiden suchen; man muß außerdem für das Wollen im engeren Sinne eine neue, unterscheidende Bezeichnung wählen. Wir vermeiden diese Schwierigkeiten, indem wir den dritten psychischen Grundzug ein Streben nennen und das Wort Wollen für das speziell so genannte Wollen reservieren.

Als besonders leicht irreführend hat sich die Verwendung des Wortes „Wille" zur Bezeichnung der dritten Seite der psychischen Wirklichkeit erwiesen. Sie kommt in denjenigen Einteilungen vor, die an der menschlichen Seele den „Verstand", das „Gefühl" oder „Gemüt" und den „Willen" unterscheiden. Heute wird freilich das Wort „Wille" in diesem Sinne nur noch selten in der Psychologie gebraucht, weil es eben zu sehr mit irrtümlichen Vorstellungen verquickt ist. Es kommt hier nicht darauf an, alle die verschiedenen Bedeutungen, die das Wort „Wille" im gewöhnlichen Sprachgebrauch hat, aufzuführen, wir wollen nur das hervorheben, was seine Verwendung zur Bezeichnung des dritten psychischen Grundzuges in der Psychologie untauglich macht. Versteht man unter „Wille" nichts anderes als das Wollen selbst, so ist der Ausdruck aus denselben Gründen unzweckmäßig, die wir oben gegen die Verwendung des Wortes „Wollen" vorgebracht haben; der Wunsch, die Sehnsucht, die Hoffnung und die Furcht sind kein „Wille" in diesem Sinne. Aber selbst wenn man jene Ausdehnung des Begriffes des „Wollens" auf alle Tatbestände des Strebens überhaupt für zulässig erachtete, so würde doch das Wort „Wollen" immer noch besser sein als das Wort „Wille". Denn dieses letztere verleitet dazu, sich ein besonderes, selbständiges Wesen vorzustellen, das in der psychischen Wirklichkeit neben anderen selbständigen Wesen sich aufhalte und der spezielle

Ausgangspunkt alles Wollens sei. In der individuellen psychischen Wirklichkeit existiert aber keine solche Mehrheit von
Wesen sondern nur das eine und selbe Subjekt, das ein Bewußtsein von Gegenständen und Gefühle hat und strebend
tätig ist. Der Ausgangspunkt, das Subjekt alles Strebens und
Wollens ist nicht ein besonderes Wesen in der Seele sondern
das Subjekt der psychischen Wirklichkeit selbst. Alle Leistungen, die man dem Willen zuschreibt, sind in Wahrheit
Leistungen des psychischen Subjekts, des Ichs. Der wahre
Wille ist also nichts anderes als das Subjekt oder Ich, sofern
es strebt und will. Gewiß, auch das Wollen kann nicht ohne
Subjekt existieren, aber dieses Subjekt ist nicht ein neben,
unter oder über dem Subjekt der psychischen Wirklichkeit
stehender, besonderer Wille sondern eben dieses psychische
Subjekt selbst. Das Wort „Wille" führt aber die Neigung mit
sich, das Ich, sofern es will, als ein besonderes vom psychischen Subjekt losgelöstes Wesen zu denken. Um diese Neigung auszuschließen, vermeidet man daher in der neueren
Psychologie das Wort „Wille". Jedenfalls erweist es sich aus
den angeführten Gründen als ungeeignet, um den Grundzug
zug der psychischen Wirklichkeit, den wir Streben nannten,
in hinreichend genauer Weise zu bezeichnen. — Es bedarf
wohl kaum der Erwähnung, daß mit diesen terminologischen
Bemerkungen nicht etwa der Gebrauch jener kritisierten Ausdrücke allgemein gebrandmarkt sein soll. Da, wo es nicht
gerade augenblicklich auf peinliche Genauigkeit ankommt,
wird man vielmehr ohne Schaden und mit dem Vorteil der
Kürze von dem „Denken, Fühlen und Wollen", oder von „Verstand, Gemüt und Wille" als den drei Hauptseiten des menschlichen Seelenlebens sprechen dürfen. Denn diese Dreiheiten
von Worten bringen ja doch dem unbefangenen Hörer unwillkürlich auch jene drei Grundzüge der psychischen Wirklichkeit zur Vorstellung, die wir hervorgehoben haben: er denkt
dabei an das „Vorsichhaben von Gegenständen", an „innere
Zuständlichkeiten" und an ein „Tun" des Ich, wenn auch mehr
ahnend als sicher sondernd.

§ 4. **Die drei Grundzüge der psychischen Wirklichkeit. Zusammenfassung durch ein räumliches Schema.** Das Bild von der individuellen psychischen Wirklichkeit ist durch die vorangehenden Betrachtungen nun schon konkreter geworden. Wir haben drei Hauptseiten oder Grundzüge hervorgehoben: das Gegenstandsbewußtsein, das Gefühl und das Streben. Jeder einzelne wirkliche psychische Tatbestand wird sich nach diesen drei Hauptrichtungen charakterisieren lassen. Man könnte nun noch fragen, ob eine solche Charakteristik auch eine vollständige und hinreichende sei, ob also nicht noch weitere wesentliche Grundzüge der psychischen Wirklichkeit vorhanden seien, die zu den bisher genannten hinzukommen müßten, um ein getreues Bild der psychischen Wirklichkeit zu liefern. Soweit es uns hier möglich ist, auf diese Frage zu antworten, können wir nur sagen, daß eine individuelle psychische Wirklichkeit, die wir mit jenen drei Grundzügen des Gegenstandsbewußtseins, des Gefühls und des Strebens irgend einer Art ausgestattet denken, keinen wesentlichen Mangel mehr gegenüber der tatsächlich vorhandenen psychischen Wirklichkeit aufzuweisen, daß sie wirklich alle Grundzüge derselben zu enthalten scheint. Völlige Sicherheit über diese Frage wird im übrigen nur eine vollständig ausgeführte Psychologie liefern können, die versucht, das ganze psychische Leben restlos nach diesen drei Grundseiten zu gliedern. Vielleicht scheint manchem besonders die „Aufmerksamkeit" einen psychischen Tatbestand darzubieten, der eine Ergänzung der drei angeführten Grundzüge fordere. Wir werden aber sehen, daß das, was man Aufmerksamkeit nennt, sich vollständig charakterisieren läßt als eine bestimmte Art des Strebens oder Tuns und als eine bestimmte Formung des Gegenstandsbewußtseins.

Es ist aber nicht sowohl eine Vermehrung als vielmehr eine Verminderung der drei psychischen Grundzüge, die uns in der Psychologie häufig entgegentritt. Nicht nur hat die Psychologie in ihren Anfängen meist nur eine oder zwei Hauptseiten der psychischen Wirklichkeit gekannt, sondern man versucht bis in die neueste Zeit immer wieder die Grundzüge des Seelenlebens auf möglichst wenige zu reduzieren. Mit Vorliebe wird dieser oder jener Grundzug als der eigentlich wesentliche hervorgehoben. Früher beherrschte das philosophische Vorurteil die Psychologie, daß das Wesen der menschlichen Seele im Erkennen oder Denken bestehe. Die Gefühle wurden zu einer Art unklaren Denkens degradiert. Daneben wurde als etwas mehr oder weniger Untergeordnetes noch ein niederes und ein höheres Begehrungsvermögen aufgeführt. Herbart suchte dann, wie schon erwähnt, das ganze psychische Leben auf Vorstellungen und Bewegungen von Vorstellungen zurückzuführen. Diese spezielle Art des Gegenstandstandsbewußtseins, die Vorstellung, sollte das einzige reale Material der psychischen Wiklichkeit bilden. Die Gefühle und das Streben mußten dann auf Vorstellungen zurückgeführt werden; sie wurden verflüchtigt zu bloßen Verhältnissen zwischen Vorstellungen. In neuerer Zeit hat die Überschätzung des Denkens oder des Gegenstandsbewußtseins nachgelassen. Man pflegt jetzt häufig das Gefühl oder das Wollen in den Vordergrund zu stellen. Während die einen glauben, das Gefühl sei das wesentliche und ursprüngliche Element der psychischen Wirklichkeit, meinen andere, nachweisen zu können, daß in dem Streben, den Trieben oder dem Wollen der wesentliche Grundzug der psychischen Wirklichkeit liege. Derartige Behauptungen, die immer wieder auftauchen, wollen häufig wirkliche Rückführungsversuche sein, d. h. sie wollen alle psychischen Tatbestände auf nur eine einzige Art von psychischen „Grundelementen" zurückführen. Faßt man sie wirklich als solche Rückführungsversuche auf, so erweisen sie sich bei genauerer Betrachtung doch als recht unklar. Man bleibt ihnen gegenüber immer zweifelhaft, ob ihre Urheber wirklich alle Grundzüge der psychischen Wirklichkeit auf einen einzigen zurückführen wollen, oder ob sie sich nicht vielmehr selbst mißverstehen und im Grunde nur diesem oder jenem speziellen psychischen Grundzug einen so hervorragenden Wert beilegen wollen, daß der Wert und die Bedeutung der anderen

Grundzüge dagegen völlig zurücktrete. Jedenfalls liegen manchem dieser scheinbaren Rückführungsversuche unzweifelhaft Werturteile zugrunde. So kommt in der Erklärung, das Wesen der menschlichen Seele bestehe im Denken und Erkennen, die Meinung zum Ausdruck, das wahre Ideal des Menschen sei doch der denkende und erkennende Mensch, der frei von allerlei Gefühlen, Leidenschaften und Begehrungen bloß der klaren und möglichst umfassenden Erkenntnis lebe. Wird dagegen das Gefühl als das wesentliche Fundament des Seelenlebens bezeichnet, so prägt sich in dieser Behauptung häufig die Vorliebe für ein moderneres und weiblicheres Ideal aus, nämlich für das Ideal des Menschen, der für die feinsten und zartesten Eindrücke empfänglich ist, der besonders feiner und zarter Gefühle fähig ist, kurz, der ein reiches und empfindliches Gefühlsleben besitzt. Dagegen erhebt sich dann mit der Erklärung, das Streben und Wollen sei das psychische Grundelement, ein rauheres Ideal, das Ideal des trieb- und willenskräftigen Menschen, der ein möglichst geordnetes und möglichst umfassendes System von kräftigen Trieben in sich birgt, der nicht bloß anschaut, denkt und fühlt, sondern willensstark auf die materielle Welt und andere Individuen einzuwirken und sie umzubilden sucht. Aber alle solche Wertungen dürfen nicht in die eigentliche Erkenntnisarbeit der Psychologie hineingemengt werden. Wir sahen schon früher, daß es nicht die Aufgabe der Psychologie als einer Erfahrungswissenschaft sein kann, den Gegenstand ihrer Untersuchung zu kritisieren und nach außerhalb liegenden Maßstäben zu werten. Damals wiesen wir die Hineinmengung einer erkenntnistheoretischen Kritik der betrachteten psychischen Tatsachen ab. Aber ebenso müssen wir es zurückweisen, wenn man die psychischen Tatsachen vom ästhetischen oder ethischen Standpunkt aus bewertet, und wenn man auf Grund solcher Bewertungen darüber entscheiden will, welche und wieviele Grundzüge der psychischen Wirklichkeit anzuerkennen seien.

Es würde zu weit führen und für unseren Zweck nutzlos sein, hier die Rückführungsversuche, die im Laufe der Ge-

schichte der Psychologie hinsichtlich der psychischen Grund-
elemente gemacht worden sind, ausführlich anzuführen und zu
erörtern. Tatsächlich haben sich auch alle bisher aufgetretenen
Versuche dieser Art als undurchführbar erwiesen. Vielmehr
hat sich, trotz der bis auf den heutigen Tag immer wieder ver-
suchten Reduktion, die Dreiteilung der psychischen Grundzüge in
Gegenstandsbewußtsein, Gefühle und Streben immer mehr ein-
gebürgert, und zwar nicht nur in der deutschen sondern auch
in der englischen und in der französischen Psychologie.
Freilich liegt solchen Dreiteilungen nicht immer eine völlig
klare Scheidung der drei psychischen Grundzüge zugrunde.
Das zeigt sich zum Teil schon in den Namen, die man den
drei Seiten der psychischen Wirklichkeit gibt. Wenn man von
dem „Denken, Fühlen und Wollen“ oder von „Verstand, Gefühl und Wille“ spricht, so pflegt man sich nicht immer bewußt zu sein, daß zu dem Denken und den Verstandesleistungen
auch das Empfinden, Wahrnehmen, Erinnern und Vorstellen,
und daß zu dem Wollen oder den Willensäußerungen jedes
beliebige Streben und Tun gerechnet werden muß, wenn eine
richtige Einteilung der psychischen Wirklichkeit vorgenommen
werden soll. Dabei lassen wir noch ganz außer Betracht,
daß man früher unter dem Verstand, dem Gefühl oder Gemüt
und dem Willen nicht aktuelle psychische Lebenszüge sondern
vielmehr Seelenvermögen verstand. Gewiß kann man, wenn
man will, der Seele oder dem psychischen Subjekt drei Seelenvermögen zuschreiben, die jenen drei Grundzügen der psychischen Wirklichkeit entsprechen. Denn wenn in jeder psychischen Wirklichkeit Gegenstandsbewußtsein, Gefühle und
Streben vorkommen, so hat allerdings das psychische Subjekt
das Vermögen, ein Bewußtsein von Gegenständen zu erlangen,
in bestimmte Zuständlichkeiten zu geraten und sich strebend
für und wider etwas zu regen. Aber diese Vermögen sind
dann schließlich doch dauernde, im Subjekt ruhende reale
Bedingungen für bestimmtes psychisches Leben, nicht aber
die aktuell lebendigen Grundzüge dieses psychischen Lebens
selbst.

Ausdrücklich müssen wir hier noch ein Mißverständnis ausschließen, dem man zuweilen selbst unter Psychologen begegnet. Jene Unterscheidung dreier psychischer Grundzüge nimmt natürlich der Psychologe vor, der die psychische Wirklichkeit zum Gegenstand seiner Betrachtung macht. Er sagt damit, daß in der psychischen Wirklichkeit drei grundverschiedene Seiten vorkommen. Er sagt damit aber durchaus n i c h t, daß das psychische Subjekt der betrachteten psychischen Wirklichkeit selbst diese drei Grundzüge u n t e r s c h e i d e. Er würde, wenn er dies behaupten wollte, allerdings etwas Falsches aussagen. Denn, sollte das betrachtete psychische Subjekt selbst diese drei Grundzüge unterscheiden, so müßte dazu ja seine eigene psychische Wirklichkeit ein G e g e n s t a n d seines Bewußtseins sein; es müßte die psychischen Grundzüge „vor sich haben" oder um sie wissen. Wir sahen aber schon, daß das Vorhandensein psychischer Tatbestände durchaus nicht besagt, es seien diese Tatbestände G e g e n s t ä n d e des Bewußtseins. Wenn ein psychisches Subjekt ein Bewußtsein von Gegenständen hat, sich in bestimmten Zuständlichkeiten befindet und strebend tätig ist, so heißt das nicht, dieses Subjekt habe ein W i s s e n u m dieses Gegenstandsbewußtsein, diese Gefühle und dieses Streben. Tritt dieses Wissen auf, so ist damit zu den anderen psychischen Tatbeständen ein neues Gegenstandsbewußtsein hinzugetreten, das nun s e i n e r s e i t s auch nicht wieder Gegenstand des Wissens ist, sondern einfach da ist, wie vorher das Gegenstandsbewußtsein, die Gefühle und das Streben einfach da waren. So wenig wie das D a s e i n eines psychischen Erlebnisses besagt, daß es von jemandem gewußt werde, so wenig besagt auch das V e r s c h i e d e n s e i n psychischer Grundzüge, daß sie von jemandem unterschieden werden. Das, was unterschieden werden soll, muß doch vorher als von einander verschieden schon da sein. Die Erkenntnisse des P s y c h o l o g e n hinsichtlich einer individuellen psychischen Wirklichkeit sind wohl zu scheiden von den Erkenntnissen, die das b e t r a c h t e t e S u b j e k t hinsichtlich seiner eigenen psychischen Wirklichkeit hat. Ehe der Psychologe Verschie-

denes unterscheidet, war das Verschiedene schon da, ohne
unterschieden zu werden. Die Unterscheidung schafft nicht
die Verschiedenheit, sondern führt nur zur Erkenntnis einer
bestehenden Verschiedenheit. Wenn man also z. B. behauptet,
die Unterscheidung dreier psychischer Grundzüge dürfe nicht
für jede individuelle psychische Wirklichkeit Geltung beanspruchen, vielmehr sei ursprünglich, beim Kinde, keine solche
Verschiedenheit vorhanden, sondern sie entstehe erst im Laufe
der Entwicklung; ursprünglich sei die psychische Wirklichkeit
ein völlig ungeschiedenes Ganze, dann verwechselt man offenbar
das Verschiedensein der drei Grundzüge mit ihrem
Unterschiedenwerden. Das Kind wird freilich in seiner
eigenen psychischen Wirklichkeit nicht das Gegenstandsbewußtsein, die Gefühle und das Streben unterscheiden; denn um
das zu tun, müßte es ja schon Psychologie treiben, müßte es
seine eigene psychische Wirklichkeit zum Gegenstand unter-
scheidender Betrachtung machen. Dazu ist es nicht fähig.
Aber damit ist doch nicht gesagt, daß nun das Gegenstandsbewußtsein, das Gefühl und das Streben des Kindes gar nicht
voneinander verschieden wären. Vielmehr sind und bleiben
diese Grundzüge, wenn sie im kindlichen Seelenleben vorhanden sind, von einander verschieden, auch wenn das Kind
niemals dazu kommen würde, sie zu unterscheiden. Wir behaupten nur die Verschiedenheit, nicht das Unterschiedenwerden der drei psychischen Grundzüge.

Auch wenn nun das Gegenstandsbewußtsein, das Gefühl
und das Streben von einander verschieden sind, so ist damit
nicht ausgeschlossen, daß sie gleichzeitig in einem und demselben psychischen Gesamttatbestand vorkommen. Wir sahen
ja schon, daß während des wachen Lebens sowohl das Gegenstandsbewußtsein wie das Gefühl wie das Streben, von möglichen seltenen Ausnahmen abgesehen, in jeder menschlichen
psychischen Wirklichkeit fortwährend vorkommen. Alle drei
Grundzüge sind also meistens gleichzeitig in der psychischen
Wirklichkeit vorhanden. Es kann keine Rede davon sein, daß
sie sich gegenseitig notwendig vom gleichzeitigen Dasein aus-

schlössen. Es bedarf nur noch einiger Worte, um die eigentümliche Art, wie sie gleichzeitig zusammen da sind, klar hervorzuheben. Wir kommen damit auf das, was wir früher schon über die Einheit des Gleichzeitigen in der individuellen psychischen Wirklichkeit gesagt haben, zurück.[1] Das Gegenstandsbewußtsein, das Gefühl und das Streben stehen, wenn sie gleichzeitig in einer individuellen psychischen Wirklichkeit vorhanden sind, nicht einfach beziehungslos nebeneinander. Nicht nur in jedem Gegenstandsbewußtsein sondern auch in in jedem Gefühl und in jedem Streben steckt ein psychisches Subjekt, ein Ich. Das Gegenstandsbewußtsein ist ein „Wissen" eines Ich um etwas, das Gefühl ist eine Zuständlichkeit eines Ich, und das Streben ist eine Regung eines Ich. Wenn nun ein Gegenstandsbewußtsein, ein Gefühl und ein Streben gleichzeitig in einer und derselben psychischen Wirklichkeit gegeben sind, so heißt das, die in ihnen steckenden Subjekte sind nicht mehrere sondern nur ein einziges Subjekt. Ein und dasselbe Ich hat ein Bewußtsein von irgend welchen Gegenständen, befindet sich in dieser oder jener Zuständlichkeit und ist zugleich strebend nach dieser oder jener Richtung tätig. Kurz, das Ganze bildet jene eigentümliche Einheit, die durch die Identität des psychischen Subjekts in der Mehrheit gestiftet wird. Die Mehrheit der psychischen Grundzüge schließt also die Einheit der psychischen Wirklichkeit durchaus nicht aus.

Aber die psychischen Grundzüge stehen doch meist noch in einem innigeren Zusammenhang als bloß durch die Identität des psychischen Subjekts in ihnen. So sind gewöhnlich die Gefühle innig verbunden mit dem Gegenstandsbewußtsein. Wir werden später sehen, daß das Gegenstandsbewußtsein, das in einem Momente vorhanden ist, gewöhnlich eine gewisse Gliederung zeigt. Diese Gliederung wollen wir hier durch ein Bild deutlich zu machen suchen. Stellen wir uns das Gegenstandsbewußtsein als einen Lichtkegel vor, der vom psychischen Subjekt als seiner Spitze ausgeht, und der sich

[1] Vgl. II. Teil, 1. Kap., § 4, S. 197 ff.

ausbreitend auf diese oder jene Menge von Gegenständen trifft. Dann pflegt das Gegenstandsbewußtsein nicht ein völlig homogener Lichtkegel zu sein, sondern es pflegen darin gewöhnlich ein oder mehrere Strahlen von besonderer Dichtigkeit zu stecken. Wir können auch sagen, von dem einen psychischen Subjekt gehen gewöhnlich mehrere dichtere Lichtkegel aus, die von einem weniger dichten, aber ebenfalls von demselben Subjekt ausgehenden Lichtkegel umschlossen werden. Das psychische Subjekt ist meist in mehreren gesonderten „Wissensstrahlen" auf Gegenstände gerichtet. Die gesonderten Wissensstrahlen haben nicht alle die gleiche Helligkeit; neben den helleren Strahlen pflegt vor allem noch ein Lichtkegel von schwacher Lichtstärke vorhanden zu sein, der die Gegenstände, auf die er trifft, als eine einzige kaum gegliederte, dunkle Masse erscheinen läßt. Oder, von der Seite des Beleuchtungseffektes aus betrachtet, das psychische Subjekt hat vor sich ein Gegenstandsfeld, in dem ein oder mehrere hellere Teile von allen Seiten von dunkleren Massen umgeben sind. Nun pflegen die Gefühle bestimmten dieser gesonderten „Wissensstrahlen" in eigenartiger Weise zugeordnet zu sein. Auch diese Zuordnungsweise wollen wir uns durch ein Bild deutlich zu machen suchen. Nehmen wir an, die im psychischen Subjekt steckenden Enden der Wissensstrahlen beginnen, wenn sie auf bestimmte Gegenstände treffen, mehr oder wenig heftig zu glühen. Damit gerate das Ich, als der Ausgangspunkt der Strahlen, ebenfalls ins Glühen; aber dieses Glühen haftet doch zugleich dem im Ich steckenden Ende eines bestimmten Wissensstrahles an. Nun entspreche diesem Glühen das Gefühl. Das Gefühl, das angesichts eines Gegenstandes entsteht, steht dann zu dem „Wissensstrahl", der auf diesen Gegenstand gerichtet ist, in einer eigenartigen Verbindung, die sich mit dem Glühen des im Ich steckenden Endes jenes Wissensstrahles vergleichen läßt. Das psychische Subjekt, das angesichts des Gegenstandes das Gefühl erlebt, befindet sich in dem Zustande des Glühens, der sich aber gleichsam noch ein Stück weit in den Wissensstrahl hinein erstreckt, der vom

Ich zu dem bestimmten Gegenstand geht. Erstreckt sich der Zustand des Glühens in keinen der helleren Wissensstrahlen, sondern in den dunkleren Lichtkegel, so sind wir geneigt, von bloßen, gegenstandslosen Stimmungsgefühlen zu sprechen. Es ist möglich, daß nicht nur die „auf Gegenstände bezogenen" Gefühle, sondern auch alle scheinbar gegenstandslosen Stimmungsgefühle in solcher Weise bestimmten Strahlen des Gegenstandsbewußtseins zugeordnet sind, kurz, daß alle Gefühle „auf Gegenstände bezogen" sind. Nur darf man dieses Bezogensein der Gefühle nicht in dem Sinne auffassen, als ob das die Gefühle erlebende Subjekt selbst diese Gefühle zum Gegenstand seiner Betrachtung machte und dann in Beziehung zu bestimmten Gegenständen setzte. Das wäre ein Akt der Reflexion, der durchaus nicht stattzufinden braucht, um jene Beziehung der Gefühle auf Gegenstände erst herzustellen. Vielmehr besteht eben jenes Bezogensein der Gefühle auf Gegenstände in nichts anderem, als in der oben bildlich bezeichneten, eigenartigen Verbindung der Gefühle mit bestimmten Lichtkegeln des Gegenstandsbewußtseins.[1] Man mag die Verwendung derartiger Bilder verabscheuen; ich benutze sie, weil ich glaube, dadurch am besten auf einen wirklich bestehenden Sachverhalt hinweisen zu können, und weil mir alle Hilfsmittel, die dazu dienen können, ein Recht auf Benutzung zu haben scheinen. Wer es auf anderem Wege besser machen kann, der tue es zum Wohle der Psychologie.

Nicht nur die Gefühle, sondern auch das Streben pflegt nun meistens in eigenartiger Verbindung mit dem Gegenstandsbewußtsein zu stehen. Nicht nur daß in derselben psychischen Wirklichkeit es ein und dasselbe psychische Subjekt ist, das gleichzeitig ein Bewußtsein von Gegenständen hat, in bestimmten Zuständlichkeiten sich befindet und strebend sich

---

[1] Glüht das im Ich steckende Ende eines helleren Wissensstrahles, so kann sich dieses Glühen unter Umständen ausdehnen auf die Spitze des umgebenden Wissenskegels; wir sprechen dann von der Ausdehnung des Gefühls von seinem eigentlichen Gegenstand auf den ganzen mit ihm zusammenhängenden Gegenstandskomplex.

regt, sondern das Streben geht auch außerdem noch in diesen oder jenen Strahl oder Lichtkegel des Gegenstandsbewußtseins hinein. Das Streben gewinnt dadurch seine mehr oder weniger bestimmte Richtung; es ist ja meistens auf mehr oder weniger genau umgrenzte Gegenstände bezogen. Aber auch hier sind es nicht immer die hellsten Wissensstrahlen, mit denen das Streben eigenartig vereinigt ist, sondern das Streben kann sich auch in den dunkleren Lichtkegel erstrecken und dann scheinbar gegenstandslos sein. So ist es wenigstens häufig in denjenigen Fällen, in denen wir von einem dunklen Drang, von unklarem Sehnen und Verlangen sprechen. Wie gleichzeitig m e h r e r e Strahlen des Gegenstandsbewußtseins vorhanden sein können, so kann auch das Streben gleichzeitig in mehrere Richtungen sich erstrecken, und der ganze Sachverhalt ein äußerst komplizierter werden. Darauf gehen wir aber nicht näher ein.

Das Gesagte mag genügen, um ein skizzenhaftes Bild von der eigenartigen Konstitution der individuellen psychischen Wirklichkeit eines Augenblicks zu geben. Wir wollen nun noch die gewonnenen Ergebnisse in ihren Hauptpunkten durch ein räumliches Schema zusammenfassen. Dabei brauchen wir nun wohl nicht mehr ausdrücklich zu betonen, daß die psychische Wirklichkeit keinerlei räumliche Qualitäten an sich trägt, daß sie eine unräumliche und dennoch wirkliche Welt ist. Das folgende räumliche Schema macht also nicht den Anspruch, auch in seinen räumlichen Eigenschaften ein Bild der individuellen psychischen Wirklichkeit zu sein. Es will nur ein veranschaulichendes Hilfsmittel sein, dessen Verwendung auch hier völlig gerechtfertigt ist, wenn es seinen Zweck erfüllt, nämlich das in e i n e m Griff erfassen zu lassen, was wir bisher in zeitlicher Aufeinanderfolge auseinandergelegt vorgeführt haben.

Der alles vereinigende Lebenspunkt der psychischen Wirklichkeit, das psychische Subjekt oder Ich sei dargestellt durch die kleine Kugel J. Das Gegenstandsbewußtsein läßt sich nach dem vorausgehenden repräsentieren durch einen

von dem Ich ausgehenden Lichtkegel GB. Innerhalb dieses
Lichtkegels sei ein hellerer Aufmerksamkeitsstrahl A vorhanden.
Die Welt der möglichen Gegenstände des Gegenstandsbewußtseins sei verbildlicht durch die irgendwie gestaltete Oberfläche G. Ein Teil dieser Oberfläche wird von dem Lichtkegel
getroffen, d. h. dieser Teil ist gerade Gegenstand des Gegenstandsbewußtseins. Von diesem Teil ist ein Stück wieder
besonders herausgehoben und bevorzugt, es ist Gegenstand
des Aufmerksamkeitsstrahles A. Angesichts dieses aufmerk-

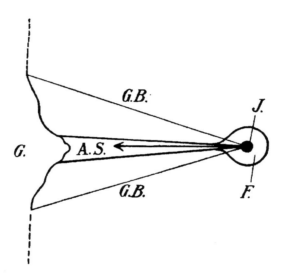

sam erfaßten Gegenstandsstückes gerate das Ich in den Gefühlszustand F, der durch eine das Ich umschließende Kugelsphäre dargestellt sei. Diese Kugelsphäre wächst gleichsam
aus dem Aufmerksamkeitsstrahl A an seinem im Ich steckenden Ende heraus; d. h. das Gefühl ist „bezogen" auf den beachteten Gegenstand. Zugleich gehe von dem Ich ein Streben
in der Form eines Pfeiles S aus, der hier zusammenfallen
möge mit dem Aufmerksamkeitsstrahl A; d. h. es möge das
Ich streben und tätig sein in dem Aufmerken auf jenes beachtete Stück der Gegenstandsseite. Dieses Streben oder
Widerstreben kann aber auch in andere Richtung gehen, d. h.

mit einem anderen Strahl des Lichtkegels zusammenfallen; oder es können mehrere Strebungen gleichzeitig nach divergierenden Richtungen gehen. Auch die Gefühlssphäre F kann verschiedener Art, verschieden kompliziert sein und aus diesem oder jenem „Wissensstrahl" hervorwachsen. Ebenso kann hier der Lichtkegel GB des Gegenstandsbewußtseins die verschiedenen Arten des Gegenstandsbewußtseins, das Empfinden, Wahrnehmen, Erinnern, Vorstellen und Erkennen darstellen. Das räumliche Schema gibt also nur ein möglichst einfaches Bild des Grundgerüstes der psychischen Wirklichkeit. Es sei zur Vermeidung von Mißverständnissen nochmals hervorgehoben, daß die Welt der möglichen Gegenstände für das Gegenstandsbewußtsein nicht etwa auf die materielle Außenwelt eingeschränkt ist. Zunächst gehören zu dieser materiellen Welt auch die fremden Leiber, der eigene Leib, die menschlichen Sprachlaute und die ganze Vergangenheit, Gegenwart und Zukunft. Außerdem kommt aber als Gegenstand des Gegenstandsbewußtseins vor und gehört also mit zur Welt der möglichen Gegenstände jedes beliebige Erzeugnis der Phantasie. Dazu kommt dann das eigene oder fremde psychische Sein und Erleben, das wiederum entweder der Vergangenheit, der Gegenwart oder der Zukunft angehören kann oder aber Phantasieprodukt ist. Und schließlich können die Beziehungen zwischen materieller und psychischer Wirklichkeit Gegenstände des Bewußtseins werden. Kurz, zur Welt der möglichen Gegenstände gehört eben alles, was nur jemals Gegenstand eines Gegenstandsbewußtseins werden kann.[1] Was Gegenstand des Gegenstandsbewußtseins ist, ist also deshalb noch nicht etwas Psychisches, wie wir früher schon gesehen haben. Psychisch sind immer nur die spezifischen Gegenstände, die in sich ein psychisches Subjekt, ein Ich enthalten, oder, anders ausgedrückt, die einem Ich anhaften. Die genauere Bedeutung dieser Behauptung ergibt sich aus dem früher Gesagten.

---

[1] Vgl. II. Teil, 2. Kap., § 1., S. 208 ff.

Nachdem wir die Konstitution der individuellen psychischen Wirklichkeit in ihren Grundzügen kennen gelernt haben, wollen wir nun die psychische Wirklichkeit an einigen Punkten noch etwas näher betrachten. Wir werden dadurch nicht nur das Bild der psychischen Wirklichkeit etwas ausführlicher gestalten, sondern zugleich auch durch weitere Bestätigung der schon gewonnenen Einsichten das Grundgerüst stärken und festigen. Zunächst wollen wir einige Grundbegriffe der Psychologie vornehmen und zuerst uns dem Gegenstandsbewußtsein zuwenden.

---

3. Kapitel.
Einige Grundbegriffe der Psychologie.

§ 1. Der Begriff der Empfindung in der Psychologie. Als Beispiele von Empfindungen haben wir schon früher das „Sehen" einer Farbe, das „Hören" eines Tones oder Geräusches, das „Riechen" eines Geruches usw. angeführt. Die Empfindungen sind bestimmte Arten des Gegenstandsbewußtseins, also eigenartige psychische Erlebnisse. Alle Empfindungen haben einen gemeinsamen Grundcharakter, der uns berechtigt, sie alle als Empfindungen zu bezeichnen. Sie bilden also zusammen eine besondere Art des Gegenstandsbewußtseins. Es wurde früher schon bemerkt, daß sich der Charakter der Empfindung nicht weiter zerlegen und beschreiben läßt, daß man nur durch Hinweis, nicht durch eigentliche Definition das Eigenartige der Empfindungen vor Augen führen kann. Wir sahen aber auch schon, daß in der Psychologie leider die Empfindung häufig mit den Gegenständen oder „Inhalten" der Empfindung verwechselt wird. Es kommen außerdem noch andere Verwechslungen in bezug auf die Empfindung vor. Wir wollen daher im folgenden die Eigenart der Empfindung noch dadurch hervorzuheben suchen, daß wir ihr das, was mit ihr in Zusammenhang steht, gegenüberstellen, mit ihr vergleichen und von ihr unterscheiden. Es ist zunächst für die Psychologie, dann aber auch für die Erkenntnistheorie und die Metaphysik äußerst wichtig, daß man sich über den Begriff der Empfindung völlig klar ist, und sich gegen Verwechslungen desselben mit anderen Gegenständen gesichert hat.

Wir beginnen diese Abgrenzung der Empfindung, indem wir uns zunächst den sogenannten „Reizen" zuwenden. Die Empfindungen stehen mit gewissen körperlichen Vorgängen in Zusammenhang. Soll unter normalen Umständen im wachen Leben ein Mensch etwas empfinden, so ist dazu nötig, daß gewisse in seinem Leibe vorhandene Sinnesnerven eine bestimmte Einwirkung erfahren, die man als Reizung bezeichnet. Soll der Mensch z. B. eine Farbe sehen, so ist dazu erforderlich, daß seine Augen oder seine Sehnerven „gereizt" werden; soll er einen Klang oder ein Geräusch hören, so müssen seine Gehörorgane oder Gehörnerven „gereizt" werden usw. Damit die Reizung stattfinde, muß etwas an die Sinnesnerven herankommen und auf sie einwirken. Dies auf die Sinnesnerven Einwirkende und die „Reizung" Bewirkende nennt man den „Reiz", der auf das Sinnesorgan oder den Sinnesnerven trifft und dadurch das Empfinden von etwas ermöglicht. Man hat für die verschiedenen Empfindungsarten und deren Modifikationen die zugehörigen „Reize" genauer zu bestimmen gesucht. Für das Hören von Klängen und Geräuschen hat man als Reize bestimmte Schwingungen der Luftteilchen erkannt; d. h. bestimmte Bewegungen der Luftteilchen müssen auf das normale Gehörorgan treffen und es „reizen", wenn bestimmte Klänge und Geräusche gehört werden sollen. Als Reize für das Sehorgan betrachtet man bestimmte elektrische Schwingungen; soll z. B. eine bestimmte Farbe gesehen werden, so müssen dieser Ansicht zufolge bestimmte Schwingungen von bestimmter Schwingungshäufigkeit auf die Netzhaut des normalen Auges treffen. Die sogenannten Reize sind also bestimmte Vorgänge in der materiellen Welt; sie werden Reize genannt, wenn und sofern sie auf Sinnesorgane oder Sinnesnerven einwirken. Damit ist nun schon klar, daß die Reize wohl zu unterscheiden sind von den Empfindungen. Die Reize sind materielle Vorgänge, die Empfindungen dagegen sind psychische Tatsachen. Sieht z. B. jemand eine rote Farbe, so besteht der zugehörige Reiz nach der Annahme der Physiker in elektrischen Schwingungen, die eine bestimmte Geschwindigkeit haben, sich im Raume fortpflanzen, auf das Auge treffen und in der Netzhaut des Auges bestimmte Veränderungen hervorrufen. Dagegen besteht die Empfindung, das Sehen der roten Farbe, nicht in elektrischen Schwingungen, die Empfindung hat keine bestimmte Geschwindigkeit, sie pflanzt sich nicht im Raume fort, sie trifft nicht auf das Auge und ruft nicht Veränderungen in der Netzhaut hervor. Alles das gilt von dem Reize, aber nicht von der Empfindung. Andererseits ist die Empfindung eine bestimmte Art des Gegenstandsbewußtseins, der Reiz dagegen ist keine Art des „Wissens um etwas". Mag die Empfindung also noch so sehr durch die Einwirkung eines Reizes auf die Sinnesnerven bedingt sein, so ist sie doch völlig verschieden von dem Reize selbst.

Kommt die Verwechslung der Empfindungen mit den Reizen nur selten vor, so stoßen wir um so häufiger auf die Verwechslung der Empfindungen mit den Wahrnehmungen von Reizen. So sagt man etwa: die Klänge und Geräusche, die wir hören, sind in Wahrheit bestimmte Schwingungen der Luft; die Farben, die wir sehen, sind in Wahrheit elektrische Schwingungen. Wenn wir also Klänge hören oder Farben sehen, so nehmen wir bestimmte Reize wahr, die auf unsere Sinnesorgane einwirken. Diesen Behauptungen gegenüber braucht man nur darauf hinzuweisen, daß doch tatsächlich viele Menschen Klänge hören und Farben sehen, also ein eigenartig unmittelbares Wissen um Klänge und Farben haben, ohne daß sie damit auch nur das geringste von Luftschwingungen oder elektrischen Schwingungen, also von Reizen wissen. Wäre doch die Erkenntnis der Reize, die bestimmten Empfindungen zugeordnet sind, eine viel leichtere Sache, als sie es tatsächlich ist, wenn wir wirklich in den Empfindungen schon die Reize selbst wahrnähmen. Jene Behauptungen sind offenbar nur höchst mangelhafte Ausdrucksweisen für die

Überzeugung, daß nicht das unmittelbar Empfundene, also die Klänge und Farben, sondern die als Reize bezeichneten materiellen Vorgänge das wirklich in der Außenwelt Existierende seien, und daß immer bestimmten Klängen und Farben bestimmte Reize zugeordnet sind. Man vereinigt auf Grund dieser Überzeugung die gehörten Klänge und die gesehenen Farben in seinem Denken mit bestimmten, allein für wirklich gehaltenen materiellen „Reizen", und meint dann diese gedankliche Zutat in den Klängen und Farben selbst wahrzunehmen.

Wenn man dann einsieht, daß tatsächlich nur die Klänge und nur die Farben gesehen werden, dabei aber die Reize selbst außerhalb der Wahrnehmung bleiben, so verwendet man manchmal eine andere Ausdrucksweise, die jedoch ebenfalls als höchst unglücklich bezeichnet werden muß. Man sagt nämlich, die Empfindungen seien Urteile über Reize; sehe jemand eine rote Farbe, so heiße das, er beurteile bestimmte elektrische Schwingungen als rot. — Dagegen ist zu bemerken, daß die Schwingungen nicht beurteilt werden können, weil sie nicht Gegenstand des Bewußtseins sind; daß weiterhin die Empfindung einer roten Farbe kein Urteil im eigentlichen Sinne ist; und daß man nicht rote Schwingungen vor sich hat, wenn man eine rote Farbe sieht, sondern eben nur die rote Farbe selbst. Nicht viel besser verhält es sich mit der Erklärung, in den Empfindungen nehme der Mensch äußere Reize in anderer Form wahr; wer z. B. höre, der nehme bestimmte Luftschwingungen in der Form von Tönen wahr; wer Farben sehe, nehme elektrische Schwingungen in der Form von Farben wahr. Auch in dieser dunklen Ausdrucksweise wird ein physikalisches Wissen in die Empfindungen hineingetragen, das mit den Empfindungen selbst gar nicht gegeben ist. Eine gewisse Anerkennung der Tatsache, daß in den Empfindungen selbst kein Wissen um die Reize liegt, kommt freilich hier darin zum Ausdruck, daß man die wirklich empfundenen Gegenstände, wie die Töne und die Farben, als die wahrgenommenen „Formen" der Reize bezeichnet. Denn tatsächlich sind ja diese sogenannten „Formen" etwas anderes als die Reize selbst, und sie, nicht die Reize werden empfunden. Das Verhältnis des Reizes zu dem empfundenen Inhalt ist aber nicht das Verhältnis eines Stoffes zu seiner Form. Es ist daher psychologisch völlig falsch, die Empfindungen als Wahrnehmungen von Reizen in irgend einer Form zu bezeichnen. — Die Empfindung ist also weder ein materieller Reiz noch eine Wahrnehmung eines Reizes noch ein Urteil über Reize, wenn auch die Entstehung der Empfindung unter normalen Umständen durch Einwirkung von Reizen auf Sinnesnerven bedingt ist.

In den Fällen, wo die Sinnesnerven an ihrem peripheren Ende mit besonderen Sinnesorganen ausgestattet sind, wirkt nun der Reiz zunächst auf diese Sinnesorgane und ruft in ihnen bestimmte Vorgänge hervor, deren Stattfinden wiederum Bedingung für das Entstehen bestimmter Empfindungen ist. So müssen die Lichtstrahlen auf die Netzhaut des Auges, die Luftschwingungen auf das Trommelfell des Ohres einwirken und bestimmte Erregungen erzeugen, wenn bestimmte Farben gesehen, resp. Klänge und Geräusche gehört werden sollen. Diese Erregungen in den Sinnesorganen sind also ebenfalls Bedingungen normaler Empfindungen, aber sie sind natürlich wiederum streng zu sondern von den bedingten Empfindungen selbst. Denn welche genauere Beschaffenheit auch diese Erregungen in den Sinnesorganen haben mögen, so sind sie doch jedenfalls räumliche, materielle Vorgänge. Die Empfindung dagegen, das Sehen einer Farbe, das Hören eines Tones, ist kein räumlicher, materieller Vorgang, sondern eine bestimmte Art des Wissens um etwas. Jene Erregungen sind leibliche Vorgänge, die in den Sinnesorganen stattfinden, also einen Ort und räumliche Eigenschaften haben; die Empfindung dagegen ist kein leiblicher sondern ein psychischer Vorgang; die Empfindung sitzt nicht im Sinnesorgan, sie hat keinen räumlichen Ort und keine räumlichen Eigenschaften. Mögen also während des Sehens und Hörens bestimmte Vorgänge in den Augen und den Ohren stattfinden, so ist doch das Sehen und Hören total verschieden von diesen

Vorgängen in Augen und Ohren. Empfindungen sind keine Vorgänge in den Sinnesorganen.

Der psychologisch nicht geschulte Beobachter ist aber auch hier geneigt, sein Wissen um Vorgänge in den Sinnesorganen in die Empfindungen selbst hineinzutragen. So entstehen dann die Behauptungen, die Empfindung sei eine Wahrnehmung eines Eindrucks auf die Sinnesorgane oder eine Wahrnehmung der durch Reize bewirkten Erregung in den Sinnesorganen. Die alltägliche Erfahrung widerspricht direkt diesen Behauptungen. Wer z. B. eine rote Farbe sieht, der sieht nicht sein Auge und einen Eindruck auf dasselbe; er sieht nicht ein Bild auf seiner Netzhaut und keine Erregung der Netzhaut, da er die Netzhaut nicht sieht; sondern er sieht eben die rote Farbe. Je aufmerksamer er die rote Farbe betrachtet, um so weniger weiß er von Eindrücken und Erregungen in seinem Sehorgan; die genaueste Erforschung der gesehenen Farbe wird ihm nicht die geringste Erkenntnis der Eindrücke und Erregungen verschaffen, die gleichzeitig in seinen Augen stattfinden mögen. Ebenso hört derjenige, der Klänge und Geräusche hört, nicht Erregungen in seinem Gehörorgan. So mögen überhaupt die Erregungen in den Sinnesorganen das Zustandekommen bestimmter Empfindungen ermöglichen, aber diese ermöglichten Empfindungen sind weder die Erregungen selbst, noch sind sie Wahrnehmungen dieser Erregungen. Es ist daher eine ungenaue Ausdrucksweise, wenn man sagt, jemand nehme die Einwirkung auf sein Gehörorgan wahr, wenn er ein Geräusch hört; man will damit nur hervorheben, daß die Erregung im Gehörorgan sein Hören des Geräusches veranlaßt habe; man weiß sehr wohl, daß er das Geräusch und nicht die Erregung im Gehörorgan hört. Die Psychologie muß solche ungenauen Redeweisen möglichst zu vermeiden suchen, um der möglichen Verwechslung völlig verschiedener Tatsachen vorzubeugen.

An die Erregung der Sinnesorgane durch bestimmte Reize muß sich weiter eine Erregung in den zugehörigen Sinnesnerven und dem Gehirn anschließen, wenn unter gewöhnlichen

Umständen Empfindungen sollen entstehen können. Diese Erregungen in den Sinnesnerven und dem Gehirn sind Bedingungen der Empfindungen, aber sie sind nicht selbst schon die Empfindungen. Wie wir schon oft hervorgehoben haben, sind die Empfindungen keine räumlichen, leiblichen Vorgänge. Sie können also auch keine Erregungen in den Nerven oder im Gehirn sein; und sie sitzen daher auch nicht in den Nerven oder im Gehirn. Von keiner Art der Empfindungen, auch nicht von den Gesichts- und Gehörempfindungen hat es einen Sinn zu sagen, sie „säßen im Kopfe". Eine solche Behauptung würde die Bedingung, d. h. die Erregung im Gehirn, mit dem Bedingten, d. h. mit der Empfindung, verwechseln.

Daß es auch psychologisch völlig falsch ist, die Empfindung als eine Wahrnehmung von Nerven- oder Gehirnerregungen zu bezeichnen, ist wieder durch die einfachste Selbstbesinnung sofort zu erkennen. Wenn z. B. jemand eine rote Farbe sieht, so sieht er doch nicht Nerven- oder Gehirnerregungen. Er hat vor sich die rote Farbe, er weiß damit, was eine rote Farbe ist; er hat aber nicht Nerven- oder Gehirnerregungen vor sich, er weiß womöglich von derartigen Erregungen überhaupt nichts. Die Erregungen in Nerven und Gehirn kennt man ja bis heute noch nicht genau; noch viel weniger kann davon die Rede sein, daß diese Erregungen von allen empfindenden Menschen wahrgenommen würden. Und wenn nun jemand eine rote Farbe sieht, die doch selbst keine Nerven- oder Gehirnerregung ist, so sieht er auch nicht etwa diese Farbe an oder in dem Nerven oder Gehirn, denn dazu müßte er zuerst einmal den Nerven oder das Gehirn sehen. Die rote Farbe, die er sieht, steckt also auch nicht in seinem Kopfe; er sieht die rote Farbe nicht ursprünglich in seinem Kopfe. Die Bedingung der Empfindung mag im Kopfe vorhanden sein, aber das, was empfunden wird, also z. B. die rote Farbe liegt nicht im Kopfe, sondern innerhalb des gleichzeitig Gesehenen. Es ist also ein Irrtum, wenn der außen stehende Beobachter meint, die Gehirnvorgänge eines anderen Menschen, an die er denkt, müßten auch ursprünglich von dem fremden Individuum wahrgenommen worden sein. Die Gehirnerregungen finden einfach unwahrgenommen statt, während das Individuum etwas ganz anderes, an ganz anderen Orten Befindliches empfindet. Aus dem Gesagten ist schon ersichtlich, daß die Wahrnehmungstheorie, die die Gesichtswahrnehmung durch Hinausprojizierung des Gesehenen aus dem Kopfe entstehen läßt, abgesehen von ihren übrigen Mängeln auf einer irrtümlichen Voraussetzung beruht. Denn sie setzt ja voraus, daß ursprünglich alles Gesehene als im Kopfe befindlich gesehen werde. Unterläßt man die Verwechslung der bedingenden Gehirnerregung mit den gesehenen Gegenständen; sieht man also ein, daß das Gesehene nicht ursprünglich im Kopfe gesehen werden kann, so bedarf es nicht mehr jenes rätselhaften Prozesses, durch den das zuerst im Kopfe Befindliche hinaustransportiert und dann erst außerhalb des Kopfes gesehen werden soll. Man kann an diesem Fall ganz deutlich erkennen, zu wie weitgreifenden Verirrungen eine ungenaue Ausdrucksweise in der Psychologie führen kann. Die Behauptung, Empfindungen seien Wahrnehmungen von Gehirnerregungen, ist zunächst nur der ungenaue Ausdruck für die Erkenntnis, daß Gehirnerregungen das Zustandekommen von Empfindungen veranlassen. Nimmt man aber dann diese Formulierung jener Einsicht in wörtlichem Sinne, so steckt mit einemmale alles Empfundene im Kopfe. Da wir als Erwachsene aber nicht mehr alles Empfundene im Kopfe empfinden, so muß ein Prozeß erfunden werden, durch den wir das Empfundene aus dem Kopfe hinaustreiben. Darum ist es wichtig, von vornherein die Empfindungen von den Wahrnehmungen bestimmter Nerven- oder Gehirnerregungen, und die empfundenen Gegenstände von den Bedingungen der Empfindungen streng zu unterscheiden. Die Nerven- und Gehirnvorgänge mögen Bedingungen der Empfindungen sein, so sind sie doch für gewöhnlich nicht die Gegenstände dieser Empfindungen. — Es bedarf wohl keiner weiteren Erörterung, daß es auch hier unrichtig ist, zu sagen, in den Empfindungen kämen uns die Gehirnerregungen „in der Form" von Farben,

Tönen, Gerüchen usw. zum Bewußtsein. Die psychologische Selbstbeobachtung zeigt ja, daß uns die Gehirnerregungen eben nicht zu Bewußtsein kommen, und daß die Farben, Töne usw. durchaus nicht als bloße „Formen" von Gehirnerregungen sich darstellen. Jene Erklärung ist wiederum ein höchst unzulänglicher Ausdruck für die Einsicht, daß bestimmte Gehirnvorgänge die letzten leiblichen Bedingungen für das Zustandekommen von Empfindungen sind. Unzulänglich ist jener Ausdruck, weil er in seiner wörtlichen Bedeutung etwas behauptet, was psychologisch direkt falsch ist.

Um nun den Begriff der Empfindung möglichst deutlich hervorzuheben, nehmen wir einen bestimmten Fall. Denken wir uns zunächst eine bestimmte Farbe, etwa ein bestimmtes Rot. Nun sei die Farbe nicht nur da, sondern sie werde auch gesehen. Dann haben wir vor uns eine bestimmte Empfindung, nämlich die Empfindung des Sehens, die jene rote Farbe zum Gegenstand hat. Was ist nun zu der roten Farbe noch hinzugekommen? Man wird sagen können, zu dem nun vorliegenden Gesamttatbestand gehören bestimmte Reize, Erregungen in bestimmten Augen, Sehnerven und Gehirnrindenpartien. Aber mag dies alles zu der Farbe hinzukommen, wenn die Farbe nicht nur da ist, sondern auch empfunden wird, so ist doch dies alles, wie wir oben gesehen haben, noch nicht die Empfindung der Farbe selbst. Wir können also alle diese Vorgänge ausschalten, wenn wir das suchen, was die Empfindung ausmacht. Müssen wir nun etwa, wenn wir die Farbe nicht nur als vorhanden sondern auch als empfunden denken, uns die Farbe als in bestimmter Weise verändert denken? Müssen wir ihr neue Eigenschaften zuschreiben? Müssen wir sie verdoppelt denken? Oder müssen wir sie als erst jetzt entstehend denken? Offenbar genügt das alles nicht, und es ist auch gar nicht nötig. Wir mögen die Farbe verändert denken, wie wir wollen, keine dieser Veränderungen bedeutet, daß nun die Farbe auch gesehen wird. Ebenso mögen wir der Farbe selbst irgend welche neuen Eigenschaften beilegen, es tritt damit niemals an die Stelle der Farbe das Gesehenwerden dieser Farbe. Denken wir aber die Farbe verdoppelt, nun, so haben wir eben zwei gleiche Farbenflecken vor uns, nicht aber das, was wir als eine Empfindung der Farbe bezeichnen. Nehmen wir an, die Farbe entstehe erst jetzt, so haben wir wiederum nur die Farbe vor uns, es fehlt dann immer noch die gesuchte Empfindung. Wir können die Farbe denken, ohne damit schon die Empfindung der Farbe zu denken. Und wenn wir nun unser Gegenstandsfeld erweitern und nicht nur an die Farbe selbst denken, sondern annehmen, diese Farbe werde nun auch empfunden, so sind wir, um dies denken zu können, nicht genötigt, irgend eine Veränderung an der Farbe vorzunehmen, ihr neue Eigenschaften zuzuschreiben, sie verdoppelt oder gerade erst entstehend zu denken. Was wir unter einer Farbenempfindung verstehen, ist also weder hinreichend noch notwendig charakterisiert durch Veränderungen, Verdoppelung oder Entstehung der Farbe. Die Empfindung, das Gesehenwerden der Farbe kann demnach nur in etwas außerhalb der Farbe Liegendem, zu ihr Hinzukommendem und auf sie Bezogenem bestehen. Sollen wir nicht nur an die Farbe sondern auch an das Empfundenwerden dieser Farbe denken, so müssen wir zu der Farbe etwas anderes hinzudenken, das zu dieser Farbe in Beziehung steht. Was ist nun dieses andere, und in welche Beziehung muß es zu der Farbe treten, wenn wir vor uns nicht nur die Farbe sondern auch das Gesehenwerden der Farbe haben wollen?

Das Gesehenwerden der Farbe ist jedenfalls eine Beziehung zu der Farbe; die Empfindung enthält immer eine Beziehung zu etwas, das empfunden wird. Versuchen wir aber, zu der Farbe irgend eine der uns sonst bekannten Beziehungen hinzu zu denken, so sehen wir, daß keine dieser Beziehungen uns den Tatbestand der Empfindung darstellt. Wenn die Farbe nicht nur da ist sondern auch gesehen wird, so heißt das nicht, es ist noch etwas anderes da, das zu dieser Farbe in Ähnlichkeits-, Raum- Zeit- oder Kausalbeziehungen steht. Mögen wir also zu der Farbe etwas hinzudenken, das ihr ähnlich ist oder in bestimmter räumlicher oder zeitlicher Lage zu ihr sich befindet, oder das die Ursache oder die Wirkung dieser Farbe ist, niemals haben wir durch das Hinzudenken dieser Beziehungen der Ähnlichkeit, des Raumes, der Zeit oder der Kausalität schon das Gesehen-werden der Farbe gewonnen.[1] Vielmehr müssen wir in das eigenartige Gebiet der „Wissensbeziehungen" greifen und eine bestimmte Art der Wissensbeziehung zu der Farbe hinzufügen, wenn wir uns das Empfinden herstellen wollen. Wird die Farbe gesehen, so wird sie damit „gewußt" oder „wissend erfaßt", sie ist damit Endpunkt oder Zielpunkt einer Wissens-beziehung. Zugleich ist diese Wissensbeziehung eine beson-dere, wie sie eben in der Empfindung, im Unterschiede von der Vorstellung, vorliegt. Völlig genau können wir schließlich diese Empfindung, wie sie im Sehen der roten Farbe vorliegt, nur dadurch charakterisieren, daß wir sie eben das Sehen dieser roten Farbe nennen. Erst wenn wir also diese ganz spezielle Wissensbeziehung zu der Farbe hinzudenken, haben wir das Gesehenwerden dieser Farbe vor uns. Hier kommt es uns aber nur auf das allen Empfindungen Gemeinsame an. Und das ist eben jene eigenartige und eigenartig unmittelbare Wissensbeziehung zu den Gegenständen der Empfindungen. Die Empfindung ist also, wie wir früher gesagt haben, eine bestimmte Art des Gegenstandsbewußtseins oder des „Wissens um etwas".

Aber mit dem Gesagten ist der Tatbestand der Empfindung noch nicht vollständig bezeichnet. Auch jene Wissensbeziehung setzt trotz ihrer Eigenart, wie andere Beziehungen, zwei Be-ziehungspunkte voraus. Bis jetzt haben wir nur einen Be-ziehungspunkt, den Gegenstand der Empfindung hervorgehoben; er wird in unserm Beispiel durch die rote Farbe gebildet. Dieser Gegenstand ist gleichsam der Endpunkt der Wissens-beziehung, also der Empfindung; es fehlt noch der Aus-gangspunkt der Empfindung, das Subjekt des Empfindens oder der „Wissende". Nun geht die Wissensbeziehung nicht

---

[1] Vgl. I. Teil, 2. Kap., § 2, S. 59 ff.

aus von dem Gegenstande der Empfindung, also hier nicht
von der roten Farbe. Wird der Gegenstand empfunden, die
rote Farbe gesehen, so heißt das nicht, der Gegenstand empfindet sich selbst, oder die rote Farbe sieht sich selbst. Vielmehr dürfte klar sein, daß dieses Subjekt des Wissens, dieser
Ausgangspunkt des Sehens außerhalb des Gegenstandes des
Wissens, also hier der Farbe liegen muß. Wir müssen also
zu dem Gegenstand, zu der roten Farbe, außer oder mit jener
Wissensbeziehung zugleich noch etwas anderes hinzudenken,
wenn wir uns das vorstellen wollen, was wir als die Empfindung oder das Sehen bezeichnen. Wir können das Empfinden
oder Sehen nicht denken, wenn wir nicht ein empfindendes
oder sehendes Subjekt darin vorhanden sein lassen. Wenden
wir uns wieder speziell zu der roten Farbe. Wir gelangen dann
nicht etwa dadurch zu dem Sehen der roten Farbe, daß wir
zu dieser Farbe andere Farben oder andere Gegenstände der
Empfindung, wie Klänge, Geräusche, Gerüche, Geschmäcke usw.
hinzudenken. Diese anderen möglichen Gegenstände der
Empfindung bilden nicht das gesuchte wissende Subjekt, das
die rote Farbe sieht, also zu ihr in dieser eigenartigen Wissensbeziehung steht. So wird aus keinem Gegenstand der Empfindung dadurch eine Empfindung, daß zu ihm andere Gegenstände der Empfindung hinzutreten. Ein Gegenstand wird
empfunden, das heißt nicht, andere Gegenstände sind außer
ihm da und empfinden ihn. Wir wissen nichts davon, daß
Farben, Klänge, Geräusche usw. ein Wissen um etwas hätten,
oder daß Gegenstände des Empfindens sich gegenseitig empfänden. Wir müssen also das sehende und empfindende Subjekt anderswo suchen.

Da scheint es nun, als brauchten wir nicht lange zu
suchen. Sagen uns doch die Dichter oft genug, daß das
Auge sieht und das Ohr hört. Das Auge also wäre das
sehende Subjekt; das Auge sieht die rote Farbe. Steht doch
immer das Auge zu der Farbe in einer bestimmten Beziehung,
wenn die Farbe nicht nur da ist, sondern auch gesehen wird.
Aber wir brauchen uns nur wirklich zu der Farbe ein Auge

in all den Beziehungen vorzustellen, in denen eine Farbe zum
Auge stehen kann, um sofort zu erkennen, daß wir damit noch
nicht die Empfindung und das empfindende Subjekt vor uns
haben. Mag die Farbe in bestimmter räumlicher Lage zu
dem Auge sich befinden und in dem Auge allerlei Prozesse
hervorrufen, das heißt alles noch nicht, daß die Farbe nun
von dem Auge empfunden wird. Das Sehen als psychischer
Tatbestand besteht nicht in einer räumlichen Lagebeziehung
und nicht in einer Wirkungsbeziehung zwischen einer Farbe
und einem Auge. Auch wenn solche Beziehungen zwischen
Auge und Farbe immer vorhanden wären, wenn eine Farbe
gesehen wird, so sind sie doch nicht das Sehen selbst. Von
den Augen ist uns ebensowenig wie von den übrigen materiellen Objekten bekannt, daß sie ein „Wissen um etwas"
haben könnten. Das Auge ist also nicht das gesuchte sehende
Subjekt; das Auge sieht nicht die Farbe. Und wie es sich
mit dem Auge verhält, so verhält es sich auch mit den übrigen
Sinnesorganen. Nicht das Ohr ist es, das hört; nicht die
Nase ist es, die riecht, nicht die Zunge und der Gaumen sind
es, die schmecken, usw. Nur dichterische Personifizierung der
Sinnesorgane kann aus ihnen empfindende Subjekte machen.
Für die nüchtern wissenschaftliche Betrachtung sind die Sinnesorgane ebensowenig empfindende Subjekte wie irgend welche
anderen materiellen Objekte. Nehmen wir einmal versuchsweise an, die Sinnesorgane seien wirklich die den Empfindungen zugehörigen empfindenden Subjekte. Dann gäbe es
also an einem einzigen Menschen mehrere empfindende Subjekte, die, räumlich voneinander getrennt, an verschiedenen
Stellen des Leibes sich befänden. Wenn also etwa gleichzeitig
Farben gesehen, Geräusche gehört, Gerüche gerochen wären,
so würde nicht ein und dasselbe Subjekt, sondern eine Mehrheit von drei Subjekten Empfindungen haben, und diese Subjekte würden räumlich außer einander liegen und in keiner
direkten Verbindung stehen. Tatsächlich verhält sich die
Sache aber anders. Wenn ein Mensch gleichzeitig Farben
sieht, Geräusche hört und Gerüche riecht, so ist nur ein ein-

ziges, alle diese Gegenstände empfindendes Subjekt vorhanden; und dieses Subjekt besteht nicht etwa aus räumlichen, voneinander getrennt liegenden Teilen, in denen bestimmte materielle Vorgänge stattfinden. Die räumlich getrennten Sinnesorgane mit ihren materiellen Vorgängen können also unmöglich das empfindende Subjekt sein. Das empfindende Subjekt bleibt aber auch immer dasselbe, wenn der Mensch nicht mehrere Empfindungen gleichzeitig hat, sondern etwa nur Farben sieht. Also ist auch das sehende Subjekt nicht das Auge, sondern etwas von allen Sinnesorganen Verschiedenes.

Im gewöhnlichen Leben sind wir uns ja auch über diese Stellung der Sinnesorgane völlig klar; wir wissen, daß sie nicht die eigentlichen Subjekte des Empfindens sind. Wenn wir sie als die Sinneswerkzeuge bezeichnen, so wollen wir damit eben ausdrücken, daß sie für das eigentlich empfindende Subjekt nur Mittel oder Werkzeuge sind, die ihm das Empfinden ermöglichen. Nicht die Augen sehen, sondern wir sehen mit unseren Augen; nicht die Ohren hören, sondern wir hören vermittelst unserer Ohren. Die Augen erscheinen uns als die Mittel, durch die uns das Wissen um Licht und Farben, das dem Blinden verschlossen ist, ermöglicht wird; die Ohren als die Mittel, die uns das dem Tauben unmögliche Hören ermöglichen usw. Kurz, die Sinneswerkzeuge erscheinen uns schon im gewöhnlichen Leben nicht als die Subjekte, die gleichsam auf eigene Faust empfinden könnten. Erst wenn man physiologische Vorgänge, die in den Sinnesorganen stattfinden, verwechselt mit den psychischen Tatsachen der Empfindung, kann man im Ernste den Irrtum begehen, die Sinnesorgane als die Subjekte des Empfindens aufzufassen.

Weniger leicht wird nun wohl jemand in die Gefahr kommen, das gesuchte Subjekt des Empfindens mit dem Gehirn oder der Großhirnrinde zu verwechseln. Wenn wir uns den Gesamttatbestand, der bei einer Empfindung, also etwa beim Sehen der roten Farbe, vorliegt, vergegenwärtigen wollen, so werden wir ja freilich zu der Farbe nicht nur das periphere Sehorgan, sondern unter anderem auch das Gehirn und bestimmte Vorgänge in einer bestimmten Gehirnrindenpartie hinzudenken müssen. Wir sahen aber schon, daß die Gehirnvorgänge selbst noch nicht das Empfinden sind, sondern höchstens als Bedingungen des Empfindens gelten können. Ebensowenig ist nun das Gehirn oder eine bestimmte Gehirnrindenpartie das empfindende Subjekt. Nicht das Gehirn sieht die Farbe. Das Gehirn empfindet überhaupt nicht irgend etwas. Das Subjekt des Empfindens ist keine räumlich ausgebreitete, materielle Masse und enthält in sich keine physikalischen und physiologischen Vorgänge. Es hat daher keinen Sinn, das Gehirn, diesen materiellen, räumlich ausgedehnten Körper als das Subjekt des Empfindens zu bezeichnen. Mögen also das Gehirn und Gehirnvorgänge bestimmter Art nötig sein, damit überhaupt Empfindungen existieren können, so ist doch nie das Gehirn oder ein bestimmter Teil des Gehirns selbst das wissende Subjekt, das Licht und Farben sieht, Klänge und Geräusche hört, Gerüche riecht usw. Wer dennoch dergleichen behauptet, unterliegt einer Selbsttäuschung; denn er will im Grunde nur zum Ausdruck bringen, daß seiner Meinung nach das Gehirn oder ein bestimmter Teil des Gehirns und die Gehirnvorgänge unbedingt notwendig seien, wenn Empfindungen möglich sein sollen. Unwillkürlich schiebt sich ihm aber an die Stelle dieser Bedeutung seiner Behauptung die völlig andere und falsche, daß das Gehirn oder ein Teil des Gehirns das wirklich sehende, hörende usw., also allgemein das empfindende Subjekt selbst sei.

Der Ausgangspunkt der Empfindung, das Subjekt des Empfindens, der „Wissende", findet sich also in der Welt der materiellen Objekte nicht vor, selbst wenn wir diejenigen Objekte herbeiziehen, die, wie die Sinnesorgane und das Gehirn, in besonders engem Zusammenhang mit den Empfindungen zu stehen scheinen. Wie die eigenartige, auf das Empfundene gerichtete Wissensbeziehung des Empfindens etwas Psychisches ist, so kann der wissende Ausgangspunkt dieser Beziehung nichts anderes sein als das psychische Subjekt oder das Ich selbst, also etwas von allen materiellen Objekten wesentlich Verschiedenes. Wir brauchen zu der Empfindung nicht erst ein psychisches Subjekt hinzuzudenken, sondern können eine Empfindung, also etwa das Sehen der roten Farbe, gar nicht denken, ohne in ihr ein empfindendes, psychisches Subjekt enthalten zu denken. Das psychische Subjekt ist geradezu der konstituierende Quellpunkt der ganzen Empfindung; wollte man aus der Empfindung das empfindende Subjekt vertreiben, so würde die Empfindung in nichts zergehen. Dieses innerliche Erfassen von etwas, dieses wissende Ergreifen, dieses Empfinden von etwas kennen wir nur als eigenartige Erlebnisse eines psychischen Subjekts. Die Empfindung ist eine bestimmte Art des Gegenstandsbewußtseins; aber zu allem Gegenstandsbewußtsein gehört ein psychisches Subjekt, das eben dieses Bewußtsein von Gegenständen hat. Wenn wir uns also vorstellen, eine rote Farbe sei nicht nur da, sondern sie werde auch gesehen, so fügen wir zu der roten Farbe, abgesehen von allen Reizen, Sinnesorganen, Nerven, Gehirnteilen und nervösen Vorgängen, zum mindesten ein sehendes psychisches Subjekt und das von diesem Subjekt ausgehende, auf die rote Farbe treffende Sehen dieses Subjekts hinzu. Sprechen wir von der Empfindung des Sehens, so können wir nicht etwa dieses Sehen von dem psychischen Subjekt ablösen und als völlig subjektlos vor Augen haben, sondern wir verlegen nur den Schwerpunkt unserer Betrachtung gerade in dieses eigenartige Wissen des Subjekts und nicht in das Subjekt selbst, während doch dieses Subjekt zugleich der sachliche Schwerpunkt der Empfindung bleibt. So sind die Empfindungen überhaupt nicht an sich subjektlose psychische Tatsachen, sondern immer nur einem psychischen Subjekt anhaftende Wissensstrahlen bestimmter Art. Gerade dies macht ihren psychischen Charakter aus. Mögen die Empfindungen unter sich noch so sehr verschieden sein, so bilden sie doch nur verschiedene Fälle einer bestimmten Art des Gegenstandsbewußtseins. Und das

Gegenstandsbewußtsein ist seiner Natur nach immer das Bewußtsein eines psychischen Subjektes.

Schließen die Empfindungen immer das psychische Subjekt als ihren inneren, unablösbaren Schwerpunkt in sich,
ohne den sie nichts sind, so ist nun die Stellung der Empfindungsgegenstände zu den Empfindungen eine ganz anders
geartete als die des psychischen Subjekts zu den Empfindungen.
Die Gegenstände sind das, was empfunden wird, aber nicht
selbst empfindet. Beispiele derartiger Gegenstände sind die
Farben, die Töne, Klänge und Geräusche, die Gerüche, die
Geschmäcke usw. Nun ist zunächst klar und früher schon
hervorgehoben worden, daß diese möglichen Gegenstände der
Empfindungen nicht selbst Empfindungen sind. Die Empfindungen sind eine Art des Wissens um Gegenstände, also
etwas Psychisches. Die Farben, Töne usw. sind aber nicht
Arten des Wissens um Gegenstände, also nichts Psychisches,
sondern sie sind die Gegenstände, die empfunden werden,
sie sind etwas Physisches. Wenn irgend welche Gegenstände
empfunden werden, so werden nicht Arten des Wissens um
etwas empfunden; nicht die Empfindungen sind dann Gegenstände des Wissens, sondern eben jene Farben, Töne oder
dergleichen. So ist etwa die rote Farbe, die jemand sieht,
keine Empfindung, keine Art des Wissens um etwas, also
nichts Psychisches. Denn der Sehende sieht doch die Farbe
und nicht eine Art des Wissens um etwas; er sieht eine
Sache, ein ihm gegenüberstehendes physisches Etwas, nicht
aber ein psychisches Subjekt, nicht eine Art des Gegenstandsbewußtseins. Niemand kann etwas Psychisches sehen, hören,
riechen usw., wohl aber kann man Farben sehen, Töne und
Geräusche hören, kurz allerlei Physisches empfinden. Wenn
wir weiterhin einem Dinge eine bestimmte Farbe als Eigenschaft zuschreiben, so wollen wir damit doch nicht sagen,
daß dieses Ding eine bestimmte Empfindung habe, daß es ein
bestimmtes Wissen um etwas, daß es also etwas Psychisches
zur Eigenschaft habe. Und wenn wir etwa von der Farbe
sagen, sie sei eine leuchtende, glänzende, krasse oder stumpfe

Farbe, so wollen wir damit doch nicht sagen, daß eine Empfindung, also etwas Psychisches, leuchten, glänzen, kraß oder stumpf sein könne. Ebenso mag ein Klang laut und weit hörbar sein, so gibt es doch keine lauten und weit hörbaren Empfindungen. Also die Eigenschaften der empfundenen Gegenstände sind durchaus keine Eigenschaften von Empfindungen.

Daraus geht völlig deutlich hervor, daß die Gegenstände der Empfindungen ihrer Natur nach total verschieden von den Empfindungen selbst sind. Was aber so fundamental voneinander verschieden ist, sollte man, wenigstens in der Psychologie, nicht mit demselben Namen bezeichnen. Dennoch kommt es leider auch heute noch vor, daß die Gegenstände der Empfindungen in der Psychologie als Empfindungen bezeichnet werden. Hier ist der Punkt, wo wirkliche oder vermeintliche erkenntnistheoretische Einsichten am nachhaltigsten und verwirrendsten in die Psychologie hineingewirkt haben und immer wieder hereinbrechen. Man glaubt zu wissen, daß die sogenannten Sinnesqualitäten, also die Farben, die Gerüche, Geschmäcke, die Wärme, die Härte usw., die wir gewöhnlich als wirkliche, den materiellen Dingen zukommende Eigenschaften auffassen, in Wahrheit nur rein „subjektiv" seien, d. h. nur für und durch empfindende Subjekte da sind, nicht aber auch unabhängig von empfindenden Subjekten existieren. Alle Gegenstände der Empfindung sollen hiernach also keine „objektive", sondern nur eine „subjektive" Existenz haben; sie sollen nur so lange und insofern existieren, als sie von irgend einem Subjekt empfunden werden. Das ist eine erkenntnistheoretische oder eine physikalische Behauptung, mit der die Psychologie eigentlich nichts zu tun hat, denn es ist nicht die Aufgabe der Psychologie, zu entscheiden, ob es eine von den empfindenden Subjekten unabhängige Außenwelt gibt und ob die Außenwelt wirklich so beschaffen ist, wie sie uns im gewöhnlichen Leben erscheint. Nun hat natürlich jeder Psychologe das Recht, sich auch hinsichtlich dieser außerpsychologischen Fragen eine Meinung zu bilden; also etwa zu glauben, daß die Sinnesqualitäten wie Farben, Härte usw. der Außenwelt nicht zukommen, sondern nur den empfinden-den Subjekten erscheinen. Aber wenn er dann meint, auf Grund dieser Ansichten die Begriffe der Psychologie bestim-men zu dürfen, so gründet er unberechtigterweise die Psycho-logie auf erkenntnistheoretische Ansichten. Zudem geschieht dies in unserem Falle durch Verwechslung total verschiedener Dinge. Mögen die Farben, die Härte, die Wärme etc. wirk-lich nur subjektiv sein, so werden sie dadurch doch n i c h t zu Empfindungen, zu Arten des Gegenstandsbewußtseins, zu etwas Psychischem. Sondern sie bleiben als Gegenstände der Empfindungen von den Empfindungen und von allem Psychischen total verschieden. Freilich sind die Empfindungen auch „subjektiv". Aber hier hat das Wort „subjektiv" einen ganz anderen Sinn, als wenn man von einem erkenntnistheo-retischen Standpunkt aus die Gegenstände der Empfindungen für „subjektiv" erklärt. Wenn man die Empfindungen, also z. B. das Sehen, als „subjektiv" bezeichnet, so ist damit nicht über den Realitätswert des Sehens erkenntnistheoretisch ent-schieden, sondern nur gesagt, daß das Sehen und überhaupt die Empfindungen in sich selbst ein psychisches Subjekt ent-halten. In diesem Sinne ist allerdings das Wort „subjektiv" gleichbedeutend mit dem Wort „psychisch"; denn psychisch ist eben das Ich und alles, was ihm unmittelbar anhaftet. Werden dagegen etwa die Farben als „subjektiv" bezeichnet, so soll damit den Farben der Wert von außenweltlichen Existenzen abgesprochen werden; es kann damit aber nicht gesagt sein, daß die Farben in sich ein Ich, ein psychisches Subjekt enthalten, sondern man kann nur meinen, die Farben existieren nur als Gegenstände für ein empfindendes Subjekt. In diesem Sinne ist das Wort „subjektiv" aber durchaus nicht gleichbedeutend mit dem Wort „psychisch". Denn „psychisch sein" heißt n i c h t: nur als Gegenstand für ein psychisches Subjekt existieren; es ist gar kein Charakteristikum des Psy-chischen, daß es G e g e n s t a n d für ein wissendes Ich ist. Was also erkenntnistheoretisch subjektiv ist, ist deshalb noch lange nicht etwas Psychisches. Wie auch der erkenntnistheoretische Entscheid über die Gegenstände der Empfindungen lauten mag, diese Gegenstände sind ihrer Natur nach nichts Psychisches und dürfen daher auch nicht als Empfindungen bezeichnet werden.

Es zeigt sich hier, daß wir mit Recht es abgelehnt haben, durch erkenntnistheoretische Überlegungen das Gebiet der Psychologie zu bestimmen. Wenn man zuerst von der Außenwelt alles abspaltet, was der Erkenntniskritik als subjektiv erscheint, und dann diese Abfälle in das Gebiet der Psychologie hineinwirft, so gelingt es nicht, diese Fremdkörper der Psychologie verdaulich zu machen, anders als dadurch, daß man den Begriff der Empfindung und damit den des Psychischen gewaltsam ausdehnt und zur Bezeichnung des grundsätzlich Verschiedenen verwendet. Nachdem der Begriff der Empfindung in der Psychologie unterschiedslos sowohl für die Gegenstände der Empfindungen als auch für die Empfindungen selbst, diese Art des Gegenstandsbewußtseins, gebraucht worden war, glaubten andere Erkenntnistheoretiker ihre Ansichten umgekehrt auf die Psychologie gründen zu können. Indem sie zunächst darauf hinwiesen, daß die Dinge der Außenwelt, an deren selbständige Existenz wir gewöhnlich glauben, nichts weiter seien als Komplexe von Farben, Härte, Wärme usw., formulierten sie diese ihre Einsicht, indem sie jene Zweideutigkeit des psychologischen Empfindungsbegriffs ausbeuteten. Farben, Härte, Wärme usw. seien, wie die Psychologie zeige, Empfindungen. Also seien die Dinge der Außenwelt Komplexe von Empfindungen. Da aber die Empfindungen etwas Psychisches seien, so bestehe auch die sogenannte materielle Außenwelt in Wirklichkeit aus Komplexen von psychischen Elementen; usw. usw. Das Wort „Empfindung" ermöglicht also hier auf Grund seiner Zweideutigkeit einen leichten Übergang von den Gegenständen der Empfindungen zu den Empfindungen selbst und macht es in dieser Weise sehr bequem, eine Erkenntnistheorie zu begründen. Ein wenig Selbstbesinnung zeigt aber, daß das, was wir unter den mate-

riellen Dingen der Außenwelt verstehen, durchaus nicht aus
Komplexen von Empfindungen besteht, also auch nichts Psychisches ist. Die Eigenschaften der materiellen Dinge werden
empfunden, sind Gegenstände des Empfindens; d. h. aber nicht,
daß die Dinge selbst empfänden oder Empfindungen zu Eigenschaften hätten. — Mit dem Gesagten wollen wir keine erkenntnistheoretischen Fragen entscheiden, sondern nur deutlich
machen, wie wichtig es ist, die Gegenstände der Empfindungen
nicht selbst als Empfindungen zu bezeichnen. Wir jedenfalls
wollen den Namen der Empfindung ausschließlich für die bezeichnete Art des Gegenstandsbewußtseins reservieren.

Sind die Gegenstände der Empfindungen von den Empfindungen selbst fundamental verschieden, so fragt es sich,
welcher Art denn die Stellung dieser Gegenstände zu den
Empfindungen ist. Denn trotz ihrer Verschiedenheit stehen
doch die Gegenstände dann, wenn sie empfunden werden, in
einer Beziehung zu den Empfindungen. Aber diese Beziehung
ist von so eigener Art, daß wir darüber nichts weiter sagen
können, als daß sie eben die Beziehung ist, in der die Gegenstände zu dieser Art des Wissens um sie stehen. Wird eine
Farbe gesehen, so ist die Farbe Gegenstand einer bestimmten
Art des Wissens; sie wird, ohne selbst zu einem Sehen oder
zu einem sehenden Subjekt zu werden, doch von einem Subjekt gesehen. Sie sieht sich nicht selbst, sie wird nicht zu
etwas Psychischem, sie bleibt außerhalb der psychischen Wirklichkeit und wird doch Gegenstand der psychischen Wirklichkeit. Mag sie unabhängig von dem sie empfindenden
Subjekt existieren oder nicht, sie ist und bleibt doch immer
etwas dem empfindenden Subjekt Gegenüberstehendes, von
ihm total Verschiedenes und ist von diesem Subjekt in eigenartiger Weise wissend erfaßt oder umfaßt. Und zu dem Empfinden gehört in diesem Falle die Beziehung auf die Farbe,
ohne daß damit die Farbe selbst aus einem Gegenstand des
Empfindens zu einer Beschaffenheit des empfindenden Subjekts oder der psychischen Wirklichkeit überhaupt würde.
Genau so verhält es sich bei allen Empfindungen. Die Gegen-

stände stehen zu den Empfindungen in eigenartiger Beziehung, sie sind empfunden, ohne damit etwas Psychisches zu sein oder zu werden. Sie stehen an den Endpunkten der Empfindungen; sie umhüllen gleichsam diese Art des Gegenstandsbewußtseins und werden, ohne sich zu verdoppeln, dennoch von dem Subjekt des Gegenstandsbewußtseins empfunden. Auch die Verdoppelung der Gegenstände würde ja an dieser Sachlage gar nichts ändern. Die B i l d e r der Gegenstände wären ja wiederum G e g e n s t ä n d e des Bewußtseins. Man täuscht sich über die Eigenart des Wissens um Gegenstände hinweg, wenn man sagt, nicht die Gegenstände selbst sondern nur subjektive Bilder der Gegenstände werden empfunden. Ob die empfundenen Gegenstände subjektive Bilder sind oder nicht, der Sachverhalt bleibt doch derselbe: es werden Gegenstände empfunden. Daß damit nicht gesagt ist, die Gegenstände seien Ursachen bestimmter Wirkungen, wurde schon oben hervorgehoben. Wenn also ein Gegenstand, etwa eine Farbe, von einem psychischen Subjekt empfunden wird, so heißt das nicht, die Farbe wirke auf das Subjekt, auch nicht, das Subjekt produziere die Farbe, sondern einfach, die Farbe sei Gegenstand jenes eigenartigen Wissens um etwas, das wir Empfinden nennen. Man kann die Frage stellen, welche Ursachen das Auftreten einer Empfindung bestimmen; man kann aber nicht dies eigenartige Wissen um etwas, das Empfinden selbst, in ein ursächliches Verhältnis auflösen wollen.

Die Empfindung ist also eine bestimmte Art des Gegenstandsbewußtseins, wie es z. B. im Sehen einer Farbe oder im Hören eines Tones vorliegt. Als ein Gegenstandsbewußtsein ist, nach früher schon Gesagtem, die Empfindung verschieden von dem Gefühl, das immer eine Zuständlichkeit, nicht ein Wissen eines Subjekts ist. Das Wort „Empfindung" wird freilich vom täglichen Sprachgebrauch auch zur Bezeichnung von Gefühlen verwendet; man spricht von „Empfindungen" der Freude, der Trauer usw. Andererseits bezeichnet der populäre Sprachgebrauch bestimmte Empfindungen als „Gefühle"; man „fühlt" Wärme, Kälte, Rauhigkeit, Glätte, Härte,

Weichheit usw. Der Sprachgebrauch der neueren Psychologie vermeidet aber mit Recht, in dieser Weise die Begriffe „Empfindung" und „Gefühl" zu vermischen, weil eben sachlich verschiedene psychische Tatsachen auch eine verschiedene Bezeichnung fordern.

Was in der Psychologie unter einer Empfindung zu verstehen ist, ist im vorangehenden hervorgehoben worden. Nur durch Hinweis auf Beispiele kann man den Begriff der Empfindung bestimmen. Die Empfindung ist ein psychischer Tatbestand, eine Art des Gegenstandsbewußtseins, die jeder erlebt, der etwa eine Farbe sieht oder ein Geräusch hört. Dieses Sehen oder Hören sind Beispiele dessen, was man Empfindung nennt. Eine andere Definition der Empfindung ist unmöglich. Es ist nur eine scheinbare und noch dazu völlig ungenügende Definition der Empfindung, wenn man zuweilen erklärt: die Empfindung sei dasjenige psychische Erlebnis, das durch Reizung der Sinnesorgane bedingt ist. Denn diese Bestimmung schließt zunächst wirkliche Empfindungen aus dem Begriff der Empfindung aus. Es gibt wirkliche Empfindungen, für die sich keine entsprechende Reizung der Sinnesorgane als Bedingung auffinden läßt. Dahin gehören zunächst die sogenannten Halluzinationen, d. h. die unter außergewöhnlichen Umständen während des wachen Lebens auftretenden Empfindungen, deren Gegenstände nachträglich oder schon während des Empfindens als nicht wirklich sondern als bloß subjektive Erscheinung erkannt werden. Der Halluzinierende sieht, hört, kurz empfindet allerlei, „was nicht da ist", wie wir gewöhnlich sagen. Etwas Ähnliches erlebt aber jeder im Traum. Denn auch im Traum sieht, hört, empfindet man allerlei, „was nicht da ist". Und auch hier wird entweder nachträglich oder schon während des Träumens das Gesehene, Gehörte, Empfundene als nicht wirklich, als bloßer Schein erkannt. Den selten vorkommenden Wachhalluzinationen stehen also die sehr häufigen Traumhalluzinationen zur Seite. Beide Fälle von Halluzinationen sind aber, psychologisch betrachtet, wirkliche Empfindungen, denn sie stimmen in ihrer psychischen

Beschaffenheit völlig mit den normalen Empfindungen überein. Das zu ihnen hinzukommende Urteil über den Realitätswert der empfundenen Gegenstände ändert ihren Charakter nicht; wohl aber dient es gewöhnlich dazu, die Halluzinationen von den normalen Empfindungen zu unterscheiden. Nun fehlen aber bei den Halluzinationen die entsprechenden Reizungen der Sinnesorgane. Also gibt es Empfindungen ohne Reizung von Sinnesorganen. Wollte man aber gerade diesen Mangel entsprechender Sinnesreizung benutzen, um, wie man es häufig tut, dadurch die Halluzinationen von den normalen Empfindungen zu unterscheiden, so stellt sich diesem Versuch eine normale Empfindung entgegen, die zugestandenermaßen ohne eine Reizung des Sinnesorgans zustande kommt. Das ist die Empfindung, die wir haben, wenn wir eine schwarze Farbe sehen. Die schwarzen Gegenstände sind diejenigen, die alles auf sie fallende Licht absorbieren und deshalb keine Reizung durch Lichtstrahlen auf das Auge auszuüben vermögen. Nun steht aber fest, daß wir wirklich etwas sehen, daß wir nicht nichts sehen, wenn wir eine schwarze Farbe sehen. Das Sehen des Schwarz ist, psychologisch betrachtet, eine wirkliche Empfindung so gut wie nur irgend eine andere Empfindung; das sehende Subjekt hat damit ein eigenartiges Wissen um einen Gegenstand, um das Schwarz. Steht aber fest, daß bei dieser Empfindung eine entsprechende Reizung des Sehorgans durch Reize fehlt, so ist es unmöglich, den Begriff der Empfindung durch Hinweis anf das Dasein von Sinnesreizen zu bestimmen. Da außerdem niemand das Sehen des Schwarz als eine Halluzination bezeichnen wird, so kann man auch die Halluzinationen nicht durch den Mangel der entsprechenden Sinnesreizung von den Empfindungen unterscheiden.

Die angeführte Definition der Empfindung: sie sei dasjenige psychische Erlebnis, das durch Reizung eines Sinnesorgans bedingt ist, ist aber nicht nur zu eng und deshalb falsch, sondern sie ist auch gar keine Definition. Denn die Beschaffenheit der Empfindung wird durch sie nicht im geringsten bestimmt. Schließlich kann sie nicht einmal den Rang einer Hinweisdefinition, wie unser Beispielshinweis, in Anspruch nehmen. Denn von der Reizung der Sinnesorgane haben wir, wenn wir empfinden, meist gar keine Kenntnis; und außerdem sind durch die Reizung der Sinnesorgane auch noch allerlei andere psychische Erlebnisse, wie Gefühle und Strebungen, bedingt. Also ist uns weder der Ausgangspunkt des Hinweises bekannt, noch weist der Hinweis eindeutig nur auf die Empfindung hin.[1] Deshalb ist das oben von uns eingeschlagene Verfahren, den Begriff der Empfindung zu bestimmen, das einzig mögliche: wir haben durch Beispiele auf die Empfindung hingewiesen und sie von allem, was mit ihr zusammenhängt, durch Gegenüberstellung unterschieden.

Nachdem der allgemeine Begriff der Empfindung fixiert ist, sei nur noch kurz angedeutet, was die Psychologie über die Empfindungen zu bringen pflegt. Dem Umfange nach ist es meist sehr viel, was in den Kapiteln über die Empfindungen geboten wird. Der rein psychologische Wert dieser Kapitel entspricht aber durchaus nicht ihrem Umfange. Größtenteils bleibt man auf dem Gebiete der Psychophysik oder der Psychophysiologie, ja teilweise sogar bei rein physikalischen anatomischen und physiologischen Erkenntnissen stehen. Es soll keineswegs behauptet werden, daß derartige Darlegungen an sich und für die Psychologie wertlos seien; im Gegenteil sei ihr Wert hier ausdrücklich anerkannt. Aber man vermißt häufig die Klarheit darüber, daß der größte Teil dessen, was als Empfindungslehre auftritt, noch nicht Psychologie ist. Ja, die eigentliche Aufgabe und Bedeutung der Psychologie wird häufig vergessen über der Freude an der Fülle von

---

[1] Jene Definition ist auch keine „genetische" Definition im logischen Sinne. Denn es entsteht nicht in der Vorstellung dessen, der die Definition hört, aus der vorgestellten Reizung der Sinnesorgane selbst eine vorgestellte Empfindung, wie z. B. bei der genetischen mathematischen Definition des Kreises der Kreis in der Vorstellung entsteht.

Material, das die Empfindungslehre zu bearbeiten gibt. Selbst
die Darstellung dessen, was in der Empfindungslehre wirkliche Psychologie ist, hat dadurch sehr gelitten. Man verwechselt die Empfindungen mit den empfundenen Gegenständen,
mit Urteilen über empfundene Gegenstände und mit Urteilen
über Empfindungen. Demgegenüber muß ausdrücklich hervorgehoben werden, daß die heutige Empfindungslehre erst dann
ihren wahren Wert für die Psychologie erlangt, wenn sie auf
der Basis klarer Einsicht in die eigentliche Aufgabe der Psychologie betrieben wird. Der wesentliche Inhalt der heutigen
Empfindungslehre ist folgender. Es werden meistens acht verschiedene Empfindungsgattungen unterschieden, die man entweder nach den zugehörigen Organen oder nach der Art der
empfundenen Gegenstände bezeichnet. Wir zählen sie hier nur auf
als: Gesichtsempfindungen, Gehörempfindungen, Geruchsempfin-
dungen, Geschmacksempfindungen, Tastempfindungen, Tempe-
raturempfindungen Muskel-Sehnen-Gelenksempfindungen und
Organempfindungen. In bezug auf die einzelnen Empfindungsgattungen wird dann allerlei Interessantes über die physikalischen
oder chemischen Reize, über den Bau und die Funktion der Sinnesorgane, der Sinnesnerven und bestimmter Großhirnrindenpartien
vorgebracht. Daran schließen sich umfangreiche Erörterungen
über die Gegenstände der Empfindungen, deren Qualität, Intensität und räumliche Beschaffenheit. Dann folgt das große
Gebiet, das die Verhältnisse der Reize zu den empfundenen
Gegenständen und zu den Empfindungen darbietet. Dieses
Gebiet ist in stetem Anwachsen begriffen. Immer genauer
und immer umfangreicher wird experimentell untersucht, wie
sich die Empfindungen und empfundenen Gegenstände gestalten, wenn die Reize nach ihrer Qualität, nach ihrer Intensität, nach der Zeitdauer und der Aufeinanderfolge ihrer Einwirkung und nach ihrer räumlichen Ausdehnung variiert werden.
Gerade dieses Gebiet vermag, wenn es erst psychologisch
gründlich gereinigt ist, eine Menge unverlierbarer Ergebnisse
für die Psychologie zu liefern. Was nun den Inhalt der Empfindungslehre im einzelnen betrifft, so kann eine Einführung

in die Psychologie dafür nur auf die größeren Werke über Psychologie hinweisen.[1]

§ 2. **Der Begriff der Vorstellung in der Psychologie.** Der Mensch kann sich allerlei vorstellen, was er gegenwärtig nicht empfindet. Er kann Farben vorstellen, die er jetzt nicht sieht, er kann Klänge und Geräusche vorstellen, die er jetzt nicht hört. Es kommen in der individuellen psychischen Wirklichkeit des Menschen psychische Tatbestände vor, die mit dem Vorstellen einer Farbe und dem Vorstellen eines Geräusches in einem gemeinsamen Grundzug übereinstimmen. Auf Grund dieses gleichartigen Grundcharakters nennt man sie Vorstellungen. Das Vorstellen einer Farbe oder eines Geräusches sind also spezielle Beispiele von Vorstellungen. Irgend welche Vorstellungen kommen in jeder menschlichen psychischen Wirklichkeit vor. Jeder kennt Vorstellungen aus eigener Erfahrung. Hier handelt es sich nun darum, den Begriff der Vorstellung in der Psychologie zu klären. Wir wollen uns dazu wiederum nicht begnügen, auf einzelne Beispiele von Vorstellungen hinzuweisen, sondern wir wollen auch hier die Eigenart der Vorstellung dadurch hervorzuheben suchen, daß wir sie durch Vergleichung und Unterscheidung aus allem herauslösen, was mit ihr irgendwie in Zusammenhang gebracht werden kann.

Auf Grund der allgemeinen Voraussetzung, daß jedem psychischen Tatbestand ein bestimmter Vorgang im Zentralnervensystem zugeordnet sei, hat man auch für die Vorstellungen bestimmte Vorgänge im Zentralorgan, in der Großhirnrinde, als die zugehörigen physiologischen Ursachen oder Begleiterscheinungen angenommen, über deren Natur man freilich nichts weiß. Nur sollen diese physiologischen Gehirnvorgänge nicht, wie bei den Empfindungen, durch Reize entstehen, die von der Peripherie des Zentralnervensystems hereinkommen, sondern durch zentrale Reize, d. h. solche Reize, die

---

[1] Vor allem kommt hier W. Wundt, *Grundzüge der physiologischen Psychologie*, V. Aufl., I. u. II. Bd. in Betracht; dann auch: H. Ebbinghaus, *Grundzüge der Psychologie*, I. Bd. 1902, S. 169—410.

aus anderen Teilen innerhalb des Zentralorgans selbst her-
kommen. Mit Benutzung dieser Annahmen glaubten dann
einige Psychologen die Vorstellungen als die durch zentrale
Reize erregten psychischen Tatbestände den Empfindungen als
den durch periphere Reizung entstehenden Erlebnissen
gegenüberstellen zu können. Mögen nun tatsächlich für alle
Vorstellungen solche zentralen Reize existieren, so ist doch
nicht einzusehen, was es für die Psychologie nützen soll,
solche hypothetischen physiologischen Faktoren hier herein-
zuziehen. Die Natur der Vorstellungen selbst wird dadurch
nicht im geringsten aufgeklärt und auch nicht gegen die Natur
der Empfindungen abgegrenzt. Viel wichtiger als solche scheinbaren Begriffsbestimmungen ist die völlig klare Unterscheidung
der Vorstellungen von allen möglichen zentralen physiologischen Reizen.

Daß die Vorstellungen etwas anderes sind als zentrale
Reize, dürfte ohne lange Erörterung klar sein. Wenn man
auch die genauere Natur der zentralen Reize nicht kennt, so
versteht man darunter doch jedenfalls physiologische Vorgänge
irgend welcher Art. Die Vorstellungen sind aber an und für
sich keine physiologischen Vorgänge irgend welcher Art. Jene
zentralen Reize sollen Vorgänge in bestimmten Teilen des Gehirns sein, sie sollen also an bestimmten Stellen des Gehirns
auffindbar sein. Von den Vorstellungen kann man aber dergleichen nicht behaupten; Vorstellungen sitzen nicht im Gehirn;
noch nie hat jemand im Gehirn Vorstellungen aufgefunden, und
niemals werden Vorstellungen an bestimmten Stellen des Gehirns auffindbar sein. Vorstellungen gehören nicht der materiellen Welt an.

Wer nun von der Überzeugung durchdrungen ist, daß
Vorstellungen immer nur durch zentrale Reize entstehen, der
wird vielleicht zugestehen, daß die zentralen Reize selbst natürlich noch nicht die Vorstellungen sind, dann aber erklären,
die Vorstellungen entständen erst, wenn das Individuum die
zentralen Reize wahrnehme; und die Vorstellungen seien nichts
anderes als die Wahrnehmungen zentraler Reize. Nähme

man nun diese Behauptung im wörtlichen Sinne, so würde sie freilich direkt der Erfahrung widersprechen. Wenn z. B. jemand eine rote Farbe vorstellt, so nimmt er doch tatsächlich keine physiologischen Vorgänge im Zentralorgan wahr. Jeder Mensch stellt allerlei vor, aber kein Mensch nimmt sein Gehirn und zentrale Reize in seinem Gehirn wahr. Nähmen wir allemal, wenn wir etwas vorstellen, zentrale Reize wahr, dann wäre es unbegreiflich, weshalb man diese Reize in ihrer Natur immer noch nicht kennt. Die Gegenstände, die wir vorstellen, sind nur dann Gehirnvorgänge, wenn wir eben Gehirnvorgänge vorstellen; und das Vorgestellte sitzt nur dann im Gehirn, wenn wir es eben als dort sitzend vorstellen. Gewöhnlich stellen wir aber keine Gehirnvorgänge und keine Orte im Gehirn vor.

Doch die Behauptung ist wohl nicht wörtlich gemeint; Vorstellungen sollen nicht wirklich Wahrnehmungen von zentralen Reizen sein. Die zentralen Reize selbst, so sagt man, bleiben uns freilich an sich verborgen. Dennoch sind sie in Wahrheit der eigentliche Gegenstand, den wir wahrnehmen, wenn wir vorstellen. Nur nehmen wir sie in anderer Form, in Form von vorgestellten Farben, Klängen usw. wahr. Damit ist nun zunächst zugestanden, daß die Vorstellungen selbst keine Wahrnehmungen von zentralen Reizen im psychologischen Sinne sind. Dann muß aber die Behauptung: in den Vorstellungen nähmen wir zentrale Reize in anderer Form wahr, als eine höchst unzweckmäßige Formulierung der Überzeugung, daß immer zentrale Reize Bedingung für das Auftreten von Vorstellungen seien, bezeichnet werden. Denn das, was wir gewöhnlich vorstellen, steht doch nicht zu den zentralen Reizen in dem Verhältnis der Form zu einem geformten Stoff. Wenn wir in den Vorstellungen gar keine zentralen Reize wahrnehmen, so können wir sie auch nicht in dieser oder jener „Form" wahrnehmen. Nicht psychologische Beobachtung sondern wirkliches oder vermeintliches außerpsychologisches Wissen ist der Ursprung solcher Behauptungen. Der Psychologe darf aber sein eigenes Wissen nicht einfach dem betrachteten vorstellenden Subjekt

zuschieben, das eben, wenn es vorstellt, von seinen eigenen
Gehirnvorgängen nichts weiß.

Wir haben soeben schon außer von den Vorstellungen
auch von den Gegenständen der Vorstellungen gesprochen.
Wir sahen, daß weder die Vorstellungen noch im allgemeinen
die Gegenstände der Vorstellungen im Gehirn oder im Kopfe
sitzen. Überblicken wir nun zunächst die möglichen Gegenstände des Vorstellens. Ein großes Gebiet dieser Welt der
möglichen Vorstellungsgegenstände fällt völlig zusammen mit
der Welt der möglichen Gegenstände des Empfindens. Die
Farben, Klänge, Geräusche, Härte, Wärme usw., die als Gegenstände des Empfindens für ein psychisches Subjekt vorkommen,
können auch für dasselbe psychische Subjekt Gegenstände
seines Vorstellens werden. Ist diese Gegenstandswelt dem
wissenden Subjekt einmal durch sein Empfinden eröffnet, so
ist sie ihm auch für sein Vorstellen zugänglich geworden. Die
Welt der möglichen Vorstellungsgegenstände reicht aber viel
weiter. Wir müssen dies hier besonders betonen, weil man
zuweilen in der Psychologie bei der allgemeinen Betrachtung
der Vorstellungen vergessen hat, auch jenes umfangreiche Gebiet von Vorstellungsgegenständen zu berücksichtigen, das
außerhalb der Welt der Empfindungsgegenstände liegt. Wenn
die Psychologie wesentlich im Dienste einer Erkenntnistheorie
betrieben wird, der es hauptsächlich darauf ankommt, die Erkenntnis der Außenwelt zu erforschen, so liegt es ja begreiflicherweise nahe, als Vorstellungsgegenstände nur diejenigen
in Betracht zu ziehen, die auch als Gegenstände der Empfindungen vorkommen. Nachdem sich aber die Psychologie aus
diesem ausschließlichen Dienstverhältnis zur Erkenntnistheorie
befreit hat, muß sie nun auch ihren Blick ausdehnen auf das
ganze Gebiet der möglichen Vorstellungsgegenstände. Zu
diesem gehört aber außer jenen Empfindungsgegenständen der
ganze Umfang der psychischen Tatbestände, der psychischen
Erlebnisse, Zustände und Tätigkeiten aller Art. Zwar sind,
wie wir schon früher gesehen haben, die in einer psychischen
Wirklichkeit lebendigen psychischen Tatbestände, die Arten

20*

des Gegenstandsbewußtseins, der Gefühle und der Strebungen, während ihres Daseins nicht zugleich Gegenstände für das wissende Subjekt dieser psychischen Wirklichkeit. Aber nachdem sie gleichsam ausgelebt und abgestorben sind, können sie auf die Gegenstands-Seite hinüberwandern und nun selbst Gegenstände des Wissens für das psychische Subjekt werden, das sie vorher lebendig in sich trug. Nachdem ein psychisches Subjekt empfunden, vorgestellt, gefühlt, gestrebt und sich betätigt hat, kann es auf diese seine früheren Empfindungen, Vorstellungen, Gefühle, Strebungen und Betätigungen zurückblicken und sie zu Gegenständen seiner Betrachtung machen. Und dies ist nicht nur möglich, sondern tatsächlich kommen in der psychischen Wirklichkeit des Menschen psychische Tatbestände vor, die den Vorstellungen von Farben, Klängen usw. gleichen, aber nicht solche der Empfindungswelt entnommene sondern eben jene psychischen Erlebnisse, Zustände und Tätigkeiten zu Gegenständen haben. Wir haben ja schon im Beginn unserer Darlegungen darauf hingewiesen, daß im täglichen Leben psychisches Sein und Geschehen in mannigfacher Weise Gegenstand des Vorstellens ist. Wer an andere Individuen und ihr psychisches Leben denkt, macht damit Psychisches zum Gegenstand seines Vorstellens. Führt uns der Dichter menschliche Charaktere und ihre psychischen Erlebnisse vor Augen, so operiert er in seinem dichtenden Vorstellen mit psychischen Gegenständen; und wir, die wir als Zuschauer im Theater seine Dichtung aufnehmen, stellen psychische Individuen und ihre Erlebnisse vor. Wäre das Psychische nicht möglicher Gegenstand des Vorstellens, so hätten wir eben keinerlei Wissen um Psychisches und könnten von dergleichen nicht mit sinnvollen Worten sprechen. Und wie ohne die Möglichkeit, Empfindungsgegenstände vorzustellen, die Naturwissenschaften unmöglich wären, so wären ohne Vorstellungen von Psychischem sowohl die Psychologie als auch alle Geisteswissenschaften unmöglich.

Die Welt der möglichen Vorstellungsgegenstände ist an sich eine unbeschränkt große. Sie umfaßt nicht nur das früher

Empfundene und das früher psychisch Erlebte sondern auch die Phantasieprodukte aller Art, die durch Kombination der empfundenen, beziehungsweise der psychischen Gegenstände gestaltet werden können. Es gibt eben, wie wir früher schon sahen,[1] auch ein die Gegenstände produzierendes Vorstellen.

Natürlich sind nun auch hier wieder die Vorstellungen selbst von ihren Gegenständen wohl zu unterscheiden. Denn die Eigenschaften und die räumlichen Bestimmungen der vorgestellten Gegenstände sind nicht Eigenschaften und Bestimmungen der auf diese Gegenstände bezogenen Vorstellungen. So mag z. B. der vorgestellte Ton laut oder leise, hoch oder tief sein; die Vorstellung des Tones ist keine laute oder leise, keine hohe oder tiefe Vorstellung. Stellt jemand eine leuchtende Farbe vor, so ist die Vorstellung dieser Farbe nicht selbst eine leuchtende Vorstellung. Und ebenso mögen die vorgestellten Gegenstände eine räumliche Ausdehnung, eine räumliche Gestalt und einen Ort haben, die Vorstellung dieser Gegenstände ist dagegen weder räumlich ausgedehnt noch räumlich gestaltet noch an irgend einem Ort. Die in der psychischen Wirklichkeit lebendigen Vorstellungen stehen also dem psychischen Subjekt nicht als Gegenstände gegenüber, sondern sie sind eine Art des Bewußtseins, das dieses Subjekt von irgend welchen Gegenständen hat, also eine Art des Gegenstandsbewußtseins. Ist eine Vorstellung in der psychischen Wirklichkeit vorhanden, so heißt das: das Subjekt dieser psychischen Wirklichkeit hat etwas vor sich, stellt einen Gegenstand vor sich hin, „erblickt gleichsam etwas mit dem inneren Blick“. Alle diese Ausdrücke sind Umschreibungen. Das Wesen der Vorstellungen läßt sich nicht definieren, sondern nur durch direkten Hinblick kennen lernen. Die Vorstellungen enthalten eben jenes undefinierbare „Wissen um etwas“ oder „Bewußtsein von Gegenständen“. Vorstellungen sind also immer etwas Psychisches, sie enthalten immer ein psychisches Subjekt in

[1] Vgl. hierzu überhaupt die Darlegungen des II. T., 2. Kap., § 1, S. 207 ff.

sich. Dagegen können Gegenstände der Vorstellungen auch irgend welche physischen Gegenstände sein.

Man sollte daher, um jeden Irrtum zu vermeiden, das Wort „Vorstellung" in der Psychologie nur für diese Art des Gegenstandsbewußtseins, nicht aber auch für jeden Gegenstand des Vorstellens verwenden. Leider geschieht dies immer noch nicht durchgängig. Wie man die empfundenen Gegenstände zuweilen auch Empfindungen nennt, so spricht man auch von den vorgestellten Gegenständen als von Vorstellungen. Es ist aber klar, daß man damit zunächst jenes eigenartige und grundwichtige psychische Element des „Wissens um", des Gegenstandsbewußtseins, völlig in den Hintergrund drängt und mit Unrecht als eine leichte, keiner weiteren Erwähnung bedürftige Zugabe zu den Gegenständen betrachtet. Außerdem aber ergibt sich daraus ein gewaltsamer Sprachgebrauch. Wird z. B. eine vorgestellte Farbe als eine Vorstellung bezeichnet, so würde das Vorstellen von Farben ein Vorstellen von Vorstellungen sein. Für den Unbefangenen ist aber eine solche Behauptung sinnlos; er stellt die Farbe und nicht eine Vorstellung vor. Ist ein vorgestelltes räumliches Objekt Gegenstand der Lust, so ist nicht eine Vorstellung Gegenstand der Lust. Wer mit vorgestellten räumlichen Gegenständen geistig operiert, wer über sie nachdenkt, der denkt nicht über Vorstellungen, über diese Art des Gegenstandsbewußtseins nach. Es sind bestimmte erkenntnistheoretische Ansichten, die sich hier leicht hereindrängen und zur Verdeckung des Unterschiedes zwischen den Gegenständen und dem Gegenstandsbewußtsein führen. Man benutzt die Tatsache, daß das Wort „Vorstellung" etwas Subjektives und Psychisches bedeutet, um durch die Bezeichnung aller Gegenstände als Vorstellungen der Meinung Ausdruck zu geben, daß auch alle Gegenstände des Bewußtseins etwas „bloß Subjektives, also Psychisches" seien. Freilich würde sich daraus die Folgerung ergeben, daß auch die Mathematik und die Naturwissenschaften es mit Psychischem zu tun hätten, daß also danach alle Wissenschaften nur Teile der Psychologie seien. Es gibt aller-

dings Menschen, die sich lieber zur Behauptung solcher kühnen
Konsequenzen als zum Verzicht auf ihre falschen Voraussetzungen entschließen.   Wir wollen nun hier alle erkenntnistheoretischen Fragen bei Seite lassen und auf dem Gebiete
der Psychologie bleiben.   Da steht denn fest, daß Gegenstand
des Vorstellens und Vorstellung zweierlei ist und deshalb
nicht mit demselben Namen belegt werden sollte.   Der Gegenstand des Vorstellens ist nur in dem einen Falle selbst eine
Vorstellung, wenn eben eine Vorstellung, also diese Art des
Gegenstandsbewußtseins, vorgestellt wird; im übrigen aber
kann alles mögliche Gegenstand des Vorstellens sein.

Ist die Vorstellung eine Art des Gegenstandsbewußtseins,
so ist sie als solche natürlich von dem Gefühl und dem
Streben verschieden.   Das ergibt sich schon aus den Überlegungen des 2. Kapitels des II. Teils.   Freilich kann das
vorstellende Subjekt angesichts bestimmter vorgestellter Gegenstände in bestimmte Gefühlszuständlichkeiten geraten und
strebend tätig sein.   Wer einen recht ekelhaften Geschmack
oder Geruch vorstellt, kann dabei lebhafte Unlust verspüren
und dem vorgestellten Gegenstand innerlich widerstreben.
Steht dann auch das Gefühl und das Streben mit der Vorstellung in dem eigenartigen, einheitlichen Zusammenhang,
auf den wir früher hingewiesen haben, so ist doch die Vorstellung an sich von dem Gefühl und dem Streben verschieden.

Die Vorstellung ist eine Art des Gegenstandsbewußtseins.   Das Reich der möglichen Gegenstände des Vorstellens
greift weit über das Gebiet der möglichen Empfindungsgegenstände hinaus.   Aber auch die Empfindung ist eine Art des
Gegenstandsbewußtseins.   Wodurch unterscheiden sich die
Empfindung und die Vorstellung als verschiedene Arten des
Gegenstandsbewußtseins?   Um diese Frage zu beantworten, hat
man sich in der Psychologie gewöhnlich darauf beschränkt, diejenigen Vorstellungen den Empfindungen gegenüberzustellen, die
auf dieselben Gegenstände wie die Empfindungen bezogen sind.
Indem man alle die Vorstellungen, die Psychisches zum Gegenstand haben, bei Seite ließ, verglich man etwa nur die Vor-

stellung einer Farbe oder eines Klanges mit der entsprechenden Empfindung derselben Farbe oder desselben Klanges. Es entstand dann hinsichtlich dieser speziellen Frage der Streit, ob der Unterschied zwischen Vorstellung und entsprechender Empfindung ein Unterschied in der Qualität oder „bloß“ ein Unterschied der Intensität sei. Die einen behaupten, die Empfindung sei von der zugehörigen Vorstellung qualitativ verschieden; die andern erklärten, die Empfindungen seien nur intensive Vorstellungen. Bei diesem Streit machte sich die oben erwähnte Zweideutigkeit, die den Ausdrücken „Empfindung“ und „Vorstellung“ in der Psychologie immer noch anhaftet, in störender Weise geltend. Wer unter Empfindung und Vorstellung die empfundenen und vorgestellten Gegenstände versteht, wird die Frage nach dem Unterschied beider natürlich in anderem Sinne auffassen und beantworten müssen, als derjenige, der den Unterschied zwischen den beiden Arten des Gegenstandsbewußtseins, denen eigentlich die Namen Empfindung und Vorstellung zukommen, feststellen will. Um den Unterschied zwischen Empfindung und Vorstellung als einen Unterschied der Intensität nachzuweisen, führte man z. B. folgenden Fall an. Jemand höre einen bestimmten Klang. Nun entferne sich die Klangquelle immer weiter, so daß der Klang allmählich „in der Ferne verklingt“. Dann kommt ein Moment, wo der Hörende zweifelhaft wird, ob er den Klang noch hört oder ihn bloß vorstellt. Er hat den Klang zwar noch vor sich, aber er ist unsicher, ob eine Empfindung oder eine Vorstellung vorliegt. Die Empfindung ist also hier der Vorstellung zum Verwechseln ähnlich. Nun hat sich aber, so meint man, nur die Intensität des Klanges geändert; der Klang ist immer leiser geworden. Die Empfindung wird also zu einer Vorstellung, wenn die Intensität des Klanges genügend schwach geworden ist; die Vorstellung ist also, so schließt man, nichts weiter als eine schwache, weniger intensive Empfindung; der Unterschied zwischen der Empfindung des Klanges und der Vorstellung des Klanges ist also ein Intensitätsunterschied.

In dieser Überlegung wird demnach der Nachdruck auf einen Intensitätsunterschied der Gegenstände gelegt. Im Grunde ist damit nur behauptet, daß die Gegenstände des Vorstellens allgemein eine geringere Intensität hätten als dieselben Gegenstände, wenn sie empfunden werden. Ein Unterschied der beiden Arten des Gegenstandsbewußtseins selbst ist darin nicht direkt behauptet; höchstens konnte ein stillschweigender Hinweis auf einen solchen Unterschied zugleich beabsichtigt sein. Aber auch jene Behauptung ist im allgemeinen nicht richtig. Die Gegenstände des Vorstellens sind nicht durchgängig von geringerer Intensität als die Gegenstände des Empfindens. Denn die vorgestellten Klänge sind nicht weniger laute Klänge, als die empfundenen; die vorgestellten Farben sind nicht Farben von geringerer Helligkeit als die empfundenen Farben; das vorgestellte Bitter ist nicht weniger bitter als ein geschmecktes Bitter. Kurz, es ist nicht so, daß die vorgestellten Gegenstände sämtlich hinsichtlich der Intensität unterhalb der sämtlichen empfundenen Gegenstände lägen. Auch laute Töne, helle Farben, starke Geschmäcke können vorgestellt werden. Man hat denn auch bald eingesehen, daß von einem eigentlichen Intensitätsunterschied zwischen vorgestellten und empfundenen Gegenständen keine Rede sein kann. Aber man meinte nun, es liege doch ein richtiger Kern in jener Behauptung, sie vergreife sich nur in der Wahl des Ausdrucks; der Unterschied habe zwar Ähnlichkeit mit einem Intensitätsunterschied, sei aber selbst kein Unterschied der Intensität in dem psychologischen Sinne dieses Wortes.

Nun ist wohl nicht zu leugnen, daß in vielen Fällen die vorgestellten Gegenstände an sinnlicher Frische, an Deutlichkeit und an Reichtum von Einzelheiten hinter denselben Gegenständen, wenn sie empfunden werden, zurückstehen. Das Vorgestellte ist häufig abgeblaßt, undeutlich, wenig reich an Einzelheiten. Aber dieser Unterschied besteht doch nicht allgemein, und man kann daraus keinen Unterschied zwischen Empfindung und Vorstellung machen. Denn es gibt Fälle, in

denen das Vorgestellte sinnlich frisch, deutlich und reich an
Einzelheiten ist, ohne daß man dadurch in die Gefahr käme,
zu meinen, man empfinde diese Gegenstände. Es ist ein
individueller, angeborener oder erworbener Mangel, wenn ein
Mensch nichts mehr sinnlich frisch, deutlich und reich an
Einzelheiten vorzustellen vermag. Und andererseits ist es eine
Übertreibung, wenn man behauptet, bei allen Menschen seien
alle die von ihnen empfundenen Gegenstände sinnlich frisch,
deutlich und reich an Einzelheiten. Wie abgeblaßt, undeutlich
und arm an Einzelheiten ist doch meistens das, was die Menschen von der Welt sehen und hören. Es ist ein Irrtum zu
meinen, das, was überhaupt unter den günstigsten Bedingungen empfindbar und wahrnehmbar sei, werde auch von
allen Menschen wirklich empfunden nnd wahrgenommen. Es
können also unter Umständen die empfundenen und vorgestellten Gegenstände völlig übereinstimmen, ohne daß damit der Unterschied des Empfindens und Vorstellens verschwände. Jener Unterschied zwischen den empfundenen und
den vorgestellten Gegenständen mag also sehr häufig vorkommen, so ist er doch kein notwendiger, keiner, der erst
das Empfinden von dem Vorstellen verschieden machte.

Nun besteht aber doch tatsächlich ein Unterschied zwischen
der Empfindung und der entsprechenden Vorstellung, zwischen
diesen beiden Arten des Gegenstandsbewußtseins, auch wenn
sie genau die gleichen Gegenstände haben. Wir sind gewöhnlich nicht in Gefahr, zu verwechseln, ob wir etwas sehen
oder es nur vorstellen; ob wir allgemein etwas empfinden
oder es nur vorstellen. Jeder weiß, daß das Vorstellen einer
Farbe, eines Tones usw. etwas anderes ist als das Sehen der
Farbe, das Hören des Tones usw. In beiden Fällen hat er
freilich die Farbe, den Ton usw. vor sich, er hat ein Bewußtsein von diesen Gegenständen; aber doch ist in den beiden
Fällen die Art des Bewußtseins eine verschiedene. Welcher
Art nun der Unterschied ist; ob man ein Recht hat, zu sagen,
die Empfindung sei eine intensivere Art des Gegenstandsbewußtseins als die Vorstellung, das muß hier dahingestellt

bleiben. Es scheint, daß sich der Unterschied dieser beiden
Arten des Gegenstandsbewußtseins nicht weiter definieren
und beschreiben läßt, ebensowenig wie man imstande ist, zu
sagen, wodurch sich ein Ton von einer Farbe unterscheidet.
Wer nur Empfindungen kännte, der würde wohl kaum dadurch
erfahren, was eine Vorstellung ist, daß man ihn aufforderte,
er solle sich eine Empfindung in ihrer Intensität herabgemin-
dert denken; und wer nur mit Vorstellungen bekannt wäre,
würde wohl kein Wissen um Empfindungen bekommen, wenn
man ihm die Empfindungen als intensivere Vorstellungen bezeichnete. Und wie es sich mit dem Intensitätsunterschied
verhält, so geht es auch mit allen den Unterschieden, die man
sonst noch als Unterschiede der Empfindungen und Vorstellungen angeführt hat. Sie erweisen sich sämtlich nicht als
notwendige und konstituierende Unterschiede. Doch können
wir darauf hier nicht näher eingehen.

Erinnern wir uns nun, daß es nicht nur Vorstellungen
von Farben, Klängen etc., also von möglichen Empfindungsgegenständen gibt, sondern daß auch Vorstellungen von psychischen Erlebnissen, Zuständen und Betätigungen vorkommen. Diesen Vorstellungen entsprechen offenbar keinerlei
Empfindungen, die dieselben Gegenstände hätten. Denn psychische Erlebnisse, Zustände und Tätigkeiten kann man nicht
sehen, hören, tasten, schmecken, riechen usw. Es hat also
schon deshalb gar keinen Sinn, die Vorstellungen allgemein
als schwächere Empfindungen zu charakterisieren. Jene Vorstellungen von psychischen Tatsachen sind ebenfalls eine Art
des Gegenstandsbewußtseins, nur eben ein auf psychische
Gegenstände bezogenes. Und sie gleichen als Art des Gegenstandsbewußtseins den Vorstellungen von Farben, Klängen etc.,
also den Vorstellungen von physischen Gegenständen. In
keiner Weise kann daher der allgemeine Begriff der Vorstellung durch Rückgang auf Empfindungen bestimmt werden.

Während also ein Teil der vorgestellten Gegenstände,
nämlich die physischen, wie wir sie hier kurz nennen wollen,
auch als Gegenstände des Empfindens, dieses eigenartigen

Gegenstandsbewußtseins, vorkommen können, ist ein anderer Teil der vorgestellten Gegenstände, nämlich die psychischen, nicht als Gegenstand des Empfindens möglich. Die psychischen Gegenstände können überhaupt nur in einer Art des Gegenstandsbewußtseins, nämlich im Vorstellen als Gegenstände vorkommen. Es entspricht den Vorstellungen von Psychischem nicht auch eine a n d e r e Art des Gegenstandsbewußtseins, in dem das Psychische ebenfalls als Gegenstand vorkäme. Das Verhältnis des v o r g e s t e l l t e n Psychischen zu dem w i r k l i c h e r l e b t e n Psychischen ist daher ganz anderer Art als das Verhältnis des v o r g e s t e l l t e n Physischen zum e m p f u n d e n e n Physischen, also etwa das Verhältnis der vorgestellten zur empfundenen Farbe. Die vorgestellte sowohl wie die empfundene Farbe ist G e g e n s t a n d eines Gegenstandsbewußtseins; wer die Farbe vorstellt, hat sie als G e g e n s t a n d vor sich, ebenso wie der, der die Farbe empfindet. Hier hat es daher einen gewissen Sinn, die vorgestellte Farbe als eine R e p r o d u k t i o n der empfundenen Farbe zu bezeichnen. Ganz anders verhält es sich mit dem Psychischen. Wer Psychisches vorstellt, hat es freilich als Gegenstand vor sich; aber wer Psychisches einfach erlebt, hat es damit in keiner Weise als Gegenstand vor sich, hat es nicht zum G e g e n s t a n d seines Bewußtseins, sondern er steckt selbst darin und ist a n d e r e n Gegenständen zugewandt; er geht in dem Erleben auf, ohne es zu betrachten. Darauf haben wir schon früher hingewiesen. Damit ist ein Unterschied bezeichnet, der für die sogenannten Assoziationsgesetze wichtig ist, und der es verbietet, diesen Gesetzen eine intellektualistische Formulierung zu geben. Der Trieb nach einheitlicher Zusammenfassung darf über diesen Unterschied nicht einfach hinweggleiten, weil dadurch die psychischen Tatsachen falsch dargestellt werden würden.

Um diesen Unterschied deutlicher zu machen, ist es vor allem notwendig, die Stellung der vorgestellten psychischen Erlebnisse hervorzuheben und sie von den lebendigen psychischen Erlebnissen zu unterscheiden. Da weiß nun zunächst

jeder, daß ein vorgestelltes Streben oder Wollen nicht schon
selbst ein jetzt lebendiges Streben oder Wollen ist. Nehmen
wir an, ein psychisches Subjekt stelle ein Streben vor, das
auf ein bestimmtes Ziel gerichtet ist, so heißt das nicht,
dieses Subjekt strebe nun selbst nach diesem Ziele, sondern
es heißt nur, es habe als Gegenstand seines Vorstellens vor
sich ein Streben nach dem Ziele. Was wir durch unsere
Annahme in der psychischen Wirklichkeit vorhanden denken,
ist nicht ein Streben, sondern ein Gegenstandsbewußtsein
bestimmter Art, das jetzt, statt anderer Gegenstände, ein bestimmtes Streben zum Gegenstand hat. Das Gegenstandsbewußtsein als solches ist kein Streben, sondern bleibt immer
ein Gegenstandsbewußtsein, mag der Gegenstand desselben
sein, welcher er will. Der zum eigentlichen Wollen Unfähige
kann sich sehr wohl ein Wollen vorstellen und auch um das
Wollen anderer Menschen wissen, ohne damit selbst schon
zu wollen. Wenn auch die lebhafte Vorstellung eines Strebens
oder Wollens zum eigenen Streben oder Wollen anzuregen
vermag, so ist dieses eigene Streben und Wollen doch keine
Vorstellung mehr, sondern etwas Neues, zu der Vorstellung
des Strebens oder Wollens Hinzukommendes. Ebenso weiß
nun ein jeder, daß ein bloß vorgestelltes Gefühl der Lust
von einem jetzt wirklich erlebten Gefühl der Lust verschieden
ist. Stellt jemand ein Gefühl der Lust bloß vor, so ist eben
dieses Gefühl ein Gegenstand seines Gegenstandsbewußtseins,
der ihm gegenübersteht, nicht aber eine gegenwärtig lebendige
Zuständlichkeit seiner selbst. Freilich kann auch hier die lebhafte Vorstellung des Gefühls unter Umständen dazu führen,
daß das vorstellende Subjekt in eine Gefühlszuständlichkeit
gerät, die der vorgestellten gleich ist. Aber dann hat sich
eben zu der Vorstellung des Gefühls das lebendige Gefühl
selbst gesellt, das nun nicht mehr bloß vorgestellt ist. Es
kann sich jedoch mit der Vorstellung eines Gefühls der Lust
sogar ein lebendiges Gefühl der Unlust vereinigen, wie es
ja bei manchen Menschen eintritt, wenn sie beim Anblick
freudiger Menschen zur lebhaften Vorstellung ihrer Freude

angeregt werden. Die wirklich gefühlte Freude ist etwas
anderes als bloß vorgestellte Freude. Es ergibt sich hieraus,
nebenbei bemerkt, daß es unzweckmäßig ist, wirklich erlebte
Gefühle dann, wenn sie durch irgend welche vorgestellten
Gegenstände erregt werden, als „vorgestellte Gefühle" zu bezeichnen. Mag ein lebendiges Gefühl sich auf etwas bloß
Vorgestelltes oder auf etwas Empfundenes beziehen, immer
bleibt es doch als warme, lebendige Zuständlichkeit des Subjekts verschieden von den vorgestellten Gefühlen, die dem
Subjekt als Gegenstände seines kühlen Wissens gegenüberstehen. Man kann um glühende Gefühle wissen, ohne selbst
in Freud und Leid zu erglühen. — Außer dem Streben und
den Gefühlen gehört aber auch das Gegenstandsbewußtsein
zu den psychischen Tatsachen. Auch das Gegenstandsbewußtsein irgend einer Art kann zum Gegenstand des Vorstellens
werden. Und auch hier fällt das Gegenstandsbewußtsein als
Gegenstand nicht zusammen mit dem Vorstellen, das diesen
Gegenstand hat. Die Empfindung ist eine Art des Gegenstandsbewußtseins. Sie kann zum Gegenstand des Vorstellens,
als zum Gegenstand dieser anderen Art des Gegenstandsbewußtseins werden. Nehmen wir aber wiederum an, ein
psychisches Subjekt stelle eine Empfindung vor, so heißt das
hier ebenfalls nicht, das Subjekt empfinde gegenwärtig selbst
etwas. Sondern in der psychischen Wirklichkeit selbst ist
keine Empfindung, sondern eine Vorstellung vorhanden; nur
hat das vorstellende Subjekt jetzt statt anderer Gegenstände
eine Empfindung als Gegenstand seines Vorstellens vor
sich. Auch der völlig Erblindete kann sich aus der Erinnerung eine Vorstellung vom Sehen machen; aber indem er
dieses vorgestellte Sehen als Gegenstand vor sich hat,
sieht er nicht selbst. Stellt jemand eine Empfindung vor,
so stellt er eben vor und empfindet insofern nicht. Und
ebenso steht jede andere vorgestellte Art des Gegenstandsbewußtseins dem vorstellenden Subjekt gegenüber und ist
nicht selbst eine gegenwärtig lebendige psychische Seite
dieses Subjekts.

Das Psychische also, das und sofern es Gegenstand des Vorstellens ist, steht dem vorstellenden Subjekt als Gegenstand gegenüber, genau so wie auch physische Gegenstände, etwa Farben oder Töne, wenn sie von dem Subjekt vorgestellt werden, ihm als Gegenstände seines Bewußtseins gegenüberstehen. Kurz, das Psychische nimmt als Gegenstand des Vorstellens eben die Stellung zur psychischen Wirklichkeit ein, in der nun einmal Gegenstände des Gegenstandsbewußtseins überhaupt zur psychischen Wirklichkeit stehen. Das in dieser psychischen Wirklichkeit lebendige Psychische dagegen steht dem Subjekt derselben nicht gegenüber, liegt nicht an der Grenze dieser psychischen Wirklichkeit, ist nicht Gegenstand des Bewußtseins dieses Subjekts, sondern ist als lebendige Seite an dem psychischen Subjekt einfach da, ohne zugleich noch Gegenstand eines Gegenstandsbewußtseins für dieses Subjekt zu sein. Und von diesem ungewußten Dasein, das dem Psychischen an sich zukommt, kann es nun sofort zum Gegenstand eines bestimmten Gegenstandsbewußtseins werden, das wir als Vorstellen bezeichnen müssen. Es braucht nicht erst eine andere Art des Wissens zu passieren, wie z. B. eine Farbe erst einmal gesehen werden muß, um vorgestellt werden zu können. Von einem Gegensatz zwischen Vorstellen und Empfinden kann hier keine Rede sein, weil es hier kein Empfinden gibt. Mag man daher das Vorstellen in bezug auf die physische Welt als ein indirekteres, mittelbares, das Empfinden als ein direktes und unmittelbares Wissen um die physische Welt bezeichnen, so darf man doch das Vorstellen in seiner allgemeinen Bedeutung nicht als eine mittelbare Art des Wissens charakterisieren. Denn in Bezug auf die psychische Welt steht dem Vorstellen keine direktere und unmittelbarere Art des Wissens um sie gegenüber.[1]

[1] Man kann statt dessen auch sagen, es gibt keinen dem „äußeren Sinn" entsprechenden „inneren Sinn". Es ergibt sich daraus zugleich, daß der alte Satz: Nichts ist im Intellekt, was nicht früher den Sinnen gegeben war, jedenfalls für die psychischen Gegenstände falsch ist. Denn psychische Gegenstände sind solche Inhalte des Wissens, die den Sinnen vorher nicht gegeben waren.

Geht also das psychische Subjekt z. B. von der Empfindung einer roten Farbe zur Vorstellung dieser roten Farbe über, so bleibt es dabei dieser roten Farbe gegenüber gleichsam in derselben Stellung. Denn sowohl als Gegenstand der Empfindung wie als Gegenstand der Vorstellung steht die Farbe dem wissenden Subjekt gegenüber. Wenn dagegen das psychische Subjekt von dem einfachen Erleben psychischen Seins und Geschehens zur Vorstellung dieser eigenen psychischen Erlebnisse übergeht, so muß es gleichsam erst aus diesen psychischen Erlebnissen sich zurückziehen, sie von sich loslösen und als Gegenstände vor sich hin stellen. Oder, anders ausgedrückt, der Übergang der psychischen Erlebnisse vom bloßen Dasein zum Gewußtwerden bedeutet für sie eine Veränderung ihrer Stellung zum erlebenden und wissenden Subjekt; sie verschwinden aus der lebendigen psychischen Wirklichkeit und treten ein in die Welt der möglichen Gegenstände des Wissens. Das gilt, wie gesagt, auch für alle Arten des Gegenstandsbewußtseins, also auch für Empfindungen. Wir wollen dies noch besonders betonen, weil gerade hier die Verwechslung der Gegenstände des Empfindens mit den Empfindungen selbst so leicht Verwirrung schafft. Der Gegenstand einer Empfindung, also z. B. eine gesehene rote Farbe, wird empfunden, ist Gegenstand dieser Art des Gegenstandsbewußtseins. Dagegen kann die Empfindung selbst nicht empfunden werden, d. h. sie kann nicht Gegenstand dieser bestimmten Art des Gegenstandsbewußtseins werden; die Farbe, aber nicht das Sehen kann gesehen werden. Ist in einer psychischen Wirklichkeit eine Empfindung, etwa das Sehen der roten Farbe vorhanden, so ist das Empfundene die rote Farbe, ein Gegenstand, um den das empfindende Subjekt jetzt ein eigenartiges Wissen hat. Dagegen ist die Empfindung, das Sehen also, nicht auch gleichzeitig ein Gegenstand, um den das empfindende Subjekt jetzt weiß. Denn sonst würde ja jedes Gegenstandsbewußtsein wiederum ein Gegenstandsbewußtsein fordern, dessen Gegenstand es wäre. Geht nun das empfindende Subjekt von der Empfindung der Farbe zur Vorstellung der Farbe über, so ändert sich die Stellung der Farbe nicht, sie bleibt Gegenstand des Bewußtseins, wie sie es vorher war. Stellt dagegen das vorher empfindende Subjekt jetzt die eben dagewesene Empfindung vor, so ändert sich die Sachlage in ganz anderer Weise. Die Empfindung wird jetzt erstmalig Gegenstand des Bewußtseins, sie hat aufgehört, lebendiger Bestandteil der psychischen Wirklichkeit zu sein, das psychische Subjekt ist aus ihr zurückgetreten, sie hat ihre Stellung geändert, sie ist zum Gegenstand des Wissens geworden. Hier zeigt sich noch einmal deutlich, daß die Vorstellung einer Farbe etwas anderes ist als die Vorstellung einer Empfindung, und daß es daher völlig verfehlt ist, auch die empfundenen und vorgestellten G e g e n s t ä n d e allgemein als Empfindungen und Vorstellungen zu bezeichnen.

Wir haben den allgemeinen Begriff der Vorstellung als einer besonderen Art des Gegenstandsbewußtseins hiermit fixiert und ihn der engherzigen Behandlung entrissen, durch die man ihn ausschließlich zu einem Gegenstück zu den Empfindungen machen wollte. Es ergeben sich aus dem Gesagten zahlreiche klärende Folgerungen für die Psychologie und die Erkenntnistheorie, auf die wir aber nicht näher eingehen können. Was es nun für eine Bedeutung hat, wenn wir von einer M e h r h e i t von Vorstellungen, die gleichzeitig in einer psychischen Wirklichkeit vorhanden seien, sprechen, darauf können wir erst in den Erörterungen über die Aufmerksamkeit eingehen. Dabei wird sich auch erst zeigen, inwiefern wir bei der E m p f i n d u n g ebenfalls von e i n e r oder von m e h r e r e n Empfindungen zu sprechen ein Recht haben. Hier wollen wir noch einige das Vorstellen betreffende Punkte erwähnen und zunächst auf die Wichtigkeit der Tatsache hinweisen, daß dem Menschen überhaupt das Vorstellen möglich ist.

Im Vorstellen hat der Mensch ein Wissen um Gegenstände, die er gegenwärtig nicht empfindet, und um solche, die wie das psychische Sein und Geschehen überhaupt nicht empfunden werden können. Indem also zu dem Empfinden das Vorstellen hinzutritt, erfährt das Wissen des Menschen

eine wichtige Ergänzung und große Bereicherung; das Reich
der Gegenstände, die seinem Gegenstandsbewußtsein zugänglich sind, wird dadurch zu einem unbegrenzten. Will man
sich ein deutliches Bild von der Wichtigkeit des Vorstellens
machen, so nehme man an, in einer psychischen Wirklichkeit
komme ein Vorstellen überhaupt nicht vor, das Gegenstandsbewußtsein sei auf das Empfinden eingeschränkt, das betreffende
Individuum könne also zwar sehen, hören, schmecken, riechen,
tasten usw., aber es sei unfähig, irgend etwas gegenwärtig
nicht Empfundenes und nicht Empfindbares vorzustellen. Ein
solches Individuum hätte ein Wissen nur um die gerade momentan empfundenen Gegenstände. Es könnte zwar angesichts
dieser Gegenstände Gefühle haben und streben oder widerstreben, ohne aber von Empfindungen, Gefühlen und Strebungen irgend etwas zu wissen und wissen zu können. Weder
um das eigene psychische Leben noch um andere psychische
Individuen und ihr psychisches Leben könnte es irgend etwas
wissen. Die gesehenen menschlichen Leiber würden für einen
solchen auf das Empfinden reduzierten Menschen bedeutungslose Gegenstände sein, wie alle anderen empfundenen Gegenstände. Von einer Sprache und vom Verständnis gehörter
oder gesehener Worte könnte keine Rede sein. Das, was den
Sinn der gehörten oder gelesenen Worte ausmacht, ist ja
meist nicht gegenwärtig empfunden. Die Worte wären also
für den Menschen völlig bedeutungslose Laute und Geräusche.
Diese Möglichkeit ist tatsächlich in einigen Fällen patholo-
gischer Sprachstörung verwirklicht. Weiterhin würde aber
selbst das Wissen um die materielle Welt ein außerordentlich
beschränktes sein. Der alles Vorstellens unfähige Mensch
würde von materiellen Dingen, von ihren gerade nicht empfundenen Eigenschaften, von ihren Verwendungsweisen, von
ihren Ursachen und ihren Wirkungen nichts wissen können.
Denn die verschiedenen Eigenschaften der Dinge, ihre Verwendungsweisen, ihre Ursachen und ihre Wirkungen sind ja
nicht gleichzeitig der Empfindung gegeben. Nur das gerade
augenblicklich Empfundene, die gesehenen Formen und Farben,

die gehörten Klänge und Geräusche, die getastete Härte, Kälte, die geschmeckten Geschmäcke usw. und nichts anderes würde für einen solchen Menschen als Gegenstand des Gegenstandsbewußtseins existieren können. Sobald er etwas nicht mehr empfände, wäre es für ihn auch völlig verschwunden, ohne daß auch nur eine Ahnung davon zurückbliebe. Was im Raum und in der Zeit weit auseinander liegt, kann nicht gleichzeitig empfunden werden. Eine Vergleichung, Unterscheidung und Zusammenfassung räumlich und zeitlich voneinander entfernter Gegenstände würde also unmöglich sein. Die ganze Vergangenheit und die ganze Zukunft würden den Blicken des Menschen verschlossen sein; er würde immer nur den dürftigen Inhalt des in der momentanen Gegenwart Empfundenen vor sich haben und daran festgebannt bleiben. Natürlich wäre erst recht alle Phantasietätigkeit und damit alles eigentliche Wollen und alle gewollte Umgestaltung der Welt und ihrer Objekte ausgeschlossen. Alle materielle und geistige Kultur wäre unmöglich. Von dieser trostlosen Enge ist der Mensch mit einem Schlage durch die Möglichkeit des Vorstellens befreit. Indem zu dem Empfinden das Licht des Vorstellens hinzutritt, tut sich ihm erst die ganze, ungeheuer reiche Welt der Wirklichkeit und der Phantasie auf. Unabhängig von dem gerade Empfundenen vermag er die Vergangenheit, Gegenwart und Zukunft der physischen und der psychischen Welt zu überschauen und die Zukunft mehr oder minder erfolgreich nach seinem Wunsch und Willen zu gestalten. Alle Wissenschaft und Kunst, alle materielle und geistige Kultur, alle geistige Entwicklung und aller geistige Fortschritt ist bedingt durch die Möglichkeit des Vorstellens. Daher sucht man auch die Entwicklung des Menschen dadurch zu fördern, daß man seinem Vorstellen ein gewisses geordnetes Quantum möglicher Vorstellungsgegenstände zugänglich und verfügbar macht.

Freilich ist nun der Weg zur Welt der möglichen Vorstellungsgegenstände auch für den vorstellungsfähigen Menschen nicht ohne alle Schranke und Gesetzlichkeit. Nicht ohne weiteres ist seinem Vorstellen jeder mögliche Vorstellungsgegen-

stand direkt erreichbar. Auch das Gegenstände schaffende
Vorstellen erzeugt nicht etwas aus nichts. Es muß bestimmte
Wege gehen und hat seine unverrückbaren Grenzen. Versetzen
wir uns in die psychische Wirklichkeit eines Menschen, und
fragen wir´ uns, inwiefern die Welt seines Vorstellens eine begrenzte ist, so müssen wir zunächst das Vorstellen der physischen von dem der psychischen Vorstellungsgegenstände
scheiden. Zu den physischen Vorstellungsgegenständen gehören alle die vorgestellten Gegenstände, die aus Farben und
Formen, Klängen und Geräuschen, Gerüchen und Geschmäcken
usw. bestehen, also alle diejenigen, die auch als Gegenstände
der Empfindungen möglich sind. Aber hier zeigt sich nun,
daß die Empfindungen zuerst den Zugang zu derartigen Gegenständen eröffnet haben müssen, wenn das Vorstellen solcher
Gegenstände möglich sein soll. Wer niemals Farben gesehen,
wer keine Klänge und Geräusche gehört, wer keine Gerüche
gerochen hat usw., dessen Vorstellen hat auch niemals Farben
oder Klänge und Geräusche oder Gerüche usw. zu Gegenständen. Jedes psychische Subjekt vermag nur solche physischen Gegenstände vorzustellen, die es selbst früher empfunden hat, die also schon einmal Gegenstände dieser Art
seines Gegenstandsbewußtseins waren. Für ein bestimmtes
psychisches Subjekt ist also die Welt der physischen Vorstellungsgegenstände eingeschränkt auf die von ihm schon
einmal empfundenen Gegenstände. Wenden wir uns dann zu
dem anderen Gebiet der Vorstellungsgegenstände, zu den psychischen, so erweist sich auch dieses in gewisse Grenzen
eingeschlossen. Freilich braucht das Psychische, das vorgestellt werden soll, nicht schon vorher einmal Gegenstand
des Gegenstandsbewußtseins gewesen zu sein. Das Psychische
kann nicht empfunden werden; es können also auch nicht
Empfindungen den Zugang zu ihm für das Vorstellen eröffnen.
Aber ein psychisches Subjekt kann doch nur solche psychischen Gegenstände vorstellen, die schon einmal in seiner
eigenen psychischen Wirklichkeit vorhanden waren. Seine
eigenen psychischen Erlebnisse, Zustände und Strebungen sind

die einzigen seinem Vorstellen zugänglichen psychischen Gegenstände. Wer nicht selbst empfunden, bestimmte Gefühle und
Strebungen erlebt hätte, könnte sich keine Vorstellung von
Empfindungen oder von den bestimmten Gefühlen und Strebungen machen. Das psychische Subjekt ist also hinsichtlich
der Welt der ihm möglichen psychischen Vorstellungsgegenstände eingeschränkt auf sein eigenes psychisches Leben.
Fassen wir die beiden unterschiedenen Fälle zusammen, so
können wir sagen, ein Individuum kann nur das vorstellen,
was es selbst erfahren[1] oder erlebt hat.

Um ein naheliegendes Mißverständnis auszuschließen,
müssen wir zu diesen Behauptungen noch einige erläuternde
Bemerkungen hinzufügen. Man würde mit Recht dem Gesagten
durch den Hinweis entgegentreten, daß der Mensch sich doch
allerlei Physisches vorzustellen vermöge, was er niemals gesehen,
gehört usw., kurz, was er sinnlich niemals wahrgenommen habe.
Gewinnt doch der Mensch im Laufe seines Lebens Vorstellungen von dem, was in der Vergangenheit wirklich war, und
von dem, was in der Gegenwart außerhalb des von ihm
Wahrgenommenen existiert. Und der Künstler und jeder
praktisch handelnde Mensch, sie stellen doch nicht immer
nur solche Gegenstände vor, die sie schon mal wahrgenommen
haben, sondern sie schaffen zunächst in der Vorstellung und
dann in der Wirklichkeit völlig neue Gegenstände. Der gleiche

---

[1] Das Wort „erfahren" soll hier das erstmalige Wissen um alle
nicht psychischen Gegenstände bezeichnen. Das Erfahrene ist also
hier als Gegenstand eines Gegenstandsbewußtseins gemeint. Das
Wort „erleben" soll das einfache Dasein psychischer Tatsachen und
Vorgänge bedeuten. Das Erlebte ist also nicht als Gegenstand
eines Gegenstandsbewußtseins gemeint; es wird erst Gegenstand, nachdem es erlebt ist. Statt des Wortes „empfinden" ist das Wort „erfahren"
gesetzt, weil tatsächlich noch allerlei Gegenstände erfahren werden, die
wir nicht im eigentlichen Sinne empfinden, die aber auch an und für
sich nichts Psychisches sind: so vor allem bestimmte Beziehungen
zwischen Gegenständen. Es würde aber zu weit führen, dies hier
ausführlicher zu erörtern, besonders da die Psychologie in dieser Hinsicht noch recht unvollkommen ist.

Einwand scheint auch für das Gebiet der psychischen Vorstellungsgegenstände berechtigt. Das einzelne Individuum weiß
doch um eine große Anzahl anderer Individuen der Vergangenheit und der Gegenwart; und diese Individuen sind alle von
ihm verschieden, sie erleben alle verschiedene psychische Erlebnisse, die es sich trotzdem vorzustellen vermag. Der
Dichter schafft allerlei Persönlichkeiten mit den verschiedenartigsten psychischen Erlebnissen, die in seinem eigenen psychischen Leben nie vorgekommen sind. Und wir verstehen
die Schilderungen auch solcher fremden psychischen Erlebe-
nisse, die wir selbst niemals gehabt haben. Wird nicht alle
Phantasie ignoriert oder degradiert, wird nicht alle Bildung von
Idealen für unmöglich erklärt, wenn man behauptet, jeder
Mensch könne nur das vorstellen, was er schon einmal selbst
erfahren oder erlebt hat? Der phantasielose Mensch, der
keine Ideale hat, scheint durch jene Behauptung als der normale proklamiert zu werden; alle scheinbar Neues produzierenden Geister scheinen danach immer nur etwas Wirkliches
abzubilden und es dann anderen Menschen, denen das Wirkliche unbekannt ist, als eine eigene Geistesschöpfung vor-
zutäuschen.

Diese Widersprüche lösen sich, wenn wir zwischen ele-
mentaren und zusammengesetzten Gegenständen unterscheiden
und kurz die Richtungen anführen, in denen dem Vorstellen
eine produktive Tätigkeit möglich ist. Die Produkte, die wir
als Erzeugnisse der Phantasie bezeichnen, sind immer mehr
oder weniger komplizierte Gegenstände, mögen sie nun dem
physischen oder dem psychischen Gebiet angehören. Nicht
eine einzelne Farbe, nicht ein einzelner Klang usw., nicht ein
einzelnes Gefühl oder ein bestimmtes Streben wird als Gegenstand produktiver Phantasietätigkeit betrachtet, sondern ein
Zusammen von Farben, von Klängen usw. und ein Zusammenhang von Empfindungen, Vorstellungen, Gedanken, Gefühlen
und Strebungen, das sind die eigentlichen Leistungen des
Vorstellens. Diese zusammengesetzten· Gegenstände des Vorstellens brauchen nun allerdings, so wie sie sind, nicht vorher

erfahren oder erlebt worden zu sein. Aber wenn man solche
komplizierten Vorstellungsgegenstände genauer betrachtet, so
findet man, daß das ganze Material, aus dem sie aufgebaut
sind, und die Grundzüge des Aufbaues von dem vorstellenden
Subjekt schon früher einmal erfahren oder erlebt worden sind;
neu ist nur das Zusammensein gerade dieser Elemente in
diesen Formen. Selbst die wildesten Phantasieprodukte und
alle Gegenstände, die der Mensch auf Grund gehörter und
gelesener Worte sich vorstellt, sind aus Elementen gebildet,
die er selbst früher schon erfahren oder erlebt hat. Der Satz,
daß der Mensch nur das vorstellen könne, was er selbst erlebt und erfahren habe, gilt also nur für die Elemente der
Vorstellungsgegenstände. Wenn nun auch darin eine gewisse
Beschränkung des „Vorstellungsvermögens" zum Ausdruck
kommt, so ist doch andererseits tatsächlich eine unbeschränkte
Möglichkeit der Kombination der erfahrenen und erlebten Elemente vorhanden. Selbst wenn eine relaiv kleine Anzahl
von Elementen gegeben ist, und diese nur in der zeitlichen
Aufeinanderfolge verschieden kombiniert werden können,
wie es bei den Klängen eines Klavieres der Fall ist, ist ja
schon die Anzahl der möglichen Kombinationen eine unendlich
große. Der Mensch verfügt aber über ein viel umfangreicheres
Material zum Aufbau einer Vorstellungswelt, und er kann nach
verschiedenen Richtungen Variationen an demselben vornehmen. Er kann Elemente, die in seiner Erfahrung oder
seinem Erleben verbunden gewesen sind, voneinander trennen;
er kann andererseits getrennt erfahrene oder erlebte Elemente
zu neuen Ganzen vereinen. Er kann dann weiterhin die Anzahlen der erfahrenen oder erlebten Gegenstände im Vorstellen
vermehren oder vermindern, statt eines gesehenen Gegenstandes zwei oder statt zweier gesehener Gegenstände nur
einen Gegenstand vorstellen. Hat er dann in bezug auf einen
Gegenstand eine Vergrößerung oder Steigerung erfahren oder
erlebt, so kann er derartige Gegenstände vergrößert oder in ihrer
Intensität gesteigert vorstellen; hat er eine Verkleinerung oder
Herabminderung eines Gegenstandes erfahren oder erlebt, so

kann er in seinem Vorstellen derartige Gegenstände ver-
kleinern oder in ihrer Intensität herabmindern. Schafft also
das Vorstellen des Menschen auch niemals neue Gegenstandselemente, so vermag es doch durch ausgiebige Handhabung jener mehrfachen gedanklichen Operationen aus dem
gegebenen Material neue Welten in unbegrenzter Mannigfaltigkeit zu gestalten, sei es als müßiges Spiel der Phantasie, sei es als Vorbild zur Übertragung in die Wirklichkeit.

Die Tragweite dieser Tatsache, daß ·der Mensch nichts
absolut Neues zu ersinnen vermag, daß sein Vorstellen immer
an das Erfahrene und Erlebte gebunden bleibt, ist eine sehr
große. Es ist damit zugleich gesagt, daß es keine „angeborenen
Vorstellungen" gibt. Denn „angeborene Vorstellungen" wären
ja Vorstellungen von Gegenständen, die in ihren Elementen
weder vorher erfahren noch erlebt zu sein brauchten, die wir
vielmehr auf Grund angeborener Fähigkeit ohne weiteres vorzustellen vermöchten. Bildet der Mensch irgend welche Begriffe, so muß nach dem Gesagten aller angebbare Inhalt
dieser Begriffe in seinen Elementen aus der eigenen Erfahrung
und dem eigenen Erleben stammen, oder der vermeintliche
Begriff ist ein bloßes Wort ohne Inhalt. Will man weiterhin
anderen Individuen ein bestimmtes Wissen mitteilen oder Vorstellungen von etwas in ihnen erwecken, das sie selbst nicht
erfahren oder erlebt haben, so kann dies wiederum nur gelingen, wenn in den anderen Individuen das nötige Vorstel-
lungsmaterial zur Verfügung steht, aus dem sie, durch die Mitteilung zur vorstellenden Eigentätigkeit angeregt, das Mit-
zuteilende zu gestalten vermögen. Ist das nicht der Fall, so
muß man erst durch Erfahrung oder Erlebnisse ihre Vorstellungswelt bereichern, um sie dann durch Lenkung ihrer
Vorstellungtätigkeit zum Aufbau des Mitzuteilenden veranlassen
zu können. Es ist vergeblich, Blindgeborenen eine Vorstellung
sichtbarer Gegenstände verschaffen zu wollen. Und wer bestimmte Gefühle nicht erlebt hat, kann sich mit dem besten
Willen keine Vorstellung davon machen.

§ 3. Der Begriff des Gedächtnisses. In der menschlichen psychischen Wirklichkeit kommen Vorstellungen vor. Der Mensch vermag früher Erfahrenes und Erlebtes vorzustellen und aus dem früher Erfahrenen oder Erlebten allerlei neue Gegenstände vorstellend zusammenzusetzen. Diese Tatsachen drückt man auch wohl so aus, daß man sagt, der Mensch ist ausgestattet mit Gedächtnis und Phantasie. In der Psychologie spricht man nicht mehr viel von der Phantasie. Auch das Wort „Gedächtnis" suchte man zeitweilig zu vermeiden; aber es hat sich herausgestellt, daß man ohne den Begriff des Gedächtnisses in der Psychologie nicht auszukommen vermag, wenn man auch für das damit Gemeinte andere Worte gebraucht. Die Vermeidung des Wortes „Gedächtnis" hat vielleicht einige Berechtigung, weil es an die überwundene Vermögenspsychologie anklingt. Neuerdings hat aber selbst die experimentelle Psychologie das Wort wieder zu Ehren gebracht, indem sie eifrig sogenannte „Gedächtnisversuche" anstellte und dazu „Gedächtnisapparate" konstruierte. Was ist nun das Gedächtnis? Kommt es in der individuellen psychischen Wirklichkeit als eine lebendige psychische Seite des Ich vor? Ist es ein Gegenstandsbewußtsein, ein Gefühl oder ein Streben? Oder ist es das psychische Subjekt der psychischen Wirklichkeit selbst?

Offenbar ist das Gedächtnis nichts von allem diesen; es ist weder eine bestimmte Art des Gegenstandsbewußtseins noch ein Gefühl noch ein Streben noch das psychische Subjekt selbst, sondern es ist die **Fähigkeit** des psychischen Subjektes zu der bestimmten Art des Gegenstandsbewußtseins, die wir allgemein als Vorstellung bezeichnet haben. Wenigstens kann man als Gedächtnis ganz allgemein die Fähigkeit zu Vorstellungen überhaupt betrachten. Diese Fähigkeit des Vorstellens bringt der Mensch mit auf die Welt, sie wird nicht erst im Laufe des Lebens erworben, sondern ist fertig angeboren. Das Gedächtnis in diesem Sinne ist also eine angeborene Fähigkeit zu Vorstellungen überhaupt. Dieser Begriff des Gedächtnisses ist allerdings noch ziemlich leer und abstrakt. Wer mit solchem

Gedächtnis ausgestattet ist, vermag ohne weiteres noch nicht das geringste vorzustellen. Erst wenn er etwas erfahren und erlebt hat, vermag er wirklich Gegenstände vorzustellen. Diese dann vorhandene Fähigkeit, das früher Erfahrene und Erlebte vorzustellen, ist das Gedächtnis in konkreterem Sinne. Sie ist erst dann wirklich vorhanden, wenn das psychische Leben schon eine Zeitlang stattgefunden hat. Das wirkliche konkrete Gedächtnis ist also nicht angeboren, sondern wird erst im Lauf des Lebens erworben, weil das psychische Subjekt nur das vorstellen kann, was es wenigstens in den Elementen früher selbst erfahren oder erlebt hat. Wenn wir uns der bildlichen Anschauungen des gewöhnlichen Lebens bedienen wollten, so könnten wir sagen, jenes abstrakte, leere Gedächtnis, das dem Menschen angeboren ist, das ist gleichsam eine leere Vorratskammer, die zur Aufnahme aller möglichen Gegenstände bereit ist; jenes konkrete Gedächtnis dagegen ist die Vorratskammer, die und sofern sie sich im Laufe des bisherigen Lebens mit bestimmten Gegenständen angefüllt hat. Aber wir dürfen doch diese Bilder nicht wörtlich nehmen. Wir finden in der psychischen Wirklichkeit keine solchen leeren oder angefüllten räumlichen Kammern und Kästen; und wir finden nirgends dauernd vorhandene, früher erfahrene und erlebte Vorstellungsgegenstände. Wir wissen nichts davon, daß das früher Erfahrene und Erlebte selbst dauernd aufbewahrt würde. Das früher Erfahrene und Erlebte ist für das psychische Subjekt nur solange vorhanden, als es Gegenstand seines Gegenstandsbewußtseins ist. Wenn man sagt, die Gegenstände seien auch dann dauernd vorhanden, wenn das psychische Subjekt gerade kein Bewußtsein von ihnen hat, sie beharrten in einem dunklen oder unbewußten Zustande, so läßt sich eine solche Behauptung nicht bewahrheiten. Außerdem ist es ein innerer Widerspruch, zu sagen, die Gegenstände seien Gegenstände des Gegenstandsbewußtseins und doch nicht bewußt; wenn sie unbewußt sind, dann sind sie für das psychische Subjekt nicht vorhanden. Jedenfalls wird man nicht behaupten können, daß in j e d e m Momente alles von einem psychischen Subjekte früher Erfahrene und Erlebte ausnahmslos Gegenstand eines Gegenstandsbewußtseins wäre. Wir können vielmehr mit ziemlicher Sicherheit sagen, daß das meiste von dem, was wir in einem gegebenen Momente vorstellen, vorher längere Zeit hindurch nicht Gegenstand unseres Gegenstandsbewußtseins war.

Andererseits steht aber doch fest, daß wir nur dann etwas vorzustellen vermögen, wenn wir es früher erfahren oder erlebt haben. Wir erfuhren es, d. h. es war Gegenstand unseres Gegenstandsbewußtseins; wir erlebten es, d. h. es war aktueller psychischer Bestandteil unserer psychischen Wirklichkeit. Soll dies frühere Erfahren oder Erleben im jetzigen Zeitpunkte das Vorstellen des Erfahrenen oder Erlebten ermöglichen, so muß das frühere Erfahren und Erleben Nachwirkungen hinterlassen haben, die bis zum gegenwärtigen Augenblick angedauert haben. Es genügt nicht zu sagen, das frühere Erfahren und Erleben begründe die gegenwärtige reale Möglichkeit des Vorstellens. Was jetzt nicht mehr existiert, kann auch jetzt nichts mehr begründen; und eine reale Möglichkeit besteht nur dann, wenn etwas gegenwärtig Wirkliches vorhanden ist, von dem die Verwirklichung des Möglichen abhängt. Wir müssen also annehmen, daß das frühere Erfahren und Erleben beharrende Nachwirkungen hinterlassen hat, die gegenwärtig dem psychischen Subjekt das Vorstellen bestimmter Gegenstände ermöglichen. Nun ist innerhalb der individuellen psychischen Wirklichkeit das allen Wechsel des psychischen Lebens Überdauernde und das Leben zur Einheit des individuellen Lebenslaufes Zusammenschließende das psychische Subjekt oder Ich. In diesem psychischen Subjekt müssen wir also die dauernden Nachwirkungen seines früheren Erfahrens und Erlebens vorhanden denken. Das psychische Subjekt selbst erfährt durch sein Erfahren und Erleben bestimmte Veränderungen; es gewinnt dadurch hier die Möglichkeit oder Fähigkeit, bestimmte Gegenstände vorzustellen. In diesen durch früheres Erfahren und Erleben bewirkten Veränderungen, die die Möglichkeit bestimmter Vorstellungen

begründen, besteht das Gedächtnis. Schon im gewöhnlichen
Leben ist uns der Gedanke geläufig, daß die psychischen
Subjekte verschieden sind, je nachdem was sie erfahren oder
erlebt haben. Wir unterscheiden den Kenntnisreichen von
dem Unwissenden, den Erfahrenen von dem Unerfahrenen,
den, der ein erlebnisreiches, von dem, der ein erlebnisarmes
Leben hinter sich hat.

Man nennt in der Psychologie jene dauernden Nachwirkungen vergangener Erfahrungen und Erlebnisse auch Spuren
oder mit Rücksicht darauf, daß sie das Vorstellen von bestimmten Gegenständen ermöglichen, auch Dispositionen zu
bestimmten Vorstellungen. Das psychische Subjekt trägt also
bestimmte Spuren früherer Erfahrungen und Erlebnisse in sich
und hat damit eine Reihe von Dispositionen erworben, das
früher Erfahrene und Erlebte vorzustellen. Man hat nun
manchmal geglaubt, diesen Spuren oder Dispositionen einen
solideren Sinn geben zu können, wenn man sie einfach in
das Gehirn verlegte. Indem man dabei immer nur diejenigen
Vorstellungen berücksichtigte, die etwas Physisches zum
Gegenstand haben, die also den Empfindungen entsprechen,
wurden die Vorstellungen allgemein als abgeblaßte Abbilder
von Empfindungen angesehen. War dadurch schon der Begriff der Vorstellung unberechtigt eingeschränkt, so machte
sich nun weiter noch jene Verwechslung der Gegenstände
des Empfindens und Vorstellens mit den Empfindungen und
Vorstellungen hier störend geltend. Man faßte allein die
Gegenstände des Empfindens und Vorstellens ins Auge: Die
Vorstellung, die eine Farbe zum Gegenstand hatte, verwandelte
sich so in eine abgeblaßte Farbe, die in ihrer vollen Frische
dagegen als Empfindung bezeichnet wurde. Fügt man nun
hierzu noch die sonderbare, früher erwähnte Annahme, die
empfundenen und vorgestellten Gegenstände befänden sich
im Gehirn, so ergibt sich aus dem Zusammen dieser unklaren
Gedanken eine kindliche Bilderchentheorie. Ist z. B. die
Empfindung von einer Farbe nichts anderes als eine frische
Farbe, die an einer bestimmten Stelle des Gehirns, in einer

„Gehirnzelle" sitzt, so liegt es nahe, anzunehmen, es bleibe in dieser Gehirnzelle ein Abbild dieser Farbe zurück, das dann jederzeit eine Vorstellung dieser Farbe ermögliche. Dehnt man dann diese Annahme auf alle empfundenen Gegenstände aus, nimmt man also an, alle empfundenen Gegenstände hinterlassen in bestimmten Gehirnzellen Abbilder von sich, so gelangt man zu der Vorstellung, das sogenannte Gedächtnis sei nichts anderes als das mit einer größeren oder kleineren Anzahl von Bilderchen angefüllte Gehirn selbst. Da es nun Menschen mit außerordentlich reich ausgestattetem Gedächtnis gibt, so entstand die Befürchtung, ob wohl das Gehirn auch genug Raum für eine so große Anzahl von Bilderchen biete. Indem man dann annahm, daß für jedes Gedächtnisbild e i n e Gehirnzelle bereit stehen müsse, suchte man ungefähr zu taxieren, wieviele Gehirnzellen das Gehirn zur Verfügung stelle. Als man zu dem Ergebnis kam, es seien im Gehirn ungefähr 600 Millionen Zellen vorhanden, da schien alle Befürchtung beseitigt und Raum im Überfluß für die Gedächtnisbilder bereit zu stehen. Sehen wir nun ganz davon ab, daß dieser Theorie völlig unzureichende Begriffe der Vorstellungen und Empfindungen zugrunde liegen, so erweist sie sich schon in sich als unhaltbar. Zunächst hat noch nie jemand in Gehirnzellen derartige Gedächtnisbilderchen vorgefunden; die Existenz solcher Bilderchen kann also nicht auf Grund von Erfahrungen behauptet werden. Dann aber würden nicht einmal die 600 Millionen Gehirnzellen genügen, wenn wirklich von allem Empfundenen Gedächtnisbilder im Gehirn zurückblieben und für jedes Gedächtnisbild eine Gehirnzelle nötig wäre. Man bedenke nur z. B., daß schon das Gesehene allein unzählige Größen, Stellungen und Färbungen darbietet; nähern wir uns einem sichtbaren Objekt, so verändert sich stetig seine Größe, seine Gestalt und seine Färbung. Sollten von allem Gesehenen in allen möglichen Größen, Gestalten und Färbungen Gedächtnisbilder zurückbleiben, so müßten dafür schon allein unendlich viele Gehirnzellen zur Verfügung stehen. Aber wenn nun auch solche Gedächtsnisbilder im Gehirn

vorhanden wären und die Anzahl der Gehirnzellen völlig
ausreichend wäre, um sie alle aufzunehmen, was würden wir
denn damit für die Psychologie und den Begriff des Gedächtnisses gewonnen haben? So viel wie nichts. Denn das
bloße Dasein dieser Bilder in den Gehirnzellen würde ja noch
kein Gedächtnis sein; wir müßten vielmehr weiter annehmen,
daß das psychische Subjekt diese Bilder auch auffassen oder
vorstellen könnte. Das heißt aber nichts anderes als: wir
müßten dem psychischen Subjekt außerdem noch die Fähigkeit zuschreiben, die früher empfundenen Gegenstände vorzustellen. Diese Fähigkeit ist aber im Grunde nichts anderes
als das Gedächtnis im psychologischen Sinne. Denn diese
Fähigkeit hat das psychische Subjekt durch das frühere Empfinden erworben; das psychische Subjekt selbst muß also die
Dispositionen zum Vorstellen als Nachwirkungen des früheren
Empfindens in sich tragen. Jene Bildergalerie im Gehirn
würde d e m Menschen nichts nützen, der nicht die Fähigkeit
erworben hätte, sie zu sehen.

In neuerer Zeit hat man die primitive Bilderchentheorie
verlassen und eine entwickeltere Anschauung an ihre Stelle
zu setzen gesucht. Man weist darauf hin, daß das Gedächtnis des Menschen sich in der Erfahrung tatsächlich abhängig
erweise von allgemeinen Körperzuständen, von dem Gesund-
heitszustand überhaupt, von der Lebhaftigkeit des Blutumlaufs,
von der Beschaffenheit des Blutes usw. In letzter Linie
werden es die Gehirnzustände sein, die, durch jene Körper-
zustände bedingt, die Leistungsfähigkeit des Gedächtnisses
bestimmen. Bestimmte pathologische Gehirnveränderungen
sind außerdem mit bestimmten Gedächtnisveränderungen verbunden; die Fähigkeit, bestimmte Gegenstände vorzustellen,
verschwindet, wenn bestimmte Gehirnrindenpartien erkrankt
oder verletzt sind; mit der Beseitigung des Gehirns wird
auch das Gedächtnis beseitigt. Daraus zieht man dann den
Schluß, das Gedächtnis sei nichts anderes als die Summe
bestimmter Gehirnzustände, und ohne Gehirn gebe es überhaupt kein Gedächtnis. Jedes Erfahren und Erleben, so lautet

ungefähr dabei der Gedankengang, ist von bestimmten Gehirnvorgängen begleitet. Wie alle nervösen Prozesse, so hinterlassen auch diese Gehirnvorgänge notwendig bestimmte Veränderungen oder Nachwirkungen in der Gehirnsubstanz. Derartige Veränderungen bleiben mehr oder weniger lange dauernd bestehen, auch wenn sich die Gehirnsubstanz durch den Stoffwechsel allmählich erneuert. Diese zurückbleibenden, mehr oder weniger dauernden Gehirnzustände bilden in ihrer Gesamtheit das eigentliche Gedächtnis, denn sie sind es, die das Vorstellen des früher Erfahrenen und Erlebten ermöglichen.

Diese Ansicht hat offenbare Vorzüge vor der Bilderchentheorie. Sie kann für alle Vorstellungen Geltung beanspruchen, nicht nur für die Vorstellungen von physischen Gegenständen; sie ist nicht notwendig mit der Verwechslung von Gegenständen und dem Empfinden und Vorstellen der Gegenstände verbunden; und sie stützt sich auf unzweifelhafte Erfahrungstatsachen, wenn sie auf die Abhängigkeit des Gedächtnisses von den Gehirnzuständen hinweist. Aber sie geht schon zu weit, wenn sie erklärt: ohne Gehirn gebe es überhaupt kein Gedächtnis. Denn eine solche Behauptung läßt sich gar nicht empirisch erweisen. Wer will nachweisen, daß nie und nirgends Gedächtnis ohne Gehirn möglich sei? Daß die Gehirnzustände von großem Einfluß auf die Gedächtnisleistungen sind, ist kein Beweis dafür, daß ohne Gehirn gar kein Gedächtnis möglich sei. Kann man wissenschaftlich nicht entscheiden, ob Gedächtnis ohne Gehirn möglich ist oder nicht, so kann man auch nicht nachweisen, daß die Gesamtheit bestimmter Gehirnzustände das Gedächtnis sei. Denn stände dies fest, so wäre damit auch erwiesen, daß Gedächtnis ohne Gehirn nicht möglich wäre, da doch die Gehirnzustände ohne Gehirn nicht bestehen können. Außerdem aber muß hervorgehoben werden, daß man jene Gehirnzustände, die in ihrer Gesamtheit das Gedächtnis bilden sollen, bis jetzt noch gar nicht kennt. Es wird also nicht etwas wohl Bekanntes, sondern etwas hypothetisch Angenommenes an die Stelle des Gedächtnisses gesetzt und dadurch theoretisch nichts gewonnen.

Wenn auch Hoffnung besteht, diejenigen Gehirnzustände, die einen unbestreitbar großen Einfluß auf die Gedächtnisleistungen haben, eines Tages kennen zu lernen, so hätte es doch keinen Sinn, die Gesamtheit dieser Gehirnzustände als das Gedächtnis selbst zu bezeichnen. Tut man es trotzdem, so wird man nicht umhin können, in der Psychologie noch ein zweites Gedächtnis zu statuieren. Denn mag man die Wechselwirkung oder den Parallelismus von Gehirn und Seele annehmen, immer wird man doch das psychische Subjekt auf Grund vergangener Erfahrungen und Erlebnisse mit Dispositionen zu Vorstellungen bestimmter Art ausgestattet denken müssen. Der Begriff des Gedächtnisses ist ein psychologischer Begriff; und alles, was wir über das Gedächtnis selbst wissen, ist nicht durch Gehirnuntersuchungen, sondern durch psychologische Untersuchungen gefunden worden. Wir gewinnen nichts an Erkenntnis, wenn wir das Gedächtnis einfach in das Gehirn verlegen. Wir müssen uns also in der Psychologie damit begnügen, unter dem Gedächtnis die Gesamtheit der auf Grund vergangener Erfahrungen und Erlebnisse entstandenen Dispositionen zu Vorstellungen bestimmter Gegenstände zu verstehen. Damit ist jedoch nicht ausgeschlossen, daß es auch für die Psychologie von großem Wert ist, zu erkennen, welchen Einfluß bestimmte Körper- und Gehirnzustände auf die Gedächtnisleistungen haben, und wie diese Körper- und Gehirnzustände beschaffen sind. Denn für die Psychologie kommt alles in Betracht, was nur irgendwie auf das psychische Sein und Geschehen von Einfluß ist.

Der Begriff des Gedächtnisses kann noch in einem engeren Sinne genommen werden. Bezeichnete er soeben die Gesamtheit der Dispositionen zu Vorstellungen des früher Erfahrenen oder Erlebten, so kann man ihn auf die Dispositionen zu wirklichen E r i n n e r u n g e n an das früher Erfahrene oder Erlebte einschränken. Nicht jede Vorstellung ist ja eine Erinnerung; das, was wir vorstellen, ist nicht immer als früher Erfahrenes oder früher Erlebtes, sondern häufig ohne solche Beziehung auf die Vergangenheit vorgestellt. Noch enger faßt

man den Gedächtnisbegriff, wenn man, wie es bei den „Ge-
dächtnisversuchen" geschieht, ihn nur so weit reichen läßt,
als das auf das Erinnern gerichtete Wollen einen Erfolg hat.
Denn hier handelt es sich eigentlich um die Leistungsfähigkeit
des Wollens auf dem Gebiete der Erinnerung oder des willkürlichen Auswendiglernens. Doch darauf können wir hier
nicht näher eingehen.[1] Wir wollen hier unter Gedächtnis
allgemein die Gesamtheit der Dispositionen zu Vorstellungen
verstehen, gleichgültig darum, ob diese Dispositionen unwillkürlich oder auf Grund eines Wollens entstehen, ob sie zur
wirklichen Erinnerung oder zur bloßen Vorstellung führen
können, und ob sie unwillkürlich oder auf Grund eines
Wollens zur Wirksamkeit gelangen können. Die allgemeine
Grundlage, die auch das willkürliche Entstehen und willkürliche Wirksamwerden sowie das eigentliche Erinnern erst ermöglicht, ist doch immer die Tatsache, daß überhaupt durch
das frühere Erfahren und Erleben Dispositionen zu Vorstellungen bestimmter Art entstehen. Diese Dispositionen können
sich sogar wirksam erweisen, auch ohne daß sie zu Vorstellungen des früher Erfahrenen und Erlebten führen, indem sie
die Auffassung von etwas Neuem, das Wiedererkennen und
die Orientierungsfähigkeit erleichtern. — Mit dieser allgemeinen
Begriffsbestimmung müssen wir uns hier begnügen und für
das Weitere auf die Psychologie selbst verweisen. Einige
Ergänzungen zu dem Gesagten wird das Folgende, besonders
die Erörterung der sogenannten „Assoziationsgesetze", hinzufügen.

§ 4. Der Begriff der sinnlichen Wahrnehmung. Wir
müssen nun das Bild, das wir bisher von der psychischen
Wirklichkeit gewonnen haben, noch etwas konkreter gestalten.
Besonders das Gegenstandsbewußtsein haben wir bisher in gewisser Weise auseinandergerissen, indem wir Empfindungen
und Vorstellungen für sich nebeneinanderstellten. War auch
immer die Identität des erlebenden psychischen Subjekts das

[1] Vergl. W. Wundt, Grundzüge der physiologischen Psychologie.
V. Aufl., Bd. III, S. 583 ff.

vereinheitlichende Moment, und standen auch bestimmte Vorstellungen in gewisser Abhängigkeitsbeziehung zu früheren Empfindungen, so muß es doch nach dem Vorangehenden scheinen,
als ob die Empfindungen und die Vorstellungen als zwei verschiedene Arten des Gegenstandsbewußtseins immer nur in
d e r Weise gleichzeitig vorhanden sein könnten, daß sie beziehungslos nebeneinander ständen.   Dieser Schein entspricht
aber nicht der Wirklichkeit.   Insbesondere kommen reine Empfindungen, d. h. diese bestimmte Art des Gegenstandsbewußtseins ohne Vermischung oder Verschmelzung mit anderen Arten
des Gegenstandsbewußtseins, nur sehr selten im Leben des
Erwachsenen vor.   Das Empfinden geht vielmehr meistens als
Bestandteil in die Art des Gegenstandsbewußtseins ein, die
man gewöhnlich als s i n n l i c h e W a h r n e h m u n g bezeichnet.
Wir haben schon früher (S. 213) den Begriff der Wahrnehmung
kurz gestreift und wollten darunter das eigenartige Wissen um
Dinge und Geschehnisse in der körperlichen Welt verstehen.
Hier soll nun die Eigenart dieses Gegenstandsbewußtseins
etwas deutlicher hervorgehoben werden.   Beschränken wir uns
dafür auf das Wahrnehmen von Dingen.
     Ein psychisches Subjekt nehme ein Ding, etwa ein Stück
Zucker, wahr.   Dann ist dieses Ding Gegenstand eines Gegenstandsbewußtseins; das psychische Subjekt hat dieses Ding
vor sich, umfaßt es wissend, hat ein eigenartiges Wissen um
dieses Ding.   Dieses Ding selbst ist keine Art des Gegenstandsbewußtseins, auch kein Zustand und keine Tätigkeit des
psychischen Subjekts, sondern steht dem Subjekt als Gegenstand seines Bewußtseins gegenüber.   Nun nehmen wir an,
das wahrnehmende Individuum sei ein sehendes, und es blicke
auf das Ding, das Stück Zucker, hin.   Dann sagen wir wohl
im gewöhnlichen Leben, das Individuum „sehe" den Zucker.
Danach scheint es, als ob der Mensch Dinge sehen könne.
Im Dunkeln dagegen scheint es, als ob man Dinge tasten
könne.   Dasselbe Ding scheint einmal gesehen, ein andermal
getastet werden zu können.   Wenn es so wäre, dann wäre
die Wahrnehmung des Dinges nichts anderes als eine Emp-

findung, fiele also zusammen mit dieser besonderen Art des Gegenstandsbewußtseins. Genauere Überlegung zeigt aber nun, daß der Mensch die Dinge weder sehen noch tasten kann. Was er sieht, das sind Flächen verschiedener Färbung und verschiedener Helligkeit. Was er wirklich sieht, wenn er das Stück Zucker zu sehen glaubt, das ist ein weißer Fleck, der in sich hellere und dunklere Partien zeigt und von andersgefärbten oder verschieden hellen Flächen umgeben ist. Mehr wie diese malerische Erscheinung vermag er mit dem besten Willen nicht zu sehen. Er sieht weder die räumliche Gestalt, noch die Härte, die Rauhigkeit und die Süße des Stückes Zucker. Und wenn er nun im Dunkeln dasselbe Stück Zucker zu tasten glaubt, so ist Gegenstand seiner Tastempfindung tatsächlich etwas ganz anderes, als was er früher gesehen hat. Nicht die malerische Erscheinung, sondern die Härte, die Rauhigkeit und eine gewisse Ausdehnung ist jetzt Gegenstand seiner Empfindung. Er empfindet also in beiden Fällen völlig Verschiedenes, und trotzdem hat man ein Recht zu sagen, er nehme in beiden Fällen ein und dasselbe Ding wahr. Die Wahrnehmung ist aber dann offenbar etwas anderes als die Empfindung. Wenn er das Ding, das Stück Zucker, „sieht", dann ist tatsächlich nicht nur jene malerische Erscheinung Gegenstand des Gegenstandsbewußtseins, sondern eben das Ding, d. h. ein einheitlicher, in sich abgeschlossener, räumlich ausgedehnter Körper, der gewisse sichtbare, tastbare, schmeckbare Eigenschaften hat. Und wesentlich dasselbe Ding ist Gegenstand seines Gegenstandsbewußtseins, wenn er das Stück Zucker im Dunkeln durch den Tastsinn wahrnimmt. Er nimmt also tatsächlich viel mehr wahr, als er wirklich sieht oder tastet. Das wahrgenommene Ding ist an sich ein viel komplizierterer Gegenstand als die Gegenstände, die er sieht oder tastet. Andererseits ist doch dieses Wahrnehmen des Dinges nicht völlig unabhängig von allen Empfindungen. Wenn kein Element des Dinges, des Stückes Zucker, Gegenstand der Empfindung ist, wenn das psychische Subjekt gar keine Empfindung hat, dann hat es auch keine Wahrnehmung, dann ist das

Stück Zucker auch nicht Gegenstand seiner Wahrnehmung, sondern allenfalls Gegenstand seiner Vorstellung. Diejenige Art des Gegenstandsbewußtseins, die wir als sinnliche Wahrnehmung eines Dinges bezeichnen, enthält also jedenfalls auch ein Empfinden in sich und gewinnt dadurch erst gleichsam den Charakter der sinnlichen Wahrnehmung im Unterschiede von der bloßen Vorstellung. Aber die sinnliche Wahrnehmung eines Dinges ist doch eben auch keine reine und einfache Empfindung. Fragen wir, was zu der Empfindung hinzukommen muß, wenn als Resultat eine sinnliche Wahrnehmung entstehen soll.

Nehmen wir dazu unser Beispiel: Jemand „sehe" ein Stück Zucker. Wir sagten oben, was er sehe, sei eine weiße Fläche mit Helligkeitsunterschieden. Wir haben dabei außer Betracht gelassen, daß schon dieses Sehen eine bestimmte Formung des Gegenstandsbewußtseins voraussetzt. In diesem Sehen muß schon eine Abgrenzung der gesehenen Fläche von ihrer Umgebung stattfinden; es muß gleichsam ein einheitlich verdichteter Sehkegel auf die abgegrenzte Fläche selbst treffen, oder, anders ausgedrückt, es muß die gesehene Fläche als in sich zusammengefaßt oder als sich selbst zu einem Ganzen zusammenfassend aufgefaßt werden. Darin liegt einerseits eine gewisse Formung innerhalb des Sehens überhaupt; und andererseits schon eine Bereicherung des Gesehenen mit etwas, was man nicht eigentlich sieht. Jene Formung gehört ins Gebiet der Aufmerksamkeit oder der apperzeptiven Heraussonderung. Damit hängt eng zusammen die Belebung der Fläche durch eine ausdehnende und zusammenfassende Kraft Doch können wir dies alles hier nur andeuten. Soll nun aus der Empfindung, die jene weißgraue Fläche zum Gegenstand hat, die Wahrnehmung des Stückes Zucker werden, so muß erstens das Bewußtsein von der dreidimensionalen Ausdehnung, zweitens das Bewußtsein von der „wirklichen" Gestalt des Stückes Zucker, drittens das Bewußtsein von der „wirklichen" Farbe und viertens das Bewußtsein von den anderen Eigenschaften des Zuckers, wie Festigkeit, Härte, Rauhigkeit, Ge-

schmack hinzukommen. Wenn jemand das Stück Zucker
„sieht", so sieht er nicht eine dreidimensionale Ausdehnung;
nicht seine „wirkliche", sondern eine perspektivisch verschobene
Gestalt; nicht immer seine wirkliche, sondern häufig eine durch
die Entfernung und Beleuchtung veränderte Farbe; und niemals sieht er die Festigkeit, die Härte, die Rauhigkeit und den
Geschmack. Von allem diesen aber hat der Mensch, wenn
er das Stück Zucker wahrnimmt, ein mehr oder minder deutliches Bewußtsein; alles dies konstituiert mit den Gegenstand,
um den er gerade ein Wissen hat. Dies andere, das außer
dem Gesehenen noch in dem Gegenstand enthalten liegt, ist
aber nicht empfunden, wenn jemand das Stück Zucker „sieht".
Freilich, das erstmalige Wissen um dies andere gewinnt er
auch durch Empfindungen; er muß einmal geschmeckt haben,
was süß ist, um ein Bewußtsein von dem Geschmack des
Zuckers haben zu können. Ist das, was den Gegenstand, das
Stück Zucker, für sein Bewußtsein konstituiert, augenblicklich
nicht in allen Teilen empfunden und doch gewußt, so wird
man mit der gewöhnlichen Annahme sagen, es ist vorgestellt
auf Grund der aus vergangener Erfahrung stammenden Dispositionen. Der Anblick der sichtbaren Seite des Stückes
Zucker ist auf Grund früherer Erfahrungen mit der Vorstellung
aller jener anderen Momente verbunden, die für den Wahrnehmenden das Stück Zucker konstituieren. Oder, anders
ausgedrückt, es ist, nachdem der Wahrnehmende durch Empfindungen allerlei Erfahrungen über den Zucker gemacht hat,
in Zukunft an das Gesehene unwillkürlich für sein Gegenstandsbewußtsein alles übrige angeschlossen. Indem er nun tatsächlich nur die sichtbare Fläche sieht, erfaßt er doch wissend
zugleich alle jene Momente, die zu dem Ding noch gehören.
    Mit dem Gesagten ist jedoch der Begriff der Wahr-
nehmung des Stückes Zucker noch nicht genügend bestimmt.
Es ist nicht etwa so, daß einfach außer der Empfindung der
weißgrauen Fläche noch allerlei Vorstellungen gleichzeitig in
der psychischen Wirklichkeit vorhanden wären. Wenn das
psychische Subjekt das Stück Zucker wahrnimmt, so besteht

diese Wahrnehmung nicht darin, daß das Subjekt einerseits jene Fläche empfindet und daneben noch andere Gegenstände vorstellt. Es ist vielmehr, wenn das Stück Zucker nur einfach wahrgenommen wird, nicht eine Mehrheit von Wissensstrahlen vorhanden, denen eine Mehrheit von Gegenständen gegenüberstände; sondern ein einziger Gegenstand wird von einem einheitlichen Wissensstrahl erfaßt. Das Ding, das Stück Zucker, ist eine Einheit, ein Ganzes und kann als Ganzes in einem Wissensakt erfaßt werden; die verschiedenen Momente, die sich an dem Ding unterscheiden lassen, sind für die Wahrnehmung gleichsam zu einem einzigen Gegenstand verdichtet. Erst wenn der Wahrnehmende die verschiedenen Momente in der Wahrnehmung scheidet, tritt an die Stelle des einzigen Wissensstrahles nun eine einheitliche Mehrheit von Wissensstrahlen. Das Genauere hierüber gehört in das Kapitel über die Aufmerksamkeit, die überhaupt erst das Recht gibt, von einer Mehrheit von Empfindungen und Vorstellungen zu sprechen. Für den Begriff der Wahrnehmung selbst kommt nun hier vor allem in Betracht, daß die zu der Empfindung hinzukommenden Vorstellungen, also in unserem Beispiel die Vorstellungen der wirklichen Gestalt, der Härte, Rauhigkeit, des Geschmacks usw., nicht eine Mehrheit von Vorstellungen neben der Empfindung bilden, sondern mit der Empfindung in einen einzigen Wissensstrahl eingehen und so den Charakter von Vorstellungen in gewissem Sinne verlieren. Das Wahrnehmen des Stückes Zucker ist also eine eigenartige E i n h e i t aus E m p f i n d e n und V o r s t e l l e n, wobei das Vorstellen so sehr seinen eigentlichen Charakter verliert, daß man alles das, was man von dem Dinge nicht sieht, dennoch für wirklich gesehen, also für empfunden hält. Man glaubt in dem Sehstrahl das ganze Ding mit einem Griff zu erfassen; das ganze Ding erscheint dem Sehen fertig und in sich selbständig gegeben. Genauere Überlegung zeigt dann freilich bald, daß in der Tat nicht das ganze Ding mit allen seinen Eigenschaften gesehen wird, und daß die Wahrnehmung. des Dinges erst auf Grund früherer Erfahrungen möglich wird. Fehlen die entsprechenden Erfahrungen noch, so wird tatsächlich nur die sichtbare Seite gesehen, nicht aber das ganze Ding wahrgenommen.

Aber es ist doch wichtig, daß in die Wahrnehmung eine Empfindung eingegangen ist. Wir können ja auch das Ding, das Stück Zucker, bloß vorstellen. Auch dann ist zwar ein einheitlicher Vorstellungsstrahl vorhanden, der das aus den verschiedenen Momenten des Dinges bestehende Ganze zum Gegenstand hat, aber dieses Vorstellen hat nicht den Charakter des Wahrnehmens. Diesen gewinnt es erst dann, wenn es von einem Empfinden, besonders von einem Sehen, gleichsam innerlich durchleuchtet wird. Man kann daher, wenn man will, das Wahrnehmen als ein Verschmelzungsprodukt aus einem Empfinden und einem Vorstellen betrachten, in welchem aber das Empfinden die bestimmende Gesamtfärbung abgibt. Das Wahrnehmen ist etwas relativ Neues gegenüber dem Empfinden und dem Vorstellen; aber es gleicht als Art des Gegenstandsbewußtseins mehr dem Empfinden als dem bloßen Vorstellen. Andererseits gehört es insofern zum Vorstellen, als es erst auf Grund vergangener Erfahrungen und dadurch entstandener Vorstellungsdispositionen möglich ist. Das Empfinden braucht nicht gelernt zu werden, wohl aber das Wahrnehmen der Dinge; und dies wird unwillkürlich so gut gelernt, daß es dem Erwachsenen einige Mühe bereitet, sich auf das wirklich Gesehene zu konzentrieren, wie es jeder erfährt, der etwa das Malen erlernen will. Er muß dann geradezu der Wirkung vergangener Erfahrungen mit Absicht entgegenarbeiten, weil er unwillkürlich manches Wahrgenommene, das er nicht sieht, dennoch zu sehen glaubt.

Wenn wir das Empfundene, Vorgestellte und Wahrgenommene nicht mit den Empfindungen, Vorstellungen und Wahrnehmungen selbst verwechseln, sondern unter den letzteren die bezeichneten Arten des Gegenstandsbewußtseins verstehen, so hat es keinen Sinn, die in der sinnlichen Wahrnehmung enthaltene Empfindung als ein Zeichen für das Vorhandensein eines Dinges zu bezeichnen. Denn für das wahrnehmende psychische Subjekt kann nur dasjenige ein Zeichen sein, was ihm als Gegenstand seines Gegenstandsbewußtseins gegenübersteht. So könnte in obigem Beispiel nicht das Sehen der weißgrauen Fläche als Zeichen für die Anwesenheit des Stückes Zucker bezeichnet werden, denn dieses Sehen ist nicht Gegenstand des sehenden Subjekts; nur das Gesehene, die gesehene Fläche, ist in gewissem Sinne für den Sehenden ein Zeichen, das ihm das Vorhandensein des Stückes Zucker verrät. Jedoch ist das Verhältnis des Zeichens zu dem Bezeichneten im Falle der Wahrnehmung eines Dinges nicht so zu denken, daß der Wahrnehmende erst das Zeichen empfände und dann von dem Zeichen zur Vorstellung des Dinges überginge. Das Wahrnehmen eines Dinges ist nicht eine solche Aufeinanderfolge von einer Empfindung und einer Vorstellung. Sondern der Wahrnehmende findet als Gegenstand seines Gegenstandsbewußtseins sofort das sogenannte Zeichen mit dem Bezeichneten innig vereinigt vor sich; das Ding steht mit einem Schlage als Gegenstand seines Wahrnehmens vor ihm. Und wenn auch die Empfindung des Zeichens dem Wahrnehmen, in das sie eingeht, die Hauptfärbung erteilt, so ist doch unter gewöhnlichen Umständen nicht das empfundene Zeichen das, was in dem Dinge den Schwerpunkt der Beachtung ausmachte, sondern das bei der sinnlichen Wahrnehmung wirklich Empfundene ist meistens nur gleichsam äußere Haut oder Schale, durch welche das Wahrnehmen bis zu dem Ding selbst hindurchdringt. Insofern ist also auch wieder die in der Wahrnehmung enthaltene Empfindung von untergeordneter Bedeutung. Aber das ist gerade eine Eigentümlichkeit der sinnlichen Wahrnehmung, daß in ihr eine Empfindung einerseits eine bestimmende, andererseits eine untergeordnete Rolle spielt. Die Empfindung ist bestimmend in ihr, insofern sie der Wahrnehmung einen vom Vorstellen verschiedenen Charakter gibt; sie ist untergeordnet, insofern der Kernstrahl der Beachtung gewöhnlich über die Empfindung hinausgeht. — Auf diese Andeutungen müssen wir uns hier beschränken. Die Psychologie hat diese interessanten Probleme weiter zu verfolgen.

Wir können also die sinnliche Wahrnehmung als ein eigentümliches Vereinigungsprodukt aus Empfindung und Vorstellung bezeichnen. Es schließt sich in der sinnlichen Wahrnehmung an etwas Empfundenes unwillkürlich allerlei jetzt nicht Empfundenes an und bildet in Einheit mit dem Empfundenen einen Gesamtgegenstand des Wahrnehmens. Es ist klar, daß der Mensch ohne diese Tatsache, die in der sinnlichen Wahrnehmung zum Ausdruck kommt, niemals ein Wissen um die Dinge und Geschehnisse der Außenwelt erlangen, sondern immer auf das gerade Empfundene eingeschränkt bleiben würde. Die vergangenen Erfahrungen hinterlassen Dispositionen. Durch die Wirksamkeit dieser Dispositionen fügt sich unwillkürlich zu dem gegenwärtigen Empfinden das frühere Wissen hinzu. Statt des in jedem Augenblick sehr beschränkten und ewig wechselnden Empfindungsmaterials hat daher der erwachsene Mensch in seiner Wahrnehmung eine reiche und geordnete Welt der Dinge und Geschehnisse als Gegenstand vor sich. Mag die Außenwelt an sich so beschaffen sein, wie sie dem erwachsenen Menschen in der sinnlichen Wahrnehmung sich darstellt, oder mag sie in Wirklichkeit anders beschaffen sein, jedenfalls ist sie für das Bewußtsein des einzelnen Menschen nicht von Anfang an so vorhanden, wie er sie später wahrnimmt, sondern sein wahrnehmendes Wissen um die Außenwelt entsteht erst allmählich, wenn es auch schon bald in den ersten Lebensjahren einen gewissen Abschluß erreicht.

Daraus, daß die sinnliche Wahrnehmung ein kompliziertes Entwicklungsprodukt ist und daß in dem Wahrgenommenen schließlich das nicht Empfundene weitaus überwiegend ist, ergeben sich mancherlei wichtige Konsequenzen, von denen wir hier nur einiges andeuten wollen. Bei den sehenden Menschen pflegt die Gesichtswahrnehmung im Vordergrund zu stehen, d. h. die meisten sinnlichen Wahrnehmungen, die beim sehenden Menschen vorkommen, enthalten als bestimmende Empfindung ein Sehen. Das, was der Mensch aber von einem bestimmten Stück der Außenwelt wirklich sieht, ist je nach der Beleuchtung der Außenwelt und nach der

Stellung seines Leibes zu den Dingen verschieden. Mehrere Menschen werden daher im allgemeinen von demselben Stück Außenwelt schon Verschiedenes sehen. Da nun aber das, was sich der sinnlichen Wahrnehmung darbietet, abhängig ist von der Beschaffenheit dessen, was Gegenstand des Sehens ist, so können tatsächlich verschiedene Menschen gegenüber demselben Stück Außenwelt ganz verschiedene Dinge wahrnehmen, auch wenn sie gleich gute Sinnesorgane besitzen und gleichartige frühere Erfahrungen gemacht haben. Außerdem hängt aber der Inhalt des Wahrgenommenen von der früheren Erfahrung und den davon zurückgebliebenen Dispositionen ab. Bei verschiedenen Menschen können dann in einem bestimmten Falle die früheren, darauf bezüglichen Erfahrungen verschieden gewesen sein, oder die zurückgebliebenen Dispositionen können verschiedene Wirkungsfähigkeit besitzen, kurz, ihre Vorbildung kann sehr verschieden sein. Dadurch kann nun in noch höherem Grade bewirkt werden, daß verschiedene Menschen angesichts derselben Dinge und Geschehnisse doch völlig verschiedene Dinge und Geschehnisse wahrnehmen. Daraus erklärt sich zum Teil, daß verschiedene bei einem Ereignis anwesende Augenzeugen doch in ihren Aussagen völlig differieren können, auch wenn sie alle gleich gute Sinnesorgane haben und alle ehrlich die Wahrheit sagen. Auf Grund ihrer verschiedenen Vorbildung haben sie eben tatsächlich etwas Verschiedenes wahrgenommen. Deshalb haben natürlich doch nicht alle recht. Es ergibt sich vielmehr, daß es von der Qualität des Augenzeugen abhängt, ob seine wahrheitsgetreue Aussage auch wirklich recht hat. Die Erklärung: „Ich habe es selbst gesehen" beweist also noch nicht im geringsten, daß das vermeintlich Gesehene auch wirklich vorhanden war, denn das meiste von dem, was man gesehen zu haben glaubt, war tatsächlich nicht gesehen, wenn auch wahrgenommen. So glaubt unter Umständen der eine ein Stück weißes Papier, der andere einen Kreidefleck, ein dritter ein Stück Kalk gesehen zu haben, wo in Wirklichkeit ein Stück Zucker vorhanden war.

Der Inhalt des in einem gegebenen Moment Wahrgenommenen hängt also nicht nur von dem augenblicklich Empfundenen, sondern auch von der Vorbildung des Wahrnehmenden ab. Je größer die Verschiedenheit der Vorbildung zweier Menschen ist, um so verschiedener wird im allgemeinen das sein, was sie gegenüber demselben Stück Außenwelt wahrnehmen. Nun hängt aber andererseits von dem Inhalt des Wahrgenommenen der Gefühlszustand des wahrnehmenden Subjekts ab. Wer einen wirklichen Menschen wahrnimmt, gerät in einen anderen Gefühlszustand als der, der nur eine Wachsfigur vor sich sieht; verwandelt sich für die Wahrnehmung eines Menschen ein Goldstück in ein vergoldetes Pappestück, so ändert sich sein Gefühl. Also hängt der Gefühlszustand, in den ein Mensch gegenüber den Dingen und Geschehnissen der Außenwelt gerät, nicht nur von dem ab, was er wirklich empfindet, sondern auch von der Art und der Wirksamkeit seiner Vorbildung. Wie leicht ersichtlich, ergibt sich nun aus der Verschiedenheit der Vorbildung auch eine Verschiedenheit des Strebens, Wollens und praktischen Verhaltens in gleichartigen äußeren Situationen, denn auch das praktische Verhalten wird durch den Inhalt des Wahrgenommenen mitbestimmt. Zugleich erkennt man, daß man das Fühlen und Wollen eines Menschen durch Beeinflussung seines Wahrnehmens bestimmen kann; ja, streng genommen, ist dies der einzige Weg, auf dem eine solche Beeinflussung möglich ist: immer erregt man entweder Empfindungen oder Wahrnehmungen in dem Menschen, in der Hoffnung, daß sich daran mehr oder weniger unmittelbar die gewünschte Gefühls- oder Strebenswirkung anschließen werde. Faßt man das Empfinden und Wahrnehmen sowie alles Gegenstandsbewußtsein zusammen unter dem Begriff des Verstandes, so ist allerdings jede Beeinflussung des Fühlens und Strebens nur durch Einwirkung auf den Verstand möglich, nur diejenigen Fälle ausgenommen, in denen man dem menschlichen Leibe bestimmte Stoffe zuführt, die auf physiologischem Wege das Gefühls- und Willensleben in bestimmter Weise beeinflussen.

— Die weitere Verfolgung des Wahrnehmungsbegriffes und der Konsequenzen, die sich daraus ergeben, müssen wir jedoch, wie gesagt, der Psychologie überlassen. Es sei nur noch kurz bemerkt, daß in den Wahrnehmungsinhalt nicht nur Physisches, sondern auch Psychisches eingeht. Wenn jemand Menschen oder Tiere wahrnimmt, so hat er in dem Gegenstand seines Gegenstandsbewußtseins zugleich psychisches Sein und Geschehen vor sich; auch dies sieht und empfindet er nicht, und auch dies hängt nicht nur von der Beschaffenheit des Empfundenen, sondern auch von den eigenen Vorerlebnissen des Wahrnehmenden ab.

§ 5. **Die Aufmerksamkeit und das Beachtungsrelief.** Wir übergehen bestimmte Fälle des Gegenstandsbewußtseins, wie das Bewußtsein von Zeit und Raum, wir lassen die Erinnerung und das eigentliche Denken außer Betracht, müssen aber nun die a l l g e m e i n e Charakteristik des Gegenstandsbewußtseins noch vervollständigen, indem wir auf eine eigenartige Form hinweisen, die das Gegenstandsbewußtsein zu haben pflegt. Das, was in den einzelnen Momenten des psychischen Lebens Gegenstand des Gegenstandsbewußtseins ist, ist ein mehr oder minder umfangreiches Ganze, das eine größere oder geringere Mannigfaltigkeit ununterschieden in sich birgt. Empfundenes, Wahrgenommenes, Vorgestelltes aller Art findet sich darin in ungeschiedener Einheit. Der Umfang der Gegenstandsseite des jeweiligen Gegenstandsbewußtseins ist nun in jedem Moment ein mehr oder minder beschränkter; es pflegen nicht alle Gegenstände, die bewußt sein k ö n n t e n, gleichzeitig auch in jedem Augenblick wirklich Inhalt des Gegenstandsbewußtseins zu sein; nur eine b e g r e n z t e Mannigfaltigkeit findet sich auf der Gegenstandsseite. Man hat gemeint, dieser Umfang der Gegenstandsseite sei bei allen Menschen in ganz bestimmte, ein für allemal unüberschreitbare Grenzen eingeschlossen. Indem man unter dem „Bewußtsein", obgleich man es häufig anders bestimmte, doch nichts anderes verstand als das, was wir das Gegenstandsbewußtsein genannt haben, glaubte man eine „Enge des Bewußtseins" konstatieren zu können, d. h. man glaubte, das Gegenstandsbewußtsein des Menschen könne in einem gegebenen Augenblick immer nur eine relativ kleine Menge von Gegenständen umfassen; der Raum, den es darbiete, sei ein so enger, daß sehr bald neue Gegenstände nur durch das Verschwinden schon vorhandener den nötigen Raum vorfänden. Damit war freilich der Begriff des „Bewußtseins" noch weiter eingeschränkt worden; nicht mehr das Gegenstandsbewußtsein überhaupt, sondern das aufmerksame und sondernde Erfassen von Gegenständen wurde häufig stillschweigend darunter verstanden. Nachdem sich aber in diesem Sinne der Gedanke festgesetzt hatte, daß der „Umfang des Bewußtseins" ein ziemlich kleiner sei, lag es nahe, diesen „Umfang des Bewußtseins" womöglich zahlenmäßig zu bestimmen. Diese Bestimmung schien dadurch möglich zu sein, daß man einfach die Anzahl der Gegenstände, die gerade noch gleichzeitig Inhalt des Gegenstandsbewußtseins sein können, festzustellen suchte. Man machte also Experimente zur Bestimmung des „Bewußtseinsumfanges". In neuester Zeit beginnt man einzusehen, daß die Fragestellung gründlich revidiert werden muß[1], daß mehrere Fragen in der bisherigen Auffassung durcheinandergingen, und daß einige dieser Fragen keinen Sinn haben und unlösbar sind. Versteht man unter dem Bewußtsein das Gegenstandsbewußtsein überhaupt, so ist es völlig aussichtslos, den „Umfang dieses Bewußtseins" zahlenmäßig bestimmen zu wollen. Denn es fehlen in der ungeschiedenen Mannigfaltigkeit, die den Gegenstand des Gegenstandsbewußtseins bildet, die zählbaren Einheiten. Es hat keinen Sinn, diese Mannigfaltigkeit zählen zu wollen, wie es z. B. auch keinen Sinn hat, den Umfang eines Gemäldes dadurch bestimmen zu wollen, daß man die auf ihm vorhandenen Farbenflecken zählt, weil das Abgrenzen der Einheiten in der gegebenen Mannigfaltigkeit völlig willkürlich ist. Und wie das Gemälde

---

[1] W. Wirth hat in seiner Arbeit: „*Zur Theorie des Bewußtseinsumfanges und seiner Messung*" (Wundt's Philosoph. Studien Bd. XX, S. 487 ff.) begonnen, diese Frage zu klären.

so kann auch die Gegenstandsseite des Gegenstandsbewußt-seins wohl eine beschränkte Mannigfaltigkeit darbieten, ohne daß doch ihr Umfang durch eine Anzahl der darin enthaltenen Gegenstände bestimmbar wäre. Die Frage nach dem „Umfang des Bewußtseins" muß also in einem anderen Sinne genommen werden, in welchem sie dann freilich gar nicht mehr den „Umfang des Bewußtseins" betrifft. Sie bezieht sich dann vielmehr entweder auf die größtmögliche Gliederung des Aufmerkens oder aber auf die Fähigkeit, durch aufmerksame Vergleichung Unterschiede zwischen zwei sonst gleichartigen Ganzen zu erkennen, die durch Verdichtung verschiedener Anzahlen von gleichartigen Elementen entstanden sind. Im ersteren Sinne können wir die Frage mit Verwendung von Bildern kurz so formulieren: wie viele gesonderte Auf-merksamkeitsstrahlen können gleichzeitig vom psychischen Subjekt ausgehen? Durch diese Sonderung der Aufmerksam-keitsstrahlen werden auch erst aus der Mannigfaltigkeit der Gegenstandsseite zählbare Einheiten herausgehoben. Ein Gegen-stand ist eben das, was in einem einzigen Aufmerksamkeits-strahl erfaßt wird, mag dies auch eine Mannigfaltigkeit sein, die durch eine ihr zugewendete Gliederung der Aufmerksam-keit ihrerseits wieder in eine Mehrheit von Gegenständen auf-gelöst werden könnte. Von dieser Frage ist zu unterscheiden die andere, die sich nicht auf die Anzahl gesonderter Auf-merksamkeitsstrahlen bezieht, sondern die festzustellen sucht, wie viele gleichartige Einheiten, z. B. gleichartige Taktschläge, zu einem Ganzen verdichtet bei angespanntester Aufmerksam-keit noch sicher unterschieden werden können von einem anderen Ganzen, das durch Verdichtung einer wenig größeren oder kleineren Anzahl derselben Einheiten entstanden ist.[1]

---

[1] Daß mit der Anzahl der Einheiten, die, als Ganzes aufgefaßt, noch sicher unterschieden werden, nicht der Umfang des Gegenstands-bewußtseins bestimmt ist, ergibt sich schon daraus, daß ja zur Ver-gleichung beide Ganze Gegenstand des Gegenstandsbewußtseins sein müssen, zum mindesten also die Summe beider Einheitsanzahlen ge-nommen werden müßte.

Es handelt sich also hier um die aufmerksame Vergleichung
zweier gleichartigen komplexen Gegenstände, die durch nur
wenig verschiedene Anzahlen von gleichartigen Elementen
entstanden sind. Jedes Ganze ist Gegenstand e i n e s Aufmerksamkeitsstrahles; es liegt also nur eine Zweiteilung der
Aufmerksamkeit vor.   Man kann freilich sagen, daß in den
beiden unterschiedenen Fragen doch gewisse Leistungen
der Aufmerksamkeit bestimmt werden.   Damit ist aber dann
erst recht zugestanden, daß hier von einer Bestimmung des
„Bewußtseinsumfanges" gar keine Rede sein kann, daß vielmehr der Gegenstand der Untersuchung im Grunde die willkürliche, aufmerkende und unterscheidende Tätigkeit des
psychischen Subjekts ist.   Grenzen der Willenstätigkeit in
bezug auf bestimmte Aufmerksamkeits- und Unterscheidungs-
leistungen werden hier festgestellt.   Die Versuchsperson b e -
m ü h t sich bei der ersten Fragestellung, ihre Aufmerksamkeit
in so viele gesonderte Strahlen zu zerteilen, als sie es nur
kann; bei der zweiten Fragestellung w i l l sie ein Ganzes aus
einer bestimmten Anzahl einfacher und gleichartiger Empfindungsgegenstände in e i n e m Aufmerksamkeitsgriff so festhalten, daß sie das Ganze möglichst genau zu unterscheiden
vermag von einem zweiten Ganzen, das, aus einer wenig
veränderten Anzahl gleichartiger Empfindungsgegenstände zusammengesetzt, ihrer Auffassung kurz darauf dargeboten wird.
Und in beiden Fällen sucht man die Grenzen der Leistungsfähigkeit zahlenmäßig zu bestimmen.

Es würde zu weit führen, wollten wir diese Fragen hier
weiter erörtern.   Auch könnten wir sie nicht eher weiter verfolgen, bis wir zuerst einmal festgestellt hätten, was denn die
Aufmerksamkeit ist.   Wir haben soeben schon angedeutet, daß
der „Umfang der Aufmerksamkeit" nicht zusammenfällt mit dem
„Umfang des Gegenstandsbewußtseins" überhaupt.   Wir müssen
nun das Verhältnis der Aufmerksamkeit zum Gegenstandsbewußtsein genauer bestimmen und zunächst die empirischen
Tatsachen hervorheben, die dem Begriff der Aufmerksamkeit
seinen Sinn geben.

Gegenstand des Gegenstandsbewußtseins ist in jedem Moment eine begrenzte Mannigfaltigkeit. Gäbe es nur die Artunterschiede des Gegenstandsbewußtseins, die wir als Empfinden, Wahrnehmen, Vorstellen usw. bezeichnet haben, gäbe es nicht auch gewisse Gradunterschiede des Gegenstandsbewußtseins, so würde die Gegenstands-Seite des Gegenstandsbewußtseins gleichsam eine flache Fläche bilden ohne irgend welche Vertiefungen und Erhöhungen und ohne Abgrenzung der einzelnen Teile gegeneinander. Das Bild, das wir bisher vom Gegenstandsbewußtsein entworfen haben, entspricht also, genau genommen, noch nicht der Wirklichkeit. Man bemerkt diesen Mangel nur nicht so leicht, weil man unwillkürlich das Fehlende hinzudenkt. Wenn man aber in das Bild des Gegenstandsbewußtseins wirklich nur diejenigen Züge einträgt, die wir bisher ausdrücklich namhaft gemacht haben, so erkennt man die Abweichung von der Wirklichkeit sofort. Denn wir müßten uns dann das Gegenstandsbewußtsein in jedem Moment völlig parteilos über alle gleichzeitig bewußten Gegenstände verteilt denken; das psychische Subjekt würde innerhalb der vor ihm stehenden Gegenstandsmannigfaltigkeit nirgends irgend welche Grenzen ziehen, gar keine Sonderung vornehmen, nichts vor anderem bevorzugen, nicht die geringste Über- und Unterordnung vornehmen. Oder, anders ausgedrückt, nicht eine Mehrheit gegeneinander abgegrenzter, voneinander gesonderter, an Hauptschwerpunkte sich angliedernder Gegenstände wäre dem psychischen Subjekt bewußt, sondern eine einzige, ungeschiedene Mannigfaltigkeit stände ihm als Gegenstand seines Bewußtseins gegenüber. Wir können uns ein Bild von dieser Beschaffenheit des Gegenstandsbewußtseins machen, wenn wir uns an die Fälle erinnern, in denen wir die bedruckten Seiten eines vor uns liegenden Buches „gedankenlos" anschauten, oder in denen wir völlig unaufmerksam eine Orchestermusik als ungeschiedenes Ganze an uns vorbeirauschen hörten. Was wir hier im kleinen erlebten, müßten wir uns auf das ganze Gegenstandsbewußtsein überhaupt ausgedehnt denken, dann hätten wir uns ungefähr das Gegenstandsbewußtsein hergestellt, das sich aus den vorangehenden Darlegungen ergeben würde. Dann sehen wir aber auch sogleich, daß das wirkliche Gegenstandsbewußtsein meistens anders beschaffen ist, daß also unsere Skizze desselben noch einer wesentlichen Ergänzung bedarf. Zugleich erkennen wir die Richtung, in der die Vervollständigung des Bildes notwendig ist. In der psychischen Wirklichkeit des Menschen ist tatsächlich das Gegenstandsbewußtsein nicht völlig gleichmäßig über die vorhandene gegenständliche Mannigfaltigkeit verteilt, sondern es ist auf bestimmte abgegrenzte Bezirke dieser Mannigfaltigkeit mehr konzentriert als auf das übrige, es bevorzugt bestimmte Gegenstände oder Komplexe von solchen vor den anderen, es hebt sie besonders heraus, vernachlässigt mehr oder weniger das übrige und läßt es im Hintergrund stehen. Das Gegenstandsbewußtsein enthält also in sich Unterschiede der Dichtigkeit oder der Konzentration; in dem Lichtkegel des Gegenstandsbewußtseins sind gleichsam Helligkeitsunterschiede vorhanden; hellere oder dichtere Lichtkegel sind umschlossen von einem weniger hellen oder weniger dichten Gesamtlichtkegel. Wir können auch sagen, der Querschnitt durch das Gegenstandsbewußtsein zeigt nicht eine homogene Schnittfläche, sondern gleicht eher einer Sternkarte begrenzten Umfanges mit relativ wenig Sternen.

Jeder kennt diese Unterschiede im Gegenstandsbewußtsein, die wir hier durch bildliche Ausdrücke bezeichnet haben. Er weiß, daß er das alles, was in einem gegebenen Moment Gegenstand seines Bewußtseins ist, nicht unterschiedslos in gleichem Grade „beachtet", daß seine „Aufmerksamkeit" in höherem oder geringerem Grade auf bestimmte Gegenstände in der vorhandenen Mannigfaltigkeit gerichtet ist, oder daß seine „Aufmerksamkeit" in gewisser Gradabstufung über die Gegenstands-Seite verteilt zu sein pflegt. Von solcher Aufmerksamkeit wird im gewöhnlichen Leben oft genug gesprochen; kommt doch das Wort Aufmerksamkeit schon in den Schulzeugnissen vor. Freilich denkt man gewöhnlich bei dem Worte Aufmerksamkeit an eine bestimmtgeartete geistige

Tätigkeit. Dann hat man eben jenes Element des Strebens oder Tuns mit in die Aufmerksamkeit hereingenommen, das wir früher als dritte Seite der psychischen Wirklichkeit von dem Gegenstandsbewußtsein und dem Gefühl unterschieden haben. Es ist aber klar, daß dieses Element des Strebens oder Tuns für sich nicht die Aufmerksamkeit ist. Denn dieses Streben oder Tun kann in jeden psychischen Tatbestand und in jedes psychische Geschehen als Element eingehen. Und wenn es darin eingeht, so wird dadurch der Tatbestand oder das Geschehen nicht zur Aufmerksamkeit. Vielmehr nur dann, wenn das Tun in eine bestimmte Gestaltung des Gegenstandsbewußtseins eingeht, liegt ein Fall der tätigen Aufmerksamkeit vor. Da also das Streben und Tun nicht selbst die Aufmerksamkeit ist, so können wir es hier vernachlässigen. Es kommt uns nicht auf die Bestimmung dieses Tuns, sondern auf die Charakterisierung des Resultates an, zu dem dieses Tun in der tätigen Aufmerksamkeit führt.

Worin besteht nun der Tatbestand des Aufmerksamseins? Es ist immer ein psychisches Subjekt, von dem wir aussagen, daß es aufmerksam sei; und die Aufmerksamkeit des psychischen Subjektes ist immer gerichtet auf etwas, hat also bestimmte Gegenstände. Der Gegenstand aber, auf den die Aufmerksamkeit gerichtet ist, muß im Moment des Aufmerkens „gewußt" sein, er muß dem psychischen Subjekt als Gegenstand seines Gegenstandsbewußtseins gegenüberstehen und wissend erfaßt sein. Der Tatbestand der Aufmerksamkeit schließt also zum mindesten ein psychisches Subjekt und ein Gegenstandsbewußtsein ein. Nun ist nicht etwa eine der Arten des Gegenstandsbewußtseins, nicht das Empfinden oder das Wahrnehmen oder das Vorstellen schon ohne weiteres ein Tatbestand der Aufmerksamkeit, sondern sowohl Empfundenes als Wahrgenommenes als auch Vorgestelltes kann Gegenstand der Aufmerksamkeit sein. Besteht nun der Tatbestand darin, daß bestimmte Gegenstände mit bestimmten Eigenschaften Gegenstand des Gegenstandsbewußtseins sind? Ist die Aufmerksamkeit also schließlich nichts anderes als eine

bestimmte Beschaffenheit von Gegenständen des Bewußtseins?
Einige Psychologen haben in der Tat diese Frage bejaht.
Nur bestimmen sie die Eigenschaften der Gegenstände nicht
immer in gleicher Weise. Einmal soll es die Intensität, die
Stärke oder die Lebhaftigkeit, ein andermal die Klarheit und
Deutlichkeit der Gegenstände sein, die den Tatbestand der
Aufmerksamkeit charakterisiere. Etwas ist Gegenstand der
Aufmerksamkeit, das würde also hiernach heißen, ein intensiver, starker oder lebhafter oder ein klarer und deutlicher
Gegenstand ist Gegenstand des Bewußtseins. Es ist aber
leicht ersichtlich, daß in diesen Meinungen das, was möglicherweise die Aufmerksamkeit erregen kann, verwechselt wird
mit der Aufmerksamkeit selbst. Denn gewiß vermag unter
sonst gleichen Umständen ein besonders intensiver, starker,
lebhafter oder ein besonders klarer und deutlicher Gegenstand die Aufmerksamkeit besonders leicht auf sich zu ziehen.
Aber die Gründe für ein Geschehen sind doch nicht das Geschehen selbst. Die Erfahrung zeigt außerdem, daß nicht ausnahmslos immer das Intensive, Starke, Lebhafte oder das
Klare und Deutliche Gegenstand der Aufmerksamkeit ist. Man
kann auch ein wenig intensives, ein schwaches Geräusch, eine
wenig lebhafte Farbe, eine unklare und undeutliche Erscheinung
mit der größten Aufmerksamkeit betrachten. Es kann schließlich jeder beliebige Gegenstand, mag seine Beschaffenheit
sein, welche sie will, Gegenstand der Aufmerksamkeit sein.
Damit ist aber bewiesen, daß der Tatbestand der Aufmerksamkeit nicht einfach durch eine bestimmte Beschaffenheit der
Gegenstände des Gegenstandsbewußtseins charakterisiert werden
kann. Die gegenteilige Meinung überträgt irrtümlich eine Beschaffenheit des Gegenstandsbewußtseins auf die Gegenstände
des Bewußtseins. Der Irrtum wird übersehen, weil man hier,
wie so oft, in seinen Gedanken unwillkürlich zu den so beschaffenen Gegenständen das nicht ausdrücklich bezeichnete
und bestimmtgeartete Psychische hinzudenkt und diese geheime Zutat leicht übersieht. Setzt man, wie man muß, in
seinen Gedanken wirklich nur dasjenige, was man in seiner

23*

Bestimmung ausdrücklich bezeichnet hat, so sieht man, daß man wohl einen intensiven, starken, lebhaften, klaren und deutlichen Gegenstand denken kann, ohne schon die Aufmerksamkeit in diesen Bestimmungsstücken mitzudenken.

Kann die Aufmerksamkeit auf jeden beliebigen Gegenstand gerichtet sein, und schließt sie ein psychisches Subjekt und ein Gegenstandsbewußtsein in sich, so kann der Tatbestand der Aufmerksamkeit nur in einer besonderen Beschaffenheit des Gegenstandsbewußtseins selbst bestehen. Im Gegenstandsbewußtsein überhaupt ist das psychische Subjekt „wissend bezogen" auf einen Gegenstand. Ist der Gegenstand nicht nur überhaupt bewußt, sondern Gegenstand der Aufmerksamkeit, so kann das nur heißen, das psychische Subjekt steht zu diesen Gegenstand in einer besonders gearteten „Wissensbeziehung". Es liegt nahe zu sagen, der Gegenstand der Aufmerksamkeit stehe dem psychischen Subjekt besonders nahe, oder das Subjekt nähere sich in seinem Gegenstandsbewußtsein diesem Gegenstand mehr als den übrigen gleichzeitig bewußten Gegenständen. Der Tatbestand der Aufmerksamkeit bestände dann darin, daß das psychische Subjekt sich in größtmöglicher Nähe bei bestimmten Gegenständen seines Gegenstandsbewußtseins befinde, oder daß es möglichst in diese Gegenstände versenkt sei. Die Aufmerksamkeit auf diese Gegenstände würde aufhören, wenn sich das psychische Subjekt wieder von diesen Gegenständen entfernte oder sich aus ihnen zurückzöge. Nun ist freilich hiermit das Eigenartige der Aufmerksamkeit wohl getroffen, wenigstens viel besser hervorgehoben als durch jenen oben angeführten Rückgang auf bestimmte Beschaffenheiten der Gegenstände des Aufmerkens. Aber man darf doch nicht vergessen, daß diese Beschreibung der Aufmerksamkeit eine bildliche ist, daß die Nähe und Ferne, in der das psychische Subjekt zu den Gegenständen seines Gegenstandsbewußtseins steht, nicht als räumliche Nähe und Ferne gedacht werden darf. Denn das psychische Subjekt steht weder in einer großen noch in einer kleinen räumlichen Entfernung von den Gegenständen seines

Gegenstandsbewußtseins. Räumliche Bestimmungen können nur in übertragenem, nicht in wörtlichem Sinne auf die Beziehung des Subjekts zu den Gegenständen seines Bewußtseins angewandt werden; alles Räumliche᾿ gehört zu den Gegenständen, nicht zu den Beschaffenheiten der psychischen Wirklichkeit. Faßt man jene Ausdrücke der Nähe und Ferne des psychischen Subjekts und seiner Gegenstände nur als bildlichen Hinweis auf bestimmte Modifikationen des Gegenstandsbewußtseins, so wird sich gegen ihre Verwendung nicht viel einwenden lassen. Will man die Modifikation des Gegenstandsbewußtseins, die sich als Aufmerksamkeit darstellt, möglichst ohne diese räumlichen Bilder charakterisieren, so wird man vielleicht sagen können, der Tatbestand der Aufmerksamkeit bestehe darin, daß das psychische Subjekt in besonders inniger Bewußtseinsbeziehung zu bestimmten Gegenständen seines Gegenstandsbewußtseins stehe; oder darin, daß das Gegenstandsbewußtsein auf bestimmte Gegenstände besonders konzentriert sei. Aber auch diese Charakterisierung der Aufmerksamkeit als das innigere oder das konzentrierte Gegenstandsbewußtsein ist im Grunde eine bildliche. Das schadet aber nichts, weil wir doch schließlich nur durch allerlei Mittel auf die Eigenart des psychischen Erlebnisses, das wir Aufmerksamkeit nennen, hinweisen können. Denn diese eigenartige Modifikation des Gegenstandsbewußtseins ist nicht weiter zurückführbar, nicht gedanklich aus anderen Elementen zusammensetzbar, sondern nur durch Erinnerung an eigenes Erleben in ihrer Eigenart erkennbar. Hat man aber einmal in dieser Weise sich das eigenartige Erlebnis vor Augen geführt, so ist es unschädlich, wenn man sich zur Ermöglichung einer kurzen und bequemen Ausdrucksweise räumlicher Bilder bedient. Man kann dann sogar, wenn man sich nur seines Tuns bewußt ist, den Tatbestand der Aufmerksamkeit ohne Nachteil durch eine verschiedene räumliche Stellung der Gegenstände des Bewußtseins charakterisieren, indem man sagt, im Tatbestand der Aufmerksamkeit stehe ein umgrenzter Teil der für das Bewußtsein vorhandenen Gegen-

standsseite im Vordergrund, während das übrige im Hintergrund des Bewußtseins sich befinde. Freilich ist das Gegenstandsbewußtsein kein Raum, und insofern ist dieses räumliche
Bild unzutreffend. Aber die Unterscheidung eines Vorder-
und eines Hintergrundes setzt immer einen Beziehungspunkt
voraus, in bezug auf welchen eben das eine vorn, das andere
hinten ist. Dieser Beziehungspunkt ist beim Gegenstandsbewußtsein natürlich das psychische Subjekt. Man denkt
daher unwillkürlich dieses psychische Subjekt zu den Gegenständen, die im Vorder- und im Hintergrunde des Bewußtseins
stehen sollen, hinzu und nimmt an, das im Vordergrunde des
Bewußtseins Stehende sei selbstverständlich das dem Subjekt
Näherstehende und von ihm Beachtete, das im Hintergrund
Stehende sei vom Subjekt weiter entfernt und nicht besonders
beachtet. Jene bildliche Beschreibung des Aufmerksamkeits-
tatbestandes zieht also tatsächlich alle Momente, die diesen
Tatbestand charakterisieren, mit in das Bild hinein; sie kann
also, mit der nötigen Vorsicht verwendet, sehr zweckmäßig
sein, obgleich sie scheinbar nur von einer verschiedenen
räumlichen Lage der Gegenstände spricht.

Der letzte Sinn des Wortes „Aufmerksamkeit“ besteht
also, wenn wir das darin liegende Moment der Tätigkeit hier
außer acht lassen, in jenem innigen Gegenstandsbewußtsein,
d. h. darin, daß das psychische Subjekt bestimmten Gegenständen seines Gegenstandsbewußtseins inniger zugewandt
ist oder zu ihnen in konzentrierterer Bewußtseinsbeziehung
steht als zu den anderen. Die Aufmerksamkeit ist kein
selbständiges psychisches Wesen, das innerhalb der psychischen Wirklichkeit zu eigenen Leistungen befähigt wäre.
Vielmehr ist immer das psychische Subjekt, das Ich selbst
der lebendige Ausgangspunkt der Aufmerksamkeit. Was
man der Aufmerksamkeit als ihre Taten, als ihre Wirkungen und Leistungen zuschreibt, das sind in Wahrheit
immer die Taten, Wirkungen und Leistungen des psychischen
Subjekts selbst, sofern es aufmerksam ist oder aufzumerken
fähig ist.

Führen wir uns nun eine psychische Wirklichkeit vor Augen, nehmen wir an, das psychische Subjekt derselben habe außer allerlei anderen Gegenständen seines Gegenstandsbewußtseins vor sich einen dauernd und unverändert erklingenden Klang, der ausschließlich Gegenstand seiner Aufmerksamkeit sei. Wir bemerken dann, daß schon nach kurzer Zeit die Aufmerksamkeit eine Veränderung erleidet, obgleich sie auf denselben Gegenstand bezogen bleibt. Diese Veränderung nimmt wieder ab und wiederholt sich dann wieder; sie zeigt also einen gewissen Rhythmus. Diese Veränderung, die die Aufmerksamkeit einem und demselben Gegenstand gegenüber in der Zeit durchmacht, nennt man das S c h w a n k e n der Aufmerksamkeit. Es besteht, bildlich gesprochen, darin, daß der Gegenstand der Aufmerksamkeit, etwa jener dauernd erklingende Klang, sehr bald von dem psychischen Subjekt etwas zurückweicht, dann wieder näher rückt, wieder zurückweicht usw. Diese Veränderung schon gibt uns Anlaß, G r a d e der Aufmerksamkeit zu unterscheiden. Die Aufmerksamkeit, die eine Zeit hindurch einem und demselben Gegenstand zugewandt ist, hat während dieser Zeit nicht dauernd einen und denselben Grad der Innigkeit, sondern dieser Grad sinkt sehr bald, steigt dann wieder, um von neuem zu sinken usw. Das Schwanken der Aufmerksamkeit, das bei längerer Dauer einem und demselben Gegenstand gegenüber notwendig eintritt, ist also ein periodisches Ab- und Anschwellen des Grades der Aufmerksamkeit. Es ist dem psychischen Subjekt unmöglich, längere Zeit hindurch sich gleich tief in einen und denselben unveränderten Gegenstand zu versenken. Dasselbe Schwanken der Aufmerksamkeit zeigt sich aber auch, wenn das psychische Subjekt eine in der Zeit aufeinanderfolgende Reihe von völlig gleichartigen Gegenständen, etwa von gleichen Pendelschlägen in gleichem zeitlichen Abstande von einander, aufmerksam verfolgt. Wir sehen dann, daß nicht alle Pendelschläge in gleichem Grade beachtet werden, daß vielmehr das psychische Subjekt jetzt einem derselben besonders nahe tritt, den nächsten dagegen weiter entfernt stehen läßt, um sich dann

wieder einem der folgenden zu nähern usw. Gewisse Glieder
der Reihe sind also in höherem Grade beachtet als die dazwischen liegenden. So gewinnt die in sich gleichartige Reihe
durch den Pulsschlag der Aufmerksamkeit eine gewisse Gliederung, die man als den subjektiven Rhythmus der Reihe bezeichnet. Auch hier haben wir also Gradunterschiede der Aufmerksamkeit zu konstatieren. Daß nun auch abgesehen von
diesen Schwankungen die Aufmerksamkeit nicht immer allen
den Gegenständen gegenüber, auf die sie zu verschiedenen
Zeiten gerichtet ist, den gleichen Grad zeigt, ist jedem aus
eigener Erfahrung völlig bekannt. Vergleicht man die Aufmerksamkeit in verschiedenen Zeiten, so sieht man, daß das
psychische Subjekt sich in die verschiedenen Gegenstände,
die nacheinander Gegenstände seiner Aufmerksamkeit werden,
in sehr verschiedenem Grade versenkt, daß es von der leise-
sten Berührung bis zur völligen Versenkung alle Zwischen-
stufen durchläuft. Die Aufmerksamkeit ist also selbst eine
dem Grade nach veränderliche psychische Größe.

Man bemerkt zugleich, wenn man die psychische Wirklichkeit länger betrachtet, noch eine Eigentümlichkeit der Aufmerksamkeit; man sieht nämlich, daß sie nur relativ kurze
Zeit bei einem und demselben Gegenstand bleibt. Verändert
sich der Gegenstand nicht, so geht die Aufmerksamkeit weiter
zu einem anderen Gegenstand. Die Aufmerksamkeit ist, solange die Gegenstände unverändert bleiben, notwendig ,zum
Wandern verurteilt; auch beim besten Willen und der größten
Anstrengung gelingt es dem Menschen nicht, längere Zeit hindurch die Aufmerksamkeit auf einen und denselben unveränderlichen Gegenstand zu heften. Veränderung und Wechsel
der Gegenstände sind also Mittel, um die Aufmerksamkeit
eines Menschen dauernd zu fesseln und von planlosem Wandern
abzuhalten. Das Wandern der Aufmerksamkeit besteht demnach in der Fortbewegung des Kernstrahls der Aufmerksamkeit von einem Gegenstand zum andern. Dagegen ist jenes
oben angeführte Schwanken der Aufmerksamkeit ein Ab- und
Anschwellen des Intensitätsgrades des Aufmerksamkeitsstrahles.

Der „Gegenstand", auf den die Aufmerksamkeit gerichtet
ist, fällt natürlich nicht notwendig zusammen mit einem Ding
der Außenwelt. Es ist hier zu berücksichtigen, was früher über
die möglichen Gegenstände des Gegenstandsbewußtseins gesagt
worden ist. Alles überhaupt, was es für den Menschen gibt,
kann Gegenstand seiner Aufmerksamkeit werden. In den meisten
Fällen schließt das, was Gegenstand der Aufmerksamkeit ist,
wieder eine größere oder geringere Mannigfaltigkeit in sich,
d. h. es enthält mögliche Gegenstände gesonderter Aufmerksamkeit. Ist z. B. ein Gemälde als Ganzes Gegenstand der
Aufmerksamkeit, so ist dieser Gegenstand unter Umständen
ein sehr kompliziertes Ganze. Natürlich kommt hier nur das
von dem Gemälde in Betracht, was wirklich Gegenstand des
Gegenstandsbewußtseins für das psychische Subjekt ist. Bei
verschiedenen Menschen ist aber das, was sie von denselben
realen Dingen auffassen, sehr verschieden. Richten daher
verschiedene Menschen gleichzeitig ihre Aufmerksamkeit auf
ein und dasselbe wirkliche Gemälde als Ganzes, so haben
deshalb doch nicht diese verschiedenen Menschen gleiche
Gegenstände vor sich. Der Gegenstand der Aufmerksamkeit
kann vielmehr bei dem einen Menschen viel reicher und
mannigfaltiger sein als bei einem anderen. Auch bei dem
einzelnen Menschen ist das, was in verschiedenen Zeiten
Gegenstand seiner Aufmerksamkeit ist, nicht immer von gleichem
inneren Reichtum. Vielmehr ist der „Umfang" des Beachteten
zu verschiedenen Zeiten sehr verschieden. Wenn es auch
aussichtslos ist, den Umfang des Beachteten exakt zahlenmäßig bestimmen zu wollen, so läßt sich doch leicht feststellen, daß der Umfang des Beachteten in verschiedenen
Fällen ein verschieden großer ist. Ist die Aufmerksamkeit
etwa auf die ganze Klangmasse eines Orchesters konzentriert,
so ist der Umfang des Beachteten entschieden größer, als
wenn sie nur auf die Klänge einer einzelnen Geige konzentriert ist. Erfaßt ein Subjekt mit voller Aufmerksamkeit ein
Gemälde mit allen seinen Einzelheiten, so ist der Gegenstand
seiner Aufmerksamkeit bedeutend umfangreicher, als wenn es

nur eine einzelne Farbe auf dem Gemälde beachtet. Freilich ist auch hier wieder zu berücksichtigen, daß der Umfang des Beachteten sich nur danach bestimmt, was wirklich Gegenstand des eigenartig innigen Gegenstandsbewußtseins ist. Von der wirklich existierenden Außenwelt, ihrer wirklichen Mannigfaltigkeit und Ausdehnung muß man dabei absehen. Denn es handelt sich hier um das Gegenstandsbewußtsein; was von der Außenwelt nicht Gegenstand des Gegenstandsbewußtseins ist, kommt hier nicht in Betracht. Der Umfang des B e a c h t e t e n aber ist gewöhnlich ein noch engerer; er ist bestimmt durch das, was Gegenstand jenes eigenartig m o d i f i z i e r t e n Gegenstandsbewußtseins ist, das wir die Aufmerksamkeit nennen. Wenn wir statt des Ausdrucks „Gegenstandsbewußtsein" wieder jenen, allerdings nicht überall gleich passenden Ausdruck „Wissen um etwas" gebrauchen, so können wir sagen, der Umfang der Aufmerksamkeit ist nichts anderes als der größere oder geringere innere Reichtum des in dem Aufmerken vorliegenden Wissens um etwas.

Doch kann man von dem Umfang der Aufmerksamkeit in zweifachem Sinne sprechen. Es gibt gleichsam zwei Dimensionen, nach denen der Umfang der Aufmerksamkeit größer und kleiner sein kann. Wir könnten die beiden als den Breitenumfang und den Tiefenumfang von einander unterscheiden. Der Breitenumfang ist der Umfang der a u s e i n a n d e r - g e l e g t e n Mannigfaltigkeit auf der Gegenstands-Seite, der von der Aufmerksamkeit gleichsam erleuchtet wird. Der Tiefen- umfang dagegen betrifft eine n i c h t a u s e i n a n d e r g e l e g t e, sondern eine v e r d i c h t e t e Mannigfaltigkeit, zu deren Erfassung es nicht einer ausgebreiteten Aufmerksamkeit bedarf, die vielmehr durch einen einzigen Aufmerksamkeitsstrahl erfaßt werden kann. Hört z. B. ein Individuum aufmerksam einer Reihe von Klängen zu, so bedarf es einer Breitenausdehnung seiner Aufmerksamkeit, um außerdem noch aufmerksam den Worten eines Menschen zu folgen. Wenn dagegen nicht Klänge, sondern Gesang mit deutlichen Worten einer geläufigen Sprache Gegenstand seiner Aufmerksamkeit ist, so erfaßt er den Ge-

sang mit den Worten und ihrer Bedeutung als eine einheitliche
Mannigfaltigkeit nicht durch eine ausgedehnte Aufmerksamkeit,
sondern so, daß gleichsam auf e i n e n Aufmerksamkeitsstrahl
jedesmal eine solche Mannigfaltigkeit dicht hintereinander
oder ineinander aufgereiht ist. Ist bei der auseinandergelegten
Aufmerksamkeit eine ausgebreitete Mannigfaltigkeit Gegenstand
der Beachtung, so ist dagegen bei der unausgedehnten, aber
doch innerlich reichen Aufmerksamkeit eine zu einem Punkt
verdichtete Mannigfaltigkeit der Gegenstand des Bewußtseins.

Während nun der Umfang der Aufmerksamkeit nach der
Breite ein ziemlich beschränkter ist, ist dagegen der Umfang
der Aufmerksamkeit nach der anderen Dimension ein unbeschränkter. Das Herrschaftsgebiet der Aufmerksamkeit kann
daher nur so erweitert werden, daß die ausgebreiteten Mannigfaltigkeiten mehr und mehr zu unausgedehnten Einheiten verdichtet werden. Der Lichtkegel der Aufmerksamkeit hat
gleichsam eine nicht überschreitbare Grenze hinsichtlich seines
Fassungswinkels. Er wird daher eine größere Mannigfaltigkeit
nur dadurch erleuchten können, daß diese Mannigfaltigkeit
auf einen möglichst kleinen Raum komprimiert wird. Wie
unsere Hand nur eine beschränkte Fassungsweite hat, so hat
auch die Aufmerksamkeit nur eine beschränkte Fassungsweite.
Liegt ein Kartenspiel ausgebreitet vor uns, so daß Karte neben
Karte liegt, so können wir es nicht mit einem Handgriff ergreifen. Legen wir die Karten dagegen zusammen auf einen
kleinen Pack, so können wir diesen leicht mit einer Hand ergreifen und mit ihm, in dem nun alle Karten vorhanden sind,
wie mit e i n e r Karte operieren. Ganz ebenso können wir
auch eine ausgebreitete Mannigfaltigkeit allmählig so zu-
sammenschieben und verdichten, daß sie mit einem Griff der
Aufmerksamkeit ergriffen werden kann. Im Laufe des Lebens
dehnt sich so unwillkürlich oder auf Grund subjektiver Tätigkeit das Herrschaftsgebiet der Aufmerksamkeit allmählig aus.
Was zuerst nacheinander und nebeneinander Gegenstand der
Aufmerksamkeit wurde und sich nicht in einem Griff fassen
lassen wollte, wird allmählig zu einem einzigen, leicht ergreif-

baren Gegenstand. So werden z. B. die Dinge mit ihren Eigenschaften bald zu einheitlichen Gegenständen für die Aufmerksamkeit. Mit einem Aufmerksamkeitsgriff erfaßt der erwachsene Mensch in einer menschlichen Gestalt eine außerordentlich große Mannigfaltigkeit; schon die menschliche Gestalt selbst ist für sein Bewußtsein ein komplizierter Körper; dazu kommt dann das damit verbundene psychische Leben, die Grundstimmung und die momentane psychische Verfassung, die in dem Leibe zum Ausdruck kommt. Alles dies vermag er auf Grund vergangener Erfahrung als eine einzige verdichtete Mannigfaltigkeit zum Gegenstand seiner Aufmerksamkeit zu machen. Auch beim Verstehen und Handhaben der Sprache kommt diese Ausdehnung der Aufmerksamkeitsherrschaft in Frage. Die Worte als bloße Lautkomplexe verdichten sich mit dem, was sie bedeuten, zu Einheiten; ganze Sätze und ganze Gedanken werden als Ganze zu Gegenständen der Aufmerksamkeit. Die Ordnung, die Komposition und die Regelmäßigkeit dienen als Mittel, um Mannigfaltigkeiten zu leicht erfaßbaren Einheiten zu verdichten. Alles, was die Mannigfaltigkeiten zu vereinheitlichen vermag, verdichtet dieselben für die Aufmerksamkeit zu einzelnen leicht ergreifbaren Gegenständen.

Die Vereinheitlichung einer Mannigfaltigkeit von Gegenständen für die Aufmerksamkeit kann stufenweise geschehen, d. h. es können zuerst weniger umfangreiche Teile dieser Mannigfaltigkeit vereinheitlicht, und dann diese Unter-Einheiten wieder zu einer neuen Einheit zusammengefaßt werden. Und dies kann sich mehrfach wiederholen, bis der Mensch mit großen Massen geistig zu operieren vermag. Die Vereinheitlichung von Gegenstandsmannigfaltigkeiten ist also ein Mittel, um die geistige Herrschaft über größere Gebiete auszudehnen, den Horizont der Aufmerksamkeit zu erweitern, die Aufmerksamkeit über möglichst vieles zu erstrecken. Was die Aufmerksamkeit an Tiefenumfang gewinnt, erspart sie an Breitenumfang. Da der Breitenumfang in enge, unüberschreitbare Schranken eingeschlossen ist, so ist also die Vereinheitlichung

ausgedehnter Mannigfaltigkeiten ein Mittel, um im Breitenumfang Raum für anderes zu schaffen, um also mit dem geringsten Breitenumfang der Aufmerksamkeit möglichst viel zu
umfassen. Die Verdichtung·von Mannigfaltigkeiten zu Einheiten
für die Aufmerksamkeit braucht Zeit; die geistige Herrschaft
dehnt sich nur allmählig im Laufe des Lebens über immer
größere Gebiete aus. Die Nachwirkungen vergangener Erfahrungen und Erlebnisse ermöglichen die größere Herrschaft
der Aufmerksamkeit beim Erwachsenen. Fehlt ihm die Vorbildung auf irgend einem Gebiet, so kann er dort nicht „mit-
kommen", da seine Aufmerksamkeit zu sehr von den Einzelheiten völlig beansprucht ist und größere Ganze nicht zu
umfassen vermag. — Diese Andeutungen lassen schon erkennen, wie wichtig und weittragend die Ergebnisse sein
werden, welche die Psychologie durch genauere Untersuchung
dieser Verhältnisse gewinnt.

Wir haben im vorangehenden das Bild des Gegenstandsbewußtseins vervollständigt, indem wir darauf hinwiesen, daß
innerhalb des Gegenstandsbewußtseins vom psychischen Subjekt
noch ein hellerer Bewußtseinskegel ausgeht, der in dem Grade
seiner Helligkeit variiert, der von Gegenstand zu Gegenstand
wandert, und der eine fest begrenzte Fassungsweite, aber eine
ausdehnbare Fassungstiefe hat. Die gegenständliche Mannigfaltigkeit, die von einem solchen Aufmerksamkeitskegel getroffen wird, ist als ein Gegenstand bewußt. Nun kann sich
aber der einheitliche Aufmerksamkeitskegel zerteilen oder
spalten in zwei oder mehrere gleichzeitige Aufmerksamkeitsstrahlen. Hört etwa ein psychisches Subjekt ein mehrstimmiges
Musikstück, so kann es, statt die Klänge als eine einheitliche
Masse zu erfassen, seine Aufmerksamkeit gabeln und sie in
gesonderten Strahlen den verschiedenen Stimmen zuschicken.
Es hat dann eine gesonderte Mehrheit von Gegenständen
gleichzeitig erfaßt mit gesonderten Aufmerksamkeitsgriffen.
Daß eine solche Gabelung der Aufmerksamkeit tatsächlich
vorkommt, ist zweifellos. Immer wenn der Mensch Beziehungen
zwischen mehreren Gegenständen erkennt oder feststellen will,

muß er diese Gegenstände gesondert gleichzeitig erfassen. Verfolgt er zwei Linien, die von einem Punkte ausgehen, gleichzeitig nach ihren verschiedenen Richtungen, ist seine Aufmerksamkeit gleichzeitig zwei ·Menschen zugewandt, die miteinander sprechen usw., so ist seine Aufmerksamkeit in gesonderte Strahlen gegabelt. Freilich pflegen die verschiedenen Aufmerksamkeitsstrahlen nicht gleiche Intensität zu besitzen, aber sie bilden doch eine Mehrheit gleichzeitiger Richtungen der Aufmerksamkeit. Die Zahl der einzelnen Strahlen, in die sich die Aufmerksamkeit zu spalten vermag, ist eine sehr geringe. Es ist Sache der experimentellen Psychologie, diese Zahl genauer zu bestimmen. Diese Aufgabe bildet einen speziellen Sinn der Frage nach dem „Umfang der Aufmerksamkeit", der natürlich wohl zu unterscheiden ist von den oben angeführten Bedeutungen des „Umfangs der Aufmerksamkeit". In diesem Fall hat das Streben, zu einer bestimmten Zahlangabe zu gelangen, einen Sinn, denn hier ist das zu Zählende nicht durch den fließenden Begriff des e i n e n Gegenstandes bestimmt, sondern durch das, was erst zählbare Mehrheiten von Gegenständen aus der gegenständlichen Mannigfaltigkeit heraussondert, nämlich durch die Einheit eines Aufmerksamkeitsstrahles. Sucht man diese gleichzeitig vorhandenen, gesonderten Aufmerksamkeitsstrahlen zu zählen, so ergeben sich, wie es scheint, unter den günstigsten Bedingungen kaum jemals mehr als 4 bis 6 Sonderungen. Im allgemeinen bleibt die Spaltung auf 2 bis 3 Strahlen beschränkt. Dabei können aber die von diesen Strahlen erfaßten Gegenstände höchst komplizierter Natur sein; solange jeder derselben als verdichtete Einheit in einem Aufmerksamkeitsgriff faßbar ist, ist die Spaltung der Aufmerksamkeit von der Kompliziertheit der Gegenstände unabhängig.

Mit dieser Zerteilung der Aufmerksamkeit in gesonderte Strahlen ist nun aber die mögliche Gliederung der Aufmerksamkeit in keiner Weise erschöpft. Nehmen wir an, der vom psychischen Subjekt ausgehende Aufmerksamkeitskegel treffe auf einen komplizierteren Gegenstand, d. h. dieser kompliziertere

Gegenstand sei das Objekt eines Aufmerksamkeitsgriffes von bestimmter Fassungsweite und Fassungstiefe. Die Aufmerksamkeit eines Menschen sei z. B. konzentriert auf einen Konzertsänger vor Beginn des Gesanges, und zwar sei die ganze Gestalt von der Aufmerksamkeit erfaßt und dadurch aus der Umgebung herausgelöst. Dann pflegt doch im allgemeinen die Aufmerksamkeit nicht in völlig gleicher Weise über die Gestalt verteilt zu sein, sondern ein Teil der Gestalt, meistens das Gesicht, steht im Höhepunkt der Beachtung; innerhalb der ganzen beachteten Gestalt ist der Schwerpunkt der Aufmerksamkeit dann in das Gesicht verlegt; die ganze Gestalt ist zwar Gegenstand der Aufmerksamkeit, aber hauptsächlich doch wieder das Gesicht. Innerhalb des Gesichts können dann wieder der Mund oder die Augen speziell beachtet sein, oder weiterhin das, was sie ausdrücken. Die auf die Gestalt gerichtete Aufmerksamkeit hat also eine bestimmte Form, sie enthält in sich abgestufte Unterschiede. Drücken wir diesen Sachverhalt wiederum bildlich aus, indem wir die Unterschiede der Aufmerksamkeit durch die Nähe oder Ferne charakterisieren, in denen die Gegenstandselemente zum aufmerkenden Subjekt stehen, so können wir sagen, der Gegenstand der Aufmerksamkeit zeigt im allgemeinen ein mehr oder minder kompliziertes Beachtungsrelief;[1] der Schwerpunkt der Beachtung bildet den höchsten Punkt dieses Reliefs, die verschiedenen Tiefenlagen entsprechen den Abstufungen der Aufmerksamkeit. Um aber einige Einschränkungen, die sich mit dieser bildlichen Bezeichung verbinden könnten, auszuschalten, sei zunächst darauf hingewiesen, daß nicht gerade ein räumlich kleineres Stück eines räumlichen Ganzen den Schwerpunkt oder Höhepunkt des Beachtungsreliefs auszumachen braucht. Ist zum Beispiel ein Gemälde, das eine Figur in einer Landschaft darstellt, Gegenstand der Aufmerksamkeit, so kann zwar die Figur im Höhepunkt der Beachtung stehen. Das wird vor allem dann der Fall sein, wenn die

---

[1] Vergl. meine „*Phänomenologie des Wollens*" S. 22, wo ich diesen Ausdruck zuerst gebraucht habe.

Figur selbst als Hauptsache dargestellt, das Bild also ein
Figurenbild ist. Es kann aber auch die Figur untergeordnet
sein und die ganze Landschaft und ihr Stimmungsgehalt im
Höhepunkt der Beachtung stehen. Das wird wiederum vor
vor allem dann eintreten, wenn die ganze Landschaft sichtbar
die Hauptsache ist, die Figur dagegen nur Staffage. Freilich
können wir im letzteren Fall auch willkürlich die Figur in den
Schwerpunkt der Beachtung rücken; aber dann spüren wir
doch meist den objektiven Schwerpunkt noch weiter fort-
bestehen, wir haben gleichsam sein größeres Gewicht zu überwinden. Natürlich braucht nun weiterhin das beachtete Ganze
gar keine räumliche Ausdehnung zu besitzen. Trotzdem
kann es dann ein bestimmtes Beachtungsrelief aufweisen.
Richtet ein psychisches Subjekt seine Aufmerksamkeit auf ein
musikalisches Ganze aus Melodie und begleitenden Stimmen,
so pflegt die Melodie im Höhepunkt der Beachtung zu stehen
und sich über die anderen Stimmen für die Aufmerksamkeit
zu erheben. Hört jemand mit Aufmerksamkeit den Worten
eines anderen zu, so ist zwar seine Aufmerksamkeit auch
diesen Worten selbst zugewandt; aber wenn er nicht ausdrücklich diese gehörten Lautkomplexe in den Schwerpunkt
der Beachtung rückt, so geht gewöhnlich seine Aufmerksamkeit
durch die gehörten Worte hindurch zu dem, was die Worte
b e d e u t e n, oder was der andere mit den Worten sagen will.
Nicht die Lautkomplexe, sondern der Sinn der Worte bildet
dann den Schwerpunkt seiner Aufmerksamkeit. Dies ist zugleich ein Fall, wo sogar innerhalb einer verdichteten Einheit,
die nicht sowohl die Fassungsweite als vielmehr die Fassungstiefe der Aufmerksamkeit beansprucht, doch ein Beachtungsrelief vorhanden ist. Ein Strahl der Aufmerksamkeit erfaßt
zugleich die Lautkomplexe und ihre Bedeutung, und in der
Tiefenrichtung dieses Strahles gibt es doch wieder die Über-
ordnung der Bedeutung über die Worte. Die Aufmerksamkeit
zeigt also nicht nur in ihrer Fassungsweite, sondern auch in
ihrer Fassungstiefe eine bestimmte Form. Ein Beispiel dafür
ist auch die Wahrnehmung von Dingen durch den Gesichts-

sinn. Wir sahen früher, daß das Gesehene in diesem Fall
eine bestimmende Rolle spielt. Die Aufmerksamkeit, die dem
„gesehenen" Ding zugewandt ist, ist zwar auf das wirklich
Gesehene gerichtet, aber sie geht doch durch dieses Gesehene
hindurch zu dem Ding mit seinen Eigenschaften. Im Schwerpunkt der Aufmerksamkeit steht gewöhnlich nicht das wirklich
Gesehene, sondern das Ding, für dessen Vorhandensein das
Gesehene „Zeichen" ist. Erst unter besonderen Umständen
kann das Zeichen selbst zum Hauptpunkt der Aufmerksamkeit
werden. So verlegt derjenige, der nach der Natur malt, den
Schwerpunkt seiner Beachtung von den Dingen weg auf ihre
sichtbare Erscheinung, d. h. auf das wirklich Gesehene. Bei
Zeichen aller Art, die dem Menschen geläufig sind, geht seine
Aufmerksamkeit sofort durch die Zeichen hindurch zu dem,
was sie bedeuten. Daher kommt es, daß er, obgleich seine
Aufmerksamkeit den Zeichen selbst auch zugewandt ist, dennoch die Beschaffenheit der Zeichen so leicht übersieht und
z. B. Druckfehler so leicht nicht bemerkt. Ähnlich verhält es
sich, wenn das Ganze, das den Gegenstand der Aufmerksamkeit
bildet, nicht aus Zeichen und Bezeichnetem, sondern aus einem
Zusammenhang von Mittel und Zweck besteht. Sofern etwas
nur als Mittel zu einem Zweck ins Auge gefaßt wird, ist es
zwar Gegenstand der Aufmerksamkeit, aber nur untergeordneter
Durchgangspunkt für den Schwerpunkt der Aufmerksamkeit,
für den Zweck. Daher fühlt sich derjenige, der sich von einem
anderen bloß als brauchbares Mittel zu einem Zweck betrachtet sieht, mit Recht degradiert.

Ein und derselbe zusammengesetzte Gegenstand der Aufmerksamkeit kann nun zu verschiedenen Zeiten und bei verschiedenen Menschen ein sehr verschiedenes Beachtungsrelief
zeigen; d. h. der Schwerpunkt der Aufmerksamkeit kann an
verschiedenen Stellen liegen, und die Abstufungen der Aufmerksamkeit können auf verschiedene Seiten des Gegenstandes
verteilt sein. Diese Tatsache ist von der allergrößten Wichtigkeit, da von der Form des Beachtungsreliefs, die ein Gegenstand hat, die Art der Gefühlswirkung und die Reaktion des

strebenden Subjekts abhängt. Die Verschiedenheit des Beachtungsreliefs, das d e r s e l b e Tatbestand für verschiedene
Menschen oder für denselben Menschen zu verschiedenen
Zeiten hat, erklärt zum Teil die Verschiedenheit der Werturteile und der Verhaltungsweisen der verschiedenen Menschen
oder desselben Menschen zu verschiedenen Zeiten. Ein anderer Teil wird durch die früher hervorgehobene Tatsache
verständlich, daß die verschiedenen Menschen angesichts
desselben Stückes der Wirklichkeit durchaus nicht einen und
denselben Gegenstand wirklich vor Augen zu haben brauchen,
weil der Inhalt der gegenständlichen Mannigfaltigkeit des
Bewußtseins durch die verschiedene Vorbildung mitbestimmt
wird. Hier nun handelt es sich bloß um die Form, die ein
komplexer Gegenstand für die Aufmerksamkeit hat, kurz um
die Verschiedenheit des Beachtungsreliefs eines und desselben
Gegenstandes. Nehmen wir als Beispiel wieder ein Gemälde,
das mitsamt seiner Bedeutung Gegenstand der Aufmerksamkeit sei. Sehen wir davon ab, was spürbar von dem Maler
als der Schwerpunkt des Bildes gemeint ist, so kann im
Bewußtsein dessen, der das Gemälde aufmerksam betrachtet,
das Verschiedenste den Schwerpunkt seiner Beachtung bilden.
Es können im Hauptpunkt seiner Aufmerksamkeit stehen die
Farben und ihre dekorative Wirkung, oder die Lichtverteilung
und die Helligkeitskomposition, oder die Formen, der Linien-
schwung und die Linienkomposition, oder die Gesamtstim-
mung, oder die Art des Sichfühlens und Strebens bestimmter
dargestellter Objekte usw. Jedesmal hat das Gesamtganze
ein verschiedenes Beachtungsrelief. Kein Wunder, wenn dann
die summarischen Urteile über das Bild bei verschiedenen
Menschen verschieden lauten. Zu einem objektiven Urteil ist
freilich zuerst nötig, daß man zwar alle Seiten des Bildes
aufmerksam erfaßt, ihm aber dann dasjenige Beachtungsrelief
gibt, das es seiner Natur nach fordert, daß man also durch
aufmerksame Hingabe dem Bilde gleichsam sich selbst sein
Beachtungsrelief geben läßt. Das ist die Voraussetzung aller
objektiven Beurteilung. Eine Beurteilung in bestimmter Hin-

sicht dagegen setzt voraus, daß der Schwerpunkt der Aufmerksamkeit gerade in diese Hinsicht hineinverlegt wird, und
das Urteil auf diese Hinsicht bezogen wird. Indem man durch
Lenkung der Aufmerksamkeit die Form des Beachtungsreliefs
bestimmt, kann man also in hohem Grade das eigene oder
fremde Urteilen, Fühlen und Wollen bestimmen.

Es waren zunächst z u s a m m e n g e s e t z t e Gegenstände,
die uns Gelegenheit gaben, von einem Beachtungsrelief zu
sprechen, d. h. darauf hinzuweisen, daß die aufmerksame Erfassung komplexer Gegenstände verschiedene Formen haben
kann. Es erscheint nicht besonders verwunderlich, daß der
Aufmerksamkeitsgriff mit verschiedener Druckverteilung einen
z u s a m m e n g e s e t z t e n Gegenstand ergreifen kann. Dagegen
sieht es auf den ersten Blick geheimnisvoller aus, daß auch
ganz einfache Gegenstände in verschiedener Weise von der
Aufmerksamkeit erfaßt werden können. Ist z. B. die Aufmerksamkeit eines Menschen einer einfarbigen Fläche von bestimmter Form zugewandt, so kann das eine Mal speziell die
F o r m der Fläche, das andere Mal dagegen gerade ihre F ä r
b u n g im Schwerpunkt der Beachtung liegen. Dieser einfache
Gegenstand kann also in bezug auf die auf ihn gerichtete
Aufmerksamkeit ein verschiedenes Beachtungsrelief haben.
Bildet das eine Mal die Farbe gleichsam die Basis, die Form
den Höhepunkt des Reliefs, so erhebt sich im zweiten Falle
die Farbe über der zurücktretenden Form. Da Form und
Farbe verschiedene Gefühlswirkungen haben können, so wird
unter Umständen mit der verschiedenen Form des Beachtungsreliefs der erfaßte Gegenstand ganz verschiedene Gefühle
erregen können. Die Wirkung steigert sich, wenn von der
Farbe oder von der Form der Fläche völlig „a b s t r a h i e r t"
wird. Die abstrahierende Beachtung ist ein eigenartiger Aufmerksamkeitsakt. Das, von dem abstrahiert wird, verschwindet
in diesem Falle nicht völlig aus der Beachtung, aber es wird
doch völlig lahmgelegt und einflußlos gemacht; es ist noch
Gegenstand der Aufmerksamkeit, aber das ganze Schwergewicht der Aufmerksamkeit ist völlig aus ihm herausgezogen

und auf eine andere Seite des Gegenstandes konzentriert. Hier rühren wir an das interessante Kapitel der Psychologie der Abstraktion, ohne weiter darauf einzugehen.

Um das Bild des Beachtungsreliefs zu vervollständigen, sei nur noch kurz erwähnt, daß sich in dem Relief nicht bloß Basis und Höhepunkt gegenüberstehen, sondern daß von der Basis eine größere oder kleinere Reihe von Stufen zu dem Höhepunkt führen kann. Ist z. B. ein menschliches Gesicht Gegenstand der Aufmerksamkeit, so können auf der allgemeinen Basis des Gesichts zunächst die Augen als übergeordneter Gegenstand der Beachtung sich erheben, dann aber nicht die sichtbaren Qualitäten der Augen selbst, sondern vielmehr die in ihnen zum Ausdruck kommende Art des psychischen Sichfühlens und Strebens den eigentlichen Schwerpunkt der Aufmerksamkeit bilden. Die Stufenfolge des Beachtungsreliefs geht dann von dem ganzen Gesicht zu den Augen und von da zu der fühlenden und strebenden Persönlichkeit. Kann in dieser Weise die Form der Aufmerksamkeit schon recht mannigfaltig werden, so gewinnt sie eine noch kompliziertere Gestalt, wenn die Aufmerksamkeit sich zugleich gabelt und jeder Gabelung wieder ein besonderes Beachtungsrelief entspricht. Dieser Fall ist gar nicht so selten, wie man vielleicht denken möchte. Er liegt vielmehr schon vor, wenn ein Mensch zwei Dinge oder zwei Gesichter gleichzeitig zum Gegenstand der Aufmerksamkeit macht. Fügen wir noch hinzu, daß nun auch die verschiedenen Schwerpunkte der verschiedenen Beachtungsreliefs, die den gesonderten Aufmerksamkeitsgabelungen entsprechen, in verschiedener Über- und Unterordnung stehen können, so haben wir damit die größtmögliche Komplizierung des Beachtungsreliefs angedeutet. Man denke zur Illustrierung dieses Falles etwa an das Beachtungsrelief, das bei vollkommener Hingabe Tizians sogenannte himmlische und irdische Liebe gewinnt. Das Bild hat deutlich zwei Schwerpunkte in den beiden weiblichen Figuren, oder vielmehr in dem verschiedenen inneren Lebensgefühl, das die beiden Figuren beseelt. Jede derselben hat ihr eigenes

Relief hinter sich, wenn auch beide Reliefs sich auf gemeinsamer Basis erheben. Zugleich ist der eine Schwerpunkt, die
unbekleidete Figur und ihr freies, herrliches Lebensgefühl, der
anderen Figur mit ihrer zögernd sinnenden Stimmung, wenigstens für mich, siegreich übergeordnet. Das Gesamtgleich-
gewicht scheint mir dann freilich durch die neben der be-
kleideten Figur heranrückende irdische Bergmasse wieder
hergestellt. Hier ist das Beachtungsrelief gemeint, das sich
das Bild gleichsam selbst gibt. Man kann nun natürlich dem
Ganzen willkürlich ein Beachtungsrelief aufprägen, welches
man will; man kann es von den verschiedensten Hinsichten
und Standpunkten aus betrachten. Auf den Unterschied der
unwillkürlichen und der willkürlichen, der objektiv bedingten
und der subjektiv bedingten Aufmerksamkeit kommt es uns
aber hier nicht an. Es sollte nur die mögliche Form der
Aufmerksamkeit oder des Beachtungsreliefs allgemein charakterisiert werden.

Wir haben mit dem Vorangehenden die frühere Skizze
des Gegenstandsbewußtseins überhaupt vervollständigt. Das
Gegenstandsbewußtsein ist demnach in jedem Moment ein
mehr oder minder kompliziertes Ganze von bestimmter Form.
Von einer Zusammensetzung desselben aus mehreren selbständigen Teilen kann gar keine Rede sein. Das Gegenstandsbewußtsein geht wie ein einheitlicher Lichtkegel vom psychischen Subjekt aus und enthält nur in sich einen größeren
oder geringeren Reichtum an abgestuften, mehr oder weniger
gegeneinander abgegrenzten Helligkeitsunterschieden, ähnlich
wie der Strahlenkegel, der aus einer Projektionslampe durch
ein Bild hindurch herauskommt. Nur ist in unserem Falle
die Helligkeitsverteilung durch die Tätigkeit des Subjekts bestimmbar; wird sie durch das S u b j e k t tätig bestimmt, so
sprechen wir von a k t i v e r Aufmerksamkeit; erscheinen die
G e g e n s t ä n d e als das Bestimmende, so sprechen wir von
p a s s i v e r Aufmerksamkeit.

§ 6. **Das psychische Subjekt oder das Ich und die
Seele.** Wir haben ein Bild der einzelnen psychischen Wirk-

lichkeit gewonnen. Drei Hauptgrundzüge bilden das Grundgerüst: das Gegenstandsbewußtsein, die Gefühle und das
Streben oder Tun. Die Art ihrer Vereinigung wurde bereits
skizziert. Das Gegenstandsbewußtsein ist nach seinen Arten
und nach seiner Form etwas genauer bestimmt worden. Der
Art nach bietet es die Unterschiede des Empfindens, Wahrnehmens, Erinnerns, Vorstellens und Denkens dar. Der Form
nach enthält es in sich einen helleren Strahlenkegel, der auf
Grund seiner inneren Helligkeitsunterschiede dem von ihm
beleuchteten Teil der gegenständlichen Mannigfaltigkeit ein
bestimmtes Beachtungsrelief erteilt. Das so geformte Gegenstandsbewußtsein ist mit dem Gefühl und dem Streben und
Tun zur Einheit der individuellen psychischen Wirklichkeit
vereinigt durch ein gemeinsames Zentrum, nämlich durch das
psychische Subjekt. Alles Psychische ist subjektiv in dem
Sinne, daß es ein psychisches Subjekt in sich enthält. Dasjenige Psychische, das als seinen inneren Lebenspunkt ein
und dasselbe psychische Subjekt hat, bildet eine innere Einheit.
Diesen Lebenspunkt, diesen Kernpunkt der einzelnen psychischen Wirklichkeit wollen wir nun noch mehr fixieren und
damit den Nagel festschlagen, an dem die ganze individuelle
psychische Wirklichkeit hängt.

Wir haben schon früher hervorgehoben, daß das Ich oder
das psychische Subjekt in jedem psychischen Tatbestande
enthalten ist; daß kein psychischer Tatbestand ohne ein Ich
denkbar und beschreibbar ist; daß die numerische Identität des psychischen Subjekts sowohl die Einheit des gleichzeitigen Psychischen als auch die Einheit der individuellen
Lebensgeschichte ausmacht; und daß die numerische Verschiedenheit psychischer Subjekte alles vorhandene Psychische überhaupt in eine Mehrheit isolierter Individuen zersprengt. Die Einsicht, daß das psychische Subjekt oder Ich
den festen Einheits- und Lebenspunkt der einzelnen psychischen Wirklichkeit bildet, hat sich in neuester Zeit immer
mehr ausgebreitet. Dennoch trifft sie häufig auf Widerstand,
der durch traditionelle psychologische Ansichten bedingt ist

In dem Vernichtungskrieg gegen alles Metaphysische innerhalb der Erfahrungswissenschaften hatte auch das Ich ein unberechtigtes Mißtrauen erweckt und war in blindem Eifer aus der psychischen Wirklichkeit verjagt worden. Diese der Wirklichkeit mit überspanntem Mißtrauen entgegentretende Stimmung ragt noch heute an einigen Stellen in die Psychologie hinein. Da man nun aber in der Psychologie tatsächlich nicht ohne ein psychisches Subjekt oder Ich auskommen kann, so sehen sich die von jener Stimmung noch erfüllten Kämpfer genötigt, sich ein Ich aus einem andern, unverdächtigen Stoff zurechtzumachen. Wir wollen diese Versuche, dem Ich ein künstlich zusammengeleimtes Etwas unterzuschieben, kurz prüfen.

Es gibt vier Wege, auf denen man das Ich durch eine Summe von etwas anderem zu ersetzen sucht. Man erklärt erstens, das Ich sei nichts anderes als die S u m m e d e r I n h a l t e des Gegenstandsbewußtseins. Daneben tritt als zweite, schon weniger paradox klingende Behauptung die Erklärung, das Ich sei die S u m m e d e r E m p f i n d u n g e n u n d V o r s t e l l u n g e n. Reicher wird schon das Ich, wenn man es drittens als die S u m m e d e r g l e i c h z e i t i g e n E m p f i n d u n g e n, V o r s t e l l u n g e n, G e f ü h l e u n d S t r e b u n g e n bezeichnet. Völlig gesättigt erscheint das Ich in der vierten Behauptung, die in ihm die S u m m e a l l e r i n d e r Z e i t a u f e i n a n d e r - f o l g e n d e n E m p f i n d u n g e n, V o r s t e l l u n g e n, G e f ü h l e u n d S t r e b u n g e n sieht.

Die Psychologie galt früher eine Zeitlang als die Lehre von den Empfindungs- und Vorstellungsinhalten. Aus diesen speziellen G e g e n s t ä n d e n des Gegenstandsbewußtseins mußte daher eine solche Psychologie alles Psychische zusammengesetzt denken. Kam ihr das Ich in den Weg, so durfte es nichts anderes als eine Summe von Empfindungs- und Vorstellungsinhalten sein. Den allgemeinen Irrtum einer solchen Psychologie haben wir schon erkannt. Er besteht darin, daß sich der beobachtende Psychologe nicht aus seinem psychischen Erleben zurückzuziehen und ihm gegenüberzutreten vermag, daß er vielmehr im psychischen Erleben selbst stecken bleibt, sein Ich vergißt und sich nur den Empfindungs- und Vorstellungsinhalten zuwendet. Freilich tritt dabei doch schon ein zaghafter Seitenblick auf das Empfinden und Vorstellen selbst hinzu, der den Gegenständen den Schein des Psychischen erteilt, ohne aber als die Hauptsache erkannt zu werden. Darum ist denn auch die Erklärung, das Ich sei die Summe der Empfindungs- und Vorstellungsinhalte, mit einer gewissen Zweideutigkeit behaftet. Nehmen wir sie zunächst in wörtlichem Sinne, dann könnte man versuchen, sie durch folgende Überlegung zu stützen. Wir sagen von einem Baum, daß er Wurzeln, Stamm, Zweige, Blätter usw. habe. Nun sei, so fährt man fort, hier offenbar der Baum nichts anderes als die Summe von Wurzeln, Stamm, Zweigen, Blättern usw. Das Subjekt, das die Wurzeln, den Stamm, die Zweige und Blätter hat, sei eben das Ganze aus diesen Teilen. Ebenso sei auch das Ich, das die Empfindungen und Vorstellungen habe nichts anderes als die Summe dieser Teile. Empfindungen und Vorstellungen nimmt man dann im Sinne der Gegenstände, also der empfundenen und vorgestellten Farben, Töne, Gerüche, Geschmäcke usw. Daraus ergibt sich die sonderbare Behauptung, das Ich sei die Summe der Empfindungs- und Vorstellungsinhalte. Lassen wir nun dahingestellt, ob der Baum nichts anderes ist als die Summe dessen, was er hat. Jedenfalls verhält es sich mit dem Ich und seinen Gegenständen anders. Wenn das Ich Empfindungs- und Vorstellungsinhalte hat, so heißt das niemals, das Ich bestehe aus diesen Gegenständen; das Ich ist nicht aus Farben, Tönen etc. zusammengesetzt, wie der Baum aus Wurzeln, Stamm etc. zusammengesetzt ist; es besteht nicht daraus, wie der Baum aus dem besteht, was er hat. Die Empfindungs- und Vorstellungsinhalte, die das Ich hat, sind Gegenstände seines Gegenstandsbewußtseins; dagegen sind die Teile des Baumes nicht Gegenstände eines Gegenstandsbewußtseins für den Baum. Keiner der Empfindungs- und Vorstellungsinhalte hat sich selbst oder andere Gegenstände zu Gegenständen seines Bewußtseins. Dann kann auch die Summe der Gegenstände nicht das psychische Subjekt oder das Ich sein, das ein Bewußtsein von Gegenständen hat. Nicht die Summe der Farben, Töne, Gerüche usw. ist es, die sieht, hört, riecht, vorstellt, denkt und fühlt, sondern ein von ihr verschiedenes Ich. Während jene Summe ein Neben- oder Außereinander von einzelnen Gegenständen ist, ist das Ich kein solches Außereinander von Teilen, sondern eine unausgedehnte, einzigartige Einheit. Aus einer Summe von Empfindungs- und Vorstellungsgegenständen läßt sich daher niemals ein Ich herstellen.

Es ist aber wahrscheinlich ein Mißverständnis, wenn man jene Behauptung, das Ich sei die Summe der Empfindungs- und Vorstellungsinhalte, wörtlich nimmt. Der eigentliche Sinn ist wohl der, daß das Ich die Summe der Empfindungen und Vorstellungen sei. Freilich sind die Worte „Empfindung" und „Vorstellung" in der Psychologie in zweifacher Weise gebraucht worden: man bezeichnete sowohl die empfundenen und vorgestellten Gegenstände als auch die betreffenden Arten des Gegenstandsbewußtseins als Empfindungen und Vorstellungen. Als daher der scharfsinnige englische Philosoph David Hume (1739) auf der Suche nach dem Ich erklärte, er finde in sich immer nur Perzeptionen; das Ich könne also nur das Bündel oder das Zusammen verschiedener, in beständiger Veränderung begriffener Perzeptionen sein, da konnte man wegen der Zweideutigkeit des Wortes Perzeption, das man in „Vorstellung" übersetzte, diese Behauptung in zweifachem Sinne auffassen. Hume selbst hat jedenfalls nur die zweite Bedeutung im Auge gehabt, d. h. er hat gemeint, das Ich sei ein Bündel von Empfindungen und Vorstellungen, und nicht von Gegenständen. Da wir die eine Bedeutung soeben bereits als unmöglich erkannt haben, so halten wir uns jetzt an diese zweite. Betrachten wir den Psychologen, der das Ich sucht und ein Bündel von Perzeptionen findet. Unwillkürlich erhebt sich sodann die Frage, wer denn da suche und finde. Es ist doch nicht das Bündel von Perzeptionen, das da sucht und sich selbst findet. Das suchende und findende Ich muß vielmehr von den Perzep-

tionen, die gefunden werden, verschieden sein. Offenbar vergißt hier der Psychologe sich selbst, das suchende und findende
Ich. Jede einzelne Empfindung und Vorstellung enthält ja
schon das Ich, und nur weil die Empfindungen und Vorstellungen ein und dasselbe Ich enthalten, können sie zusammen
ein Ganzes bilden. Darauf ist auch Hume aufmerksam geworden, denn er erklärt im Nachtrag zu seinem Werk, das
Bündel von Perzeptionen, also das Ich, bilde eine Einheit;
er vermöge aber nicht die Faktoren anzugeben, die diese
Einheit herstellen; hier liege eine Schwierigkeit vor, die er
nicht zu lösen vermöge. Damit gibt Hume in aller Ehrlichkeit
zu, daß das Ich nicht ein bloßes Bündel von Perzeptionen
ist. Spätere Psychologen haben freilich jene nachträglichen
Bedenken Humes häufig einfach ignoriert und unbedenklich
die Erklärung nachgesprochen, das Ich sei ein Bündel von
Vorstellungen.

Eine Mehrheit von gleichzeitigen Vorstellungen bildet ohne
weiteres aber noch keine Einheit. Wie sich auch Kräfte und
Bewegungen niemals zu einer Einheit vereinigen, wenn sie
nicht in einem gemeinsamen Vereinigungspunkt zusammentreffen, so können auch Empfindungen und Vorstellungen nur
dann eine Einheit bilden, wenn sie durch einen gemeinsamen
Punkt, und das ist eben das Ich, vereinigt sind. Eine atomistische Psychologie, das ergibt sich aus allem Vorangehenden,
ist unmöglich; denn die psychische Wirklichkeit besteht nicht
aus einzelnen selbständigen Empfindungen und Vorstellungen,
deren bloße Summe das Ich wäre. Sondern es ist ein einziges
Gegenstandsbewußtsein eines Ich vorhanden; und innerhalb
dieses Gegenstandsbewußtseins lassen sich verschiedene Arten
und Formen konstatieren. Die Einheit der gleichzeitigen
Empfindungen und Vorstellungen innerhalb einer und derselben psychischen Wirklichkeit, das ist nichts anderes als
die Einheit des Ich, das den Empfindungen und Vorstellungen
innewohnt. Wer die Einheit des Gegenstandsbewußtseins
anerkennt, der erkennt damit das Ich an. Nicht eine Summe
von Empfindungen und Vorstellungen ist das, was empfindet

und vorstellt, sondern ein Ich, das zugleich empfindet und
vorstellt, bildet das vereinigende Subjekt des Empfindens und
Vorstellens. Empfindungen und Vorstellungen, die an numerisch
verschiedene Subjekte verteilt sind, bilden eine Mehrheit, aber
niemals die Einheit, die das Gegenstandsbewußtsein einer
individuellen psychischen Wirklichkeit besitzt.

Aus dem Gesagten geht hervor, daß nun auch die dritte
Meinung nicht richtig sein kann, daß also das Ich nicht eine
Summe des Vorstellens, Fühlens und Strebens ist. Denn
schon das einzelne Element dieser Summe, das einzelne Vorstellen, Fühlen oder Streben enthält schon das Ich in sich
und ist ohne psychisches Subjekt undenkbar. Wenn das Ich
empfindet, vorstellt, sich besinnt, erwartet, aufmerkt, vergleicht,
urteilt, Lust oder Unlust fühlt, strebt oder dies und jenes tut,
so ist doch nicht die Summe des Empfindens, Vorstellens,
Fühlens, Strebens und Tuns das eigentliche Subjekt aller dieser
psychischen Tatbestände. Nicht die Summe der Erlebnisse
erlebt diese Erlebnisse, sondern ein und dasselbe spezifische
Ich erlebt alle diese Erlebnisse. Ohne gemeinsames Ich besteht überhaupt kein innerer Zusammenhang zwischen den
Erlebnissen. Man hat zuweilen erklärt, die Psychologie müsse
bei der Summe der Erlebnisse stehen bleiben und dürfe kein
besonderes Ich anerkennen, denn damit würde sie eine bloße
Summe personifizieren. Aber diese Erklärung vernichtet
sich selbst. Denn was heißt personifizieren? Nichts anderes
als: sich etwas als eine Person, als ein Ich vorstellen. Gäbe
es aber gar kein Ich außer der Summe der Erlebnisse, wie
sollte dann für den Menschen überhaupt so etwas wie eine
Personifikation möglich sein? Irgendwoher muß der Mensch
ein Wissen um ein Ich, das von einer bloßen Summe von
Erlebnissen verschieden ist, doch bekommen haben, wenn er
eine Summe soll personifizieren können. Das eigene Ich
allein kann das Vorbild für alle Personifikation sein. Wer
eine Summe personifiziert, denkt sie sich eben als ein Ich
enthaltend. Es muß also in der psychischen Wirklichkeit ein
von der bloßen Summe der Erlebnisse verschiedenes Ich

geben, wenn Personifikation im eigentlichen Sinne möglich sein soll.

Es wiederholen sich auch gegen die vierte Ansicht, daß nämlich das Ich nichts anderes als die zeitliche Reihe der Empfindungen, Vorstellungen, Gefühle und Strebungen sei, die gleichen Einwände. Jedes Glied der zeitlichen Reihe von Erlebnissen enthält schon in sich das Ich. Und nur diejenige zeitliche Reihe von psychischen Erlebnissen bildet einen zusammengehörigen Lebenslauf, die einem und demselben Ich zugehört. Außerdem ist ja in einem gegebenen Moment der größte Teil der zeitlichen Reihe vergangen, also jetzt nicht mehr gegenwärtig. Er kann also auch nicht gegenwärtig das Subjekt sein, das jetzt empfindet oder vorstellt. Und wenn das Ich in der Vergangenheit etwas erlebte, so waren es weder die jetzt gegenwärtigen noch die vergangenen Erlebnisse der zeitlichen Reihe, die damals etwas erlebten, sondern das alle diese Erlebnisse erlebende Ich ist das einzige Subjekt, das die ganze Reihe durchzieht.

Alle vier Wege, das Ich aus etwas anderem zusammenzusetzen, erweisen sich also als ungangbar. Das Ich ist weder eine Summe von Gegenständen noch eine Summe von Vorstellungen noch ein Zusammenhang von Vorstellen, Fühlen und Streben noch eine zeitliche Reihe von psychischen Erlebnissen, sondern es ist das undefinierbare psychische Subjekt, das in allen psychologischen Begriffen notwendig mitgedacht ist, da es den zentralen Lebenspunkt alles psychischen Lebens bildet. Natürlich ist das psychische Subjekt oder Ich vom Selbstbewußtsein wohl zu unterscheiden. Die Behauptung, es sei in jeder psychischen Wirklichkeit ein lebendiges Ich vorhanden, das das Subjekt des Gegenstandsbewußtseins, der Gefühle und des Strebens bilde, besagt nicht, dieses Ich sei zugleich Gegenstand des Gegenstandsbewußtseins. Das ist nach unseren früheren Ergebnissen völlig selbstverständlich. Wir werden im folgenden Paragraphen sehen, daß das Selbstbewußtsein ein eigenartiges Gegenstandsbewußtsein ist, in welchem das Ich einerseits Subjekt, andererseits Gegenstand ist. Die einseitig intellektualistische Psychologie, die alles Psychische nur als Gegenstand eines Gegenstandsbewußtseins oder eines Wissens existieren läßt, muß natürlich das Ich mit dem Selbstbewußtsein verwechseln und so zu unlösbaren Widersprüchen führen.

Wir haben nun im Verlaufe unserer Darlegungen den Begriff der S e e l e bisher mit Absicht vermieden. Es könnte scheinen, als ob wir uns damit denjenigen Psychologen anschlössen, die eine Psychologie ohne Seele als die allein wissenschaftliche erklärten. Aber der Streit darüber hat so lange keinen Zweck, als man nicht den Begriff der Seele genauer bestimmt hat. Denn erst dann, wenn man weiß, was man mit dem Worte „Seele" meint, läßt sich entscheiden, ob die Psychologie die Existenz von Seelen anzuerkennen hat oder nicht. Insbesondere erscheint auch die Streitfrage, die früheren Zeiten so wichtig erschien, ob nämlich die Seele eine Substanz sei oder nicht, als eine bloße Wortfrage. Man sage, was man unter Seele und was man unter Substanz versteht, dann wird sich leicht entscheiden lassen, ob diese Seele die Merkmale einer solchen Substanz an sich trägt oder nicht.

Wir können nun unter der Seele einfach das psychische Subjekt verstehen. Dann ist die Seele nicht etwas jenseits der psychischen Wirklichkeit Liegendes, nicht ein hypothetisch angenommenes, metaphysisches Wesen, sondern der reale, lebendige Mittelpunkt der psychischen Wirklichkeit. Die S e e l e ist es dann, die ein Bewußtsein von Gegenständen hat, die in Gefühlszuständlichkeiten gerät und die strebend tätig ist. D i e s e Seele ist uns bekannt; d i e s e Seele ist nicht durch eine undurchdringliche Mauer unserer Erkenntnis verschlossen. Indem die Psychologie die psychische Wirklichkeit in ihrer Beschaffenheit und Gesetzmäßigkeit erkennt, hat sie auch das Leben und Tun dieser Seele erkannt. In dem psychischen Leben und Tun kommen zugleich die Anlagen, die Fähigkeiten, die Neigungen, die Triebe und Gewohnheiten dieser Seele zum Ausdruck. Eine i n d i v i d u e l l e

Seele ist dann nichts anderes, als ein mit bestimmten Anlagen, Fähigkeiten, Neigungen, Trieben und Gewohnheiten ausgestattetes psychisches Subjekt. Wir kennen eine solche individuelle Seele vollständig, wenn wir wissen, welche ursprünglichen Anlagen, Fähigkeiten, Neigungen und Triebe ihr innewohnen und welches Leben sie hinter sich hat. Wir kennen die Beschaffenheit und Gesetzmäßigkeit des Lebens und Tuns dieser menschlichen Seele überhaupt, wenn wir eine vollständige Psychologie haben. Die Psychologie ist also in diesem Sinne wirklich allgemeine Seelenlehre; denn sie erforscht die psychische Wirklichkeit. Alles Psychische enthält aber in sich ein psychisches Subjekt. Ist das psychische Subjekt die Seele, so enthält alles Psychische die Seele. Und die Wissenschaft vom Psychischen ist dann die Lehre von den Eigenschaften, Erlebnissen, Zuständen und Tätigkeiten der Seele.

Dieser Begriff der Seele reicht für die Psychologie aus. Ob diese in der psychischen Wirklichkeit lebendige Seele eine bloße Erscheinung eines unbekannten metaphysischen Wesens ist oder nicht, braucht die Psychologie nicht zu kümmern. Ja, es erscheint von vornherein fraglich, ob es überhaupt einen Sinn hat, den Unterschied von Erscheinung und Ding an sich auf die Seele selbst anzuwenden. Wenn man bedenkt, daß eine Erscheinung ihrer Natur nach immer ein Gegenstand eines Wissens ist; daß das, was man Erscheinung nennt, nur als Gegenstand eines Gegenstandsbewußtseins existieren kann; daß also jede Erscheinung ein psychisches Subjekt voraussetzt, dem sie erscheint, so erweist es sich als sinnlos, das psychische Subjekt und das psychische Leben und Tun als eine Erscheinung zu bezeichnen. Denn sowohl das psychische Subjekt als auch das psychische Leben und Tun kann existieren und existiert meistens, ohne Gegenstand eines Wissens oder eines Gegenstandsbewußtseins zu sein. Dasein und Gewußtwerden fällt hier nicht zusammen. Hätte die einseitig intellektualistische Psychologie recht, dann könnte freilich alles Psychische nur als Gegenstand eines

Wissens existieren. Aber dann bleibt eben schließlich dieses Wissen um das Psychische und das wissende Subjekt selbst als etwas Psychisches bestehen, das dann an sich und nicht bloß als Erscheinung existiert. Es ist unmöglich, alles Psychische restlos als Erscheinung, also als Gegenstand des Wissens darzustellen. Und es widerspricht der Erfahrung, zu behaupten, irgend etwas Psychisches könne nur als Erscheinung existieren. Denn alles Psychische kann existieren, auch wenn es nicht gerade von jemandem gewußt wird. Vor allem aber existiert das psychische Subjekt selbst, ohne Gegenstand des Gegenstandsbewußtseins sein zu müssen. Jede Erscheinung setzt ein wissendes Subjekt voraus, das die Erscheinung hat, ohne selbst Erscheinung zu sein. Wer daher das psychische Subjekt als Erscheinung bezeichnet, setzt damit ohne weiteres die lebendige Existenz eines anderen psychischen Subjekts voraus, dem das erstere erscheint. Immer entwischt ihm das psychische Subjekt und das Gegenstandsbewußtsein und will sich nicht zur Erscheinung degradieren lassen. Immer steht das Ich der Erscheinnng in ungeschmälerter Realität gegenüber. Ohne das Dasein des Ich gibt es überhaupt keine Erscheinungen. Eine Erscheinung, die niemandem erscheint, ist nichts.

Das psychische Subjekt, seine Erlebnisse, Zustände und Tätigkeiten sind etwas wahrhaft Wirkliches. Wir haben keinen Anlaß zu fragen, was denn nun als das eigentlich Wirkliche hinter diesem psychischen Subjekt, seinen Erlebnissen, Zuständen und Tätigkeiten stecke. Diese Frage erscheint nach dem oben Gesagten als sinnlos. Der sinnlich wahrgenommenen materiellen Welt gegenüber, die Gegenstand des Gegenstandsbewußtseins ist, hat es Sinn, zu fragen, was denn als das wahrhaft Wirkliche dieser uns erscheinenden Welt zugrunde liege. Aber diese Fragestellung kann nicht auf die psychische Wirklichkeit, die uns nicht als sinnlich wahrgenommene Welt gegenübersteht, übertragen werden. Indem wir das psychische Subjekt oder das Ich mit seinen Anlagen, Fähigkeiten, Trieben und Gewohnheiten als Seele bezeichnen,

ist demnach die Seele für uns etwas wahrhaft Wirkliches.
Aber sie liegt nicht jenseits der psychischen Wirklichkeit,
ist also keine „transzendente" Seele, sondern sie bildet den
lebendigen Mittelpunkt der psychischen Wirklichkeit selbst,
ist also eine „immanente" Seele. Und diese immanente Seele
ist es allein, die allen transzendenten und sonstigen Seelen-
begriffen ihren letzten faßbaren Inhalt gibt. An sie wird alles
angeknüpft, was sonst Seele genannt wird.

Ist nun diese Seele eine Substanz? — Versteht man unter
einer Substanz ein völlig selbständiges, einfaches, unveränder-
liches und ewig existierendes Wesen, so ist diese Seele offenbar keine Substanz. Denn sie ist nicht völlig selbständig,
sondern abhängig von dem zugehörigen Leibe, von der
Außenwelt und von anderen Menschen. Sie ist nicht einfach,
sondern ein recht kompliziertes Wesen. Sie ist nicht unveränderlich, sondern erfährt fortwährend durch äußere Einflüsse
und durch das eigene Leben und Tun Veränderungen aller
Art. Und was schließlich ihre Existenz anbetrifft, so wissen
wir nicht, ob und wann sie entstanden ist, und wir wissen
nicht, ob und wann sie wieder vergeht. Die Psychologie als
Erfahrungswissenschaft kann weder behaupten, daß die Seele
ewig und unsterblich sei, noch kann sie das Gegenteil nachweisen, daß die Seele vergänglich und sterblich sei. Denn
es fehlen ihr die hinreichenden Anhaltspunkte, um zwischen
beiden Möglichkeiten sicher entscheiden zu können. Auf
jeden Fall aber ist die Seele keine Substanz im obigen Sinne.
Ob es außer dieser Seele noch wirklich Seelensubstanzen
gibt, ist eine Frage, die außerhalb der Psychologie liegt.

Der Begriff der Seele im Sinne des Ich mit seinen Anlagen, Fähigkeiten, Trieben und Gewohnheiten hält sich also
innerhalb der Schranken einer Erfahrungswissenschaft. Er ist
daher in der Psychologie wohlberechtigt. Die Psychologie
ist sogar genötigt, eine solche Seele anzuerkennen; nicht nur
weil jedes psychische Erleben und Tun ein psychisches Subjekt in sich enthält, sondern auch weil das psychische Leben
im einzelnen fortwährend von der Natur der Seele, von ihren

Anlagen, Fähigkeiten, Trieben und Gewohnheiten wesentlich
mitbestimmt wird. Eine Psychologie ohne Seele in diesem
Sinne ist tatsächlich unmöglich; vermeidet man den Namen
„Seele", so führt man notgedrungen dieselbe Sache unter anderem Namen ein. Die psychische Wirklichkeit besteht, soweit wir wissen, aus vielen, voneinander isolierten Seelen und
deren Erlebnissen, Zuständen und Tätigkeiten.

Wir müssen nun noch den Einwand gegen das Gesagte
beseitigen, der auf der Verwechslung des Ich und der Seele
mit dem Selbstbewußtsein beruht. Es sind die Begriffe des
„Bewußtseins" und der „Bewußtseinsinhalte", die durch ihre
Mehrdeutigkeit außer anderem auch diese Verwechslung verschulden. Wir werden daher der Charakterisierung des Selbstbewußtseins eine kurze Erörterung über das Bewußtsein und
die Bewußtseinsinhalte voranschicken.

**§ 7. Bewußtsein, Bewußtseinsinhalte und das Selbst-
bewußtsein.** An mehreren Stellen haben wir den Begriff des
Bewußtseins schon vorübergehend in die Darstellung herein-
gezogen, um die Gefahren desselben momentan zu beleuchten.
Nachdem wir die Grundzüge der psychischen Wirklichkeit genügend fixiert haben, können wir uns nun diesem mehrdeutigen
Begriff selbst zuwenden.

Vier voneinander verschiedene Begriffe des Bewußtseins
lassen sich unterscheiden. Zunächst kann man unter Bewußtsein das Selbstbewußtsein verstehen. In dieser
Bedeutung wird der Begriff heute nicht mehr viel gebraucht.
Wir scheiden ihn daher aus. Im folgenden wird sich zeigen,
daß das Selbstbewußtsein ein bestimmtgeartetes Gegenstandsbewußtsein ist. Die nächstliegende Bedeutung, in der das
Wort Bewußtsein am meisten verwendet wird, ist nichts anderes als das, was wir das Gegenstandsbewußtsein genannt haben. Wenn man sagt, jemand habe ein Bewußtsein
von etwas, so meint man damit, er habe ein „Wissen um"
etwas, habe etwas als Gegenstand vor sich und erfasse es
in der eigentümlichen Weise, in der Gegenstände des Gegenstandsbewußtseins vom psychischen Subjekt umfaßt sind.

Auch wenn man von Graden des Bewußtseins spricht, ist das
Gegenstandsbewußtsein mit seinen Formunterschieden gemeint.
Wir könnten dieses Bewußtsein auch als „Gewußtsein" bezeichnen. In diesem Sinne ist b e w u ß t alles das, was Gegenstand des Gegenstandsbewußtseins ist. Den Gegensatz dazu
bildet das „Unbewußte" im Sinne des „Ungewußten". Unbewußt in diesem Sinne ist alles, was gegenwärtig nicht
Gegenstand eines Gegenstandsbewußtseins ist. Da nun das
aktuelle Gegenstandsbewußtsein selbst und die aktuellen Gefühle und Strebungen gewöhnlich nicht zugleich Gegenstände
für das wissende, fühlende und strebende Subjekt sind, so
sind sie, also alles Psychische seiner Natur nach, u n b e w u ß t
in diesem Sinne. Das psychische Subjekt hat ein Bewußtsein
von etwas, erlebt Gefühle und ist tätig, ohne zugleich von
diesem Bewußtsein, diesen Gefühlen und diesem Tun ein
Bewußtsein zu haben. Seine Erlebnisse, Zustände und Tätigkeiten sind an sich keine vor ihm stehenden Gegenstände
seines Gegenstandsbewußtseins. Bewußtsein im Sinne des
Gegenstandsbewußtseins kommt also nicht allem Psychischen
zu. Freilich kann auch etwas Psychisches bewußt, d. h.
Gegenstand eines Gegenstandsbewußtseins, eines Wissens
sein; aber das heißt nicht, dieses Psychische sei jetzt lebendiges Erlebnis, Fühlen oder Tun des wissenden Subjekts,
sondern es heißt, dieses Psychische stehe dem Subjekt als
Gegenstand seines Wissens gegenüber.

Wesentlich andere Ergebnisse gewinnen wir, wenn wir
d r i t t e n s das Wort „Bewußtsein" im Sinne eines a l l e m Psychischen zukommenden Charakteristikums nehmen. Während
vorher die Erklärung, etwas sei im Bewußtsein vorhanden
oder trete ins Bewußtsein, einfach besagte, dieses Etwas sei
oder werde Gegenstand eines Gegenstandsbewußtseins, besagt sie hier gar nichts dergleichen, sondern bedeutet, daß
etwas Psychisches jetzt existiere oder jetzt ins Dasein trete.
Können Farben, Töne usw. zwar Gegenstände des Gegenstandsbewußtseins werden, so können sie doch nie etwas
Psychisches werden, also nie in das Bewußtsein in diesem

dritten Sinne eintreten. Da der Charakter des Psychischen keine Grade hat, da etwas nur entweder etwas Psychisches oder nichts Psychisches sein kann, so gibt es in dieser Bedeutung des Wortes „Bewußtsein" keine Grade des Bewußtseins. „B e w u ß t" ist dann alles, was den Charakter des Psychischen hat; Bewußtsein kommt dann allem Psychischen seiner Natur nach zu. „U n b e w u ß t" dagegen ist alles nicht Psychische, also z. B. alle Farben, Töne, Gerüche, Geschmäcke, alle materiellen Dinge und Geschehnisse. Die Welt des Bewußtseins ist in diesem Sinne nichts anderes als die psychische Wirklichkeit selbst. In dieses Bewußtsein kann nicht etwas vorher Existierendes eintreten, und aus ihm kann nicht etwas wieder heraustreten und noch weiter existieren. Denn, ist das Bewußtsein das Charakteristikum des Psychischen, so kann es etwas „unbewußt Psychisches" n i c h t geben.

Schließlich kann man nun noch v i e r t e n s unter dem „Bewußtsein" das psychische Subjekt, das Ich, sofern es ein Gegenstandsbewußtsein hat oder eines Wissens um etwas fähig ist, verstehen. Das Bewußtsein in diesem Sinne kann sich auf diesen oder jenen Gegenstand richten; ihm kann dieser oder jener Gegenstand gegeben sein. Da das wissende Ich keine Grade hat, und da die Gegenstände seines Wissens ihm gegenüberstehen, so hat das Bewußtsein in diesem Sinne keine Grade, und in dieses Bewußtsein können keine Gegenstände eintreten und wieder daraus verschwinden. „Bewußt" ist in diesem Sinne jedes psychische Subjekt, sofern es ein Gegenstandsbewußtsein hat. „Unbewußt" dagegen alles dasjenige, das nicht psychisches Subjekt eines Gegenstandsbewußtseins ist, also z. B. auch ein bloß fühlendes und strebendes Subjekt, wie Schopenhauers Weltwille. Es ist wenigstens die Möglichkeit zuzugeben, daß es etwas unbewußt Psychisches in diesem Sinne gebe. Besagt also die Erklärung, etwas sei u n b e w u ß t, nach unserer zweiten Bedeutung des Wortes nur, daß etwas da sei, ohne G e g e n s t a n d eines Gegenstandsbewußtseins zu sein, besagt sie nach der dritten Bedeutung, daß es n i c h t s Psychisches sei, so besagt sie

hier, daß dieses Etwas kein Gegenstandsbewußtsein h a b e.
Im ersten Fall gibt es tatsächlich sehr viel unbewußt Psychisches, im zweiten Fall ist unbewußt Psychisches seiner
Natur nach unmöglich, im dritten Fall dagegen ist unbewußt
Psychisches möglich, wenn auch in der Erfahrung schwer
nachweisbar. Schopenhauers unbewußter Weltwille ist also
nur dann ein in sich unmögliches Etwas, wenn man das Wort
„unbewußt" in der mittleren Bedeutung gleich nichtpsychisch
setzt.

Das Wort „Bewußtsein" umfaßt also sehr verschiedene
Bedeutungen. Natürlich muß Verwirrung entstehen, wenn man
diese Bedeutungen nicht auseinanderhält, sondern das Wort
so gebraucht, als ob es nur einen einzigen und allbekannten
Sinn hätte. Diese Mehrdeutigkeit des Wortes „Bewußtsein"
führt nun dazu, daß auch unter „B e w u ß t s e i n s i n h a l t e n" sehr
verschiedenes verstanden werden kann. Nimmt man z. B.
das Bewußtsein im Sinne des Gegenstandsbewußtseins, so
sind die Bewußtseinsinhalte nichts anderes als die Gegenstände
dieses Gegenstandsbewußtseins. Da nun alles, was es für den
Menschen gibt, Gegenstand eines Gegenstandsbewußtseins
werden kann, so gehört eben alles zu den möglichen Bewußtseinsinhalten. Die Erklärung, etwas, z. B. eine rote Fläche,
sei Bewußtseinsinhalt, besagt dann nicht, daß die Fläche bestimmte Eigenschaften habe, oder daß sie etwas Psychisches
sei, sondern behauptet nur, diese Fläche sei jetzt Gegenstand
eines Gegenstandsbewußtseins. Ein Gefühl ist in diesem Sinne
Bewußtseinsinhalt, wenn es Gegenstand eines Gegenstandsbewußtseins ist. Wir haben aber schon gesehen, das Gefühle
und ebenso Strebungen und das Gegenstandsbewußtsein selbst da
sein können, ohne zugleich G e g e n s t ä n d e dieses Gegenstandsbewußtseins zu sein. Gegenstandsbewußtsein, Gefühle und
Strebungen, also das Psychische überhaupt kann also da sein,
ohne Bewußtseinsinhalt in diesem Sinne zu sein. Da nun die
Psychologie die Wissenschaft vom Psychischen ist, so kann
sie nicht als die Lehre von den Bewußtseinsinhalten bezeichnet
werden, wenn man eben unter den Bewußtseinsinhalten die

Gegenstände des Gegenstandsbewußtseins versteht. Andererseits würde eine solche Definition der Psychologie viel zu weit sein, da ja alles Bewußtseinsinhalt werden kann. Die Psychologie als Lehre von den Bewußtseinsinhalten würde also Universalwissenschaft sein, die alle möglichen Wissenschaften umfaßte. Um dieser Konsequenz auszuweichen, um die Psychologie als eine besondere Erfahrungswissenschaft zu retten, sehen sich daher diejenigen, die sie als die Lehre von den Bewußtseinsinhalten definieren, zu überaus künstlichen Begriffsbestimmungen genötigt. Wir haben gesehen, daß die Psychologie ihre besonderen Gegenstände hat, die da sein können, ohne Bewußtseinsinhalt zu sein, und die nur von der Psychologie nach ihrer allgemeinen Beschaffenheit und Gesetzmäßigkeit untersucht werden.

Nimmt man aber das „Bewußtsein" als dasjenige, was allem Psychischen als gemeinsame Eigenschaft zukommt, setzt man also bewußt und psychisch einander gleichbedeutend, so ist unter den Bewußtseinsinhalten nichts anderes als die einzelnen psychischen Erlebnisse, Zustände und Tätigkeiten zu verstehen. Dann sind die Arten des Gegenstandsbewußtseins, die Gefühle, die Strebungen und das psychische Subjekt selbst notwendig und immer Bewußtseinsinhalte, denn sie sind das eigentlich Psychische. Dagegen sind dann Farben, Töne, Gerüche, Geschmäcke usw. niemals Bewußtseinsinhalte. Denn sie können zwar Gegenstände eines Gegenstandsbewußtseins sein oder werden, niemals aber können sie zu Arten des Gegenstandsbewußtseins, zu Gefühlen oder zu Strebungen eines psychischen Subjektes werden. Die Psychologie läßt sich dann freilich als die Wissenschaft von den Bewußtseinsinhalten definieren, aber damit sind dann notwendig die Farben, Töne, Gerüche, Geschmäcke usw. als solche von der Psychologie ausgeschlossen. — Aus der Vermischung der beiden angeführten Bedeutungen, die dem Wort „Bewußtseinsinhalt" zukommen können, ist in der Psychologie bis auf den heutigen Tag eine weitreichende Verwirrung entstanden. Wir haben es vorgezogen, die Psychologie nicht als die Lehre von den Bewußtseinsinhalten zu definieren, um uns nicht von vornherein in jene gefährlichen Unklarheiten zu verstricken. Wir entgehen so einerseits der Gefahr, die Farben, Töne, Gerüche, Geschmäcke usw. als das eigentlich Psychische anzusehen, und wir vermeiden andererseits die falsche Annahme, als sei das Dasein des Psychischen identisch mit seinem Gewußtwerden.

Bedeutet das „Bewußtsein" das gemeinsame Charakteristikum alles Psychischen, so ist natürlich das psychische Subjekt oder das Ich „bewußt", im „Bewußtsein" vorhanden, also ein „Bewußtseinsinhalt" in diesem Sinne, denn es ist der zentrale Lebenspunkt der psychischen Wirklichkeit. Dagegen ist das psychische Subjekt oder das Ich durchaus nicht notwendig immer Gegenstand eines Gegenstandsbewußtseins, also nicht notwendig „gewußt", nicht im „Bewußtsein" im Sinne des Gegenstandsbewußtseins vorhanden, also nicht notwendig „Bewußtseinsinhalt" in dieser anderen Bedeutung. Ist das eigene psychische Subjekt, das eigene Selbst Gegenstand des Gegenstandsbewußtseins, so liegt der psychische Tatbestand vor, den man als Selbstbewußtsein bezeichnet. Das psychische Subjekt oder Ich ist also von dem Selbstbewußtsein wohl zu unterscheiden. Die Behauptung, es sei in jeder psychischen Wirklichkeit immer ein psychisches Subjekt oder Ich vorhanden, besagt durchaus nicht, daß in der psychischen Wirklichkeit immer ein Wissen um das eigene Ich, ein Selbstbewußtsein vorhanden sei. Von hier aus können wir leicht einen Einwand beseitigen, der gegen die Existenz des Ich manchmal vorgebracht wird. Denn er beruht auf der Verwechselung des Ich mit dem Selbstbewußtsein, also schließlich auf der Verwechselung zweier völlig verschiedener Bedeutungen des Wortes „Bewußtsein". Man sagt nämlich, ein Ich sei nicht immer und nicht notwendig in der psychischen Wirklichkeit vorhanden, denn die Beobachtung kleiner Kinder zeige, daß sie von ihrem Ich noch nichts wissen. Ja, das Kind sei noch völlig unfähig, die schwierige Unterscheidung zwischen dem Ich und dem Nicht-Ich zu vollziehen. Das Ich sei daher ein spätes Entwickelungsprodukt, nicht etwas ursprünglich Vor-

handenes. Schon in dieser Formulierung des Einwandes tritt
jedoch das Mißverständnis klar zutage. Der Einwand weist
darauf hin, daß dem Kinde das Wissen um das eigene Ich
fehle, daß also das Ich nicht Gegenstand seines Gegenstandsbewußtseins sei. Auch die Unterscheidung des eigenen Ich
von allem anderen setzt voraus, daß das Ich Gegenstand
des Bewußtseins sei. Nun kann aber sehr wohl das Ich, wie
alles Psychische, das ein, ohne Gegenstand eines Gegenstandsbewußtseins zu sein. Daraus, daß das Kind kein Wissen
um das eigene Ich hat und zur Unterscheidung des Ich vom
Nicht-Ich nicht fähig ist, folgt also auch nicht im geringsten,
daß in der psychischen Wirklichkeit des Kindes kein psychisches Subjekt oder Ich von Anfang an vorhanden sei. Ja,
das Wissen um etwas und das Unterscheiden, das doch in
bezug auf andere Gegenstände dem Kinde zugeschrieben
wird, enthält selbst in sich schon das psychische Subjekt.
Jener Einwand setzt also tatsächlich die Existenz des Ich
voraus und streitet in Wahrheit nur gegen die ursprüngliche
Existenz des Wissens um das eigene Selbst. Dieses Selbstbewußtsein, nicht aber das psychische Subjekt selbst ist ein
spätes Entwicklungsprodukt. Das Ich entwickelt sich freilich
auch im Laufe des Lebens, aber es ist schon mit der psychischen Wirklichkeit ursprünglich da. Das Ich entsteht nicht
erst durch Unterscheidung vom Nicht-Ich, sondern bildet die
notwendige Voraussetzung alles Unterscheidens. Dagegen ist
freilich das Wissen um das eigene Ich nichts Ursprüngliches,
sondern entsteht erst im Laufe des Lebens; und es ist nicht
in jedem psychischen Tatbestande notwendig enthalten. Der
Unterschied zwischen dem Ich und dem Wissen um das eigene
Ich wird noch deutlicher werden, wenn wir jetzt das Selbstbewußtsein etwas genauer betrachten.

Der Sprachgebrauch des gewöhnlichen Lebens bezeichnet
als Selbstbewußtsein nicht nur das bloße Wissen um das
eigene Selbst, sondern auch das Bewußtsein von dem größeren
oder geringeren Werte des eigenen Ich und seiner Leistungsfähigkeit. Wenn man von jemandem sagt, er sei von großem

Selbstbewußtsein erfüllt, dann will man nicht bloß behaupten, er habe ein irgendwie geartetes Wissen von seinem eigenen Ich, sondern man will vor allem betonen, daß er sein Selbst als ein besonders bedeutendes und leistungsfähiges Wesen betrachte. Dieses Selbstbewußtsein, dieses Bewußtsein des eigenen Wertes ist ein komplizierterer Tatbestand als das bloße Wissen um das eigene Ich; man würde es besser als das Selbstwertbewußtsein bezeichnen und den Namen „Selbstbewußtsein" für das bloße Gegenstandsbewußtsein reservieren, dessen Gegenstand das eigene Selbst ist. Das Selbstwertbewußtsein ist dann ein spezieller Fall des Selbstbewußtseins. Aber auch das Bewußsein des eigenen Unwertes, wie es z. B. in der Reue enthalten ist, ist ein besonderer Fall des Selbstbewußtseins. In beiden Fällen ist eben das Selbst Gegenstand des Gegenstandsbewußtseins; nur ist es im ersten Falle zugleich Gegenstand eines gewissen Wohlgefallens, im zweiten dagegen eines gewissen Mißfallens. Wir beschränken uns hier auf das Selbstbewußtsein, das ein Gegenstandsbewußtsein mit einem speziellen Gegenstande ist.

Daß ein Selbstbewußtsein in diesem Sinne beim erwachsenen Menschen vorkommt, ist zweifellos. Jeder hat gelegentlich ein Bewußtsein von seinem Selbst. Wenn man aber nun fragt, was denn im Selbstbewußtsein den Gegenstand des Gegenstandsbewußtseins bildet, so läßt sich darauf keine eindeutige Antwort geben. Denn die verschiedensten Menschen haben im allgemeinen Verschiedenes vor Augen, wenn sie ihr eigenes Selbst vorstellen. Und der einzelne Mensch stellt zu verschiedenen Zeiten nicht immer das Gleiche als sein eigenes Selbst vor. Das Selbst, das Gegenstand des Selbstbewußtseins ist, ist eine verdichtete Mannigfaltigkeit, die sehr verschiedene Beschaffenheiten zeigt und im Laufe der Zeit große Veränderungen durchmacht. Bei den meisten Menschen wird der eigene Leib eine besondere Stelle in dem Komplex einnehmen, der als eigenes Selbst ihnen bewußt ist. Denn der eigene Leib ist der sinnlich anschauliche Repräsentant der psychischen Persönlichkeit. Er tritt als solcher so sehr in den Vordergrund des Selbstbewußtseins, daß man ihn manchmal sogar direkt als das Ich selbst bezeichnet. Genauere Besinnung zeigt dann freilich, daß der eigene Leib doch schließlich nur ein Objekt der Außenwelt, wie andere materielle Dinge, ist; daß er nur das sinnlich anschauliche Anhängsel des Ich, nicht das Ich selbst ist. Nur die innige Abhängigkeitsbeziehung, in welcher der Leib zur psychischen Persönlichkeit steht, verschafft dem Leib vor allen anderen materiellen Dingen die Vorzugsstellung, zum Selbst gerechnet zu werden. Es kommt aber wohl nur bei wenigen Menschen zu einer völligen Ausscheidung des eigenen Leibes aus dem Bilde ihres eigenen Selbst. Wenigstens bleibt meistens der Leib das anschauliche Material, in welchem für das Selbstbewußtsein das eigentliche Selbst eingebettet liegt. In den verdichteten Gegenstandskomplex, der als das Selbst bewußt ist, tritt dann weiter das vergangene psychische Leben und Tun. Das Selbst ist bewußt als dasjenige, das diese Lebensgeschichte durchlebt und diese Taten vollbracht hat. Zugleich erscheint es dann als dasjenige, das zu diesen oder jenen Leistungen fähig oder unfähig ist. So kann sich der Kern des Selbst immer mehr bereichern und erweitern. Bei vielen Menschen liegt jedoch der Schwerpunkt ihrer Beachtung nicht in diesem Kern, sondern hauptsächlich in der anhängenden Peripherie des Selbst; d. h., in ihrem Selbstbewußtsein steht im Höhepunkt ihrer Beachtung nicht eigentlich das psychische Selbst, sondern das, was äußerlich daran hängt. Ihr Leib, ihre Kleider, ihr Besitz, ihre Angehörigen, ihre Vorfahren und deren Leistungen bilden die wesentlichen Bestandteile in dem Bilde, das sie von ihrem eigenen Selbst haben. Und der Wert dieser Anhängsel des Selbst erscheint ihnen als der Wert ihres Selbst. Es ist höchst charakteristisch für den einzelnen Menschen, welchen Inhalt und welches Beachtungsrelief das Bild seines eigenen Selbst in seinem Selbstbewußtsein hat.

Der Inhalt und das Beachtungsrelief des Gegenstandes, der dem einzelnen Menschen als sein wirkliches Selbst bewußt ist, zeigen also mannigfache Verschiedenheiten. In diesem Selbst-

bewußtsein blickt der Mensch gleichsam unmittelbar auf sein
eigenes Selbst, wie er es für wirklich vorhanden hält; er
sieht gleichsam das Original seines Selbst. Es gibt aber
auch ein Bewußtsein von seinem Selbst, in welchem er das
Selbst gleichsam als sein Spiegelbild sieht. Die anderen
Menschen, mit denen er in Verkehr tritt, sind, bildlich gesprochen, eine Reihe von verschiedenen Spiegeln, in denen
er sein Selbst in verschiedenen Gestalten gespiegelt sieht. Er
entnimmt dem Verhalten der anderen Menschen die Anhaltspunkte, um sein Selbst so vorzustellen, wie es ihnen erscheint.
Er findet in den verschiedenen Menschen die verschiedensten
Bilder seines Selbst. Im Verkehr mit den Menschen wird der
einzelne veranlaßt, sich selbst in sehr verschiedenen Gestalten
und Formen vorzustellen. Und diese Spiegelbilder seiner
selbst in anderen Menschen interessieren ihn in höherem
oder geringerem, manchmal in außerordentlich hohem Grade.
Sie bestimmen mehr oder weniger mit, wie er sich nun sein
wirkliches Selbst vorstellt. Es geschieht dann leicht, daß er
sich nicht so sehr darum kümmert, sein wirkliches Selbst zu
einem befriedigenden zu gestalten, sondern sich vor allem
eifrigst bemüht, in einer größeren oder geringeren Anzahl
anderer Menschen möglichst günstige Spiegelbilder seines
Selbst hervorzubringen. Die meisten Menschen wollen nicht
nur da sein, sich ihres Lebens freuen und ihre Pflicht tun,
sondern sie wollen vor allen Dingen in anderen Menschen
wohlgefällige Bilder ihrer eigenen Persönlichkeit schaffen. Nun
hängt die Beschaffenheit der Spiegelbilder nicht nur von dem
Original sondern auch von der Beschaffenheit des Spiegels
ab. Die das eigene Selbst spiegelnden anderen Menschen
sind aber sehr verschieden; von ihrer Erfahrung, ihrer Intelligenz
und ihren Wertschätzungen hängt die Beschaffenheit des Bildes
ab, das sie von einer bestimmten Persönlichkeit haben. Wer
daher nicht nach seinen eigenen Wertschätzungen sein Selbst
gestaltet, sondern sich nur bemüht, mit Anpassung an die
Beschaffenheit der Spiegel möglichst günstige Spiegelbilder
seines Selbst zu schaffen, ist der Sklave anderer Menschen

Er verwechselt sein Selbst mit seinen Spiegelbildern und unterwirft sich völlig den Forderungen auch der trübsten und unebensten Spiegel. Der Gegenstand seines Selbstbewußtseins ist nicht sein wirkliches Selbst, sondern ein verändertes Spiegelbild desselben.

Wohl in jedem Menschen bildet sich jedoch, besonders in der Jugend, ein Idealbild des eigenen Selbst. Er abstrahiert von den Mängeln und Unvollkommenheiten, die er an seinem Selbst noch entdeckt und stellt sein Selbst so vor, wie er es gern haben möchte. Der eine vergißt mit der Zeit sein Ideal; der andere hält sich schon für das, was er sein möchte; ein dritter blickt auf das Idealbild seines Selbst in tatenloser Resignation; ein vierter sucht wenigstens die Spiegelbilder seines Selbst in anderen Menschen seinem Idealbild anzunähern; nur bei wenigen Menschen geht von dem Idealbild ihres Selbst ein lebenslänglicher Antrieb zu tatkräftiger Verwirklichung desselben aus.[1]

So schwankend und unbestimmt nun aber auch der Gegenstand ist, der als das eigene Selbst von verschiedenen Menschen und von demselben Menschen zu verschiedenen Zeiten vorgestellt wird, so ist doch der eigentliche Kernpunkt, an den sich alles, was überhaupt zum Selbst gerechnet wird, angliedert, das eigene psychische Subjekt oder Ich. Nur das, was irgendwie diesem Ich zugehörig erscheint oder betrachtet wird, wird in das Selbst mit hereingenommen. Das wahre und eigentliche Selbst, das ist das psychische Subjekt mit seinen Anlagen, Fähigkeiten, Trieben und Gewohnheiten. Auf der höchsten Stufe des Selbstbewußtseins sondert sich das Ich, das ein mehr oder weniger geordnetes System von bestimmten ursprünglichen und erworbenen Fähigkeiten, potentiellen Strebungen und Gewohnheiten in sich enthält, als der eigentliche Kern der Persönlichkeit heraus und bildet den wesentlichen Gegenstand des Selbstbewußtseins.

---

[1] Vergl. hierzu die interessanten Darlegungen bei W. James: *Principles of Psychology.* Vol. I, Ch. X.

Nachdem wir so den Gegenstand des Selbstbewußtseins angedeutet haben, müssen wir nun noch einen kurzen Blick auf die Eigenart des Selbstbewußtseins selbst werfen. Das Selbstbewußtsein ist ein Gegenstandsbewußtsein, das zur Art des Vorstellens gehört; es besteht in dem vorstellenden Erfassen eines bestimmtgearteten Gegenstandes. Das psychische Subjekt hat ein Selbstbewußtsein, wenn es den bestimmten Gegenstand, den wir das „Selbst" nennen, vor sich hat und „wissend" erfaßt, zugleich aber diesen Gegenstand mit sich selbst identifiziert. Es kann ja auch ein fremdes Selbst Gegenstand des Gegenstandsbewußtseins sein, so z. B. wenn das psychische Subjekt an einen bestimmten anderen Menschen denkt. Dann steht dem psychischen Subjekt ein Selbst als Gegenstand seines Wissens gegenüber, ohne als sein eigenes Selbst bewußt zu sein. Dagegen ist eben im Selbstbewußtsein das dem psychischen Subjekt als Gegenstand gegenüberstehende Selbst ihm als sein eigenes bewußt. Das psychische Subjekt weiß im Selbstbewußtsein um sich selbst; es ist zugleich Subjekt des Wissens und Gegenstand des Wissens. Dieses Wissen um sich selbst ist ein einzigartiger Tatbestand, den man nicht weiter zurückführen kann. Auch wenn man sagt, es liege darin ein Identitätsbewußtsein; der Gegenstand des Bewußtseins werde vom Subjekt mit sich selbst identifiziert, so bleibt doch dieses Identitätsbewußtsein von allem sonstigen Identitätsbewußtsein verschieden. Hat z. B. ein Mensch das Bewußtsein, der Hut, den er heute trägt, sei identisch mit dem, den er gestern getragen hat, so hat er zunächst zwei Gegenstände vor sich, den Hut von heute und den Hut von gestern, und erkennt dann, daß die beiden Gegenstände ein und derselbe Gegenstand sind. Wenn dagegen ein Mensch ein Selbstbewußtsein hat, also ein vorgestelltes Selbst mit sich selbst identifiziert, dann hat er nicht erst zwei Gegenstände vor sich, die er dann als einen und denselben Gegenstand erkännte, sondern er hat nur einen Gegenstand vor sich, der ihm als sein Selbst bewußt ist. Läuft in jenem Falle gleichsam der Verbindungsfaden auf der

Gegenstandsseite vom einen Gegenstand zum anderen, so läuft er im Selbstbewußtsein dagegen von dem einen Gegenstand in das psychische Subjekt selbst hinein. Das psychische Subjekt hat das Bewußtsein, sich selbst vor sich zu haben.

Das Selbstbewußtsein ist also ein eigenartiges Gegenstandsbewußtsein. Das psychische Subjekt oder das Ich i s t nicht ein Gegenstandsbewußtsein, sondern h a t ein Gegenstandsbewußtsein. Damit ist der aus den obigen Ausführungen hervorgehende Unterschied zwischen dem Ich und dem Selbstbewußtsein noch einmal kurz formuliert. Durch die klare Unterscheidung des Ich vom Selbstbewußtsein wird der Einwand gegen die ursprüngliche Existenz des Ich, der auf der Verwechslung beider beruht, völlig beseitigt. Wir haben damit den zentralen Lebenspunkt der individuellen psychischen Wirklichkeit fixiert und wollen nun noch in einem letzten Kapitel einen Ausblick auf einige Grundgesetze des psychischen Lebens tun.

---

4. Kapitel.
Die Grundgesetze des psychischen Lebens.

§ 1. **Die Assoziationsgesetze.** Wir fassen wiederum eine individuelle psychische Wirklichkeit ins Auge. Wir haben dann vor uns ein Ich, ausgestattet mit bestimmten Anlagen, Fähigkeiten, Dispositionen und Trieben. Dieses Ich hat im gegebenen Moment ein Gegenstandsbewußtsein, befindet sich zugleich in einem bestimmten Gefühlszustand und ist nach einer bestimmten Richtung tätig. Das Gegenstandsbewußtsein ist auf einen mehr oder weniger komplizierten Gegenstand bezogen, es hat einen bestimmten Umfang und eine bestimmte Form. Oder, anders ausgedrückt, die Gegenstandsseite des Gegenstandsbewußtseins hat einen mehr oder weniger komplizierten Inhalt, einen bestimmten Umfang und ein bestimmtes Beachtungsrelief. Sowohl dieser Inhalt wie der Umfang und das Beachtungsrelief der Gegenstandsseite ist fortwährenden

Veränderungen unterworfen. Angesichts dieses Gegenstandsbewußtseins muß nun die Psychologie die Fragen erheben:
wie kommt es, daß in diesem Moment gerade dieser Gegenstandskomplex in diesem Umfang und diesem Relief bewußt
ist? und wodurch werden die Veränderungen des Inhalts, des
Umfangs und des Beachtungsreliefs der Gegenstandsseite hervorgerufen? Um diese Fragen zu beantworten, teilt man sie
in Einzelfragen. Man fragt zunächst, wie kommt es, daß die
Gegenstandsseite des Gegenstandsbewußtseins im gegebenen
Moment gerade diesen bestimmten Inhalt hat? Diese Frage
führt nun hinsichtlich derjenigen Elemente der Gegenstandsseite, die im gegebenen Moment empfunden werden, aus
der psychischen Wirklichkeit heraus. Es läßt sich nicht aus
rein psychischen Bedingungen erklären, daß das Ich jetzt gerade diese Gegenstände empfindet. Die Natur der Außenwelt
und ihre Wirkung auf die bestimmtbeschaffenen Sinnesorgane,
Nerven und Gehirnrindenpartien des menschlichen Körpers
sind es, die mitbestimmen, was gegenwärtig empfunden wird.
Lassen wir diese Frage beiseite und richten unseren Blick
auf diejenigen Elemente der Gegenstandsseite, die nicht empfunden sondern im allgemeinsten Sinne vorgestellt sind.
Auf die Frage nun, wie es komme, daß das psychische Subjekt jetzt gerade diese bestimmten Gegenstände vorstelle,
könnten wir zunächst mit dem Hinweis auf das antworten,
was sich uns früher bei der Erörterung des Begriffs der Vorstellung und des Gedächtnisses ergeben hat. Wir sahen, daß
das, was ein Mensch vorstellt, immer wenigstens in seinen
Elementen schon früher von ihm erfahren oder erlebt worden
ist. Er hat das Vorgestellte schon einmal erfahren, d. h. es
war schon einmal Gegenstand eines bestimmten Gegenstandsbewußtseins; er hat anderes Vorgestellte schon mal erlebt,
d. h. es war schon einmal aktueller Bestandteil seiner psychischen Wirklichkeit. Das frühere Erfahren und Erleben hat
Dispositionen zu Vorstellungen des Erfahrenen und Erlebten
hinterlassen. Was ein psychisches Subjekt im gegebenen
Moment vorzustellen vermag, hängt also ab von den erwor-

benen Dispositionen zu Vorstellungen oder vom Gedächtnis im allgemeinen Sinne, da dieses nichts anderes ist als die Gesamtheit der Dispositionen zu Vorstellungen. Aber die Dispositionen begründen doch nur die Möglichkeit bestimmter Vorstellungen. Im gegebenen Moment wird ja nicht alles vorgestellt, was auf Grund der vorhandenen Dispositionen vorgestellt werden könnte, sondern meistens ist nur ein relativ kleiner Teil der möglichen Vorstellungsgegenstände wirklich vorgestellt. Kein Mensch stellt fortwährend alles das vor, was er überhaupt erfahren und erlebt hat. Es sind also in jedem Moment nur bestimmte Dispositionen oder Dispositionen zu bestimmten Vorstellungen, die zur Wirksamkeit gelangen, d. h. die zum wirklichen Vorstellen der bestimmten Gegenstände führen. Der Hinweis auf die Dispositionen oder das Gedächtnis erklärt also noch nicht, warum im gegebenen Augenblick gerade diese bestimmten und nicht irgend welche anderen der möglichen Vorstellungsgegenstände vorgestellt werden.

Auf den ersten Blick scheint es, als ob es völlig zufällig sei und aller Regel sich entziehe, was ein Mensch jetzt gerade vorstelle. Genauere Untersuchung zeigt jedoch, daß das Vorstellen des Menschen an bestimmte Bahnen gebunden ist. Was er in einem gegebenen Moment vorstellt, hängt nicht nur allgemein von den vorhandenen Dispositionen, sondern auch davon ab, was er gleichzeitig oder unmittelbar vorher empfindet oder vorstellt. Stellt er z. B. jetzt einen Donner vor, so wird er zu dieser Vorstellung veranlaßt sein dadurch, daß er gleichzeitig oder unmittelbar vorhergehend etwas empfindet oder vorstellt, was zu dem Donner in einer bestimmten Beziehung steht. Er sieht vielleicht einen Blitz, oder er liest oder hört das Wort „Donner", oder er hat soeben an andere rollende Geräusche gedacht. Beschäftigt sich sein Vorstellen dagegen jetzt plötzlich mit einem seiner Bekannten, nachdem er dessen Photographie erblickt hat, dann hat offenbar der Anblick dieser Photographie sein Vorstellen auf seinen Bekannten gelenkt. So findet man allgemein, daß das gegen-

wärtige Vorstellen bedingt ist durch das gleichzeitige oder
unmittelbar vorangehende Empfinden und Vorstellen. Sucht
man diese Abhängigkeitsbeziehung genauer zu bestimmen, so
ergeben sich zwei verschiedene Fälle. Es zeigt sich nämlich,
daß ein Teil der jetzt vorgestellten Gegenstände früher nicht
nur überhaupt schon einmal Gegenstand derselben psychischen
Wirklichkeit war, sondern gleichzeitig mit oder unmittelbar
nach denjenigen Gegenständen demselben Subjekt gegeben
waren, die jetzt oder soeben von ihm empfunden oder vorgestellt sind. Der jetzt vorgestellte Donner ist mit dem jetzt
gesehenen Blitz früher schon einmal unmittelbar nacheinander
Gegenstand für dasselbe Subjekt gewesen. Oder der jetzt
vorgestellte Donner ist von demselben Subjekt früher schon
gleichzeitig mit dem gehörten oder gelesenen Wort „Donner"
vorgestellt worden. Von diesem ersten Fall unterscheidet
sich der zweite dadurch, daß hier zu dem jetzt vorgestellten
Gegenstande sich unter den gleichzeitig oder unmittelbar vorher empfundenen und vorgestellten Gegenständen keine finden
lassen, die mit ihm früher schon einmal gleichzeitig oder in
unmittelbarer Aufeinanderfolge Gegenstände derselben psychischen Wirklichkeit waren. Stellt jemand aus Anlaß des An-
blicks einer Photographie seinen Bekannten vor, so braucht
er diese Photographie früher noch nicht gesehen zu haben;
sie braucht also früher noch nicht gleichzeitig mit dem Bekannten Gegenstand seines Gegenstandsbewußtseins gewesen
zu sein. Hier ist es vielmehr die Ähnlichkeit der gesehenen
Photographie mit dem vorgestellten Bekannten, die eine Beziehung des jetzt vorgestellten Gegenstandes zu dem gleichzeitig oder unmittelbar vorher gesehenen Gegenstande herstellt.
Man findet so allgemein, daß ein Teil der jetzt vorgestellten
Gegenstände eine gewisse Ähnlichkeit mit anderen jetzt oder
soeben von demselben psychischen Subjekt vorgestellten oder
empfundenen Gegenständen aufweist. Es hat sich schließlich
herausgestellt, daß das psychische Subjekt im gegebenen Moment immer nur solche Gegenstände vorstellt, die entweder
früher schon einmal gleichzeitig oder in unmittelbarer Aufein-

anderfolge mit den gegenwärtig oder vorhin von ihm empfundenen oder vorgestellten Gegenständen erfahren oder erlebt wurden, oder solche, die mit diesen letzteren eine gewisse Ähnlichkeit haben. Dieses Zusammentreffen kann kein
zufälliges sein. Es ist vielmehr anzunehmen, daß das Vorstellen
des Menschen gelenkt wird von dem, was er jetzt oder soeben empfindet oder vorstellt; und daß das gegenwärtig oder
soeben Empfundene oder Vorgestellte nach zwei Richtungen
das Vorstellen lenkt, nämlich erstens nach der Richtung dessen,
was früher gleichzeitig oder in unmittelbarer Aufeinanderfolge
mit ihm von demselben Subjekt erfahren oder erlebt wurde,
oder zweitens nach der Richtung dessen, was an ihm Ähnlichen von demselben Subjekt früher erfahren oder erlebt wurde.
Diese Ergebnisse drückt man in den beiden Assoziationsgesetzen, dem Gesetz der Erfahrungsassoziation und
dem Gesetz der Ähnlichkeitsassoziation, aus. Die Formulierung jedes dieser Gesetze ist in zweifacher Weise möglich. Entweder geht man von dem Erfolg zu seinen Bedingungen
zurück, oder man schreitet von den Bedingungen zu ihrem
Erfolg weiter.

Der Erfolg ist hier das gegenwärtige Vorstellen bestimmter
Gegenstände. Gehen wir davon aus, so können wir das
Gesetz der Erfahrungsassoziation folgendermaßen formulieren: Ein Teil der in einem Moment vorgestellten Gegenstände wird vorgestellt, weil er früher von demselben psychischen Subjekt schon einmal zusammen mit den jetzt oder
soeben empfundenen oder vorgestellten Gegenständen empfunden oder vorgestellt wurde. Statt dessen sagt man auch
kurz, er wird vorgestellt, weil er sich mit den anderen Gegenständen des Gegenstandsbewußtseins in früherer Erfahrung
assoziiert hat. Daher der Name: Erfahrungsassoziation.
In dieser Formulierung spricht das Gesetz der Erfahrungsassoziation von Vorstellungen nur solcher Gegenstände, die
früher schon einmal Gegenstände derselben psychischen
Wirklichkeit waren. Nun gibt es aber, wie wir bereits häufiger
hervorgehoben haben, auch Vorstellungen von psychischen

Tatbeständen. Die Möglichkeit solcher Vorstellungen ist jedoch nicht dadurch bedingt, daß die betreffenden psychischen Tatbestände früher schon einmal G e g e n s t ä n d e für das vorstellende Subjekt gewesen sind, sondern nur dadurch, daß sie Erlebnisse, Zustände oder Tätigkeiten des psychischen Subjekts selbst gewesen sind. Trotzdem gilt auch für solche Vorstellungen das Gesetz der Erfahrungsassoziation; d. h. ein Teil der vorgestellten psychischen Gegenstände wird vorgestellt, weil jetzt oder vorhin andere Gegenstände empfunden oder vorgestellt wurden, die früher einmal gleichzeitig oder unmittelbar vorher mit jenen psychischen Gegenständen zusammen · in derselben psychischen Wirklichkeit vorkamen. Wird z. B. jemand durch den Geruch des Jodoforms an den Gefühlszustand erinnert, in dem er sich bei einer Operation befand, so ist zwar jetzt der Gefühlszustand Gegenstand seines Gegenstandsbewußtseins, aber als sich der Geruch „mit dem Gefühlszustand früher assoziierte", war nur der Geruch, nicht aber das Gefühl Gegenstand seines Gegenstandsbewußtseins Der Geruch war damals empfunden, das Gefühl aber einfach e r l e b t. Jetzt wird der Geruch wieder empfunden und das damalige Gefühl v o r g e s t e l l t. Für das Gegenstandsbewußtsein eines psychischen Subjekts ist also nicht nur dasjenige miteinander assoziiert, was früher zusammen G e g e n s t a n d für dasselbe Subjekt war, sondern damit ist zugleich das assoziiert, was zusammen mit diesen Gegenständen Erlebnis, Zustand und Tätigkeit desselben Subjekts war. Fügen wir dem Gesetz der Erfahrungsassoziation diese Ergänzung hinzu, so lautet es allgemein: Ein Teil der Gegenstände, die ein psychisches Subjekt in einem gegebenen Momente vorstellt, wird dadurch zur Vorstellung gebracht, daß jetzt oder soeben solche anderen Gegenstände empfunden oder vorgestellt wurden, die früher von dem psychischen Subjekt zusammen mit jenem Teil erfahren oder erlebt wurden.

Formulieren wir nun das Gesetz der Erfahrungsassoziation, indem wir von den Bedingungen zu dem Erfolg übergehen, so ergibt sich die Regel: Wenn ein psychisches Subjekt ein

Element empfindet oder vorstellt, so ist damit die Bedingung gegeben für das Vorstellen alles dessen, was dasselbe Subjekt früher zusammen mit diesem Element erfahren oder erlebt hat. Oder mit anderen Worten: Der Mensch hat in seinem Vorstellen die Tendenz, zu gegebenen Elementen des Gegenstandsbewußtseins alles das mitvorzustellen, was in seinem früheren Erfahren und Erleben im Zusammenhang mit diesen Elementen stand.

Die Lenkung des Vorstellens von gegebenen Gegenständen zu ähnlichen Gegenständen wird durch das Gesetz der Ähnlichkeitsassoziation zum Ausdruck gebracht. Dieses Gesetz lautet, von der Seite des Erfolges formuliert: Gewisse gegenwärtig vorgestellte Gegenstände werden dem Subjekt dadurch zur Vorstellung gebracht, daß jetzt oder soeben andere Gegenstände, die mit ihnen eine gewisse Ähnlichkeit haben, von demselben Subjekt empfunden oder vorgestellt werden. Wir erhalten wiederum eine zweite Formulierung dieses Gesetzes der Ähnlichkeitsassoziation, wenn wir von den Bedingungen ausgehen. Dann gilt die Regel: Wenn ein psychisches Subjekt einen Gegenstand empfindet oder vorstellt, so ist damit die Bedingung gegeben für das Vorstellen alles dessen, was das Subjekt früher Ähnliches erfahren oder erlebt hat. Oder, wiederum mit anderen Worten: Der Mensch hat in seinem Vorstellen die Tendenz, von gegebenen Gegenständen seines Gegenstandsbewußtseins zur Vorstellung alles dessen überzugehen, was er an diesen Gegenständen Ähnlichem früher erfahren oder erlebt hat. Werden z. B. einer Reihe von Menschen außerordentliche Fälle oder Ereignisse erzählt, so fallen ihnen sofort ähnliche Fälle und Ereignisse aus ihrem eigenen Leben und ihrer eigenen Erfahrung ein.

Wendet man die beiden Assoziationsgesetze in der ersten Formulierung an, um zu erkennen, warum ein psychisches Subjekt jetzt gerade diese und diese bestimmten Gegenstände vorstellt, so wird man immer unter den übrigen Gegenständen, die das Subjekt jetzt oder soeben empfindet oder vorstellt, entweder solche finden, die mit den ersteren zusammen

26*

schon früher von demselben Subjekt erfahren oder erlebt worden sind, oder solche, die mit ihnen eine gewisse Ähnlichkeit haben. Dagegen reichen die beiden Assosiationsgesetze in der zweiten Formulierung nicht hin, um zu bestimmen, welche Gegenstände ein psychisches Subjekt vorstellen wird, wenn es jetzt bestimmte andere Gegenstände empfindet oder vorstellt. In manchen Fällen läßt sich freilich diese Bestimmung mit einiger Sicherheit vollziehen. Verschafft man z. B. jemandem den Anblick eines ihm bekannten Dinges, so wird er wohl meistens sogleich die nicht sichtbaren Eigenschaften des Dinges, z. B. seine Härte oder Weichheit, mitvorstellen. Das Sehen eines Blitzes wird ihn meistens zur Vorstellung des Donners führen. Erblickt er die Photographie eines seiner Bekannten, so wird sich sein Vorstellen dem Bekannten zuwenden. Man benutzt ja diese Gesetzmäßigkeit vielfältig bei der Einwirkung auf andere Menschen; denn diese Einwirkung geht häufig zunächst darauf aus, das Vorstellen des Menschen auf bestimmte Gegenstände zu lenken. Aber in vielen anderen Fällen läßt sich doch der Fortgang des Vorstellens nach den Assoziationsgesetzen allein nicht eindeutig bestimmen. Hört z. B. jemand einen Donner, so kann sein Vorstellen von da zum Blitz, zum Blitzableiter, zu Franklin, zu den Amerikanern und ihren Charaktereigenschaften übergehen; oder es geht über zur Entstehung des Schalles usw., oder es wendet sich vom Donner zum Gewitterregen, zur Aufweichung der Landstraßen, zum Radfahren usw.; kurz das Vorstellen kann von einem und demselben Gegenstande aus die verschiedensten Richtungen einschlagen; und für alle diese Richtungen gelten die Assoziationsgesetze. Dies hat seinen Grund darin, daß die meisten Gegenstände schon Bestandteile s e h r   v e r s c h i e d e n e r Gesamttatbestände in der Vergangenheit gewesen sind; daß weiterhin meistens m e h r e r e Gegenstände vorhanden sind, die auf die Vorstellung verschiedener anderer Gegenstände hindrängen; daß außerdem j e d e r der Gegenstände v i e l e n anderen, früher erfahrenen oder erlebten Gegenständen, und zwar in v e r s c h i e d e n e n Hinsichten, ähnlich ist. Von jedem vorhandenen Element der

Gegenstandsseite des Gegenstandsbewußtseins gehen also auf Grund der Assoziationsgesetze divergierende mögliche Vorstellungstendenzen aus, von denen immer nur wenige realisiert werden. Es ist die Aufgabe der Psychologie, die besonderen Bedingungen festzustellen, von denen es abhängt, welche der möglichen, miteinander konkurrierenden Vorstellungstendenzen tatsächlich zur Verwirklichung gelangt. Sie gewinnt damit zugleich die vollständige Erkenntnis der Mittel, um das Vorstellen eines Menschen in ganz bestimmte Bahnen zu lenken. Da das Gefühls- und Willensleben nicht nur den Gang des Vorstellens mitbestimmt, sondern vielmehr selbst wesentlich von dem Verlauf des Vorstellens abhängt, so sind die Mittel zur Beeinflussung des Vorstellungsganges zugleich Mittel zur Lenkung des Gefühls- und Willenslebens. Die Assoziationsgesetze sind aber die Grundgesetze des Vorstellungsganges. Sie haben daher auch für das Gefühls- und Willensleben eine außerordentliche Bedeutung. Den Nachweis dafür, sowie die Aufzeigung der fundamentalen Bedeutung, die den Assoziationsgesetzen für die sinnliche Wahrnehmung, das Wiedererkennen, die Erwartung, die Erinnerung usw. zukommt, müssen wir der Psychologie selbst überlassen. Die Tragweite der Assoziationsgesetze läßt sich aus ihrer Formulierung allein nach ihrer ganzen Größe kaum ahnen.

Es sei nur noch hervorgehoben, daß die Voraussetzung alles Vorstellens immer das Vorhandensein von Dispositionen zu Vorstellungen bestimmter Gegenstände bildet. Diese Dispositionen sind, wie wir früher gesehen haben, Nachwirkungen vergangener Erfahrungen und Erlebnisse. Nur mit diesen Nachwirkungen zusammen vermögen jetzt vorhandene Empfindungen und Vorstellungen bestimmter Gegenstände das Vorstellen des Menschen den Assoziationsgesetzen gemäß zu lenken. Bezeichnen wir die Gesamtheit der Dispositionen, die das psychische Subjekt auf Grund seines vergangenen Lebens mit sich trägt, als seine Vorbildung, so erscheint die Vorbildung des Individuums als die bestimmende Basis alles seines Vorstellens; das gegenwärtige Empfinden und

Vorstellen bestimmt nur, welcher Teil der Vorbildung zur Wirksamkeit gelangen wird. Die scheinbare Regellosigkeit des Vorstellungsganges aber kommt vor allem daher, daß einerseits immer wieder Empfindungen in den Vorstellungslauf hereinbrechen und von sich aus die Richtung des Vorstellens nun mitbestimmen, und daß andererseits die Vorbildung selbst dadurch wieder Änderungen erfährt, die sich dann in Änderungen des zukünftigen Vorstellungsverlaufes geltend machen.

§ 2. **Die Gesetze der Aufmerksamkeit und des Beachtungsreliefs.** Drei Fragen waren es, die sich in bezug auf das Gegenstandsbewußtsein stellen ließen: die Frage nach dem Inhalt, die Frage nach dem Umfang und die Frage nach der Form des Gegenstandsbewußtseins. Von welchen Bedingungen der Inhalt des Gegenstandsbewußtseins abhängt, welche Grundgesetze das Gegenstandsbewußtsein lenken, haben wir soeben kurz angedeutet. Was nun weiter den Umfang und die Form des Gegenstandsbewußtseins anbetrifft, so haben wir unter dem Titel der Aufmerksamkeit und des Beachtungsreliefs schon einige Erörterungen vorgebracht, die zunächst die Sache selbst klar machen sollten. Jenen Darlegungen seien hier nur noch einige ergänzende Ausblicke auf die Gesetzmäßigkeit der Aufmerksamkeit und des Beachtungsreliefs hinzugefügt.

In bezug auf den Umfang der Aufmerksamkeit sahen wir schon, daß der Breitenumfang oder die Fassungsweite der Aufmerksamkeit in bestimmte, nicht überschreitbare Grenzen eingeschlossen ist; daß aber der Umfang der Gegenstände, die sich der Aufmerksamkeit zur Erfassung darbieten, ein unbeschränkter ist. Soll mit der beschränkten Fassungsweite der Aufmerksamkeit eine immer größere Gegenstandsmannigfaltigkeit erfaßt werden, soll also das Herrschaftsgebiet der Aufmerksamkeit erweitert werden, so ist dies nur in der Weise möglich, daß die Gegenstandsmannigfaltigkeiten durch Vereinheitlichung verdichtet und gleichsam auf einen kleineren Raum zusammengerückt werden. Es sind nun im wesentlichen zwei Wege, auf denen eine gegebene Gegenstandsmannigfaltigkeit vereinheitlicht und verdichtet werden kann. Entweder wird nämlich dieselbe oder eine gleichartige Mannigfaltigkeit häufiger aufmerksam erfaßt und zu einer gewohnten und geläufigen gemacht, oder aber es werden die Elemente der Mannigfaltigkeit in eine systematische Ordnung gebracht. Mit anderen Worten: die Aufmerksamkeit des Menschen vermag eine um so größere Mannigfaltigkeit von Gegenständen zu umfassen, je häufiger sie solche oder ähnliche Mannigfaltigkeiten schon erfaßt hat, und je mehr die Mannigfaltigkeit eine klare, systematische Ordnung zeigt. Auf dem ersten Faktor beruht es, daß der Mensch mit solchen Mannigfaltigkeiten, die ihm bekannt, gewohnt und geläufig sind, gedanklich leichter zu operieren vermag, als mit solchen, die ihm unbekannt, ungewohnt und ungeläufig sind. Auf den zweiten Faktor gründet sich der Wert, den alle Ordnung von Gegenständen der Aufmerksamkeit für die geistige Bewältigung umfangreicher Gegenstandsmannigfaltigkeiten in Wissenschaft, Kunst und Leben hat. Will jemand das Herrschaftsgebiet seiner eigenen Aufmerksamkeit über ein größeres Gegenstandsganze ausdehnen, so erfaßt er aufmerksam Teile des Ganzen und verdichtet sie durch wiederholte Auffassung, er fügt dann in den so gewonnenen Raum die ebenfalls verdichteten anderen Teile des Ganzen nacheinander hinzu, bis er das Ganze in einem Griff zu erfassen vermag. Oder aber er bringt zugleich, wenn es möglich ist, die Teile des Ganzen in eine übersichtliche systematische Ordnung. Will er anderen Menschen ein größeres Gegenstandsganze zur Auffassung bringen, so verfährt er ganz entsprechend, indem er die Teile häufiger nacheinander vorbringt und immer mehr zum Ganzen zusammenschiebt und zugleich das Ganze möglichst durchsichtig ordnet. Die Möglichkeit, das Herrschaftsgebiet der Aufmerksamkeit auszudehnen, ergibt sich also daraus, daß gewohnte und systematisch geordnete Gegenstandskomplexe weniger Raum in dem Umfang der Aufmerksamkeit beanspruchen als ungewohnte und ungeordnete, und daß dieser Anspruch um so geringer wird, je gewohnter und geordneter sie sind. Es wird also nicht der Breitenumfang sondern der Tiefenumfang der Aufmerksamkeit ausgedehnt.

Die Fassungsweite der Aufmerksamkeit ist aber nun nicht unabhängig von dem Grade der Aufmerksamkeit. Wir überlassen es der Psychologie, im einzelnen die Bedingungen anzugeben, von welchen es abhängt, daß die verschiedenen Gegenstände oder die verschiedenen Elemente von Gegenstandskomplexen verschiedene Grade der Aufmerksamkeit beanspruchen, daß also die Gegenstandsseite ein mehr oder weniger reiches Beachtungsrelief zeigt. Nur einige allgemeinere Gesetzmäßigkeiten seien hier hervorgehoben. Was zunächst das Verhältnis des Breitenumfangs zum Grad der Aufmerksamkeit betrifft, so stehen diese, von gegenwirkenden Faktoren abgesehen, im allgemeinem in einem umgekehrten Verhältnis. Betrachtet z. B. ein Mensch mit voller Aufmerksamkeit ein Gemälde, so sinkt sofort der Grad seiner dem Gemälde zugewandten Aufmerksamkeit, sobald diese sich ausdehnt auf die gehörten Worte eines anderen Menschen. Wenn dagegen in dem Gemälde eine Figur speziell die Aufmerksamkeit auf sich zieht, die Aufmerksamkeit sich also auf diese Figur „konzentriert", so steigt der Grad der dieser Figur vorher zugewandten Aufmerksamkeit sofort. Soll einem Gegenstand der höchstmögliche Grad der Aufmerksamkeit zuteil werden, so muß sich die Aufmerksamkeit möglichst von allen anderen Gegenständen zurückziehen, sich also verengern und auf den einen Gegenstand konzentrieren. Mit der Konzentration der Aufmerksamkeit, die zunächst nur eine Verengerung der Fassungsweite ist, verbindet sich also im allgemeinen eine Steigerung des Grades. Umgekehrt, dehnt sich die Aufmerksamkeit von einem Gegenstand noch über andere Gegenstände aus, so sinkt im allgemeinen der Grad der dem ersten Gegenstand zugewandten Aufmerksamkeit. Das einzelne verliert sich im Ganzen. Bei großen Überblicken tritt das einzelne zurück; bei mikroskopischer Betrachtung verliert man das Ganze aus den Augen.

Gewohnte und geläufige Gegenstandskomplexe beanspruchen, wie wir oben sahen, einen relativ kleinen Raum in dem Umfang der Aufmerksamkeit. Damit ist aber nicht gesagt, daß auch die Aufmerksamkeit sich auf den kleineren Raum konzentriere, und daß dadurch nun diesen Gegenstandskomplexen ein höherer Grad der Aufmerksamkeit zukäme. Vielmehr vermögen gerade gewohnte Gegenstandskomplexe nicht, die Aufmerksamkeit auf sich zu konzentrieren. Die Aufmerksamkeit geht über sie hinaus. Sie treten schließlich in den Hintergrund des Gegenstandsbewußtseins. Damit sinkt der Grad der Aufmerksamkeit, der ihnen zuteil wird, um so mehr, je gewohnter und geläufiger sie werden. Das ist eine altbekannte Tatsache. Sie beruht darauf, daß das Gewohnte zu einem Element in einem größeren Zusammenhang geworden ist und sich für die Aufmerksamkeit in diesem größeren Ganzen verliert. Ein gewohnter Gegenstand kann aber wieder die Aufmerksamkeit auf sich konzentrieren und damit an Beachtungshöhe gewinnen, wenn er entweder in einem anderen Zusammenhange auftritt oder eine gewisse Veränderung erleidet. Wird etwa in einem gewohnten räumlichen Zusammenhange von Gegenständen die Lage eines bestimmten Gegenstandes um eine bestimmte Größe verändert, so zieht dieser Gegenstand die Aufmerksamkeit des Menschen, der an den Zusammenhang gewöhnt war, wieder auf sich. Andererseits weiß jeder, daß man die Aufmerksamkeit der Menschen auf die ihnen gewohnten Gegenstände wieder zu konzentrieren vermag, indem man an diesen Gegenständen bestimmte Veränderungen vornimmt. Da nun der Grad der Gefühlswirkung, die ein psychisches Subjekt von einem Gegenstande erfährt, von dem Grad der Aufmerksamkeit abhängt, die diesem Gegenstand zuteil wird, so sinkt die Gefühlswirkung der Gegenstände um so mehr, je mehr sie gewohnt und geläufig werden; sie steigt dagegen wieder, wenn die gewohnten Gegenstände durch Veränderung ihrer Umgebung oder ihrer Beschaffenheiten wieder in höherem Grade die Aufmerksamkeit auf sich ziehen. Veränderung ist also ein Mittel, die Eindrucksfähigkeit des Gewohnten wieder zu beleben. Wir gewinnen hier einen Ausblick auf das Prinzip des Ungenügens am Gewohnten

und des Strebens nach Veränderung und Abwechslung.
Zugleich ersieht man, eine wie weitreichende Bedeutung für
das psychische Leben des Menschen die Tatsache hat, daß
die Beachtungshöhe der Gegenstände um so mehr sinkt, je
mehr sie gewohnt werden.

Es bedarf einer gewissen Größe der Veränderung, wenn
der veränderte Gegenstand die Aufmerksamkeit auf sich ziehen
soll. Findet die Veränderung an dem Gegenstand statt, während er Inhalt des Gegenstandsbewußtseins ist, so genügt
eine kleinere Veränderung, um die Aufmerksamkeit zu erregen,
als wenn die Veränderung während der Zeit eintritt, in der
der Gegenstand nicht bewußt war. Speziell bei Intensitäts-
und Quantitätsänderungen der Gegenstände zeigt sich weiterhin eine eigenartige Gesetzmäßigkeit. Die Größe der Veränderung, die ein Gegenstand hinsichtlich seiner Intensität
oder Quantität erleiden muß, um die Aufmerksamkeit auf sich
zu ziehen, hängt ab von der Intensität oder der Quantität,
die der Gegenstand schon hat. Je größer die Intensität oder
das Quantum eines Gegenstandes schon ist, um so mehr muß
die Intensität oder das Quantum verändert werden, um die
Aufmerksamkeit zu erregen. Oder, anders ausgedrückt, gleich
große Änderungen der Intensität oder des Quantums werden
um so leichter bemerkt, je kleiner, um so schwerer, je
größer die Intensität oder das Quantum des Gegenstandes
schon ist. Diese Gesetzmäßigkeit zeigt sich schon in vielen
Erfahrungen des täglichen Lebens. Legt man einem Menschen
statt eines ihm bekannten Gegenstandes von 1 cm Länge
einen sonst genau gleichen Gegenstand von 2 cm Länge hin,
vergrößert man also 1 cm um 1 cm, so erregt diese Veränderung leichter seine Aufmerksamkeit, als wenn man einen
Gegenstand von 1 m Länge mit einem genau gleichen von
1 m 1 cm Länge vertauscht, also 1 m um 1 cm verlängert.
Oder, wenn irgendwo ein Sandhaufen durch Hinzufügung
immer gleicher Quantitäten Sand aufgehäuft wird, so fällt die
Vergrößerung des Haufens immer weniger auf, je größer er
schon ist. Umgekehrt würde die Verkleinerung des Haufens

um gleich große Mengen immer leichter die Aufmerksamkeit erregen, je kleiner der Sandhaufen schon ist. Jeder, der stehlen will, rechnet unter Umständen auf diese Gesetzmäßigkeit. Wo große Quantitäten einer Sache angehäuft sind, glaubt er leichter ein bestimmtes Quantum wegnehmen zu können, als wo nur eine kleine Quantität derselben Sache sich befindet, weil er weiß, daß die Verminderung des Quantums im ersten Fall nicht so leicht bemerkt werden wird wie im zweiten Fall. Aus einer größeren Gesellschaft kann der einzelne leichter unbemerkt verschwinden als aus einer kleineren Gesellschaft. Im Konzert kann ein Mensch beim Fortissimo des ganzen Orchesters unbemerkt laut sprechen, während beim Pianissimo schon leises Flüstern die Aufmerksamkeit der anderen Zuhörer erregt. Alle diese und andere Fälle weisen auf dasselbe Gesetz hin, das wir allgemein, wenn wir die Intensität auch als eine Quantität betrachten, so formulieren können: Soll die Veränderung irgend eines Quantums unmittelbar die Aufmerksamkeit erregen, so müssen um so größere Quanta hinzugefügt oder weggenommen werden, je größer das ursprüngliche Quantum ist. Auch dieses Gesetz hat eine tiefgreifende Bedeutung für das psychische Leben des Menschen eben wegen der Abhängigkeitsbezeichnung, in der die Stärke der Gefühlswirkung eines Gegenstandes zu dem Grade der ihm zugewandten Aufmerksamkeit steht. An je größere Quanta von Gegenständen irgend welcher Art ein Mensch gewöhnt ist, um so größere Steigerung der Quanta bedarf es unter sonst gleichen Umständen, um die Gefühlswirkung der Quanta zu beleben; oder, um so weniger wird eine Steigerung um gleich große Quanta die Gefühlswirkung erhöhen. Die weitere Verfolgung dieser Gedanken führt zu dem Prinzip von der Steigerung der Ansprüche, das wir, wenn wir von gegenwirkenden Faktoren absehen, so formulieren können: Die Ansprüche des Menschen wachsen mit dem Quantum des Erreichten.

Mit dem Ausblick auf die beiden zuletzt genannten Prinzipien, auf das Prinzip des Ungenügens am Gewohnten oder des Strebens nach Abwechslung und Veränderung und auf das Prinzip von der Steigerung der Ansprüche, hat sich uns eine fortschrittliche, revolutionäre und rastlose Tendenz des Menschen offenbart. Dieser Tendenz tritt nun aber im Menschen eine konservative Tendenz entgegen, die in dem allgemeinsten psychologischen Gesetz, nämlich dem Gesetz der Gewohnheit zum Ausdruck kommt. Das Fortschreiten des einzelnen Menschen sowie die Ausbildung seiner Gewohnheiten erfährt aber wiederum einen durchgreifenden lenkenden Einfluß durch das Verhalten der anderen Menschen, unter denen er aufwächst. Vor allen Dingen ist es die Nachahmung, die unwillkürlich den einzelnen Menschen nach dem Vorbilde der ihn umgebenden Menschen gestaltet. Auf das Gesetz der Nachahmung und das Gesetz der Gewohnheit soll daher noch kurz die Aussicht eröffnet werden.

§ 3. **Das Gesetz der Nachahmung und das Gesetz der Gewohnheit.** Der einzelne Mensch ist geneigt, seine Originalität weit zu überschätzen. Er bildet sich ein, sein Tun und Treiben sei bis in alle Einzelheiten hinein durch eigene Überlegung und durch eigene Wahl bestimmt. Achtet man jedoch darauf, wie der einzelne Mensch unter anderen Menschen heranwächst, und wie er allmählich in seinem äußeren und inneren Verhalten den ihn umgebenden Menschen immer gleichartiger wird, so verfällt man leicht in die andere Einseitigkeit und betrachtet den einzelnen Menschen als ausschließliches Produkt seiner sozialen Umgebung. Beide Ansichten erweisen sich bei genauer Prüfung als falsch. Das Gepräge des Einzelindividuums ist ein Produkt von Selbsttätigkeit und Nachahmung. Wenn sich nun auch im einzelnen Fall der Anteil der beiden Faktoren nur schwer wird abschätzen lassen, so kann man doch im allgemeinen sagen, daß beim Kulturmenschen der Anteil der Nachahmung meistens der überwiegende ist. Das nach außen hervortretende Verhalten des heranwachsenden Menschen bildet sich wesentlich nach den Vorbildern, von denen er sich umgeben sieht. Er nimmt, oft bis auf die kleinsten Eigentümlichkeiten, die Sprache, die Sitten und die Lebensgewohnheiten derjenigen Menschen an, unter denen er aufwächst. Aber auch die Art seines bloß inneren Verhaltens, die Art wie er Welt und Leben auffaßt, beurteilt und bewertet, sein Glauben, Genießen und Wünschen ist in umfassender Weise durch dasjenige Verhalten bestimmt, das für sein Wissen in seinen Verkehrsgenossen besteht. Und alle diese Nachahmung geschieht meistens unwillkürlich. Bestimmte Motive können hinzutreten und zu einer willkürlichen Förderung oder Hemmung der Nachahmung führen. An und für sich ist die Nachahmung die Folge eines blinden Triebes. Ob der Nachahmungstrieb in einem bestimmten Falle aktuell wird oder unwirksam bleibt, hängt von besonderen Faktoren ab, deren ausführliche Erörterung wir der Psychologie überlassen. Es ist das Unterbleiben der Nachahmung, das besonderer Erklärung bedarf. Denn die Tendenz zur Nachahmung fremder Erlebnisse, Zustände und Tätigkeiten ist das Ursprüngliche. Wenn ein Mensch durch sinnliche Wahrnehmung ein Wissen von fremdem Erleben, Fühlen und Tun bekommt, so ist damit in ihm die Tendenz zu gleichartigem eigenen Erleben, Fühlen und Tun gegeben. Und je mehr das fremde Erleben, Fühlen und Tun die Aufmerksamkeit des Menschen in Anspruch nimmt, um so eher verwirklicht sich jene Tendenz und führt, wenn keine Hemmungen vorliegen, zum Eintritt des gleichartigen eigenen Erlebens, Fühlens und Tuns.

Dieses Gesetz der Nachahmung ist jedoch nur ein spezieller Fall einer allgemeinen psychischen Gesetzmäßigkeit. Das fremde psychische Erleben, Fühlen und Tun ist ja, wie wir früher gesehen haben, der menschlichen Erkenntnis nicht unmittelbar erreichbar. Der einzelne Mensch vermag nur solches fremde psychische Sein und Geschehen zum Gegenstand seines Gegenstandsbewußtseins zu machen, für das er in seinem eigenen psychischen Leben die Vorbilder vorfindet. Auf Anlaß der sinnlich wahrgenommenen Lebensäußerungen der anderen Individuen tritt in sein Gegenstandsbewußtsein ein nach dem Vorbild des eigenen psychischen Lebens gestaltetes psychisches Sein und Geschehen als Gegenstand auf. Ist also ein fremdes psychisches Erleben, Fühlen und Tun Gegenstand seines Bewußtseins, so ist es im Grunde ein mehr oder weniger modifiziertes eigenes psychisches Sein und Geschehen, das ihm vor Augen steht. Und die Tendenz zum eigenen Erleben, Fühlen und Tun des fremden Erlebens, Fühlens und Tuns ist nur ein spezieller Fall der Tendenz zum Erleben, Fühlen und Tun des vorgestellten eigenen Erlebens, Fühlens und Tuns. Oder, sehen wir davon ab, ob das vorgestellte Psychische als eigenes oder als fremdes vorgestellt ist, so sind beide Tendenzen nur spezielle Fälle der allgemeinen Gesetzmäßigkeit, die darin besteht, daß jedes Vorstellen eines psychischen Erlebens, Fühlens und Tuns an und für sich die Tendenz zum wirklichen Eintritt des Erlebens, Fühlens und Tuns mit sich führt. Je mehr ein psychisches Subjekt sich in ein vorgestelltes psychisches Sein, Geschehen und Tun aufmerksam versenkt, um so mehr wird sein eigenes psychisches Sein, Geschehen und Tun dem vorgestellten ähnlich. Das psychische Leben des Individuums hat also die Tendenz, sich demjenigen psychischen Leben anzuähnlen, das als Gegenstand seines Gegenstandsbewußtseins auftritt; oder, kurz gesagt, es besteht die Tendenz zur Assimilation des wirklichen psychischen Lebens an das vorgestellte psychische Leben.

Diese Assimitationstendenz verwirklicht sich nicht immer. Sie verwirklicht sich z. B. nicht, wenn ihr feste Gewohnheiten des psychischen Lebens entgegenstehen. Andererseits beruht jedoch jene Tendenz auf derselben Tatsache, auf der auch die Gewohnheiten beruhen. Denn jene Tendenz setzt die Vorstellungen von etwas Psychischem, also auch die Dispositionen zu solchen Vorstellungen voraus. Die Dispositionen sind Nachwirkungen früherer eigener Erlebnisse, Zustände und Tätigkeiten. Die Gewohnheiten gründen sich aber ebenfalls auf Nachwirkungen früherer Erlebnisse, Zustände und Tätigkeiten. Von dieser gemeinsamen Basis aus ergibt sich die Tendenz zur Assimilation des wirklichen psychischen Lebens an das vorgestellte, wenn eben jene Dispositionen zunächst zu Vorstellungen von Psychischem geführt haben; es ergibt sich dagegen eine Gewohnheit, wenn jene Dispositionen, auch ohne daß sie zuerst zu entsprechenden Vorstellungen führen, das jetzige psychische Leben dem früheren gleich zu machen vermögen. Tatsächlich sind aber die auf Grund früherer Erlebnisse, Zustände und Tätigkeiten zurückgebliebenen Nachwirkungen nicht nur Dispositionen zu Vorstellungen, sondern zugleich unmittelbar auch Dispositionen zum wirklichen Eintritt gleichartiger Erlebnisse, Zustände und Tätigkeiten. Daß es sich so verhält, besagt eben das Gesetz der Gewohnheit. Man könnte daher das Gesetz der Nachahmungstendenz als einen besonderen Fall des Gesetzes der Gewohnheit bezeichnen. Denn die erworbenen Dispositionen zum Eintritt psychischer Erlebnisse, Zustände und Tätigkeiten werden eben bei der Nachahmungstendenz durch die Vorstellung des Erlebens und Tuns, bei der Gewohnheitstendenz dagegen ohne solche Vorstellung zur Wirksamkeit gebracht. Andererseits könnte man aber auch das Gesetz der Gewohnheit als ein Gesetz der Nachahmung der eigenen Vergangenheit, und die Gewohnheiten als Tendenzen zur Assimilation des gegenwärtigen Erlebens, Fühlens und Tuns an das eigene frühere Erleben, Fühlen und Tun betrachten, wenn man zur Nachahmung nicht notwendig das Vorhandensein der Vorstellung des Nachzuahmenden rechnet. Jedenfalls stehen also das Gesetz der Nachahmung und das Gesetz der Gewohnheit in einem innigen Zusammenhang, der hiermit nur angedeutet werden sollte. Wir wenden uns jetzt noch zu dem Gesetz der Gewohnheit selbst.

Daß sich im Laufe des Lebens eines Menschen unwillkürlich eine Reihe von mehr oder weniger dauerhaften und festen Gewohnheiten ausbildet, gehört zu den bekanntesten psychologischen Tatsachen. Die Gewohnheiten sind aber nicht selbst in der psychischen Wirklichkeit lebendige Erlebnisse, Gefühle oder Tätigkeiten. Sie lassen sich weder als eine Art des Gegenstandsbewußtseins noch als eine Art des Fühlens noch als eine Art des Strebens betrachten. Wenn wir daher einem psychischen Subjekt eine bestimmte Gewohnheit zuschreiben, so wollen wir damit nicht sagen, daß dieses Subjekt jetzt ein bestimmtes Gegenstandsbewußtsein oder ein bestimmtes Gefühl oder ein bestimmtes Streben habe; sondern wir wollen der Tatsache Ausdruck geben, daß dieses Subjekt auf Grund seines früheren Lebens die Neigung hat, in bestimmten Fällen sich immer wieder in derselben Weise zu verhalten. Die Gewohnheiten sind im Laufe des Lebens entstandene, mehr oder weniger dauernde günstige Bedingungen für bestimmte Weisen des psychischen Geschehens. Sagen wir von einem Menschen, er habe die Gewohnheit, abends vor dem Einschlafen im Bette noch zu lesen, so setzen wir einerseits voraus, daß er sich schon häufiger in dieser Weise verhalten hat, und nehmen andererseits an, daß durch dieses Verhalten eine Neigung entstanden ist, sich in Zukunft in gleicher Weise zu verhalten. Durch das häufigere frühere gleichartige Verhalten ist die Gewohnheit entstanden. Das spätere gleichartige Verhalten ist eine Wirkung der Gewohnheit. Die Gewohnheit selbst ist die in dem psychischen Subjekt entstandene Disposition zu diesem Verhalten, hervorgebracht durch das frühere gleichartige Verhalten.

Wenn nun auch die Häufigkeit des früheren Verhaltens Bedingung der Stärke der Gewohnheit ist, so kann sie doch nicht als Bedingung der Gewohnheit überhaupt betrachtet werden. Vielmehr beginnt die Gewohnheit schon mit dem einmaligen Verhalten. Schon das einmalige Verhalten hinterläßt eine günstige Bedingung, eine Disposition zu gleichartigem Verhalten in der Zukunft. Wäre dies nicht der Fall, so könnte auch eine noch so häufige Wiederholung des Verhaltens keine Gewohnheit erzeugen. Denn hätte des erstmalige Verhalten gar keine Nachwirkung hinterlassen, so würde das wiederholte Verhalten genau die gleiche Situation vorfinden, wie das erstmalige, und ebenfalls keine Nachwirkung hinterlassen. Wir müssen uns also die Entstehung der Gewohnheiten in der Weise denken, daß jedes Verhalten für sich schon eine gewisse Nachwirkung hinterläßt, und daß diese Nachwirkungen sich bei wiederholtem gleichartigen Verhalten summieren. Das heißt aber, schon das einmalige Verhalten erzeugt eine Gewohnheit zu gleichartigem Verhalten. Nur wird im allgemeinen die Gewohnheit um so stärker oder fester sein, je häufiger das Subjekt sich schon in derselben Weise verhalten hat. Berücksichtigt man außerdem, daß nicht bloß das aktive Verhalten, das Tun, sondern auch das einfache Erleben günstige Bedingungen für ein gleichartiges Erleben hinterläßt, so gelangt man zu dem allgemeinsten psychologischen Gesetz, das man, mit Ausdehnung des Begriffs der Gewohnheit, als das Gesetz der Gewohnheit bezeichnen kann. Dieses Gesetz besagt: Jedes psychische Erleben und Verhalten irgend welcher Art hinterläßt in dem psychischen Subjekt eine günstige Bedingung für das Zustandekommen gleichartigen Erlebens und Verhaltens in der Zukunft. Wenn wir die Wirksamkeit der günstigen Bedingungen hervorheben wollen, so können wir statt dessen auch sagen: Jedes psychische Subjekt wird durch die Nachwirkungen seines vergangenen Erlebens und Tuns in gleichartige Richtungen des Erlebens und Tuns gedrängt. Im psychischen Leben wirkt demnach die Vergangenheit assimilierend auf die Zukunft.

Die Gewohnheiten wirken da, wo sie es können, nach dem Grade ihrer Stärke. Wo nur ein dem früheren Erleben und Tun gleichartiges Element in der psychischen Wirklichkeit lebendig wird, da suchen die Gewohnheiten nach dem Grade ihrer Stärke das ganze gegenwärtige psychische Erleben und Tun dem früheren gleichartig zu machen, ohne eigentliches Zutun des Subjekts, ja schließlich mit fühlbarem Zwange. Da nun beim erwachsenen Menschen das im gegebenen Moment vorhandene psychische Erleben und Tun immer Seiten enthält, die den früher vorhandenen Erlebnissen und Tätigkeiten irgendwie ähnlich sind, so sind damit immer Anknüpfungspunkte für die Wirksamkeit von Gewohnheiten gegeben. Es wird also das Leben des erwachsenen Menschen in umfassender Weise von den Gewohnheiten mitbestimmt

werden. Die Art und Form der Auffassung der Dinge und
Geschehnisse, das Urteilen, das Glauben, das Streben, Wollen
und Handeln wird gewohnheitsmäßig, d. h. es ist so, wie es
ist, weil es früher in gleichartiger Weise stattgefunden hat.
Je mehr feste Gewohnheiten herrschend werden, um so mehr
wird das gegenwärtige psychische Leben zu einer Kopie des
vergangenen. Das Gesetz der Gewohnheit begründet also
eine blinde konservative Tendenz, die völlig unabhängig
von der Einsicht in den Wert dessen besteht, worauf sie gerichtet ist. Damit ist jedoch nicht gesagt, daß die Gewohnheiten keinerlei nützliche Bedeutung hätten. Ohne die Möglichkeit von Gewohnheiten wäre dem Erwachsenen das Leben,
das er lebt, völlig unmöglich; die Gewohnheiten geben dem
Leben eine gewisse Einheitlichkeit, und sie sind die Grundlage
alles Fortschritts. Andererseits sind aber mit der Ausbildung
von Gewohnheiten manche Nachteile verbunden und große
Hindernisse des Fortschritts gegeben.

Die Bedeutung der Gewohnheiten überhaupt gründet sich
vor allem darauf, daß diejenigen psychischen Erlebnisse und
Tätigkeiten, für die das psychische Subjekt Gewohnheiten erworben hat, leichter eintreten und schneller und sicherer verlaufen. Nur indem der Mensch im Laufe seines Lebens ein
System von mehr oder weniger geordneten und festen Gewohnheiten erwirbt, kann er den Anforderungen des täglichen
Lebens mit der nötigen Leichtigkeit, Schnelligkeit und Sicherheit nachkommen. Auf der Basis des gewohnheitsmäßigen
psychischen Geschehens des täglichen Lebens kann sich erst
ein höheres geistiges Leben entwickeln. Freilich ist dabei
vorausgesetzt, daß bestimmte gute und nützliche Gewohnheiten
erworben werden. Denn es gibt auch schlechte und schädliche Gewohnheiten, die das tägliche Leben zu einem endlosen
unfruchtbaren Kampf gestalten. Wer sich an flüchtiges Auffassen der Dinge und Geschehnisse, an planloses Wandern
der Aufmerksamkeit, an Unentschiedenheit und Unentschlos-
senheit, an Zögern und Aufschieben der Ausführung von Vor-
sätzen gewöhnt, wird schließlich weder mit sich selbst, noch

mit der Welt und den Menschen fertig werden. Daß es außer solchen allgemeinen schädlichen Gewohnheiten noch viele konkretere schlechte Gewohnheiten gibt, weiß jeder aus eigener Erfahrung.

Es sind vor allem die in der Jugend erworbenen Gewohnheiten, die sich als besonders dauerhaft und wirksam erweisen. Daher ist es für die Zukunft des Menschen außerordentlich wichtig, mit welchen Gewohnheiten er in der Jugend ausgestattet wird. Bei der Ausbildung der Gewohnheiten spielt die unwillkürliche Nachahmung fremden Erlebens und Tuns eine große Rolle; denn auch das auf Grund der Nachahmung eintretende Erleben und Tun begründet natürlich eine Gewohnheit zu solchem Erleben und Tun, und zwar um so mehr, je mehr alle die anderen Menschen, die den jugendlichen Menschen umgeben, in der Art ihres Auffassens, Denkens, Strebens und Handelns übereinstimmen. Wenn dann der Mensch zur Selbsterkenntnis erwacht, so findet er sich ausgestattet mit einem umfangreichen System von Gewohnheiten, die ohne sein Zutun und ohne seine wertende Auswahl einfach in ihm geworden sind. In ruhigen Momenten objektiver Wertung vermag er zu erkennen, welche der in ihm vorhandenen Gewohnheiten ihn auf dem Wege zu seinen Idealen fördern, und welche ihn hemmen und abseits drängen. Dann entsteht für ihn die Aufgabe der Selbsterziehung, gute Gewohnheiten zu fördern und zu erzeugen, schlechte Gewohnheiten zu stürzen und zu verhüten. Aber auch dieses auf die Erzeugung und Verhinderung von Gewohnheiten gerichtete Wollen muß sich dem Gesetz der Gewohnheit unterwerfen. Denn es muß berücksichtigen, daß schon das einmalige und erst recht das mehrmalige Verhalten irgend einer Art unfehlbar eine Gewohnheit zu solchem Verhalten erzeugt, die schließlich zwingend wird; daß gute Gewohnheiten nur dann mit völliger Sicherheit erworben werden, wenn man ausnahmslos immer der richtigen Einsicht gemäß sich verhält. Im Vertrauen auf das Gesetz der Gewohnheit und die Summation kleiner Wirkungen kann so der Mensch durch sein

gegenwärtiges Verhalten bestimmend auf sein zukünftiges Ver-
halten einwirken und sich selbst nach eigener Wahl gestalten.
Blind wirkt das Gesetz der Gewohnheit; man kann es zum
Guten oder zum Bösen wenden.

§ 4. **Allgemeines Bild des psychischen Geschehens
und seiner Bedingungen. Die Eigenart der Willenstätigkeit.** Nachdem wir uns im ersten Teil unserer Darlegungen
über den Gegenstand, die Aufgabe und die Methoden der
Psychologie zunächst orientiert, haben wir im zweiten Teil
den Zugang zur psychischen Wirklichkeit selbst eröffnet. Das
Gebiet der Psychologie liegt in seinen Grundzügen gegliedert
vor uns. Die Grundgesetze, die es beherrschend durchziehen,
sind andeutend skizziert. Wir haben damit einen Blick in die
interessante Welt getan, die in der ganzen Fülle ihres Reich-
tums sich der genaueren Erforschung der Psychologie darbietet.
Ehe wir von diesem Anblick scheiden, wollen wir noch das
Leben dieser Welt in einer kurzen Übersicht zusammenfassen.

In dem typischen Momentbild, das wir früher von der
individuellen psychischen Wirklichkeit entwarfen, trat uns das
Ich als das gemeinsame Subjekt alles dessen entgegen, was
in dieser psychischen Wirklichkeit lebendig ist. Dieses Ich
hat ein Gegenstandsbewußtsein, befindet sich in einem bestimmten Gefühlszustand und ist nach einer bestimmten Richtung tätig. Das Gegenstandsbewußtsein kann verschiedener
Art, es kann Empfindung, Wahrnehmung, Erinnerung, Vorstellung usw. sein. Es hat einen bestimmten Gegenstandskomplex
von bestimmtem Inhalt, bestimmtem Umfang und bestimmtem
Beachtungsrelief vor sich. Dieses Momentbild bleibt aber
nicht in starrer Unveränderlichkeit bestehen, sondern es verändert sich unaufhörlich. Achten wir zunächst auf das Gegenstandsbewußtsein, so erblicken wir nicht nur fortwährende
Veränderungen des Beachtungsreliefs seiner G e s t a l t und
seinem U m f a n g e nach, sondern wir sehen auch den I n h a l t
des G e g e n s t a n d s b e w u ß t s e i n s unaufhörliche Verschiebungen
und Veränderungen erfahren. Damit ändert sich zugleich die
A r t des Gegenstandsbewußtseins; jetzt tritt das Empfinden

oder Wahrnehmen, dann das Erinnern oder Vorstellen oder
Denken besonders hervor. Mit diesen nach allen möglichen
Richtungen gehenden Veränderungen des Gegenstandsbewußtseins ist aber weiterhin immer ein mehr oder weniger schneller
Wechsel des Gefühlszustandes verbunden. Auf den lang-
sameren Änderungen der Gefühlsgrundstimmung sind super-
poniert die Schwankungen zwischen den Graden der Lust
und der Unlust, des Ernstes und der Heiterkeit, der Ruhe
und der lebhaften Erregung, die das Ich mehr oder weniger
tief und mehr oder weniger umfangreich ergreifen. Zugleich
ist dieser ganze, schnellere oder langsamere Strom durchzogen
von dem strebenden und widerstrebenden Tun des Ich, das
in mehr oder weniger kraftvoller und reicher Lebendigkeit sich
regt und sich wehrt.

Wenn wir nun nach den Bedingungen fragen, von welchen
die Beschaffenheit und die Veränderungen des psychischen
Geschehens abhängen, so können wir zunächst zwei Gruppen
solcher Bedingungen unterscheiden: solche, die a u ß e r h a l b,
und solche, die i n n e r h a l b der individuellen psychischen
Wirklichkeit liegen. Die ersteren ergeben sich, wenn man
bedenkt, daß das einzelne Individuum mit einem bestimmten
Leib zusammenhängt, der von der Außenwelt und anderen
beseelten Wesen umgeben ist. Die Beschaffenheit und die
Veränderungen des Leibes und der Außenwelt, die ohne
menschliches Zutun entstehen, beeinflussen zunächst das psychische Leben des Individuums. Dazu treten d i e Veränder-
rungen des Leibes und der Außenwelt, die durch fremde
lebende Wesen oder durch das Individunm selbst verursacht
werden. In der Einwirkung dieser Faktoren ist alles enthalten,
was man den Einfluß der sozialen Umgebung nennt. Der
eigentliche Sammelpunkt aller von außerhalb der psychischen
Wirklichkeit kommenden Wirkungen scheint aber die ihr zu-
geordnete Großhirnrinde zu sein. Von den i n n e r h a l b der
psychischen Wirklichkeit liegenden Bedingungen ist es zunächst der augenblicklich lebendige psychische Gesamttatbestand selbst, der bestimmend auf den Weitergang des psy-

chischen Lebenslaufes einwirkt. Aber alle die bisher genannten
Faktoren bedürfen zu ihrer Wirksamkeit des mit bestimmten
ursprünglichen oder gewordenen Dispositionen ausgestatteten
psychischen Subjekts. Das Ich mit seinen Anlagen, Fähigkeiten, Gewohnheiten und Trieben ist die immer vorhandene
und wirksame Basis alles psychischen Geschehens, eine Basis,
die im Laufe des Lebens an überragender Bedeutung immer
mehr zunimmt, indem sie die Nachwirkungen des ganzen vergangenen Lebens in sich aufnimmt.

Nicht j e d e Wirksamkeit dieser allgemeinen Basis des
psychischen Lebens ist schon eine Willenstätigkeit. Die
eigentliche Willenstätigkeit ist vielmehr ein relativ seltenes
Ereignis im psychischen Leben. Sie unterscheidet sich wesentlich von dem bloßen Streben oder Tun des psychischen Subjekts. Denn das eigentliche Wollen ist immer ein Tunwollen,
d. h. das wollende Subjekt ist immer auf die Herbeiführung
seines eigenen Tuns gerichtet. Das ist ohne weiteres klar da,
wo ein bestimmtes Tun das eigentliche Ziel des Wollens ist.
Aber auch da, wo das Subjekt nur etwas „h a b e n“ will, oder
wo es will, daß ein a n d e r e r etwas tue, ist darin eingeschlossen, daß das Subjekt eine Tätigkeit ausführen will, welche
die Erlangung des Gewollten oder die Tat des anderen mit-
veranlaßt. Ein bestimmtes eigenes Verhalten irgend welcher
Art ist vom psychischen Subjekt in jedem Wollen mitgewollt.
Die V e r w i r k l i c h u n g des Wollens, die eigentliche Willenstätigkeit beginnt damit, daß das wollende Subjekt durch sein
Wollen das bestimmte eigene Verhalten herbeiführt. In einem
eigentümlichen, nicht weiter beschreibbaren Akt oder Impuls
bestimmt sich hier das Ich selbst zu einem bestimmten Tun.
Das Tun des Subjekts tritt bei der Willenstätigkeit nicht einfach auf Grund irgend eines Anlasses ein, sondern das Subjekt selbst führt sein eigenes Tun herbei. Die strebende
Tätigkeit des Subjekts richtet sich hier geradezu auf das
Subjekt selbst und veranlaßt es, etwas zu tun. Oder vielmehr
das Subjekt r i c h t e t s i c h t ä t i g auf sich selbst und bestimmt sich selbst zu einem bestimmten Tun. Die Willens-

tätigkeit enthält also einen Akt der Selbstbestimmung. Dieser eigenartige Selbstbestimmungsakt erscheint vielleicht weniger rätselhaft, wenn wir ihn neben das Selbstbewußtsein und das Selbstwertgefühl stellen. Denn auch in diesen Tatbeständen ist das psychische Subjekt auf sich selbst bezogen. Im Selbstbewußtsein hat es ein Wissen um sich selbst, im Selbstwertgefühl ein Gefühl des Wertes seiner selbst, im Selbstbestimmungsakt ist es tätig auf sich selbst gerichtet. Hier biegt das Ich wissend, fühlend und strebend in sich selbst zurück, in das Zentrum der psychischen Wirklichkeit. Andererseits erhebt sich das Ich gleichsam über sich selbst, wenn es weiterhin zur Selbsterkenntnis, zur Selbstbewertung und zur Selbstbeherrschung gelangt.

Hiermit haben wir die Höhe erreicht, wo die Aufgabe einer Einführung in die Psychologie zu Ende ist und die weitere Führung der Psychologie selbst übergeben werden muß.

———

Spamersche Buchdruckerei in Leipzig.

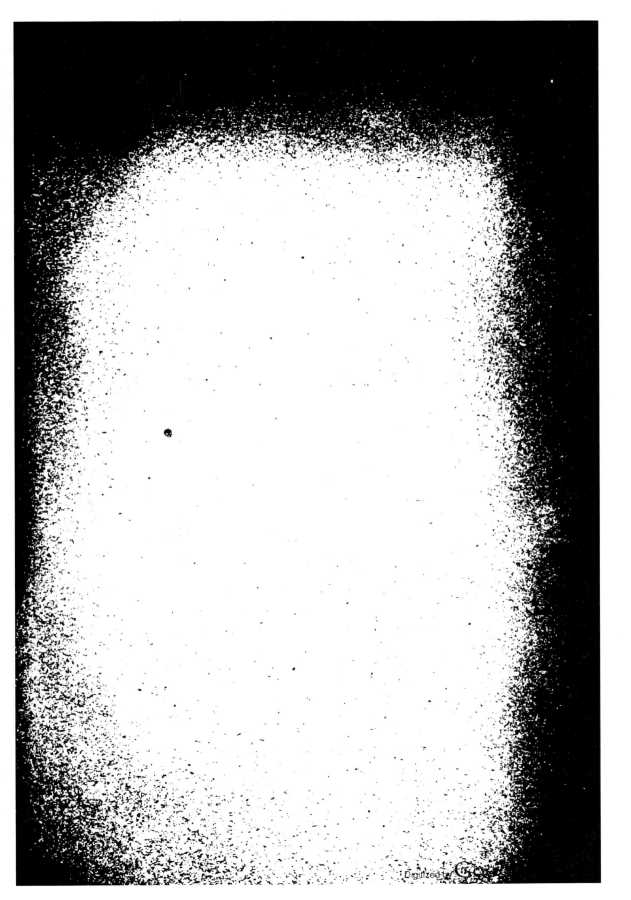

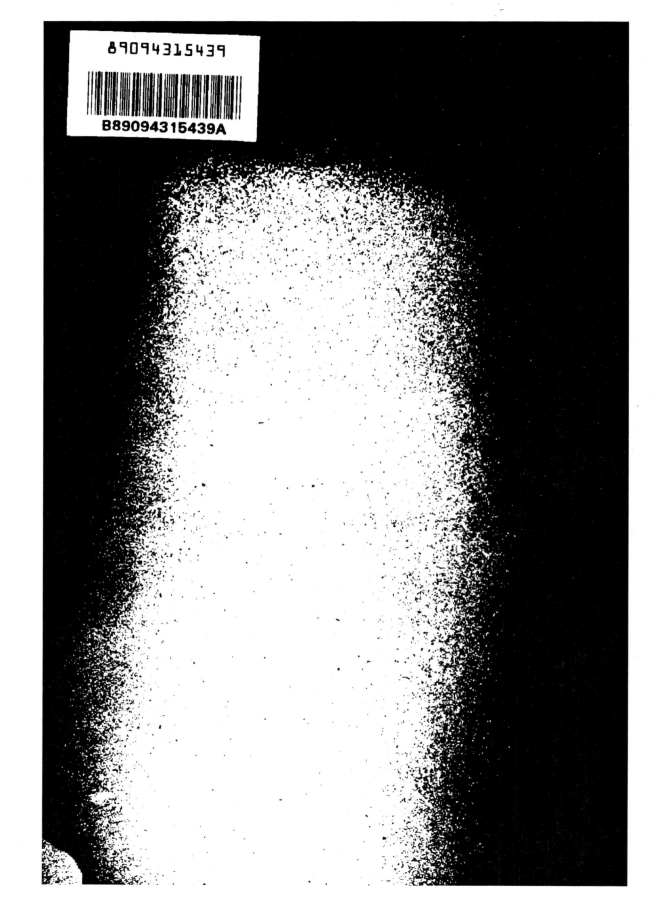